COLLECTION
DES MÉMOIRES

RELATIFS

A L'HISTOIRE DE FRANCE.

ANNALES D'ÉGINHARD.—VIE DE CHARLEMAGNE, PAR ÉGINHARD. — DES FAITS ET GESTES DE CHARLEMAGNE, PAR UN MOINE DE SAINT-GALL.—VIE DE LOUIS-LE-DEBONNAIRE, PAR THEGAN.—VIE DE LOUIS-LE-DEBONNAIRE, PAR L'ASTRONOME. — HISTOIRE DES DISSENSIONS DES FILS DE LOUIS-LE-DÉBONNAIRE, PAR NITHARD.

IMPRIMERIE DE A. BELIN.

COLLECTION
DES MÉMOIRES

RELATIFS

A L'HISTOIRE DE FRANCE,

DEPUIS LA FONDATION DE LA MONARCHIE FRANÇAISE JUSQU'AU 13ᵉ SIÈCLE;

AVEC UNE INTRODUCTION, DES SUPPLÉMENS, DES NOTICES
ET DES NOTES;

PAR M. GUIZOT,
PROFESSEUR D'HISTOIRE MODERNE A L'ACADÉMIE DE PARIS.

A PARIS,

CHEZ J.-L.-J. BRIÈRE, LIBRAIRE,
RUE SAINT-ANDRÉ-DES-ARTS, Nº 68.

1824.

ANNALES

DES ROIS

PEPIN, CHARLEMAGNE ET LOUIS-LE-DÉBONNAIRE,

PAR ÉGINHARD.

NOTICE

SUR ÉGINHARD.

Des écrivains du neuvième siècle, Éginhard est presque le seul dont le nom soit demeuré populaire. Malgré son importance comme ministre et historien de Charlemagne, c'est moins à des titres si graves qu'à une aventure romanesque et probablement fausse qu'il doit sa célébrité. Personne n'ignore ses amours et son mariage avec Emma ou Imma, fille, dit-on, de l'empereur. Des romans, des poèmes, des pièces de théâtre, ont reproduit sous mille formes cette agréable histoire. Voici en quels termes la raconte, sans lui assigner une date précise, la chronique du monastère de Lauresheim[1], le seul monument ancien qui en fasse mention.

---

[1] Lauresheim ou Lorch, dans le diocèse de Worms, à quatre lieues de Heidelberg. Cette chronique s'étend de l'an 763 ou 764, époque de la fondation du monastère, à l'an 1179. Elle fut publiée en 1600 par Marquard Freher, dans le troisième volume de ses *Scriptores rerum Germanicarum*. Duchesne et dom Bouquet en ont donné des extraits, entre autres l'histoire d'Éginhard. Vers le milieu du dix-huitième siècle, on en entreprit en Allemagne deux nouvelles éditions, plus complètes que celle de Freher, et accompa-

« Éginhard, archi-chapelain et secrétaire de l'empereur Charles, s'acquittant très-honorablement de son office à la cour du roi, était bien venu de tous, et surtout aimé de très-vive ardeur par la fille de l'empereur lui-même, nommée Imma, et promise au roi des Grecs. Un peu de temps s'était écoulé, et chaque jour croissait entre eux l'amour. La crainte les retenait, et de peur de la colère royale, ils n'osaient courir le grave péril de se voir. Mais l'infatigable amour triomphe de tout. Enfin cet excellent homme, brûlant d'un feu sans remède, et n'osant s'adresser par un messager aux oreilles de la jeune fille, prit tout d'un coup confiance en lui-même, et, secrètement, au milieu de la nuit, se rendit là où elle habitait. Ayant frappé tout doucement, et comme pour parler à la jeune fille par ordre du

---

gnées de toutes les chartes et diplômes du monastère. La première, confiée aux soins de D. Magnus Klein, religieux de l'abbaye de Gottwich, n'a point été terminée; le premier volume seul a paru. La seconde, dirigée par M. Lamey, secrétaire perpétuel de l'académie de Manheim, est complète, et forme trois volumes in-4°, sous le titre de *Codex principis olim Laureshamiensis abbatiæ diplomaticus*, 1768. L'auteur de ce *Codex* écrivait à la fin du douzième siècle; mais il ne fit, à coup sûr, que rassembler et mettre en ordre des chroniques et des traditions antérieurement rédigées dans ce monastère, quoiqu'on ignore à quelle époque les moines ont commencé à les recueillir. Je n'ai pu parvenir à me procurer cette dernière édition.

roi, il obtint la permission d'entrer ; et alors, seul
avec elle, et l'ayant charmée par de secrets entretiens, il donna et reçut de tendres embrasse-
mens, et son amour jouit du bien tant desiré.
Mais lorsque, à l'approche de la lumière du jour,
il voulut retourner, à travers les dernières ombres
de la nuit, là d'où il était venu, il s'aperçut que
soudainement il était tombé beaucoup de neige,
et n'osa sortir de peur que la trace des pieds d'un
homme ne trahît son secret. Tous deux pleins
d'angoisse de ce qu'ils avaient fait, et saisis
de crainte, ils demeuraient en dedans. Enfin
comme, dans leur trouble, ils délibéraient sur
ce qu'il y avait à faire, la charmante jeune fille,
que l'amour rendait audacieuse, donna un conseil, et dit que, s'inclinant, elle le recevrait sur
son dos, qu'elle le porterait avant le jour tout
près de sa demeure, et que, l'ayant déposé là,
elle reviendrait en suivant bien soigneusement
les mêmes pas.

« Or l'empereur, par la volonté divine, à ce
qu'on croit, avait passé cette nuit sans sommeil,
et se levant avant le jour, il regardait du haut
de son palais. Il vit sa fille marchant lentement
et d'un pas chancelant sous le fardeau qu'elle
portait, et lorsqu'elle l'eut déposé au lieu convenu,

reprenant bien vite la trace de ses pas. Après les avoir long-temps regardés, l'empereur, saisi à la fois d'admiration et de chagrin, mais pensant que cela n'arrivait pas ainsi sans une disposition d'en haut, se contint et garda le silence sur ce qu'il avait vu.

« Cependant Éginhard, tourmenté de ce qu'il avait fait, et bien sûr que, de façon ou d'autre, la chose ne demeurerait pas long-temps ignorée du roi son seigneur, prit enfin une résolution dans son angoisse, alla trouver l'empereur, et lui demanda à genoux une mission, disant que ses services, déjà grands et nombreux, n'avaient pas reçu de convenable récompense. A ces paroles, le roi, ne laissant rien connaître de ce qu'il savait, se tut quelque temps, et puis assurant Éginhard qu'il répondrait bientôt à sa demande, il lui assigna un jour. Aussitôt il convoqua ses conseillers, les principaux de son royaume et ses autres familiers, leur ordonnant de se rendre près de lui. Cette magnifique assemblée de divers seigneurs ainsi réunie, il commença disant que la majesté impériale avait été insolemment outragée par le coupable amour de sa fille avec son secrétaire, et qu'il en était grandement troublé. Les assistans demeurant frappés de stupeur, et quelques-uns

paraissant douter encore, tant la chose était hardie et inouie, le roi la leur fit connaître avec évidence en leur racontant avec détail ce qu'il avait vu de ses yeux, et il leur demanda leur avis à ce sujet. Ils portèrent contre le présomptueux auteur du fait des sentences fort diverses, les uns voulant qu'il fût puni d'un châtiment jusquelà sans exemple, les autres qu'il fût exilé, d'autres enfin qu'il subît telle ou telle peine, chacun parlant selon le sentiment qui l'animait. Quelques-uns cependant, d'autant plus doux qu'ils étaient plus sages, après en avoir délibéré entre eux, supplièrent instamment le roi d'examiner luimême cette affaire, et de décider selon la prudence qu'il avait reçue de Dieu. Lorsque le roi eut bien observé l'affection que lui portait chacun, et qu'entre les divers avis, il se fut arrêté à celui qu'il voulait suivre, il leur parla ainsi: « Vous
« n'ignorez pas que les hommes sont sujets à de
« nombreux accidens, et que souvent il arrive
« que des choses qui commencent par un malheur
« ont une issue plus favorable. Il ne faut donc
« point se désoler ; mais bien plutôt, dans cette
« affaire qui, par sa nouveauté et sa gravité, a
« surpassé notre prévoyance, il faut pieusement
« rechercher et respecter les intentions de la Pro-

« vidence qui ne se trompe jamais et sait faire
« tourner le mal à bien. Je ne ferai donc point
« subir à mon secrétaire, pour cette déplorable
« action, un châtiment qui accroîtrait le déshon-
« neur de ma fille au lieu de l'effacer. Je crois
« qu'il est plus sage et qu'il convient mieux à la
« dignité de notre empire de pardonner à leur
« jeunesse, de les unir en légitime mariage, et de
« donner ainsi à leur honteuse faute une couleur
« d'honnêteté. » Ayant ouï cet avis du roi, tous se
réjouirent hautement et comblèrent de louanges la
grandeur et la douceur de son ame. Éginhard eut
ordre d'entrer. Le roi, le saluant comme il avait
résolu, lui dit d'un visage tranquille : « Vous avez
« fait parvenir à nos oreilles vos plaintes de ce
« que notre royale munificence n'avait pas encore
« dignement répondu à vos services. A vrai dire,
« c'est votre propre négligence qu'il faut en accu-
« ser, car malgré tant et de si grandes affaires
« dont je porte seul le poids, si j'avais connu quel-
« que chose de votre desir, j'aurais accordé à
« vos services les honneurs qui leur sont dus.
« Pour ne pas vous retenir par de longs discours,
« je ferai maintenant cesser vos plaintes par un
« magnifique don ; comme je veux vous voir tou-
« jours fidèle à moi comme par le passé, et atta-

« ché à ma personne, je vais vous donner ma fille
« en mariage, votre *porteuse*, celle qui déjà, cei-
« gnant sa robe, s'est montrée si docile à vous
« porter. » Aussitôt, d'après l'ordre du roi et au
milieu d'une suite nombreuse, on fit entrer sa
fille, le visage couvert d'une charmante rougeur,
et le père la mit de sa main entre les mains d'É-
ginhard avec une riche dot, quelques domaines,
beaucoup d'or et d'argent et d'autres meubles
précieux. Après la mort de son père, le très-pieux
empereur Louis donna également à Éginhard le
domaine de Michlenstadt et celui de Mühlenheim
qui s'appelle maintenant Seligenstadt [1]. »

Il est difficile de prononcer sur l'authenticité
de cette histoire. Quoique la chronique de Lauresheim ne soit pas contemporaine, elle n'est
point sans autorité; Éginhard eut, avec ce monastère, de fréquentes relations, puisqu'il lui
donna le domaine de Michlenstadt, et les moines
recueillirent sans doute avec soin les traditions
qui intéressaient leur illustre bienfaiteur. Il est
hors de doute qu'Éginhard eut réellement Imma
pour femme, et Loup, abbé de Ferrières, élève

[1] *Recueil des historiens des Gaules et de la France*, t. 5,
p. 383.

et ami de notre historien, appelle Imma *nobilissima femina*, titre qui ne se donnait guères alors qu'aux personnes issues du sang royal[1]. Enfin, dans une lettre à l'empereur Lothaire, petit-fils de Charlemagne, Éginhard lui-même semble l'appeler son neveu en lui disant : « J'ai cru devoir avertir votre *neptité* (*neptitatem vestram*), » et Mabillon a regardé cette preuve comme concluante. Mais d'autres savans ont remarqué qu'au neuvième siècle, le mot *nobilissimus* et même ceux d'*oncle* et *neveu* (*patruus, avunculus, nepos*), étaient pris dans un sens très-vague et ne désignaient souvent qu'une extraction illustre, une sorte de tutelle et d'autorité morale. L'abbé Lebeuf est allé plus loin, et a soutenu, en étayant son opinion de quelques exemples, que les mots *neptitas tua* dont Éginhard se sert avec Lothaire, signifiaient toujours *votre principauté, votre souveraineté;* ce qui détruirait absolument la conclusion qu'on a voulu en tirer. S'il n'y avait cependant, contre l'aveu-

---

[1] Je trouve dans l'*Histoire littéraire de la France* par les bénédictins, et cette assertion a été souvent répétée, « qu'Éginhard « est qualifié gendre de Charlemagne dans des manuscrits anciens » (t. 4, p. 550), et dom Rivet renvoie, en preuve, à la 32e. lettre d'Éginhard. Cette lettre n'autorise rien de pareil, et je n'ai pu découvrir aucun texte ancien qui donnât à Éginhard une telle qualification.

ture d'Éginhard, que ces argumens indirects et contestables, ils ne paraîtraient pas suffisans pour faire rejeter une tradition qui n'offre en soi rien d'absurde ni de contraire au caractère de Charlemagne ou aux mœurs du temps, et que rapporte, avec tant de détails, la chronique d'un monastère où la vie d'Éginhard devait être bien connue. C'est Éginhard lui-même qui fournit les raisons les plus fortes contre la réalité de ses tendres rapports avec la fille de son maître. Non seulement il garde à ce sujet le plus profond silence; mais, dans sa *Vie de Charlemagne*, il énumère tous les enfans de ce prince, sept fils et huit filles, naturels ou légitimes, et le nom d'Imma ne s'y rencontre point, ni aucun nom analogue qui puisse s'être altéré sous la main des copistes. Enfin Louis-le-Débonnaire, dans un diplôme qui nous reste, donne un domaine « à son fidèle Eginhard et à sa femme Imma » sans que rien indique qu'Imma fût sa sœur. Dom Bouquet et la plupart des érudits, gardiens jaloux de la vertu des filles du roi, ont fait valoir ces preuves avec une sorte de triomphe, et je m'y rends aussi, non sans quelque regret, car l'aventure est gracieuse et douce. A leurs argumens j'en ajouterai même un nouveau, plus puissant peut-être que tous les autres, quoiqu'il fasse à la réputation des filles de Charlemagne beaucoup plus de tort que la tradition qu'il faut abandonner; ce sont les paroles d'Éginhard lui-même sur leur compte : « L'empereur, dit-il, quoique heureux en toute « autre chose, éprouva dans ses filles la malignité « de la mauvaise fortune; mais il dissimula ce « chagrin, et se conduisit comme si jamais elles « n'eussent fait naître de soupçons injurieux, et « qu'aucun bruit ne s'en fût répandu.[1] » Pense-t-on qu'Eginhard eût tenu un tel langage si sa chère Imma en eût subi la première offense?

Quoi qu'il en soit, et gendre ou non de Charlemagne, Éginhard posséda toute sa faveur. Il était né Franc, comme la plupart des hommes considérables de cette cour redevenue germaine : « Le « lecteur, dit-il, ne trouvera rien à admirer dans « mon ouvrage, si ce n'est peut-être l'audace « d'un barbare peu exercé dans la langue des « Romains[2]. » Charles l'attira auprès de lui dès sa jeunesse, le fit élever avec soin, à l'école du célèbre Alcuin, et le donna pour compagnon à ses fils. Frappé bientôt des talens du jeune homme

---

[1] *Vie de Charlemagne*; voyez ce même volume, pag. 145.
[2] *Préface* de la *Vie de Charlemagne* dans ce même volume, pag. 121.

et de son heureuse ardeur pour l'étude des lettres, Charles le prit pour secrétaire et lui confia de plus la surveillance de tous les travaux de construction qu'il entreprit, églises, palais, routes, canaux; ce qui était en quelque sorte, pour parler le langage de notre temps, le ministère de la civilisation. On s'est étonné de ne rencontrer qu'une seule fois le nom d'Éginhard dans les négociations ou missions extérieures de ce règne; il paraît, en effet, qu'il ne s'éloigna de l'empereur qu'en 806 pour aller à Rome faire confirmer, par le pape Léon III, le premier testament de son maître. Charles ne se séparait probablement qu'à regret de l'homme à qui il portait le plus de confiance et qui le comprenait le mieux : les écrits d'Éginhard, surtout la préface de sa vie de Charlemagne, annoncent entre eux un degré d'intimité, même d'affection, dont on ne trouve, à cette époque, aucun autre exemple; et l'attachement de l'historien à la mémoire de l'empereur porte l'empreinte des sentimens d'une civilisation plus avancée. Issus l'un et l'autre de la Barbarie, ils avaient, pour ainsi dire, devancé l'un et l'autre leur temps du même pas. Peut-être n'est-il pas facile de comprendre aujourd'hui toute la puissance d'un tel lien.

Rien ne put le remplacer pour Éginhard après la mort de son patron. Louis-le-Débonnaire ne le traita pas avec moins d'estime que Charlemagne; il le combla de présens et lui confia l'éducation, ou plutôt la tutelle de son fils Lothaire, qu'en 817 il associa à l'empire. Éginhard ne refusa point ses services à l'empereur et ses conseils à son fils; mais il n'était plus attaché à ses fonctions par l'amitié d'un grand homme; l'ambition ne suffit point pour l'y retenir. Il voyait dépérir et se dissoudre cet empire de Charlemagne qu'il avait tant admiré et si bien servi. L'incapacité, la faiblesse, de misérables intrigues, des désordres sans cesse croissans succédaient à ce pouvoir glorieux et ferme, contemporain de sa jeunesse. Le dégoût s'empara de lui et il ne songea plus qu'à se retirer de ce monde en décadence, pour se vouer à une vie toute religieuse. Successivement abbé des monastères de Fontenelle, de Saint-Pierre et de Saint-Bavon à Gand, et enfin de celui de Seligenstadt qu'il fonda lui-même dans sa terre de Mühlenheim, l'administration de ces établissemens et les œuvres de piété occupèrent seules sa pensée. La plupart des lettres que nous possédons de lui appartiennent à cette époque de sa vie, et c'est là qu'on peut voir quel

triste ennui lui inspirait l'état des affaires publiques, et combien il lui coûtait de se rendre encore de temps en temps à la cour pour y faire acte de fidélité et de dévouement. « Je ne te de-
« mande pas, écrit-il à un de ses amis, de me
« rien écrire sur l'état des affaires du palais, car
« rien de ce qui s'y fait ne me plaît à savoir. Je
« m'inquiète seulement d'apprendre où sont et
« ce que font mes amis, s'il en reste là quelque
« autre que toi[1]. » Ailleurs il conjure un des officiers du palais de l'excuser auprès de l'empereur s'il ne se rend pas à la cour : « La reine, dit-il,
« quand elle a quitté Aix, m'a ordonné de la re-
« joindre à Compiègne, car je ne pouvais partir
« avec elle. Pour obéir à ses ordres, je me suis
« rendu, à grand'peine et en dix jours, à Valen-
« ciennes. De là, hors d'état de monter à cheval,
« je suis venu par eau jusqu'à Saint-Bavon. Mais
« je suis alternativement attaqué de douleurs de
« reins et d'un relâchement d'entrailles, telle-
« ment que, depuis mon départ d'Aix, je n'ai pas
« passé un seul jour sans souffrir de l'un ou de
« l'autre de ces maux. Je suis également atteint
« de ce qui m'a tant abattu l'an dernier, d'un

[1] Lettre 47e dans le *Recueil des historiens Français*, t. 6, pag. 382.

« engourdissement continuel de la cuisse droite
« et d'une douleur de foie presque intolérable.
« Au milieu de ces souffrances, je mène une vie
« fort triste et à peu près dénuée de toute joie ;
« mais ce qui m'afflige le plus, c'est que je crains
« de ne pas mourir où je voudrais, et d'avoir à
« m'occuper d'autre chose que du service des
« saints martyrs du Christ[1]. »

Ces derniers soins étaient en effet les seuls qui lui inspirassent un vif intérêt ; en 827, il fit venir de Rome, par son secrétaire Ratlair, des reliques de saint Marcellin et de saint Pierre, et ce fut en leur honneur qu'il fonda le monastère de Seligenstadt. Ses lettres sont pleines de détails sur les peines qu'il se donne pour la construction, l'embellissement ou le service des églises. Les seules affaires temporelles dont il semble encore s'occuper sont celles d'anciens cliens ou de quelques amis qu'il recommande à leurs nouveaux patrons, aux nouveaux ministres du pouvoir ; tantôt c'est un bénéfice qu'il sollicite de l'empereur pour un homme qui, lui dit-il, « a fidèlement et cou-
« rageusement servi votre aïeul et votre père[2] ; »

---

[1] Lettre 41ᵉ dans le *Recueil des historiens Français*, t. 6, pag. 380.

[2] Lettre 51ᵉ *ibid.* p. 383.

tantôt ce sont des malheureux, coupables de quelque crime, qui ont cherché un refuge dans quelque église voisine de lui, et dont il sollicite la grâce [1]; ailleurs il intercède pour faire reconnaître l'union de pauvres esclaves qui se sont mariés sans le consentement de leur maître [2], ou pour obtenir à des colons l'exemption du service militaire [3]. Ce patronage individuel et charitable est l'unique intérêt auquel il fasse servir encore les relations et les moyens d'influence qui lui restent de son ancienne grandeur.

Une seule fois, à en juger du moins par ses lettres et les rapports de ses contemporains, Éginhard intervint de nouveau dans la politique, et ce fut pour détourner Lothaire de ses projets de révolte contre son père. Il lui écrivit, à ce sujet, vers l'an 830, une lettre que je crois devoir insérer ici textuellement :

Eginhard à Lothaire.

« Vie éternelle à mon très-pieux seigneur empereur. Je ne saurais exprimer pleinement, par des paroles, de quels soins et de quelle sollicitude mon

[1] Lettres 18e et 25e, *ibid.* p. 373, 374.
[2] Lettres 15e et 16e, *ibid.* p. 372.
[3] Lettre 17e, *ibid.* p. 373.

insuffisance se tourmente pour votre Grandeur. J'ai toujours chéri d'un amour égal et vous et mon très-pieux maître votre père, et souhaite d'une même ardeur le salut de tous deux, depuis que, du consentement de tout son peuple, il vous a admis au partage de son titre et de son pouvoir, et a daigné ordonner à mon humble faiblesse de veiller sur vous, et de vous avertir assidûment, tant de ce qu'il pourrait y avoir à réformer dans vos mœurs que des voies honnêtes et utiles à suivre. Mais, quoique vous n'ayez pas trouvé en moi à cet égard tous les secours que je vous devais, cependant le zèle et la fidélité ne m'ont pas manqué. L'un et l'autre ne me manquent certes pas davantage aujourd'hui et ne me permettent pas de me taire. L'un et l'autre me forcent à vous presser d'ouvrir les yeux sur vos véritables intérêts, au moment où certains hommes, qui cherchent plutôt leurs propres avantages que les vôtres, tentent votre douceur naturelle, et veulent vous persuader de mépriser les avis de votre père, de vous écarter de l'obéissance que vous lui devez, de quitter le pays dont le très-pieux auteur de vos jours vous a confié le gouvernement et la garde, de venir le trouver malgré lui, sans qu'il le veuille et l'ordonne, et de rester auprès de lui, quelque déplaisir qu'il en témoigne. Rien de plus pervers et de plus indécent peut-il s'imaginer? Songez à ce que sont de pareils conseils et à tout ce qu'ils ont de mauvais. En premier lieu, en effet, et suivant mes faibles lumières, on vous exhorte à fouler aux pieds le précepte par lequel Dieu enjoint d'honorer ses père et mère, et à compter pour rien la longue vie promise pour récompense à ceux qui garderont son commandement. On veut ensuite que, mettant de côté toute obéissance, vous la remplaciez par l'esprit de révolte, et vous éleviez dans un transport d'orgueil contre celui envers lequel vous devriez montrer dans toute votre conduite une humble soumission; on travaille enfin, en étouffant toute tendresse par le mépris et la désobéissance, à augmenter si bien la désunion, dont jamais le nom n'aurait dû se prononcer quand il s'agit de vous et de votre père, que la haine s'élève entre ceux en qui tout devrait être amour. Empêcher qu'il n'en advienne ainsi, c'est à quoi il importe de donner tous vos soins. Votre sagesse, en effet, n'ignore pas, j'en suis convaincu, combien le fils désobéissant et rebelle envers ses parens est en abomination devant le Seigneur, et vous pouvez lire dans le Deutéronome comment Dieu a ordonné, par la voix de Moïse, qu'un tel fils fût lapidé par tout le peuple. J'ai donc cru de mon devoir de vous avertir, mon cher fils [1], d'employer la prudence que la Providence vous a départie à vous garantir du péril qui vous menace; et ne pensez pas que, dans quelque rang qu'on soit, on puisse se jouer de la sentence que Dieu a portée. Quoiqu'elle ne soit écrite que dans l'ancienne loi, cette sentence est une de celles que les anciens et les docteurs, c'est-à-dire les Pères de l'Église, ont déclarées obligatoires pour les temps présens comme pour les temps passés, pour les Chrétiens aussi bien que pour les Juifs. Combien je vous aime, Dieu le sait, et c'est pour cela même que je suis si osé que de vous reprendre. Au surplus, ne regardez pas à la bassesse de ma condition, mais à l'utilité de mes conseils.

Je souhaite, etc. »

Les conseils d'Éginhard furent sans fruit, comme

---

[1] C'est ainsi, je crois, qu'il faut traduire cette phrase dont j'ai déjà parlé dans cette notice : *Quapropter admonendum censui neptitatem vestram*; ces mots, *neptitas vestra*, me semblent une expression vague d'affection, un souvenir de l'ancienne tutèle d'Éginhard sur Lothaire, plutôt qu'une qualification précise, soit de parenté, soit de rang.

il s'y était probablement attendu, et il n'en donna plus. Les soins de la piété et de sa santé l'occupèrent exclusivement. En se vouant à la vie religieuse, il s'était séparé, non seulement du monde, mais de sa famille. Sa chère Imma et Vussin, le seul fils qu'elle lui eût donné, étaient également entrés dans des monastères. Il avait continué à entretenir avec eux des relations pleines de tendresse. Dans une lettre adressée à son fils, il lui donne des conseils sur ses études et le consulte à son tour sur le sens d'un passage de Vitruve[1]. Imma mourut en 836 et sa perte causa au solitaire Éginhard la plus vive douleur. Il écrit à Loup, depuis abbé de Ferrières, son disciple et son jeune ami : « Tous mes travaux, tous mes soins,
« pour les affaires de mes amis ou pour les mien-
« nes, ne me sont plus de rien ; tout s'efface, tout
« s'abime devant la cruelle douleur dont m'a
« frappé la mort de celle qui fut jadis ma fidèle
« femme, qui était encore ma sœur et ma com-
« pagne chérie. C'est un mal qui ne peut finir,
« car ses mérites sont si profondément enraci-
« nés dans ma mémoire que rien ne saurait l'en
« arracher. Ce qui redouble mon chagrin et ai-

---

[1] Lettre 30° dans le *Recueil des historiens Français*, t. 6, p. 375.

« grit chaque jour ma blessure, c'est de voir ainsi
« que tous mes vœux n'ont eu aucune puissance
« et que les espérances que j'avais mises dans
« l'intervention des saints martyrs sont déçues.
« Aussi les paroles de ceux qui essaient de me
« consoler, et qui souvent ont réussi auprès d'au-
« tres hommes, ne font-elles que rouvrir et en-
« venimer cruellement la plaie de mon cœur, car
« ils veulent que je supporte avec courage des
« douleurs qu'ils ne sentent point, et me deman-
« dent de me féliciter d'une épreuve où ils sont
« incapables de me faire découvrir le moindre
« sujet de contentement[1]. » Sa douleur fut aussi
constante qu'amère; car, aux approches de la
mort, annonçant lui-même à un de ses amis qu'il
touche à sa fin, il s'écrie en terminant sa lettre :
« Imma, ma sœur bien aimée, viens en ce jour
« à mon aide; c'est à toi que je recommande mon
« ame[2]. » Il mourut, en effet, en 839, près de trois
ans après sa chère Imma, et fut enseveli dans l'é-
glise de son monastère de Seligenstadt, où son
ami Raban, alors abbé de Fulde, fit graver sur
son tombeau l'épitaphe suivante :

[1] Lettre d'Eginhard à Loup, *ibid.* p. 402.
[2] Lettre 32e, *ibid.* p. 376.

« O toi qui entres dans ce temple, ne dédaigne
« pas, je t'en conjure, d'apprendre ce qui s'y
« trouve sous tes pas. Dans ce tombeau repose
« un noble homme à qui son père avait donné
« le nom d'Éginhard. Il fut d'un esprit sage et
« prudent, honnête dans ses actions, d'une bou-
« che éloquente, et excellent en beaucoup de
« choses. Le prince Charles l'éleva dans sa propre
« cour, et accomplit, par son aide, de nombreux
« travaux. Il a rendu aux saints de convenables
« honneurs; car c'est lui qui, de Rome, a fait
« amener ici leurs corps, afin que, touchés de
« ses prières et de ses soins, ils procurassent à
« son ame le royaume du ciel. Seigneur Christ,
« auteur, maître et sauveur des hommes, que ta
« bonté lui accorde, dans les cieux, le repos éter-
« nel! »

Parmi les écrits douteux ou authentiques d'É-
ginhard, les deux ouvrages historiques que nous
publions ici, les *Annales* et la *Vie de Charlemagne*,
conservent seuls aujourd'hui une véritable importance.

On a plus d'une fois contesté qu'Éginhard soit
l'auteur des *Annales;* leur premier éditeur, le
comte Hermann de Nuenar, les trouva à la suite

d'un manuscrit de la *Vie de Charlemagne*, et les publia en même temps à Cologne, en 1521, en les attribuant à quelque moine inconnu. Plusieurs éditeurs successifs essayèrent de deviner quel pouvait être ce moine, mais sans succès ; ils avaient seulement rencontré le nom d'Adhémar sous lequel, en s'étayant de quelques exemples de corruptions semblables, on croyait entrevoir celui d'Éginhard. Enfin Duchesne et Mabillon soutinrent formellement qu'elles étaient l'ouvrage de ce dernier, en appelant surtout au témoignage d'Odilon, moine de Saint-Médard de Soissons, qui écrivit au commencement du dixième siècle, un récit *de la translation et des miracles de Saint-Sébastien*, et cite, dans sa préface, les *Annales d'Agenhard*, comme racontant la translation des reliques de ce saint de Rome à Soissons. Éginhard ne peut être méconnu dans Agenhard, et nos *Annales* parlent, en effet, sous l'année 826, de cette translation et des miracles qui l'accompagnèrent. Malgré cette preuve, quelques érudits, entre autres le père Lecointe, se sont obstinés à refuser de reconnaître Éginhard comme l'auteur des *Annales* ; mais leurs argumens sont de peu de poids ; ils allèguent surtout deux passages de cette chronique : dans l'un Éginhard est appelé *le plus sage des hommes de son temps*), ce que personne, disent-ils, n'a pu écrire en parlant de soi-même; dans l'autre, l'écrivain donne au monastère de Lauresheim l'épithète de *suum*, ce qui ne saurait, à leur avis, s'appliquer à Éginhard qui ne fut jamais moine à Lauresheim. La première objection tombe devant l'inspection des manuscrits, car la plupart, et les meilleurs, ne contiennent point la phrase qui la fonde; et dans celui où elle se trouve, elle a été évidemment ajoutée en marge par le copiste qui l'a empruntée à la vie de Louis-le-Débonnaire par l'anonyme dit *l'Astronome*. Quant à la seconde objection, Éginhard a fort bien pu appeler *sien* un monastère qu'il visitait souvent, auquel il avait donné l'un de ses plus riches domaines, dont la chronique fournit, sur sa vie, plus de détails qu'aucune autre, et où rien ne prouve qu'il n'ait pas vécu quelque temps. L'autorité du moine Odilon nous paraît supérieure à de tels argumens; et la composition même de ces *Annales*, leur mérite généralement avoué, les détails qu'elles renferment et qui offrent assez souvent les caractères d'un récit contemporain; enfin l'opinion de Duchesne, de Mabillon et de dom Rivet, adoptée, bien que timidement, par dom Bouquet, nous portent à croire qu'Éginhard en est en effet l'auteur, sans qu'on puisse cependant prétendre ici à la certitude [1].

Quant à la *Vie de Charlemagne*, personne n'a songé à la disputer à son secrétaire, car elle porte en elle-même, et presque à chaque phrase, la preuve de son authenticité. Nous n'avons nul besoin d'insister sur son mérite; c'est sans contredit le morceau d'histoire le plus curieux qui nous soit parvenu sur Charlemagne, le seul qui nous fasse bien connaître ce qui, après dix siècles, a plus d'intérêt que les grands événemens, le grand homme qui les a faits. Publiée pour la première fois à Cologne en 1521 par le comte Hermann de Nuenar, la *Vie de Charlemagne* a été réimprimée depuis plus de vingt fois, soit en France, soit en Allemagne, et souvent avec des commentaires. Nous avons suivi, comme pour la plupart des ouvrages qui appartiennent aux premiers siècles de notre histoire, le texte de dom Bouquet. Sans parler de plusieurs paraphrases qui ne sont guères

---

[1] Dans une brochure récente (Paris, 1817, chez le Normant) intitulée: *Est-il vrai que Pepin ait été autorisé par le pape Zacharie à s'emparer de la couronne des Mérovingiens?* M. l'abbé Guillon a vivement nié l'authenticité des *Annales* d'Éginhard; mais il en avait absolument besoin pour soutenir, sur l'intervention du pape Zacharie dans la chute des Mérovingiens, une opinion qui nous paraît fausse, et n'a rien ajouté d'ailleurs aux argumens de ses prédécesseurs.

que des versions prolixes, elle a été traduite quatre fois en français; par Elie Vinet (Poitiers, 1558, in-8º.), par Léonard Pournas (Paris, 1614, in 12), par le président Cousin, dans son *Histoire de l'Empire d'Occident*, et par M. D. (Denis), Paris, 1812, in-12.

Outre ces deux ouvrages et quelques écrits théologiques de peu de valeur[1], il nous reste d'Éginhard un assez grand nombre de *lettres* qui abondent en renseignemens curieux sur l'état social et les moeurs de cette époque. Nous en avons extrait quelques unes dans cette notice. Elles furent publiées d'abord dans la collection de Duchesne, d'après un manuscrit qui en contenait d'autres tellement effacées ou déchirées qu'il lui fut impossible de les lire. On les trouve dans le recueil des *historiens des Gaules et de la France*; dom Bouquet en a seulement retranché la 62ᵉ faussement attribuée à Éginhard.

Le nom de l'historien de Charlemagne se rencontre défiguré de mille manières dans les manuscrits et les auteurs anciens; il y est appelé *Einard, Einhard, Heinard, Ænard, Ainard, Eiard, Enchard, Einchard,* et même *Hemar,*

---

[1] On en trouve l'indication détaillée dans *l'Histoire littéraire de la France* par les bénédictins, t. 4, p. 563—567.

Adelme, *Adelin*, *Adhémar*. Quelques-unes de ces variantes sont évidemment des erreurs de copiste; d'autres ont pu tenir à l'incertitude de l'orthographe et de la prononciation.

F. G.

ANNALES D'ÉGINHARD.

RACE DES CARLOVINGIENS.

PEPIN-LE-BREF (741—768).

[741.] En l'année 741, Charles, maire du palais, mourut, laissant pour héritiers trois fils, Carloman, Pepin et Griffon : celui-ci, le plus jeune, eut pour mère Sonnichilde, petite-fille d'Odilon, duc des Bavarois. Elle excita en son fils une telle ambition de posséder tout le royaume, qu'il s'empara sans délai de la ville de Laon et déclara la guerre à ses frères. Ceux-ci assemblèrent sur-le-champ une armée, assiégèrent Laon, reçurent à discrétion leur frère, et ne pensèrent plus qu'à reprendre les pays qui s'étaient séparés de la société des Francs depuis la mort de leur père ; mais, afin de laisser toutes choses en sûreté au dedans avant de partir pour les pays étrangers, Carloman prit Griffon et le fit garder à Neufchâtel, près des Ardennes. On dit qu'il y demeura prisonnier jusqu'au temps où Carloman partit.

[742.] Carloman et Pepin, maîtres du royaume des

Francs, voulurent d'abord reprendre l'Aquitaine : ils marchèrent avec une armée contre Hunold, duc de cette province, prirent un certain château nommé Loches, et avant de se retirer ils divisèrent entre eux, dans le lieu appelé Vieux-Poitiers[1], le royaume qu'ils administraient ensemble. La même année, après leur retour dans leurs États, Carloman envahit le pays des Allemands qui avaient abandonné la confédération des Francs, et le dévasta par le fer et le feu.

[743.] Carloman et Pepin joignirent leurs troupes et marchèrent contre Odilon, duc de Bavière ; ils lui livrèrent bataille et dispersèrent son armée. Dès qu'ils furent rentrés chez eux, Carloman partit seul pour la Saxe, et reçut à discrétion le fort qu'on nomme Hochsiegbourg avec le Saxon Théodoric qui y commandait.

[744.] Les mêmes frères, Carloman et Pepin, marchèrent contre la Saxe avec leurs troupes réunies et réduisirent de nouveau ce même Théodoric à capituler.

[745.] Cette année Carloman découvrit à son frère Pepin ce qu'il méditait déjà depuis long-temps, savoir de se retirer du monde et servir Dieu sous l'habit de moine[2]. Pepin, d'après cela, renonça à l'expédition qu'il méditait, pour s'occuper d'accomplir les vœux de Carloman et l'aider aux préparatifs de son voyage. Celui-ci voulait se rendre à Rome, et Pepin veilla avec soin à ce que son frère fût décemment et honorablement traité dans sa route vers ce lieu.

[1] Près de Châtellerault.
[2] Ce fait appartient à l'année suivante 746 ; la chronologie des Annales d'Éginhard est fautive de 744 à 754.

[746.] Carloman partit pour Rome, abandonna les gloires du siècle, changea d'habit et bâtit un monastère en l'honneur de saint Silvestre [1] sur le mont Soracte, où le saint passe pour s'être caché pendant le temps de la persécution qui arriva sous Constantin. Carloman, après avoir demeuré quelque temps dans ce lieu, prit un meilleur parti, se rendit, pour servir Dieu, dans le monastère de Saint-Benoît, situé près du Mont-Cassin, dans le Samnium, et prit en cet endroit l'habit religieux.

[747.] Griffon, frère de Carloman et Pepin, ne voulant point vivre soumis à ce dernier, quoiqu'il en fût traité avec honneur, leva une troupe et se retira en Saxe. Là, ayant rassemblé aussi l'armée des Saxons, il campa à Horheim, sur les bords de l'Ocker. Mais Pepin, voulant tirer vengeance de la perfidie de son frère, traversa la Thuringe, à la tête des troupes franques, entra en Saxe et campa à Schaning. Les deux frères ne se livrèrent cependant pas bataille, et se retirèrent après s'être accommodés [2].

[748.] Griffon, se défiant de la foi des Saxons, gagna la Bavière, réduisit ce duché sous son obéissance avec les troupes franques qui accouraient à lui en grand nombre, obligea Tassilon et Chiltrude à se rendre à lui, et reçut les secours de Swithger qui venait à son aide. Lorsque Pepin eut appris ces événemens, il marcha en Bavière avec une armée nombreuse, s'empara de son frère Griffon et de tous ceux qui étaient venus avec lui ou l'avaient joint [3], remit Tassilon en possession de son duché, et, de retour dans ses États, il mit Griffon, en qualité de duc et selon l'usage, à

[1] En 747. — [2] En 748. — [3] En 749.

la tête de douze comtés ; mais celui-ci ne fut pas reconnaissant d'un tel bienfait, car il s'enfuit la même année près de Waïfer, duc d'Aquitaine.

[749.] Burchard, évêque de Wurtzbourg, et Fulrad, prêtre chapelain, furent envoyés à Rome au pape Zacharie [1], afin de consulter le pontife touchant les rois qui alors étaient en France et qui n'en possédaient que le nom sans en avoir en aucune façon la puissance. Le pape répondit par un messager qu'il valait mieux que celui qui possédait déjà l'autorité de roi le fût en effet, et, donnant son plein assentiment, il enjoignit que Pepin fût fait roi.

[750.] Dans cette année, d'après la sanction du pontife romain, Pepin fut appelé roi des Francs [2], oint pour cette haute dignité de l'onction sacrée par la sainte main de Boniface, archevêque et martyr d'heureuse mémoire, et élevé sur le trône, selon la coutume des Francs, dans la ville de Soissons. Quant à Childéric qui se parait du faux nom de roi, Pepin le fit raser et mettre dans un monastère [3].

[753.] En cette année, Pepin entra en Saxe avec des troupes nombreuses, et, malgré leur opiniâtre résistance, les Saxons furent repoussés, et le roi s'avança jusqu'au lieu dit Rheime, sur le fleuve du Weser. Dans cette expédition, l'archevêque Hildegaire fut tué sur le mont Vibourg. A son retour de Saxe, le roi apprit la mort de son frère Griffon, et dans quel lieu et de quelle façon il avait été tué. En cette même année, le pape Étienne vint auprès du roi Pepin dans

---

[1] En 751. — [2] En mars 752.

[3] Les Annales se taisent sur les années 751 et 752, dont elles ont à tort transporté les événemens dans les années précédentes.

la ville de Quiersy [1], pour l'engager à défendre l'église romaine et lui-même des invasions des Lombards; Carloman, frère du roi, déjà moine, vint aussi par l'ordre de son abbé, afin de s'opposer auprès de lui aux prières du pontife romain. On croit qu'il agit contre son gré en cette occasion, n'osant pas mépriser les ordres de son abbé, et l'abbé lui-même n'osant résister à ceux du roi des Lombards, sous la loi duquel il vivait.

[754.] Le pape Étienne, après avoir reçu du roi la promesse qu'il défendrait l'église romaine, le consacra par l'onction sacrée, comme revêtu de la dignité royale, ainsi que ses deux fils Charles et Carloman, et passa l'hiver à Paris. Dans la même année, Boniface, archevêque de Metz, prêchant la parole de Dieu en Frise, fut tué par les païens, et reçut la couronne du martyre [2].

[755.] Le roi Pepin, cédant aux sollicitations du pontife, envahit l'Italie avec une puissante armée pour recouvrer les domaines enlevés à l'église romaine par le roi des Lombards. Ceux-ci résistèrent, et, comme ils étaient maîtres des clefs de l'Italie, il se livra un combat sanglant dans les défilés des montagnes appelés *Cluses*. Les Lombards se retirèrent, et, malgré la difficulté du chemin, les Francs passèrent sans beaucoup de peine. Astolphe, roi des Lombards, n'osant engager la bataille, fut assiégé dans Pavie par le roi Pepin, qui refusa de lever le siége avant d'avoir reçu quarante otages qui lui donnassent la certitude que les possessions enlevées à l'église romaine

---

[1] En 754.
[2] Boniface fut tué en 755.

lui seraient rendues. Les otages lui furent remis, la paix fut jurée, Pepin retourna dans son royaume, et renvoya à Rome le pape Etienne avec le chapelain Fulrad et un corps nombreux de troupes franques. Le moine Carloman, frère du roi, était demeuré à Vienne avec la reine Bertrade; il fut atteint de la fièvre avant que le roi Pepin fût revenu d'Italie, et mourut[1]. Son corps fut porté par l'ordre du roi au monastère de Saint-Benoît où il avait pris l'habit religieux.

[756.] Astolphe, roi des Lombards, bien qu'il eût donné, l'année précédente, des otages pour la restitution des provinces enlevées à l'église romaine et qu'il eût engagé par des sermens ses grands aussi bien que lui-même, n'accomplit aucune de ses promesses. C'est pourquoi Pepin entra une seconde fois en Italie avec son armée, assiégea dans Pavie Astolphe qui s'y était renfermé, et, le contraignant à tenir ses sermens, le roi se fit restituer Ravenne, la Pentapole et tout l'exarchat s'étendant jusqu'à Ravenne, et les remit à Saint-Pierre. Après avoir ainsi agi il retourna en Gaule. Astolphe, après son départ, cherchait de quelle manière il pourrait ne pas tenir ses engagemens qui n'étaient pas accomplis, et éluder encore frauduleusement ceux qui l'étaient déjà; mais, pendant ce temps, il tomba par accident de cheval à la chasse, en contracta une maladie, et mourut. Didier, qui était son connétable, lui succéda.

[757.] L'empereur Constantin envoya au roi Pepin plusieurs présens, et, entre autres choses, des orgues; ces dons lui parvinrent à Compiègne, ville où se tenait alors l'assemblée générale. Tassilon, duc de

---

[1] Carloman mourut en 754.

Bavière, s'y rendit avec les premiers de sa nation, s'y recommanda, entre les mains de Pepin, en qualité de vassal, selon la coutume franque, et jura, sur le corps de saint Denis, fidélité, non seulement au roi, mais aussi à ses fils Charles et Carloman. Ce ne fut pas dans ce seul endroit qu'il s'engagea par un tel serment envers ces princes, mais aussi sur les reliques de saint Martin et saint Germain. Les chefs et les principaux des Bavarois qui étaient venus, avec Tassilon, en présence du roi, lui promirent aussi, dans ces lieux sacrés, fidélité ainsi qu'à ses fils.

[758.] Le roi Pepin entra en Saxe avec ses troupes, et quoique les Saxons résistassent vaillamment et défendissent bien leurs forts, il les mit en déroute ; et le retranchement même par où ils s'efforçaient de défendre leur patrie, lui servit de chemin pour y entrer. Après plusieurs combats où il tailla en pièces une partie de leur armée, il les força à lui promettre de se conformer désormais à ses volontés, et d'envoyer tous les ans, en signe de respect, un tribut de trois cents chevaux à l'assemblée nationale. Ces conventions ainsi réglées et confirmées, ainsi que cela devait être, selon la coutume saxonne, Pepin rentra en France avec son armée.

[759.] Il naquit au roi Pepin un fils auquel il voulut donner son nom ; mais cet enfant, enlevé par une mort prématurée, mourut âgé de trois ans. Le roi célébra la fête de Noël à Glare, et celle de Pâques à Jupil [1], et cette année il ne franchit point les frontières de son royaume.

[1] Deux terres situées toutes deux en Belgique, et qui appartenaient depuis long-temps à la famille des Pepin.

[760.] Waïfer, duc d'Aquitaine, ayant refusé de rendre aux évêques des églises placées sous la domination du roi Pepin les biens qu'elles possédaient dans ses États, et refusant avec mépris d'écouter les remontrances que le roi lui fit faire à ce sujet par ses envoyés, sa rébellion força Pepin à lui déclarer la guerre. Ayant donc assemblé toutes ses troupes, le roi entra en Aquitaine, décidé à faire restituer, les armes à la main, tout ce qui appartenait aux églises. Arrivé à un lieu dit Doué, il y dressa son camp; et Waïfer, n'osant entamer la guerre, envoya une ambassade au roi, par laquelle il promit de faire tout ce qui lui serait prescrit, de rendre aux églises tous leurs droits, et de livrer les otages qui lui seraient demandés : il donna, à ce titre, deux des premiers de sa nation, Adalgaire et Ither. Par là il apaisa si bien l'esprit irrité du roi, que Pepin consentit à ne point faire la guerre. Ayant reçu les otages en foi de l'accomplissement des traités, il s'abstint de livrer bataille, revint chez lui, renvoya son armée, et passa l'hiver à Quiersy, où il célébra la fête de Noël et celle de Pâques.

[761.] Le duc Waïfer, quoiqu'il eût donné des otages et juré la paix, décidé à tirer vengeance de la guerre qu'on lui avait faite l'année précédente, fit avancer son armée jusqu'à la ville de Châlons, et ravagea les possessions des Francs. Lorsque cette nouvelle fut portée au roi Pepin qui tenait alors l'assemblée générale dans la ville de Duren, il appela tous ses alliés, entra avec un appareil belliqueux dans l'Aquitaine, et y prit plusieurs forts et châteaux, entre autres, Bourbon, Chantelle-le-Château et Clermont; quelques forts, notamment en Auvergne, se rendirent volontairement au vainqueur. Cependant le roi dévasta par le fer et le feu tout le plat pays jusqu'à la ville de Limoges, et retourna à Quiersy, où il passa l'hiver, et célébra la Nativité du Sauveur et la fête de Pâques. Le roi fut accompagné dans cette expédition par Charles, l'aîné de ses fils, celui qui, après la mort de son père, fut maître de tout l'Empire.

[762.] Le roi Pepin, desirant mettre fin à la guerre qu'il avait entreprise, entra de nouveau avec son armée dans la province d'Aquitaine, y prit la ville de Bourges et le château de Thouars, et, à cause de l'approche de l'hiver, il retourna à Gentilly, où il passa cette saison, et y solennisa la fête de Noël et celle de Pâques.

[763.] Au commencement de l'année, le temps étant propice, et l'assemblée générale s'étant tenue à Nevers, les troupes s'y rassemblèrent. Le roi Pepin rentra en Aquitaine, ravagea tout ce que ne renfermaient point les forts, et s'avança jusqu'à la ville de Cahors. Voulant rentrer en France avec son armée entière, il quitta ce lieu, et repassa par Limoges. Dans cette expédition, Tassilon, duc de Bavière, quitta l'armée, et retourna dans sa patrie, en feignant une maladie, et, décidé à la trahison, il refusa de se rendre désormais en présence du roi. Pepin renvoya son armée dans ses quartiers d'hiver, et l'alla passer à Glare, où il fêta Noël et Pâques. La saison fut, cette année, si âpre et si rigoureuse que le froid d'aucun des hivers précédens ne s'y put comparer.

[764.] Le roi Pepin, l'esprit fort préoccupé des deux guerres, l'une déjà entreprise contre l'Aquitaine, et l'autre suscitée par la défection de Tassilon, duc de Bavière, tint l'assemblée générale de son peuple dans la ville de Worms, remit son expédition, et passa cette année chez lui, fixant son séjour pour l'hiver à Quiersy, où il passa les fêtes de Noël et de Pâques. Il y eut cette année une éclipse de soleil le 4 du mois de juin, à la sixième heure.

[765.] Le roi Pepin ne s'éloigna pas cette année, et ne passa point les frontières de son royaume, pas même pour terminer la guerre d'Aquitaine. Il tint l'assemblée générale à Attigny, et demeura pendant l'hiver à Aix-la-Chapelle, où il assista aux solennités de Noël et de Pâques.

[766.] Le roi Pepin tint dans la ville d'Orléans l'assemblée nationale pour y traiter des moyens de terminer la guerre d'Aquitaine. Il partit de là pour cette province, répara le fort d'Argenton détruit par Waïfer, et revint après avoir placé une garnison de Francs en ce lieu, ainsi que dans la ville de Bourges. Il célébra la fête de Noël à Samoucy, et celle de Pâques à Chantilly.

[767.] Une dispute s'étant élevée entre les églises d'Occident et d'Orient, c'est-à-dire, entre les Romains et les Grecs, touchant la Trinité et les images des Saints, le roi, ayant convoqué l'assemblée à Gentilly, tint un synode sur cette question, et, cela fait, partit pour l'Aquitaine, après Noël, pour y terminer la guerre. Il passa par Narbonne, prit Toulouse, et réduisit à capituler les districts d'Alby et de Gévaudan. De retour à Vienne, après y avoir célébré la fête de Pâques et fait reposer son armée, l'été étant déjà fort avancé, le roi se mit en route au mois d'août, pour mettre fin à la guerre. Il arriva à Bourges, et y tint une assemblée, selon la coutume franque; de là il s'avança jusqu'au fleuve de la Garonne, se rendit maître de plusieurs châteaux, repaires et cavernes où s'était retranchée une nombreuse bande d'ennemis. Les plus importans étaient Scoraille, Turenne et Peiruce. Revenu à Bourges, le roi renvoya son armée pour l'hiver, resta dans cette ville, et y assista à la fête de Noël. Paul, pape romain, mourut, et la nouvelle en fut portée au roi à Bourges.

[768.] Le roi Pepin, dès qu'il vit le temps propre à reprendre la guerre, assembla son armée, et se mit en chemin pour la ville de Saintes. Sur la route, il fit prisonnier Rémistan, et à son arrivée à Saintes, la mère, la sœur et les nièces du duc Waïfer lui furent amenées. Il ordonna de les traiter avec respect, et s'avança vers la Garonne, où Eberwich vint au devant de lui, conduisant l'autre sœur de Waïfer qu'il remit en son pouvoir, ainsi que lui-même. Les choses se passant donc heureusement, Pepin retourna au château de Selles, où il célébra la fête de Pâques; il prit ensuite avec lui sa femme et sa famille, revint dans la ville de Saintes, et les y laissant, il recommença à poursuivre avec toutes ses troupes le duc Waïfer, décidé à ne cesser qu'après avoir vu ce rebelle pris et mis à mort. Waïfer fut tué en effet sur le territoire de Périgueux. Le roi jugea la guerre terminée, revint à Saintes, s'y arrêta quelque temps, et y fut atteint d'une maladie. Pendant sa durée, il alla à Tours, et y pria près du tombeau de saint Martin. S'étant ensuite rendu à Paris, il y mourut le 24 septembre. Son corps fut inhumé dans la basilique du bienheureux Denis, martyr. Ses fils Charles et Carloman furent faits rois par le consentement des Francs : tous deux prirent les insignes de la royauté, Charles dans la ville de

Noyon, et Carloman dans celle de Soissons, Charles étant parti pour Aix-la-Chapelle y célébra la fête de Noël, et celle de Pâques à Rouen.

CHARLEMAGNE (768—814).

[769.] Les deux frères, succédant à leur père, partagèrent ensemble le royaume. L'Aquitaine tomba au pouvoir de Charles l'aîné. Mais cette province ne put demeurer long-temps tranquille par suite des guerres qui s'étaient passées dans son sein. Un certain Hunold, aspirant au pouvoir, excita les habitans à machiner de nouveaux complots. Le roi Charles, à qui cette province était échue en partage, marcha à la tête de son armée contre lui. Mais il ne put obtenir de secours de son frère, qui en était détourné par les mauvais conseils des grands de son royaume. Les deux frères eurent à Duasdives [1] une conférence à ce sujet. Carloman retourna dans son royaume, et Charles, continuant sa route vers Angoulême, ville d'Aquitaine, fit assembler en ce lieu toutes ses troupes, poursuivit Hunold, et faillit le prendre; mais Hunold s'échappa à la faveur de la connaissance des lieux où il pouvait se dérober aux recherches de l'armée du roi. Il s'éloigna d'Aquitaine et gagna la Gascogne où il se croyait en sûreté, ne mettant pas en doute la fidélité de Loup, duc de Gascogne. Le roi envoya au duc une ambassade pour lui ordonner de rendre le rebelle, l'avertissant que, s'il ne se soumettait à cette condition, il entrerait les armes à la main en Gascogne, et n'en

---

[1] Lieu dont on ignore le nom et la position exacte, mais qui était, à ce qu'on croit, situé en Poitou.

sortirait qu'après avoir mis fin à sa désobéissance. Loup, effrayé des menaces du roi, promit de se soumettre désormais à ses volontés, et livra sans retard Hunold et sa femme. Charles, en attendant le retour de ses envoyés, bâtit un fort, nommé Fronsac, sur la rive de la Dordogne, et après leur arrivée, en possession du rebelle, il regagna son royaume. Il célébra la fête de Noël à Duren et celle de Pâques dans l'église de Saint-Lambert à Liége.

[770.] Le roi Charles tint l'assemblée générale du peuple à Worms. La reine Bertrade, mère des rois, eut une entrevue à Seltz avec Carloman, le plus jeune, pour y traiter de la paix, et partit pour l'Italie. Après y avoir terminé l'affaire qu'elle avait entreprise et adoré le Seigneur dans le temple des saints apôtres, elle retourna en France auprès de ses fils. Charles célébra la solennité de Noël à Mayence et celle de Pâques à Herstall.

[771.] L'assemblée générale tenue, selon l'usage, à Valenciennes sur le fleuve de l'Escaut, le roi Charles prit ses quartiers d'hiver. Au bout de quelque temps, Carloman, son frère, mourut à Samoucy. Charles voulut alors s'emparer de tout le royaume, se rendit dans la terre de Carbone, et y fut joint par Wilhaire, évêque de Sedan, Fulrad, prêtre, et plusieurs autres prêtres, comtes et grands de son frère, entre lesquels on remarquait Warin et Adalhard ; quant à la femme et aux fils du roi Carloman, ils s'étaient rendus en Italie avec une partie des grands. Le roi désapprouva comme inutile ce départ ; il solennisa la naissance de notre Seigneur à Attigny et la fête de Pâques à Herstall.

[772.] Le pape Étienne étant mort à Rome, Adrien lui

succéda au pontificat. Le roi Charles, après avoir tenu son assemblée à Worms, résolut de porter la guerre en Saxe, y entra sans retard, dévasta tout par le fer et le feu, prit le château-fort d'Ehresbourg et renversa l'idole appelée *Irminsul*[1] par les Saxons. Comme il s'était arrêté trois jours pour cette destruction, il arriva, tant le ciel demeura continuellement serein, que toutes les rivières et fontaines étaient à sec et qu'on ne pouvait rien trouver à boire. On craignait que l'armée, fatiguée par la soif, ne pût continuer ses travaux; mais un certain jour, et (à ce que l'on croit, par la bonté divine) pendant que, vers midi, tous se reposaient, un énorme volume d'eau remplit tout à coup le lit d'un torrent auprès du mont auquel était adossé le camp, et toute l'armée put ainsi se désaltérer. Le roi ayant détruit l'idole, s'avança jusqu'au

---

[1] *Erminsul* ou *Hermann-Säule*, colonne de *Hermann* ou *Arminius*. Cette idole était un monument grossier, élevé par la reconnaissance des Germains en l'honneur de Hermann ou Arminius, vainqueur de Varus et leur libérateur, dont la mémoire était devenue l'objet d'un culte. Indépendamment du sens même du mot, ce qui donne à cette explication une certitude à peu près complète, c'est qu'on ne peut guères douter que ce même lieu n'eût été, près de huit siècles auparavant, le théâtre de la défaite de Varus. « Les lieux voisins de la petite ville de Dethmold, » dit M. Stapfer dans son savant article sur Arminius inséré dans la *Biographie universelle* de MM. Michaud, « sont encore pleins des souvenirs « de ce mémorable événement. Le champ qui est au pied du Teutberg « s'appelle encore *Winfeld* ou Champ de la Victoire; il est traversé « par le *Rodenbeck* ou ruisseau de Sang, et le *Knochenbach* ou ruis- « seau des Os, qui rappelle ces ossemens trouvés, six ans après la dé- « faite de Varus, par les soldats de Germanicus venus pour leur rendre « les derniers honneurs. Tout près de là est *Feldrom*, le champ des « Romains; un peu plus loin, dans les environs de Pyrmont, le *Herminsberg* ou mont d'Arminius, couvert des ruines d'un château qui « porte le nom de *Harminsbourg*, et sur les bords du Weser, dans le « même comté de la Lippe, on trouve *Varenholz*, le bois de Varus. »

Weser, et là reçut des Saxons douze otages. De retour en France il assista aux solennités de Noël et de Pâques dans sa terre de Herstall.

[773.] Le pape Adrien ne pouvant supporter l'insolence du roi Didier et des Lombards, résolut d'envoyer à Charles, roi des Francs, une ambassade pour le supplier de venir secourir contre leur oppression lui et les Romains. Mais, comme on ne pouvait faire librement cette route par terre en Italie, le pape fit monter à Rome dans un vaisseau Pierre, son envoyé, qui se rendit ainsi par mer à Marseille et poursuivit ensuite par terre son chemin en France. Lorsqu'il eut joint le roi à Thionville où il passait l'hiver et lui eut exposé le sujet de son ambassade, Pierre retourna à Rome par le même chemin.

Le roi ayant examiné avec grand soin ces dissensions entre les Lombards et les Romains, se décida à entreprendre la guerre pour la défense de ces derniers; il se rendit avec son armée à Genève, ville de Bourgogne, située près du Rhône, y délibéra sur la manière d'entamer la guerre, divisa ses troupes en deux portions, donna à celles que commandait Bernard, son oncle paternel, l'ordre de faire route par le mont Joux, et lui-même, à la tête de l'autre, passa le mont Cenis; il traversa ainsi le sommet des Alpes, et mit en fuite Didier, qui s'efforça en vain de lui résister; il le bloqua dans Pavie, et employa l'hiver à tenter beaucoup de moyens pour prendre la ville, ce qui était fort difficile.

[774.] Pendant que ces événemens se passaient en Italie, les Saxons, saisissant l'occasion favorable de l'absence du roi, ravagèrent par le fer et le feu les frontières de Hesse qui touchaient aux leurs; ils voulurent incendier, dans le lieu nommé maintenant Friedslar, la basilique qu'y avait bâtie le bienheureux Boniface, martyr. Tandis qu'ils s'efforçaient vainement de réussir dans ce dessein, ils furent saisis d'une frayeur subite envoyée par Dieu, et s'enfuirent en désordre avec une honteuse terreur.

Le roi Charles, laissant à son armée le soin de terminer le siége et la prise de Pavie, alla à Rome pour y prier, et lorsqu'après avoir accompli ses vœux il fut retourné à son camp, la ville, fatiguée d'un long siége, se rendit à lui; toutes les autres villes suivirent cet exemple et se donnèrent au roi des Francs. Charles, ayant ainsi soumis et pacifié pour quelque temps l'Italie, revint en France emmenant captif le roi Didier. Quant à Adalgise, son fils, en qui les Lombards mettaient beaucoup d'espérances, voyant les affaires de son pays perdues, il alla en Grèce auprès de l'empereur Constantin, et vécut honorablement à sa cour avec le titre de patrice.

Lorsque le roi fut de retour, et avant même que les Saxons pussent en être informés, il envoya dans leur pays une triple armée qui mit tout à feu et à sang, tailla en pièces une multitude de Saxons qui s'efforçaient de résister, et revint en France chargé de butin.

Charles à son retour d'Italie, célébra la dédicace de l'église de Saint-Nazaire, martyr, et la translation de son corps dans notre monastère de Lauresheim, l'an du Sauveur 774, le 1er septembre.

[775.] Le roi passant l'hiver à Quiersi, résolut d'attaquer les cruels et perfides Saxons, et de ne s'arrêter qu'après leur entière extermination ou leur conversion au christianisme. Après avoir tenu l'assemblée générale dans la ville de Duren, il passa le Rhin, attaqua la Saxe avec toutes ses forces, prit du premier coup la citadelle de Siegbourg, où était une garnison saxonne, rétablit le fort d'Ehresbourg qu'avaient détruit les Saxons, et y laissa quelques troupes franques, de là gagna le Weser, et attaqua, dans le lieu nommé Brunnesberg, une multitude de Saxons qui voulaient lui disputer, mais en vain, le passage du fleuve, car dès les premiers instans ils furent mis en fuite, et beaucoup y périrent. Le roi passa donc le fleuve, et s'avança avec une partie de son armée jusqu'à l'Ocker; là vint le joindre Hesson un des chefs Saxons, amenant avec lui tous les Ostphaliens [1]; il lui donna les otages exigés, et lui jura fidélité.

Charles étant revenu sur ses pas, et arrivé au village nommé Buch, les Angrariens accoururent à lui avec leurs principaux chefs, imitèrent les Ostphaliens, lui donnèrent des otages, et lui prêtèrent serment.

Cependant la partie de l'armée que Charles avait laissée près du Weser, dressa ses tentes dans le lieu nommé Hudbeck [2], et, ne prenant point de précautions, fut circonvenue par la fraude des Saxons. Comme les fourrageurs Francs retournaient au camp vers la neuvième heure du jour, les Saxons feignirent d'être de leurs compagnons, se mêlèrent à eux, s'introduisirent dans leurs retranchemens, les attaquèrent pendant leur sommeil, et massacrèrent une grande partie de cette multitude imprudente. Cependant, repoussés par la vaillante résistance de

---

[1] Les Saxons orientaux.
[2] Lidbad, selon d'autres Chroniques.

ceux qui s'étaient éveillés, les Saxons sortirent du camp, et s'éloignèrent d'après un traité que la nécessité seule avait pu imposer. Quand le roi reçut cette nouvelle, il se mit en marche avec toute la diligence possible, poursuivit les Saxons en retraite, en tailla en pièces une grande quantité, reçut des otages Westphaliens[1], et retourna en France pour y passer l'hiver.

[776.] Le roi apprit à son retour que le lombard Rotgaud, qu'il avait établi duc dans le Frioul, excitait de nouveaux mouvemens en Italie, et que déjà plusieurs villes s'étaient données à lui. Charles jugea nécessaire de réprimer promptement ces rébellions, emmena avec lui ses plus braves guerriers, et marcha sur-le-champ en Italie. Rotgaud qui avait prétendu se faire roi fut tué, les villes dont il s'était emparé se rendirent sans retard, le roi y mit des comtes Francs, et retourna en France, aussi vite qu'il en était venu. A peine eut-il passé les Alpes, que des envoyés lui apprirent que le fort d'Ehresbourg avait été emporté par les Saxons, que la garnison franque en avait été expulsée, que l'autre château de Siegbourg n'avait pas été pris, mais attaqué; que les troupes demeurées pour sa garde avaient fait une sortie, attaqué par derrière les imprudens Saxons occupés du siége, et tué une grande quantité d'entre eux; que ceux qui avaient échappé au carnage avaient non seulement abandonné le siége, mais s'étaient empressés de fuir, et qu'errans et dispersés ils avaient été poursuivis par les Francs, jusqu'au fleuve de la Lippe.

[1] Saxons occidentaux.

A ces nouvelles le roi tint une assemblée à Worms, et résolut d'entrer en Saxe : il convoqua toutes ses troupes, et parvint avec tant de célérité au lieu qu'il avait désigné, qu'il renversa par là les desseins des ennemis qui s'efforçaient de lui résister. En approchant de la source de la Lippe, il trouva une immense multitude de ce peuple perfide qui venait, suppliante et soumise, implorer le pardon de sa faute. Le roi lui pardonna miséricordieusement, fit baptiser ceux qui disaient vouloir être chrétiens, reçut d'eux de trompeuses promesses de fidélité, ainsi que les otages qu'il avait exigés, répara le fort détruit d'Ehresbourg, en fit construire un autre sur la Lippe, laissa dans chacun une forte garnison, et, de retour en France, passa l'hiver à Herstall.

[777.] Au premier souffle du printemps, le roi partit pour Nimègue, et après y avoir célébré la fête de Pâques, ne pouvant ajouter aucune foi aux trompeuses promesses des Saxons, il tint à Paderborn l'assemblée générale du peuple, et entra en Saxe avec une grande armée. Là tout le sénat, et une foule d'hommes de ce peuple perfide, vinrent le trouver d'après son ordre, feignant le dévouement et l'obéissance. Ils étaient en effet tous venus devant lui, excepté Witikind, un des chefs Westphaliens, qui se sentant coupable de beaucoup de crimes, et craignant pour cette cause la présence du roi, avait fui auprès de Siegfried, roi des Danois. Ceux qui étaient venus se soumirent au roi, et obtinrent leur pardon à la condition que, s'ils se révoltaient de nouveau, ils seraient privés de leur patrie et de leur liberté. Un grand nombre d'entre eux se firent baptiser en ce lieu ; mais c'était bien faussement qu'ils disaient vouloir être chrétiens.

Dans le même lieu et temps, se rendit aussi en présence du roi un Sarrasin nommé Ibn-Al-Arabi, venu d'Espagne avec plusieurs autres, et il se donna à Charles, ainsi que les villes dont l'avait fait chef le roi des Sarrasins. Charles ayant terminé l'assemblée, retourna en France, célébra la fête de Noël dans la ville de Douzy, et celle de Pâques à Chasseneuil en Aquitaine.

[778.] Concevant, et avec raison, par les discours d'Ibn-Al-Arabi, l'espoir de s'emparer de quelques villes d'Espagne, le roi assembla son armée et se mit en marche ; il traversa les sommets des Pyrénées, par le pays des Gascons, attaqua Pampelune, ville de Navarre, et la força à se rendre. De là passant à gué l'Ebre, il s'avança vers Saragosse, ville considérable de ce pays, reçut les otages que lui amenèrent Ibn-Al-Arabi, Abithaür et plusieurs autres Sarrasins, et revint à Pampelune. Il rasa les murs de cette ville pour l'empêcher de se révolter à l'avenir ; et voulant retourner en France, il entra dans les gorges des Pyrénées. Mais les Gascons avaient placé des embuscades dans ces monts ; ils attaquèrent l'arrière-garde et mirent toute l'armée en un grand désordre. Quoique, par le courage et les armes, les Francs fussent supérieurs aux Gascons, ils se trouvèrent inférieurs à cause de la difficulté des lieux et de ce genre inaccoutumé de combat. Plusieurs des hommes de la cour à qui le roi avait donné des troupes à commander furent tués dans ce combat. Les bagages furent pillés ; et l'ennemi, par sa connaissance des lieux, se déroba aussitôt à toute poursuite. Le souvenir de ce cruel échec obscurcit grandement dans le cœur du roi la joie de ses exploits en Espagne.

Pendant ce temps, les Saxons, saisissant l'occasion favorable, prirent les armes et s'avancèrent jusqu'au Rhin; mais ne pouvant passer le fleuve, ils dévastèrent par le fer et le feu tout ce qui se trouva de villes et villages depuis le fort de Duitz[1] jusqu'à l'embouchure de la Moselle. Les choses sacrées et profanes furent également en proie à leur fureur; leur rage ne fit point de distinction de sexe ni d'âge, et il parut clairement qu'ils étaient entrés sur le territoire des Francs non pour piller, mais pour le plaisir de la vengeance. Quand cette nouvelle fut apportée au roi à Auxerre, il ordonna sur-le-champ aux Francs orientaux et aux Allemands de se rendre en hâte pour chasser l'ennemi. Lui-même ayant laissé là ses autres troupes, se rendit à Herstall pour y passer l'hiver. Les Francs et les Allemands envoyés contre les Saxons marchèrent sur eux à grandes journées pour pouvoir les atteindre dans le territoire Franc; mais les Saxons, ayant achevé leur entreprise, étaient déjà rentrés dans le leur. Les troupes du roi ayant suivi leurs traces, les atteignirent dans la Hesse, comme ils allaient passer le fleuve de l'Adern; elles les attaquèrent aussitôt et en firent un tel carnage qu'on dit que, d'une si grande multitude, à peine quelques-uns purent regagner en fuyant leurs demeures.

[779.] Le roi quitta au printemps Herstall, où il avait passé l'hiver et célébré les fêtes de Noël et de Pâques, et se rendit à Compiègne. Comme il s'en re-

[1] Près de Cologne.

retournait, après avoir achevé l'affaire pour laquelle il était venu, Hildebrand, duc de Spolète, vint à lui à Wirsigny [1] avec beaucoup de présens. Le roi le reçut très-bien, le combla de dons, et le renvoya dans son duché. Ensuite se disposant à l'expédition de Saxe, le roi alla à Duren, tint, selon la coutume, l'assemblée générale, et parvint, avec son armée, jusque sur la Lippe. Les Saxons, animés d'une vaine espérance, s'efforcèrent de lui résister dans le lieu appelé Buchholz, furent repoussés et mis en fuite. Le roi entra dans la Westphalie et reçut à discrétion tous les habitans. De là il s'avança jusqu'au Weser, dressa son camp dans le lieu nommé Medfull, et y séjourna quelque temps. Les Angrariens et les Ostphaliens s'y rendirent, lui donnèrent des otages et lui jurèrent fidélité. Après avoir terminé toutes ces choses, le roi traversa le Rhin, et se rendit dans la ville de Worms où il passa l'hiver.

[780.] Dès que le roi trouva le temps favorable, il partit avec une grande armée et entra de nouveau en Saxe; il passa par le fort d'Ehresbourg, vint à la source de la Lippe, y plaça son camp et s'y arrêta quelques jours. De là changeant de route, il se mit en marche pour l'orient et gagna le fleuve de l'Ocker. Les Saxons de toutes les parties orientales se rendirent en ce lieu comme il leur en avait donné l'ordre; et, suivant leur feinte accoutumée, se firent baptiser dans le lieu nommé Horheim. De là le roi s'avança vers l'Elbe, dressa ses tentes pour s'arrêter quelque temps dans le lieu où cette rivière est jointe par l'Ocker, et s'occupa de régler les affaires des Saxons qui habitent la

---

[1] On ignore la situation de ce lieu.

rive citérieure de ce fleuve avec les Esclavons qui couvrent la rive ultérieure. Ayant tout arrangé pour le moment, il retourna en France et se décida à partir pour Rome pour y prier et accomplir ses vœux ; il prit avec lui sa femme et ses enfans, et se rendit sans retard en Italie ; il célébra la fête de Noël à Pavie où il passa le reste de l'hiver.

[781.] Allant de là à Rome, le roi y fut honorablement reçu par le pape Adrien ; et comme il célébrait les mystères de Pâques, le pontife baptisa son fils Pepin, et lui donna l'onction royale. Il fit la même cérémonie à Louis son frère, et leur imposa à tous deux la couronne. Pepin, l'aîné, fut établi roi de Lombardie, et Louis, le plus jeune, roi d'Aquitaine. Le roi quitta Rome, se rendit à Milan, où Thomas, évêque de cette ville, baptisa sa fille Gisèle, et la tint sur les fonts sacrés. Cela fait, le roi retourna en France.

Tandis qu'il était à Rome, il convint avec le pape Adrien qu'ils enverraient de concert des ambassadeurs à Tassilon, duc de Bavière, pour lui rappeler les promesses qu'il avait faites au roi Pepin, à ses fils et aux Francs, savoir, de leur être dévoué et soumis en tout.

Les hommes choisis et envoyés dans cette ambassade furent, de la part du pape, les évêques Formose et Damase, et de celle du roi, Richulf, diacre, et Eberhard, grand échanson. Ils parlèrent au duc comme il leur avait été prescrit, et son cœur fut tellement touché qu'il dit que, si l'on voulait lui donner de tels otages qu'il ne pût rien craindre pour sa sûreté, il se rendrait sur-le-champ en présence du roi. On les lui accorda. Il alla aussitôt trouver Charles à Worms, prêta le serment qu'on exigeait de lui, et donna sans retard les douze otages qu'on lui demandait. Sigebert, évêque de Ratisbonne en Bavière, fut chargé de les amener à Quiersy, où était le roi. Mais le duc, retourné chez lui, ne garda pas long-temps la foi qu'il avait jurée. Quant au roi, il passa l'hiver à Quiersy, et y célébra les fêtes de Noël et de Pâques.

[782.] Au commencement de l'été, lorsque l'abondance des fourrages permit de faire entrer l'armée en campagne, le roi résolut de passer en Saxe, et d'y tenir l'assemblée générale qui avait lieu tous les ans en France. Il traversa le Rhin près de Cologne, marcha avec toute l'armée des Francs jusqu'à la source de la Lippe, y dressa son camp, et s'y arrêta assez longtemps. Entreautres choses, il reçut et congédia les ambassadeurs de Siegfried, roi des Danois, et ceux que lui envoyaient Chagan[1] et Igour[2], princes des Huns, comme pour traiter de la paix. Lorsque, l'assemblée terminée, Charles eut passé le Rhin, et fut rentré en France, Witikind, qui avait fui chez les Normands, revint dans sa patrie, et, par de vaines espérances, y excita à la révolte les esprits des Saxons. Cependant le roi avait appris que les Esclavons Sorabes qui habitaient entre l'Elbe et la Sale étaient entrés pour piller sur les terres des Saxons et des Thuringiens qui touchaient aux leurs, et qu'ils dévastaient tout par le fer et le feu. Sur-le-champ le roi manda trois de ses ministres, Adalgise, chambellan, Geilon, connétable, Worad, comte du palais, et leur ordonna de prendre

---

[1] Le chagan, roi des Avares.
[2] Nom national des Avares eux-mêmes.

avec eux les Francs orientaux et les Saxons, et de réprimer en hâte l'audace des Esclavons.

Lorsque, pour accomplir ces ordres, ces ministres franchirent les frontières de Saxe, ils trouvèrent les Saxons se préparant, d'après le conseil de Witikind, à déclarer la guerre aux Francs : ils renoncèrent alors à poursuivre leur route vers les Esclavons, et se décidèrent à se rendre, avec les troupes des Francs orientaux, au lieu où l'on disait que s'étaient rassemblés les Saxons. Le comte Théodoric, parent du roi, les rejoignit dans la Saxe même avec les forces qu'il s'était hâté de lever dans le pays des Ripuaires aussitôt qu'il avait appris la trahison des Saxons : il donna aux ambassadeurs le conseil de s'enquérir aussi vite que possible, par des espions, du lieu où étaient les Saxons, de ce qui se passait au milieu d'eux, et de les attaquer tous ensemble, si la nature des lieux le permettait. Les ambassadeurs louèrent cet avis, et tous se rendirent ensemble jusqu'au mont appelé Sonnethal, sur le flanc septentrional duquel était placé le camp des Saxons. Théodoric dressa là ses tentes, et l'on convint que, pour cerner plus facilement le mont, les ambassadeurs passeraient avec leurs troupes le Weser, et camperaient sur la rive même du fleuve. S'étant alors entretenus, ceux-ci craignirent que, s'ils attaquaient de concert avec Théodoric, la gloire de la victoire ne lui revînt : c'est pourquoi ils résolurent d'attaquer et de donner bataille sans lui; ils prirent leurs armes, et attaquèrent, non pas comme ayant affaire à un ennemi préparé à les recevoir, mais comme s'il eût déjà été en fuite. Chacun se livrant à toute la vitesse de son cheval, on eût dit qu'ils n'avaient qu'à poursuivre et à piller des fuyards. Ils arrivèrent dans le lieu même où était rangée devant son camp l'armée des Saxons. Alors le combat s'engagea, et l'issue en fut funeste; car les Francs, entourés par les Saxons, furent presque tous massacrés; ceux qui purent s'évader ne retournèrent pas à leur camp, mais gagnèrent, en fuyant, celui de Théodoric, qui était situé de l'autre côté du mont. La perte des Francs fut encore plus grande par le rang des morts que par leur nombre. Deux des ambassadeurs, Adalgise et Geilon, quatre comtes, et jusqu'à vingt des hommes les plus nobles et les plus distingués furent tués, sans compter ceux qui les avaient suivis, et qui aimèrent mieux périr avec eux que leur survivre.

Lorsque le roi eut reçu cette nouvelle, il crut ne devoir apporter aucun retard; il assembla son armée, et partit pour la Saxe. Il manda les principaux Saxons, et s'enquit des auteurs de la trahison.

Tous dénoncèrent Witikind comme auteur de ce forfait, et ils ne purent le livrer, parce qu'après avoir fait le coup, il s'était retiré chez les Normands. Le roi se fit amener quatre mille cinq cents de ceux qui, à sa persuasion, avaient commis un tel crime, et les fit décapiter en un seul jour, dans le lieu appelé Werden, sur le fleuve de l'Aller. Après avoir exécuté cet acte de vengeance, il passa l'hiver à Thionville, et y célébra, selon la coutume, les fêtes de Noël et de Pâques.

[783.] Dès que le printemps commença à sourire, le roi se prépara à une expédition contre la Saxe, car il avait appris que, de tous côtés, les Saxons se révoltaient. Sur ces entrefaites, la reine Hildegarde, sa femme, mourut le 30 avril. Après avoir célébré, avec solennité et selon l'usage, ses funérailles, Charles conduisit, comme il l'avait résolu, son armée en Saxe. Informé que les Saxons se préparaient au combat, dans le lieu appelé Dethmold, il fondit sur eux avec une extrême vitesse, engagea le combat, et fit d'eux un tel carnage qu'on dit que, de cette innombrable multitude, bien peu réussirent à s'échapper. Lorsqu'il se fut rendu avec son armée, du champ de bataille, à Paderborn, après y avoir dressé son camp en attendant les troupes qui devaient encore venir de France, il apprit que les Saxons s'étaient assemblés près du fleuve Hase, sur les confins de la Westphalie, dans le dessein de l'y combattre s'il s'y avançait. Irrité de cette nouvelle, il réunit les troupes des Francs, tant celles qu'il venait de recevoir que celles qui l'avaient suivi d'abord, marcha sans retard au lieu où les ennemis étaient rassemblés, et, les ayant joints, combattit avec autant de bonheur que par le passé : une multitude infinie de Saxons y périt ; on y fit un butin considérable, et un grand nombre de prisonniers resta aux Francs. De là le vainqueur fit route vers l'Orient, et marcha dévastant tout sur son passage, d'abord jusqu'au Weser, ensuite jusqu'à l'Elbe. De retour en France, il épousa Fastrade, femme franque, fille du comte Rodolphe, de laquelle il eut deux filles. Cette même année, mourut Bertrade, d'heureuse mémoire, mère du roi, le 11 juillet. Charles se rendit à Herstall pour y passer l'hiver, et y assista aux solennités de Noël et de Pâques.

[784.] Aussitôt que le temps le permit, le roi décida de mettre fin à la guerre contre les Saxons, passa le Rhin avec son armée, près du lieu nommé Lippenheim, dévasta la Westphalie, et s'avança vers le Weser. Après avoir dressé son camp au bord du fleuve, dans le lieu nommé Huchulb[1], il aperçut qu'il ne pouvait passer, comme il l'avait résolu, dans la partie septentrionale de la Saxe, à cause d'une grande inondation qu'avait occasionnée subitement la continuité des pluies. Il prit alors sa route par la Thuringe, ordonna à son fils Charles de demeurer avec une partie de l'armée sur les frontières de Westphalie, et gagnant les campagnes de Saxe qui sont sur l'Elbe et la Sale, ravagea le pays des Saxons orientaux, brûla leurs villes, et revint de Schaning en France. Quant à son fils Charles, comme il cheminait le long du fleuve de la Lippe, une armée de Saxons se présenta devant lui : il engagea avec eux une action de cavalerie, combattit avec bonheur, en tua un grand nombre, en mit beaucoup en fuite, et retourna victorieux à Worms près de son père.

Le roi réunit de nouveau son armée, partit pour la Saxe, célébra dans son camp le jour de la naissance du Seigneur, et marcha, en le dévastant, dans le canton d'Huellagoge[2], près du fleuve de l'Ems, non loin du fort saxon qui porte le nom de Dekidrobourg, au confluent du Weser et de la Werne. Lorsqu'il voulut partir, il en fut empêché par l'âpreté de l'hiver et les inondations, et passa l'hiver à Ehresbourg.

[785.] Dès qu'il s'y fut résolu, il fit venir à lui sa femme et ses enfans; et, ayant laissé avec eux dans ce fort une assez nombreuse et fidèle garnison, il partit pour dévaster le pays des Saxons et prendre leurs

---

[1] Peut-être Hoxter.
[2] Peut-être Wechta.

villes; courant en tous sens, et ravageant tout par le fer et le feu, il fit passer aux Saxons, tant par lui-même que par ses ducs, un hiver très-fâcheux. Après ces expéditions désastreuses pour ce peuple, l'hiver fini et ayant reçu des convois de France, Charles tint, selon la coutume ordinaire, l'assemblée générale du peuple à Paderborn. Après avoir terminé les affaires qui s'y devaient traiter, il se rendit à Bardengau; il apprit là que Witikind et Abbion étaient au-delà de l'Elbe; il les fit aussitôt engager par les Saxons à renoncer à leur perfidie et à se soumettre à lui sans hésiter. Mais, ayant la conscience de leurs crimes, ils craignaient de s'en remettre à sa foi; cependant après avoir reçu de lui la promesse de pardon qu'ils avaient demandée, et Amalwin, envoyé du roi, leur ayant remis les otages qu'ils avaient desirés pour leur sûreté, ils se rendirent avec lui auprès du roi à Attigny, et y furent baptisés. Charles, après leur avoir envoyé Amalwin pour qu'il les lui amenât, était rentré en France. L'opiniâtre perfidie des Saxons se reposa quelque temps, surtout parce que les occasions de se révolter leur manquèrent.

Il se fit cette année de l'autre côté du Rhin, et parmi les Francs orientaux, une grande conspiration, dont on regarda le comte Hartrad comme l'auteur. Mais aussitôt que le roi en eut été informé, il la dissipa par son habileté et sans grave danger; il condamna une partie des conspirateurs à perdre les yeux, et le reste à l'exil.

[786.] L'hiver passé, et après la célébration de la fête de Pâques à Attigny, le roi résolut d'envoyer une armée en Bretagne. Depuis que la Bretagne d'outremer avait été envahie par les Angles et les Saxons, un grand nombre des insulaires, passant la mer, étaient venus s'établir dans les pays de Vannes et de Quimper, situés à l'extrémité de la Gaule. Ce peuple, réduit par les rois Francs à la condition de sujet et de tributaire, avait coutume, quoiqu'à contre cœur, de payer l'impôt qui lui était prescrit; mais alors il ne voulait plus y consentir, et le roi envoya Audulf, l'un de ses domestiques, qui comprima sur-le-champ l'audace de ce peuple perfide; il amena à Worms les otages qu'il avait reçus et plusieurs des chefs de la nation. La paix étant partout, le roi se décida à partir pour Rome, et pensant qu'il lui convenait d'attaquer cette portion de l'Italie où est Bénévent, pour soumettre à sa puissance le reste d'un royaume dont, depuis la prise de Didier, il possédait la capitale et une grande partie par la soumission des Lombards; sans aucun retard il fit assembler ses troupes et entra en Italie au milieu des rigueurs de l'hiver. Après avoir célébré Noël à Florence, ville de Toscane, il marcha rapidement vers Rome. A son arrivée, il discuta, tant avec le pape Adrien qu'avec les grands, son projet d'entrer sur le territoire de Bénévent. Arégise, duc des Bénéventins, ayant appris sa venue et son dessein, tenta de l'en détourner. Il lui envoya, avec des présens, Romuald, l'aîné de ses fils, pour le supplier de ne point attaquer son pays. Mais le roi ne renonçait pas de la sorte aux choses qu'il avait entreprises; il retint par devers lui Romuald, se rendit avec son armée à Capoue, ville de Campanie, et de là il eût commencé la guerre si le duc Arégise, par une sage résolution, n'eût prévenu le coup qui le menaçait. Abandonnant

Bénévent qui passait pour la capitale de cette contrée, il se retira avec les siens à Salerne, ville qu'il jugeait plus sûre, et envoya une légation au roi, lui offrant en otage l'un et l'autre de ses fils, et promettant de lui obéir en tout. Le roi, touché de ses prières, et mû par la crainte de Dieu, s'abstint de la guerre, et renvoya au duc son fils aîné, après avoir reçu à sa place et en otage Grimoald le cadet. Le peuple de Bénévent lui donna aussi onze otages; il envoya des ambassadeurs chargés de lier par des sermens le duc et toute la nation. Cela fait, Charles eut une entrevue avec les ambassadeurs de l'empereur Constantin, qui venaient lui demander la main de sa fille. Les ayant congédiés, il retourna à Rome, et y célébra avec grande joie la fête de Pâques.

[787.] Tandis que le roi était encore à Rome, Tassilon, duc de Bavière, envoya au pape Adrien des ambassadeurs, savoir l'évêque Arne et l'abbé Henri, pour le prier de vouloir bien servir de médiateur entre le roi et lui. Le pontife ne crut pas devoir se refuser à ses prières, et s'occupa, avec une sollicitude empressée, de rétablir entre ces princes, par son intervention et son crédit, la bonne intelligence et la paix. Lorsque le roi lui eut donné son consentement, le pontife demanda aux envoyés du duc quand ils jureraient cette paix. Ils répondirent qu'il ne leur avait été rien prescrit à ce sujet, et qu'ils n'étaient chargés que de reporter à leur maître la réponse du roi et du pontife. Le pape, irrité de leur discours, résolut de les frapper d'anathème comme fourbes et trompeurs, si les promesses faites autrefois au roi n'étaient pas accomplies, et les ambassadeurs s'en retournèrent ainsi sans avoir conclu la paix. Le roi ayant rendu hommage aux tombeaux des saints et s'étant acquitté de ses vœux, reçut la bénédiction apostolique et revint en France, trouva à Worms sa femme Fastrade, ses enfans et la suite qu'il avait laissée auprès d'eux, et résolut de tenir en ce lieu l'assemblée générale. Il y raconta en présence des grands tout ce qu'il avait fait en Italie, parla en finissant de ces envoyés de Tassilon qu'il avait reçus à Rome, et se décida à voir ce que Tassilon voudrait tenir de ses sermens. Il assembla donc une grande armée, la divisa en trois parts, et résolut d'attaquer la Bavière et Tassilon. Il commanda à Pepin son fils de se rendre avec les troupes italiennes dans la vallée de Trente; les Francs orientaux et les Saxons s'avancèrent, comme ils en avaient reçu l'ordre, jusqu'au lieu nommé Pfenning [1], près du Danube, et lui-même s'arrêta, avec la partie de l'armée qu'il conduisait, dans la banlieue d'Augsbourg, sur le Lech qui sépare les Allemands et les Bavarois. De là, et avec tant de troupes, il eût, sans aucun doute, envahi la Bavière, si Tassilon n'eût prévenu, en se remettant au roi, son danger et celui de son peuple; se voyant entouré de toutes parts, il vint en suppliant demander le pardon de ses actions passées. Le roi, qui était très-doux de sa nature, se rendit à ses vœux et ses prières, reçut de lui, outre douze otages, son fils Théodon, s'assura par un serment de la fidélité des habitans de cette contrée, et retourna en France. Il célébra la fête de Noël et celle de Pâques dans la ville d'Ingelheim, dans la banlieue de Mayence.

[788.] Décidé à tenir dans cette ville l'assemblée

[1] Aujourd'hui Phoringen.

générale de son peuple, Charles ordonna à Tassilon, comme à ses autres vassaux, de s'y rendre, et lorsque ce duc, selon l'ordre qu'il avait reçu, fut venu en sa présence, il fut accusé de lèze-majesté par les Bavarois qui en donnaient pour raison qu'après avoir remis son fils comme otage au roi, et par le conseil de sa femme Hulberge, fille de Didier, qui conservait une grande haine contre les Francs, à cause de l'exil de son père, Tassilon, par animosité contre le roi, avait excité les Huns à entreprendre la guerre contre les Francs; ce qui arriva cette même année prouva la vérité de l'accusation. Les Bavarois racontèrent plusieurs actions et paroles du duc qui n'avaient pu être dites ou faites que par un ennemi furieux, et il ne put en nier aucune. Convaincu de crime à l'unanimité, il fut condamné à la peine capitale; mais, malgré ce jugement, la clémence du roi lui sauva la vie : on lui fit quitter l'habit séculier, et il fut envoyé dans un monastère, où il vécut aussi pieusement qu'il y était entré de bon cœur. Son fils Théodon reçut aussi la tonsure, et fut assujéti à la loi monastique. Ceux des Bavarois qu'on savait avoir été instruits et complices de leur perfidie, furent relégués en différens lieux d'exil.

Les Huns, comme ils l'avaient promis à Tassilon, parurent en deux armées qui attaquèrent, mais en vain, l'une le Frioul, l'autre la Bavière. Ils furent vaincus et mis en fuite dans l'un et l'autre lieu; beaucoup des leurs furent tués, et ils regagnèrent leur pays avec grand dommage. Pour venger cet affront, ils attaquèrent de nouveau la Bavière avec de nombreuses troupes; mais du premier choc ils furent repoussés par les Bavarois; beaucoup d'entre eux furent tués; d'autres, s'efforçant de se sauver, voulurent traverser le Danube à la nage, et furent engloutis dans les gouffres du fleuve.

Cependant l'empereur Constantin, irrité que le roi lui eût refusé sa fille, ordonna à Théodore, patrice de Sicile [1], et à ses autres ducs, de dévaster les frontières des Bénéventins. Comme ils exécutaient ces ordres de l'empereur, Grimoald qui, après la mort de son père, avait été nommé, cette année même, par le roi, duc de Bénévent, et Hildebrand, duc de Spolète, vinrent au devant des troupes impériales avec toutes celles qu'eux-mêmes avaient pu réunir ; ils menaient avec eux Winégise, envoyé du roi, qui depuis succéda à Hildebrand comme duc de Spolète. On livra bataille, et les Francs, faisant un grand carnage, furent vainqueurs sans perdre beaucoup des leurs, et revinrent dans leurs forts avec beaucoup de butin et de captifs.

Le roi parcourut la Bavière, pacifia cette province, régla ses frontières, revint en France, et passa l'hiver dans son palais d'Aix-la-Chapelle, où il célébra la fête de Noël et celle de Pâques.

[789.] Il y a en Germanie, sur le bord de l'Océan, une certaine nation d'Esclavons qui se nomment dans leur langue Wélétabes et sont appelés par les Francs Wiltzes. Ce peuple, toujours ennemi des Francs, avait coutume de poursuivre de sa haine, d'opprimer et de harceler par ses armes ceux de ses voisins qui étaient alliés ou sujets des Francs. Le roi, ne voulant pas supporter plus long-temps cette insolence, résolut de leur faire la guerre, assembla une nombreuse armée,

---

[1] De Naples.

et passa le Rhin près de Cologne. Il prit de là son chemin par la Saxe ; et lorsqu'il eut gagné l'Elbe, il plaça son camp sur le rivage, joignit le fleuve par deux ponts, fortifia l'un aux deux bouts, et y laissa une forte garnison. Lui-même passa le fleuve, conduisit son armée au lieu désigné, entra sur les terres des Wiltzes, et ordonna de tout ravager par la flamme et le fer. Cette nation, quoique belliqueuse et se confiant en son nombre, ne put long-temps soutenir l'impétuosité de l'armée des Francs. Dès que le roi fut arrivé près de la ville de Dragwit, Wiltzan, qui, par l'autorité de sa vieillesse et la noblesse de sa naissance, était supérieur aux autres petits rois des Wiltzes, alla au devant de lui avec tous les siens, donna les otages qu'on lui demandait, et engagea par un serment sa foi au roi et aux Francs. Les autres rois et les principaux des Esclavons suivirent son exemple, et se soumirent au pouvoir du roi. Charles, ayant ainsi réduit ce peuple, et reçu les otages qu'il avait exigés, regagna l'Elbe par le même chemin, fit repasser le pont à son armée, et ayant réglé, en passant, tout ce qui regardait les Saxons, il rentra en France, et célébra à Worms la fête de Noël et celle de Pâques.

[790.] Le roi ne fit aucune expédition cette année. Tandis qu'il était à Worms, il reçut les ambassadeurs des Huns, et en envoya pareillement à leurs princes : il s'agissait entre eux de déterminer où devaient être les bornes de leurs États respectifs. Cette altercation fut l'origine et la source de la guerre qui eut lieu avec les Huns. Le roi cependant, pour ne pas paraître rester dans l'oisiveté et perdre le temps, s'embarqua sur le fleuve du Mein, gagna par là son palais de Seltz, bâti auprès du fleuve de la Sale, et de là retourna à Worms par le même chemin, en suivant le cours du fleuve. En hiver, tandis qu'il était dans ce même palais, un incendie arrivé par accident pendant la nuit le consuma. Charles resta cependant dans ce lieu, et y célébra la fête de Noël et celle de Pâques.

[791.] Le printemps passé, le roi quitta Worms vers le commencement de l'été, et partit pour la Bavière, dans la résolution de rendre aux Huns le mal qu'ils lui avaient fait, et de leur déclarer la guerre le plus tôt possible. Il assembla donc, dans cette intention, des convois et les meilleures troupes de son royaume, et commença à faire route avec son armée partagée en deux. Il en confia une portion au comte Théodoric et à Meginfried, son chambellan, et leur ordonna de marcher par la rive septentrionale du Danube; lui-même occupa, avec celle qu'il conduisait, la rive méridionale de ce fleuve, et gagna la Pannonie; il commanda aux Bavarois de descendre le Danube avec les provisions de l'armée placées sur des bateaux. S'étant ainsi mis en marche, il dressa d'abord son camp près de l'Ems, car ce fleuve, coulant entre la Bavière et le pays des Huns, devait nécessairement servir de limite aux deux royaumes. On fit alors pendant trois jours des prières pour que l'issue de cette guerre fût heureuse et fortunée; ensuite les troupes se mirent en mouvement, et la guerre fut déclarée par les Francs à la nation des Huns. Les garnisons des Huns furent chassées; leurs forteresses, dont l'une était bâtie près du fleuve du Camb, et l'autre près de la ville de Comagène[1], et sur le mont Anneberg,

---

[1] Probablement Comhorn.

furent détruites, et tout fut dévasté par le fer et
la flamme. Le roi gagna avec son armée le fleuve du
Raab, le passa, et marcha, en suivant la rive, jusqu'au
lieu où il joint le Danube. Il y campa quelques jours,
et résolut de retourner par la Bavière, mais il ordonna aux autres troupes, à la tête desquelles étaient
Théodoric et Meginfried, de reprendre la route de
Bohême qu'elles avaient déjà suivie. Ayant ainsi parcouru et ravagé une grande partie de la Pannonie, il
rentra en Bavière avec son armée saine et sauve. Quant
aux Saxons et aux Frisons, ils retournèrent chez eux
par la Bohême avec Théodoric et Meginfried, selon
l'ordre qu'ils avaient reçu. Cette expédition se passa
sans aucun fâcheux accident, si ce n'est que les chevaux de l'armée que menait le roi furent atteints d'une
telle maladie qu'on dit que, de plusieurs milliers de
chevaux, il en resta à peine la dixième partie. Le roi
renvoya ses troupes, se rendit à la ville de Régine,
nommée actuellement Regensbourg[1], y passa l'hiver,
et y fêta la naissance et la résurrection du Sauveur.

[792.] La ville d'Urgel est située sur le sommet des
Pyrénées. L'Espagnol Félix, qui en était évêque, fut
consulté par lettres par Élipand, évêque de Tolède,
pour savoir ce qu'on devait penser touchant l'humanité de Notre-Seigneur et Dieu Sauveur Jésus-Christ,
et si, en le considérant dans sa qualité d'homme, on
le devait regarder comme fils de Dieu par nature ou
par adoption. Félix ne se contenta pas de prononcer
imprudemment, inconsidérément, et contre l'antique
doctrine de l'église catholique, que le Christ devait
être regardé comme fils adoptif de Dieu ; mais il

---

[1] Ratisbonne.

s'efforça opiniâtrément de prouver par ses ouvrages cette inique opinion à l'évêque Élipand. Il fut amené pour cette cause au palais du roi qui résidait en Bavière, à Ratisbonne où il avait passé l'hiver. Un concile d'évêques fut réuni dans ce lieu. Félix y fut entendu. Convaincu d'erreur, et envoyé de là devant le pape Adrien, il confessa de nouveau en sa présence son hérésie dans la basilique du bienheureux apôtre saint Pierre, et fit abjuration. Cela fait, il revint dans sa ville. Tandis que le roi passait l'été à Ratisbonne, une conjuration fut tramée contre lui par son fils aîné Pepin et plusieurs Francs. Ils déclarèrent qu'ils ne pouvaient supporter la cruauté de la reine Fastrade, et pour cela ils conspirèrent la mort du roi. Le Lombard Fardulf dénonça ce complot, et reçut le monastère de Saint-Denis pour récompense de sa fidélité; mais les auteurs de la trahison, comme coupables de lèze-majesté et pour avoir médité un tel crime, furent punis de mort, les uns par le tranchant du glaive, les autres par la potence. Le roi demeura en Bavière à cause de la guerre avec les Huns, bâtit sur le Danube un pont de bateaux, dont il devait se servir pour la guerre, et célébra la fête de Noël et celle de Pâques.

[793.] Tandis que le roi songeait à terminer la guerre commencée, et était résolu à envahir une seconde fois la Pannonie, on lui apporta la nouvelle que les troupes que conduisait le comte Théodoric avaient été arrêtées et taillées en pièces par les Saxons, près de Rustringen sur le Weser. Instruit de ces faits, mais dissimulant la grandeur du mal, le roi renonça à l'entreprise de Pannonie. Il était alors convaincu que, s'il pouvait creuser un canal capable de porter bateaux, entre les fleuves du Reduitz et de l'Almone[1], dont l'un joint le Mein et l'autre le Danube, on naviguerait commodément du Danube dans le Rhin : aussitôt il vint dans ce lieu avec toute sa cour, y réunit une grande multitude, et passa toute la saison de l'automne à faire poursuivre cette œuvre. Le canal fut donc creusé sur deux mille pas de longueur, et trois cents pieds de largeur, mais en vain; car la continuité des pluies et l'inconvénient d'une terre marécageuse, déjà imbibée d'eau par sa nature, empêchèrent cet ouvrage de s'achever : en effet, autant les ouvriers avaient tiré de terre pendant le jour, autant il en retombait pendant la nuit, à la même place. Tandis que le roi s'occupait à ce travail, on lui apporta de divers pays deux nouvelles fort déplaisantes, l'une que les Saxons s'étaient révoltés de tous côtés, l'autre que les Sarrasins avaient envahi la Septimanie, engagé un combat avec les comtes et les gardes des frontières de cette contrée, tué beaucoup de Francs, et qu'ils étaient rentrés chez eux victorieux. Irrité de tout cela, Charles retourna en France, et célébra la fête de Noël dans l'église de Saint-Kilian, à Wurzbourg sur le Mein, et celle de Pâques à Francfort, sur le même fleuve, où il passa l'hiver.

[794.] Lorsqu'il eut tenu l'assemblée générale de son peuple, au commencement de l'été, le roi assembla dans la même ville un concile composé des évêques de toutes les provinces de son royaume,

---

[1] C'est le nom que lui donne Éginhard ; on ne sait pas bien de quelle rivière il veut parler.

pour y condamner l'hérésie de Félix ; les évêques Théophilacte et Etienne, légats du pontife romain Adrien, et munis de tous les pouvoirs de celui qui les envoyait, s'y rendirent ; l'hérésie Félicienne fut condamnée dans ce concile, et un livre pour la réfuter fut composé, d'après l'ordre unanime des évêques, et signé de tous. Quant au synode assemblé peu d'années auparavant à Constantinople par Constantin et sa mère Irène, et appelé par eux, non seulement septième concile, mais concile universel, on décréta dans le concile de Francfort qu'inutile à tous égards, il ne serait point tenu pour le septième concile universel[1]. La reine Fastrade mourut à Francfort, et fut enterrée dans l'église de Saint-Albin, à Mayence. Après ces événemens, le roi résolut d'attaquer la Saxe avec une armée divisée de telle façon qu'avec la moitié il entrerait en personne par le côté méridional, et que son fils Charles passerait le Rhin à Cologne avec l'autre portion, et viendrait en Saxe par l'occident. Ce dessein fut accompli, quoique les Saxons se fussent arrêtés à Sintfeld, et attendissent là l'arrivée du roi, se disposant à le combattre ; ils perdirent l'espérance de la victoire qu'ils se promettaient faussement peu de temps avant, se rendirent à discrétion, et vaincus sans combat, se soumirent à

---

[1] Il s'agit ici du second concile de Nicée, tenu en 787, qui avait condamné la secte des iconoclastes et prescrit, quoiqu'en termes un peu équivoques, l'adoration des images. Cette doctrine fut fort mal reçue par le concile de Francfort qui la rejeta formellement. Charlemagne soutint vivement ce rejet et envoya au pape le traité en quatre livres contre le culte des images, connu sous le nom de *Livres Carolins*. Adrien, qui ne voulait pas se brouiller avec Charles, éluda la difficulté et assoupit la discussion.

la puissance du roi. Ils donnèrent donc des otages, et s'engagèrent par serment à garder fidélité. On évita ainsi la bataille; les Saxons regagnèrent leurs demeures; le roi passa le Rhin, et revint en Gaule; lorsqu'il fut arrivé à Aix-la-Chapelle, il y passa l'hiver, et solennisa les fêtes de la naissance du Sauveur et de sa résurrection.

[795.] Quoique les Saxons eussent donné des otages l'été passé, et prêté les sermens qui leur avaient été imposés, le roi, ne perdant pas le souvenir de leur perfidie, tint, selon la coutume solennelle, l'assemblée générale dans le palais de Kuffenstein, sur le Mein, au-delà du Rhin, vis-à-vis de Mayence; il entra en Saxe avec son armée, et la parcourut presque entière en la ravageant; lorsqu'il fut parvenu à Bardenwig, il y dressa son camp, et il attendit là l'arrivée des Esclavons, auxquels il avait donné ordre de s'y rendre; mais il reçut la nouvelle que Wiltzan, roi des Obotrites, en passant l'Elbe, était tombé dans les embûches que lui avaient tendues les Saxons, près du même fleuve, et qu'il avait été tué par eux. Cette action ajouta à l'esprit du roi comme de nouveaux aiguillons pour attaquer plutôt les Saxons, et redoubla sa haine contre cette perfide nation. Il dévasta une grande partie du pays, reçut les otages qu'il exigea, et retourna en France.

Pendant cette expédition, et tandis que le camp du roi était sur l'Elbe, il reçut des envoyés venus de Pannonie, et dont l'un était un des chefs des Huns, nommé par les siens Thudun. Celui-ci promit de revenir, et assura qu'il voulait être chrétien; le roi se rendit à Aix, et passant là son temps, comme l'aunée précédente, il fêta les solennités de Noël et de Pâques.

[796.] Le pape Adrien étant mort, Léon fut élevé au pontificat, et fit bientôt remettre au roi par des légats les clefs du tombeau de saint Pierre, l'étendard de la ville de Rome, avec d'autres dons, et le fit prier d'envoyer quelqu'un de ses grands pour recevoir le serment de fidélité et d'obéissance du peuple romain. Le roi choisit pour cette mission Engilbert, abbé du monastère de Saint-Riquier. Il envoya aussi par lui à Saint-Pierre la plus grande partie du trésor qui lui avait été apporté cette année de Pannonie par Herric, duc de Frioul, qui en avait dépouillé le palais du roi des Huns; il distribua le reste d'une main libérale entre les grands, les courtisans, et tous les autres officiers qui servaient dans son palais. Cela fait, le roi attaqua en personne la Saxe avec l'armée des Francs, ordonna à son fils Pepin d'entrer en Pannonie avec les troupes italiennes et bavaroises, et, après avoir dévasté une partie de la Saxe, il revint au palais d'Aix pour y passer l'hiver. Pepin chassa les Huns au-delà du fleuve de la Theiss, dévasta de fond en comble le palais de leur roi, palais que les Huns appellent *Ring* et les Lombards *Camp*, pilla presque toutes les richesses des Huns, se rendit à Aix-la-Chapelle près de son père, pour y passer l'hiver, et lui offrit les dépouilles du royaume, qu'il avait apportées avec lui. Thudun aussi, de qui il a été fait mention plus haut, tenant sa parole, se rendit près du roi et fut baptisé avec tous ceux qui étaient venus avec lui. Il reçut des présens et retourna chez lui après avoir juré de garder fidélité; mais il ne voulut pas long-temps demeurer constant à la foi promise, et ne fut pas long-temps non plus sans recevoir la peine de sa perfidie. Le roi, comme on l'a déjà dit, passa l'hiver à Aix-la-Chapelle, et y célébra la fête de Noël et celle de Pâques.

[797.] Barcelonne, ville située sur la frontière d'Espagne, et qui, suivant le cours des événemens, avait été soumise tantôt aux Francs, tantôt aux Sarrasins, fut enfin livrée au roi par le Sarrasin Zate, qui s'en était emparé. Zate se rendit à Aix-la-Chapelle au commencement de l'été, et se soumit volontairement ainsi que ladite ville au pouvoir du roi. Le roi ayant reçu cette soumission, envoya avec une armée son fils Louis pour assiéger la ville de Huesca, en Espagne, et, selon son usage accoutumé, il entra en Saxe pour dompter l'orgueil de ce peuple perfide. Il ne s'arrêta qu'après en avoir parcouru tout le pays, car il s'avança jusqu'à ses dernières frontières, à l'endroit où la Saxe est baignée par l'Océan, entre l'Elbe et le Weser. De là il retourna à Aix-la-Chapelle, et à son arrivée il y reçut le Sarrasin Abdallah, fils d'Ibnmange [1], roi de Mauritanie, d'où il venait ; il donna aussi audience à Théoctiste, envoyé du patrice Nicétas, qui gouvernait alors la Sicile, et reçut les lettres qu'il lui apportait de la part de l'empereur de Constantinople ; il se décida à passer l'hiver en Saxe pour y faire la guerre ; il prit donc avec lui sa suite, entra dans ce pays, campa près du Weser, et ordonna d'appeler la place de son camp Heer-stall [2], et ce lieu est encore ainsi

---

[1] Abderame le Moavite.
[2] Quartier de l'armée.

nommé par les habitans. Il divisa pour l'hiver en deux portions l'armée qu'il avait amenée avec lui ; il ordonna à Pepin, qui était de retour de l'expédition d'Italie, et à Louis, qui revenait de celle d'Espagne, de venir le joindre en ce lieu. Il y donna audience aux ambassadeurs des Huns, qui lui avaient été envoyés avec de grands présens, et les congédia. Il y reçut celui d'Alphonse, roi d'Asturie, qui lui apporta les dons de la Galice. De là il envoya de nouveau Pepin en Espagne et Louis en Aquitaine, et ordonna au Sarrasin Abdallah d'accompagner ce dernier. Abdallah, fut, à sa propre demande, conduit en Espagne, et remis à la foi des gens auxquels il crut pouvoir se confier. Le roi resta en Saxe et y célébra la fête de Noël et celle de Pâques.

[798.] Le printemps était déjà arrivé, mais l'armée ne pouvant encore sortir de ses quartiers d'hiver à cause de la disette du fourrage, les Saxons d'au-delà de l'Elbe profitèrent de l'occasion, prirent les officiers du roi qui leur avaient été envoyés pour rendre la justice, et les mirent à mort, en réservant seulement quelques-uns comme pour en porter la nouvelle. Ils tuèrent entre autres Gottschalk, un des officiers du roi, que peu de jours auparavant il avait envoyé à Siegfried, roi des Danois. En revenant de sa mission, il fut arrêté et pris par les auteurs de la sédition. Le roi, fortement irrité de ces nouvelles, réunit son armée dans le lieu nommé Minden, plaça son camp sur le Weser, attaqua les traîtres qui avaient violé leur foi, et vengeant la mort de ses envoyés, il dévasta par le fer et le feu toute la partie de la Saxe qui se trouve entre l'Elbe et le Weser. Les habitans d'au-delà de l'Elbe, qu'on nomme Normands, fiers d'avoir pu tuer impunément les officiers royaux, marchèrent en armes contre les Obotrites. Thrasicon, duc de ces derniers, instruit de la révolte des Transalbins, vint au devant d'eux avec tous les siens dans le lieu nommé Swinden, leur livra un combat, et en fit un immense carnage. Eberwin, envoyé du roi, qui commandait l'aile droite de l'armée des Obotrites, raconte qu'il en tomba quatre mille du premier choc. Ainsi mis en fuite, taillés en pièces, et ayant perdu beaucoup des leurs, les Normands revinrent chez eux avec une grande perte. Le roi retourna en France, et, arrivé à Aix-la-Chapelle, il donna audience aux ambassadeurs envoyés de Constantinople par l'impératrice Irène. Son fils Constantin, à cause de l'insolence de ses mœurs, avait été pris par ses sujets et aveuglé. D'après la demande des ambassadeurs, le roi permit à Sisime, frère de Taraise, évêque de Constantinople, et fait prisonnier autrefois dans un combat, de retourner chez lui. Les envoyés étaient Michel, surnommé Ganglianos, et Théophile, prêtre. Après leur renvoi vinrent ceux d'Alphonse, roi d'Espagne, Basilisque et Froia, apportant des présens que ce roi avait eu soin de prélever pour Charles sur le butin dont il s'était emparé lorsqu'il avait assiégé et pris la ville de Lisbonne. Ils consistaient en sept Maures et autant de mulets et de cuirasses. Quoique ces objets fussent envoyés comme dons, c'étaient bien plutôt des emblêmes de la victoire. Le roi reçut gracieusement les ambassadeurs, et les renvoya après leur avoir fait aussi des présens. Les îles Baléares, nommées actuellement Majorque et Minorque, furent ravagées par les pirates maures. Le roi passa l'hiver à Aix-la-Chapelle, et y fêta la naissance du Seigneur et sa résurrection.

[799.] Le pape Léon suivant à cheval la procession de l'église de Saint-Jean-de-Latran à celle du bienheureux Saint-Laurent, tomba dans les embûches que lui avaient préparées les Romains près de cette dernière église; il fut jeté à bas de son cheval, on lui arracha les yeux, on lui coupa la langue, ce qui a été vu par plusieurs personnes, et il fut laissé sur la place nu et à demi-mort; il fut ensuite conduit, par ordre des auteurs de cette trahison, dans le couvent de Saint-Érasme, martyr, comme pour y être soigné, passa, à la faveur de la nuit, par dessus le mur par les soins d'Albin, son chambellan, se rendit près de Winégise, duc de Spolète, qui, sur la nouvelle de ce forfait, marchait en hâte vers Rome, et fut reçu par lui et conduit à Spolète. Lorsque le roi eut appris cette nouvelle, il ordonna à Winégise de lui envoyer le pape avec les honneurs convenables au vicaire de Saint-Pierre et au pontife romain. Il ne renonça pourtant pas à l'entreprise qu'il devait faire en Saxe; il tint son assemblée générale près du Rhin à Lippenheim, passa le même fleuve avec toute son armée, s'avança jusqu'à Paderborn, y plaça son camp et y attendit l'arrivée du pontife qui s'avançait vers lui. Il envoya cependant son fils Charles vers l'Elbe avec une partie de l'armée, pour régler certaines affaires entre les Wiltzes et les Obotrites, et recevoir quelques Saxons du nord. Tandis que le roi attendait le retour de son fils, le pontife arriva, fut reçu très-honorablement, et demeura quelque temps avec lui. Après avoir communiqué au roi toutes les raisons pour lesquelles il était venu, le pape fut de nouveau, et avec beaucoup d'honneurs, reconduit à Rome par les envoyés du roi qui le rétablirent dans son siége. Le roi s'arrêta encore quelques jours en ces lieux. Il y congédia l'ambassadeur Daniel qui lui avait été envoyé par le patrice de Sicile. Il reçut la triste nouvelle de la mort de Gérold et de Herric ; le premier, préfet de Bavière, fut tué dans un combat contre les Huns, et le second, après de nombreuses et remarquables victoires, fut pris et assassiné par les habitans de Tarsacoz, ville de Liburnie.

Les affaires de Saxe étant dans le meilleur état, le roi revint en France, il passa l'hiver à Aix. Tandis qu'il y était, Widon, comte et préfet de la frontière de Bretagne, après avoir parcouru, l'année précédente, toute la province des Bretons avec les comtes ses compagnons, apporta au roi les armes des chefs qui s'étaient soumis à lui et dont il avait inscrit les noms. Cette province paraissait soumise et l'eût été en effet si, comme à l'ordinaire, l'inconstance de cette nation perfide n'eût excité bientôt de nouveaux soulèvemens. On apporta aussi au roi les drapeaux pris aux pirates maures tués dans l'île de Majorque. Le Sarrasin Azan, gouverneur de Huesca, envoya au roi les clefs de cette ville avec des présens, et promit de la lui livrer aussitôt qu'il en trouverait l'occasion. Un moine, venant de Jérusalem, apporta à Charles, de la part du patriarche, sa bénédiction et des reliques prises au lieu de la résurrection du Seigneur. Le roi célébra à Aix la fête de Noël, donna audience au moine qui voulait s'en aller, ordonna à Zacharie, prêtre de son palais, de l'accompagner, et le chargea de porter ses offrandes aux saints lieux.

[800] Le printemps était de retour; le roi quitta Aix-la-Chapelle à peu près au milieu du mois de mars, parcourut le rivage de l'océan Gaulois, construisit une flotte sur cette même mer que les Normands désolaient alors par leurs pirateries, plaça des garnisons sur la côte et célébra la fête de Pâques à Saint-Riquier. Il suivit ensuite le rivage de la mer, gagna la ville de Rouen, passa la Seine en ce lieu, et se rendit à Tours pour y prier saint Martin; il s'y arrêta quelque temps à cause de la mauvaise santé de sa femme Luitgarde, qui y mourut le 4 juin et y fut enterrée; il retourna ensuite à Aix-la-Chapelle par Orléans et Paris, se rendit à Mayence au commencement du mois d'août, et y tint l'assemblée générale; là, le roi annonça le voyage d'Italie, partit avec son armée, et alla à Ravenne. Il n'y demeura que sept jours, et ordonna à Pepin son fils d'entrer avec cette même armée sur les terres des Bénéventins. Le roi quitta Ravenne, accompagna son fils jusqu'à Ancône, s'en sépara dans cette ville, et gagna Rome. Le pape Léon vint au devant lui jusqu'à Lamentana, et l'y reçut avec de grands honneurs. Après le repas qu'ils prirent ensemble le roi demeura dans ce lieu, et le pape retourna à Rome. Le jour d'après, Léon, placé avec les évêques et tout le clergé, sur les degrés de la basilique de Saint-Pierre, reçut le roi, en louant et remerciant Dieu, à sa descente de cheval; et tandis que tout le monde chantait des psaumes, il l'introduisit dans l'église de ce bienheureux apôtre en glorifiant, remerciant et bénissant Dieu. Ces choses se passèrent le 24 novembre; sept jours après le roi convoqua une assemblée, déclara à tous pour-

quoi il était venu à Rome, et depuis donna chaque
jour tous ses soins aux affaires qui l'avaient amené.
Il commença par la plus importante, comme la plus
difficile ; c'était l'examen des accusations dirigées contre le saint pontife ; mais comme personne ne voulut
entreprendre de les prouver, le pape monta en chaire
en présence de tout le peuple, dans la basilique de l'a-
pôtre Saint-Pierre, prit l'Évangile dans sa main,
invoqua le nom de la sainte Trinité, et se purgea par
serment des crimes qui lui étaient imputés. Le même
jour, le prêtre Zacharie, que le roi avait envoyé à Jérusalem, arriva à Rome avec deux prêtres qui venaient
trouver le roi par ordre du patriarche ; ils lui apportèrent sa bénédiction, les clefs du saint sépulcre et
du Calvaire, ainsi qu'un étendard. Le roi les reçut
gracieusement, les retint quelques jours près de lui,
les récompensa, et leur donna audience, lorsqu'ils
voulurent s'en retourner.

Le saint jour de la naissance du Seigneur, tandis
que le roi, assistant à la messe, se levait de sa prière
devant l'autel du bienheureux apôtre Pierre, le pape
Léon lui posa une couronne sur la tête, et tout le
peuple romain s'écria : « A Charles AUGUSTE, cou-
« ronné par Dieu, grand et pacifique empereur des
« Romains, vie et victoire ! » Après laudes il fut adoré
par le pontife, suivant la coutume des anciens princes,
et quittant le nom de patrice, fut appelé EMPEREUR
ET AUGUSTE.

[801.] Peu de jours après il ordonna que ceux qui
avaient déposé le pape l'année précédente fussent traduits en justice, et leur ayant fait leur procès, selon
la loi romaine, ils furent condamnés à mort comme

criminels de lèze-majesté. Mais le pape, touché d'une tendre pitié, intercéda pour eux auprès de l'empereur; et la vie et l'intégrité de leurs membres leur furent conservées. Cependant ils furent envoyés en exil à cause de la grandeur de leur crime. Les chefs de cette faction étaient le nomenclateur Pascal[1], le sacristain Campullus, et beaucoup d'autres nobles habitans de Rome; tous furent en même temps condamnés à la même peine. Quand l'empereur eut réglé toutes les affaires, non seulement publiques, mais aussi ecclésiastiques et particulières de la ville de Rome, du siége apostolique, et de toute l'Italie, ce à quoi il employa tout l'hiver, et après avoir envoyé de nouveau une expédition dans le pays de Bénévent avec son fils Pepin, il partit de Rome lui-même, après Pâques, le 24 avril, et vint à Spolète. Lorsqu'il y fut, la terre fut troublée à la seconde heure de la nuit, par un très-grand mouvement qui secoua fortement toute l'Italie; ce tremblement fit tomber une grande partie du toit de la basilique de Saint-Pierre, avec ses poutres; et dans plusieurs lieux les montagnes et les villes s'écroulèrent. Dans la même année plusieurs endroits tremblèrent en Gaule et en Germanie auprès du fleuve du Rhin, et la douceur de l'hiver de cette année causa ensuite une peste.

---

[1] Le *Nomenclateur*, à la cour du pape comme à celle des rois de cette époque, était l'officier chargé d'inviter les convives à la table du prince. Le nomenclateur Romain suivait le pape à cheval dans toutes les processions solennelles, et lorsque le pontife célébrait la messe, après l'*Agnus Dei*, il montait à l'autel, s'approchait de lui, demandait les noms des personnes qu'il fallait inviter à sa table, les écrivait et retournait à sa place.

On appelait aussi *nomenclateur* l'officier chargé d'introduire dans la salle du concile les personnes que les pères présens y mandaient par un motif quelconque.

L'empereur se rendit de Spolète à Ravenne, y demeura quelques jours, et gagna Pavie; on lui annonça là que des ambassadeurs d'Haroun, roi des Perses, étaient entrés dans le port de Pise; il envoya au devant d'eux, et se les fit présenter entre Verceil et Yvrée. Un d'eux (car ils étaient deux) était Perse d'Orient et envoyé du roi des Perses; un autre, Sarrasin d'Afrique, et envoyé de l'Émir Abraham [1] qui gouvernait le pays de Fez sur les confins de l'Afrique. Ils annoncèrent à l'empereur que le juif Isaac qu'il avait envoyé quatre ans auparavant au roi des Perses, avec Sigismond et Lanfried, revenait avec de grands présens. Quant à Lanfried et Sigismond ils étaient tous deux morts. Alors l'empereur envoya le notaire Erchenbald en Ligurie, pour préparer une flotte qui apporta l'éléphant et les autres choses qu'Isaac menait avec lui. Il célébra le jour de la naissance de saint Jean-Baptiste à Yvrée, passa les Alpes et revint en Gaule.

Cette année Barcelonne, ville d'Espagne, fut prise après un siége de deux ans; on s'empara de Zate son commandant, et de plusieurs autres Sarrasins. La ville de Chiéti, en Italie, fut aussi prise et brûlée; on fit prisonnier son commandant Roselme. Les forts qui étaient autour de cette cité se rendirent. Zate et Roselme furent présentés le même jour à l'empereur, et condamnés à l'exil. Dans le mois d'octobre de cette année, le juif Isaac revint d'Afrique avec l'éléphant, entra dans le port de Vendres, et passa l'hiver à Verceil, parce qu'il ne pouvait traverser les Alpes couvertes de neige. L'empereur célébra la naissance du Seigneur au palais d'Aix-la-Chapelle.

[1] Ibrahim.

[802.] Irène, impératrice de Constantinople, envoya un ambassadeur, nommé Léon Spathar, pour confirmer la paix entre les Grecs et les Francs. L'empereur le congédia et envoya à son tour Jessé, évêque d'Amiens, et le comte Hélingaud à Constantinople, afin de régler la paix avec Irène. Il célébra la Pâque au palais d'Aix-la-Chapelle. Le 20 juillet de la même année, Isaac vint et amena à l'empereur l'éléphant et les autres présens que lui envoyait le roi des Perses: le nom de l'éléphant était Abulabaz. La ville de Tortone en Italie se rendit à discrétion. Nocera, fatiguée par de fréquens assauts, se rendit aussi, et on y mit une garnison de nos troupes. Le roi, pendant l'été, se livra à la chasse dans les Ardennes, envoya une armée en Saxe, et fit dévaster le pays des Saxons au-delà de l'Elbe. Le duc Grimoald assiégea, dans Lucera, Winégise, comte de Spolète, qui commandait dans cette place et était déjà abattu par sa mauvaise santé; il le força de se rendre, le prit et le traita honorablement. L'empereur célébra la naissance du Seigneur à Aix-la-Chapelle.

[803.] Dans l'hiver il se fit un tremblement de terre autour du palais et dans les régions voisines, et une mortalité s'ensuivit. Winégise fut remis en liberté par Grimoald. Les envoyés de l'empereur revinrent de Constantinople, et avec eux ceux de l'empereur Nicéphore qui gouvernait alors la république; car depuis l'arrivée de la légation de France Irène avait été déposée. Ces envoyés s'appelaient Michel, évêque, Pierre, abbé, Calliste et Candide. Ils vinrent auprès de l'empereur en Germanie, sur le fleuve de la Sale, dans le lieu nommé Seltz, et ils reçurent par écrit un traité de paix. L'empereur les congédia ; ils s'en allèrent avec une lettre de lui, retournèrent à Rome et de là à Constantinople. L'empereur se rendit en Bavière, régla les affaires de Pannonie, revint en décembre à Aix-la-Chapelle, et y célébra la naissance du Seigneur.

[804.] L'empereur passa l'hiver à Aix-la-Chapelle ; au retour de l'été il conduisit en Saxe une armée, transporta en France, avec leurs femmes et leurs enfans, tous les Saxons qui habitaient au-delà de l'Elbe, et donna leur pays aux Obotrites. Dans ce temps, Godefroi, roi des Danois, vint avec une flotte et toute la cavalerie de son royaume au lieu nommé Schleswig, sur les confins de son royaume et de la Saxe. Il promit qu'il se rendrait à une conférence avec l'empereur ; mais, effrayé par le conseil des siens, il ne s'approcha pas davantage, et consentit, par ses ambassadeurs, à tout ce qu'on voulut. L'empereur s'était arrêté près de l'Elbe au lieu nommé Holdenstein, et lui avait envoyé une légation pour qu'il rendît les déserteurs ; ensuite il alla à Cologne au milieu du mois de septembre. Il congédia l'armée, se rendit d'abord à Aix, de là gagna les Ardennes, s'y livra à la chasse et retourna à Aix. Au milieu de novembre on lui rapporta que le pape Léon voulait célébrer avec lui la naissance du Seigneur en quelque lieu qu'il pût l'atteindre. Aussitôt il envoya à Saint-Maurice son fils Charles, et lui ordonna de recevoir le pape honorablement ; il alla lui-même au devant de lui dans la ville de Rheims, le reçut d'abord à Quiersy, y célébra la naissance du Sauveur, le conduisit à Aix, et, voulant aller en Bavière, le fit accompagner jusqu'à Ravenue. Voici quelle était la cause de la venue de Léon : il avait été rapporté à l'empereur que, l'été passé, le sang du Christ avait été trouvé dans la ville de Mantoue, et il avait envoyé un exprès au pape, lui demandant qu'il recherchât la vérité de ce bruit. Celui-ci prit l'occasion de sortir de Rome, se rendit d'abord en Lombardie, sous prétexte de cette recherche, et, continuant de là son chemin, parvint de suite jusqu'à l'empereur. Il demeura avec lui huit jours, et, comme nous l'avons dit, regagna Rome. Rigbod, évêque de Trèves, mourut au commencement d'octobre.

[805.] Peu de temps après, le chagan, ou prince des Huns, se rendit près de l'empereur pour les besoins de ses peuples et lui demanda de lui donner un lieu pour habiter entre Sarwar et Haimbourg, parce qu'à cause des invasions des Esclavons, qu'on nomme Bohémiens, ses peuples ne pouvaient plus habiter leurs premières demeures. En effet, les Esclavons, dont le chef se nommait Léchon, ravageaient la terre des Huns. Le chagan était chrétien et se nommait Théodore. L'empereur le reçut avec bonté, lui accorda ses demandes, le combla de dons, et lui permit de s'en aller. Il revint à son peuple, et peu de temps après il mourut. Le nouveau chagan envoya un de ses grands demander la confirmation de l'antique dignité que lui-même avait sur les Huns. L'empereur donna son consentement à ses demandes et ordonna que le chagan eût la souveraineté de tout le royaume, selon la coutume de leurs ancêtres. La même année, il envoya, avec une armée, son fils Charles dans le pays des Esclavons, qu'on nomme Bohémiens. Celui-ci le ravagea, tua Léchon leur duc, et étant de retour il vint à l'empereur dans le lieu nommé Camp, dans la forêt des Vosges. L'empereur était parti d'Aix-la-Chapelle au mois de juillet, avait passé par la ville de Thionville et celle de Metz, et était arrivé dans les Vosges. Là il prit l'exercice de la chasse, et quand son armée fut revenue, il se rendit à Remiremont, s'y arrêta quelque temps, et retourna dans le palais de Thionville pour y passer l'hiver; ses deux fils Pepin et Louis vinrent l'y joindre. Il y célébra aussi la naissance du Seigneur.

[806.] Aussitôt après Noël, Willaire et Béat, ducs de Venise, et avec eux Paul, duc de Zara, et Donat, évêque de la même ville, envoyés des Dalmates, vinrent en présence de l'empereur avec de grands dons, et il régla alors les affaires des ducs et des peuples tant de Venise que de la Dalmatie. L'empereur tint une assemblée avec les premiers d'entre les Francs, pour établir la paix entre ses fils, et partager le royaume en trois portions, afin que chacun d'eux sût la part qu'il devait posséder et gouverner, s'il lui survivait. On dressa un acte de ce partage; il fut confirmé par le serment des principaux d'entre les Francs, et des règlemens furent faits pour la conservation de la paix. Toutes ces choses furent transcrites dans des lettres, et portées par Éginhard au pape Léon, pour qu'il les signât de sa main. Le pontife les lut et les souscrivit. L'empereur envoya ses deux fils, savoir, Louis et Pepin, dans les royaumes qui leur étaient destinés, partit du palais de Thionville, et navigua jusqu'à Nimègue, par le Rhin et la Meuse, par un temps favorable; il célébra dans ce lieu le saint jeûne du carême, et la très-sainte fête de Pâques. Peu de temps après il retourna à Aix-la-Chapelle, et envoya son fils Charles avec une armée dans le pays des Esclavons, nommés Sorabes, qui demeurent sur l'Elbe. Dans cette expédition, Milidiwich, leur duc, fut mis à mort; deux forts furent bâtis par l'armée, un sur la rive du fleuve de la Sale, l'autre sur celle du fleuve de l'Elbe. Les Esclavons vaincus, Charles revint avec l'armée et arriva près de l'empereur, dans le lieu nommé Silli, sur le rivage de la Meuse. Une armée fut envoyée d'Allemagne, de Bavière et de Bourgogne, comme l'année précédente, dans la terre des Bohémiens; elle en dévasta une grande partie et revint sans aucune perte grave. La même année une flotte fut envoyée d'Italie par Pepin dans l'île de Corse, contre les Maures, qui la dévastaient. Mais n'attendant pas son arrivée, ils se retirèrent. Cependant Hadumar, un des nôtres, comte de la cité de Gênes, combattant imprudemment contre eux, fut tué. Les Navarrois et les Pampelunois, qui l'année précédente avaient abandonné le parti des Sarrasins, furent admis à notre alliance. Une flotte que commandait le patrice Nicet fut envoyée par l'empereur Nicéphore pour reprendre la Dalmatie; et les ambassadeurs que, près de quatre ans auparavant, Charles avait envoyés au roi des Perses, revinrent par le même chemin sur les navires des Grecs, et, sans rencontrer aucun ennemi, gagnèrent l'asile du port de Trévise. L'empereur célébra la naissance du Seigneur à Aix-la-Chapelle.

[807.] L'année précédente, le 2 septembre, il y eut une éclipse de lune, lorsque le soleil était au seizième degré du signe de la Vierge; la lune s'arrêta dans le seizième degré du signe des Poissons. Dans cette année, le 31 janvier, le dix-septième jour de la lune, on vit l'étoile de Jupiter comme passer au milieu de la lune; et le 11 février, à midi, il y eut une éclipse de soleil, lorsque l'un et l'autre astres étaient dans le vingt-cinquième degré du Verseau. Il y eut encore le 26 février une éclipse de lune; des météores d'une grandeur prodigieuse apparurent cette nuit, et le soleil s'arrêta dans le onzième degré des Poissons, et la lune dans le onzième de la Vierge; le 17 mars l'étoile de Mercure parut sur le soleil comme une petite tache noire que nous vîmes pendant plus de huit jours un peu plus haut que le milieu de cet astre; mais, au premier moment de son apparition à cette place, les nuages nous empêchèrent tout-à-fait de la remarquer. Le 21 août, il y eut encore une éclipse de lune à la troisième heure de la nuit, le soleil étant dans le troisième degré de la Vierge, et la lune dans le cinquième des Poissons. Ainsi, depuis le mois de septembre de l'année précédente jusqu'en septembre de celle-ci, la lune s'obscurcit trois fois, et le soleil autant.

Ratbert, envoyé de l'empereur en Orient, mourut à son retour. L'envoyé du roi de Perse, nommé Abdallah, arriva à l'empereur avec des moines de Jérusalem qui s'acquittèrent de la mission à eux confiée par Thomas, patriarche de Jérusalem. Ils se nommaient Félix et George. Ce dernier est abbé sur le mont des Oliviers, Germain de naissance, et son nom véritable est Engelbald. Tous portaient les présens qu'envoyait le prince des Perses à l'empereur, c'est-à-dire une tente et des tentures de salle peintes de couleurs variées et d'une admirable grandeur et beauté. Tant les tentes que leurs cordes étaient de lin, et teintes de diverses couleurs. Les présens dudit roi étaient plusieurs manteaux de soie très-précieux, les parfums, des onguens et du baume; de plus une horloge en bronze doré composée admirablement par l'art mécanique. Le cours des douze heures y entourait le cadran, et il y avait autant de petites boules d'airain qui tombaient à l'accomplissement de l'heure, et faisaient tinter par leur chute une cymbale placée au dessous. Il y avait encore un même nombre de cavaliers qui sortaient par douze fenêtres à la fin des heures, et fermaient, par l'impulsion de leur sortie, les fenêtres qui étaient ouvertes auparavant. Il se trouvait aussi dans cette horloge beaucoup de choses qu'il serait trop long de rapporter ici. On voyait aussi parmi ces présens deux candélabres de bronze doré d'une admirable beauté et grandeur. Toutes ces choses furent apportées à l'empereur à son palais d'Aix-la-Chapelle. Il retint près de lui quelque temps l'ambassadeur et les moines, les envoya en Italie et leur ordonna d'y attendre le temps de la navigation.

Dans la même année, il envoya Burchard, son connétable, avec une flotte en Corse, pour la défendre des Maures qui, les années précédentes, avaient coutume d'y venir piller. Les Maures partirent d'Espagne, selon leur coutume, attaquèrent d'abord la Sardaigne, s'y battirent avec les Sardes, perdirent beaucoup de leurs gens (car on dit que trois mille périrent là), et parvinrent tout droit en Corse. Là, de nouveau, ils combattirent avec la flotte de l'île que commandait Burchard, furent vaincus et mis en fuite; ils perdirent treize navires, et beaucoup d'entre eux furent tués. Ainsi cette année ils furent tellement battus de la mauvaise fortune qu'ils dirent eux-mêmes que cela leur était arrivé pour avoir, l'année d'avant, contre toute justice, enlevé de l'île Baléare, en Espagne, soixante moines, et les avoir vendus. Quelques-uns de ces moines retournèrent dans leur pays par la libéralité de l'empereur. Le patrice Nicétas qui était arrêté à Venise avec la flotte grecque, fit la paix avec le roi Pepin, demeura dans ce lieu jusqu'au mois d'août, sortit du port et retourna à Constantinople. Cette année l'empereur célébra à Aix la Pâque et la naissance du Sauveur.

[808.] L'hiver fut cette année très-doux et pestilentiel. Au commencement du printemps l'empereur partit pour Nimègue, y passa le Carême, y célébra la sainte Pâque, et revint à Aix. Comme on lui annonça que Godefroi, roi des Danois, était entré avec une armée dans le pays des Obotrites, il envoya, avec de nombreuses troupes franques et saxonnes, son fils Charles sur l'Elbe, et lui ordonna de résister à ce roi insensé, s'il essayait de passer les confins de la Saxe. Mais Godefroi, après quelques jours de station sur le rivage, ayant assiégé et pris quelques forts des Esclavons, s'en retourna avec une grande perte des siens. Car, quoique se défiant de la foi de Thrasicon, duc des Obotrites, il l'eût banni, qu'après avoir pris par ruse Godelaib, il l'eût fait pendre, et qu'il eût rendu tributaires les deux régions des Obotrites, il avait perdu les premiers de ses soldats et les meilleurs de son armée, et avec eux le fils de son frère, qui s'appelait Reginhold, et fut tué avec plusieurs grands Danois au siége d'une certaine ville. Charles, fils de l'empereur, jeta sur l'Elbe un pont, et transporta avec toute la célérité possible son armée dans le pays des Livoniens et des Smeldingiens, qui s'étaient rangés du parti du roi Godefroi. Il dépeupla tous leurs champs, repassa le fleuve, et rentra en Saxe avec son armée intacte. Les Esclavons, dits les Wiltzes, étaient avec Godefroi dans cette expédition, et s'étaient joints volontairement à ses troupes, à cause de l'antique inimitié qu'ils portaient aux Obotrites. Quand ce roi retourna dans son royaume, ils revinrent chez eux, emportant tout le butin qu'ils avaient pu faire sur les Obotrites. Godefroi avant son retour, détruisit le port marchand établi sur le rivage de l'Océan, qui s'appelait en langue danoise Rerich, et rapportait par son commerce de grands impôts à son royaume; il en emmena les négocians, mit à la voile, et arriva, avec toute son armée, au port nommé Lichtshor. Il s'arrêta là quelques jours, et résolut de fortifier par un fort la limite de son royaume, qui regarde la Saxe; de manière que, depuis le golfe de la mer orientale qui s'appelle Baltique, jusqu'à l'Océan occidental, un rempart couvrît toute la rive septentrionale du fleuve de l'Eyder, en laissant seulement une porte par où les Danois pussent faire entrer et sortir des chars et des chevaux; il partagea ce travail entre les chefs de ses troupes et revint chez lui. Cependant le roi des Northumbres, de l'île de Bretagne, nommé Eardulf, chassé de sa patrie et de son royaume, se rendit près de l'empereur, alors à Nimègue, lui exposa la cause de son voyage, et partit pour Rome.

A son retour de Rome, par l'entremise des légats du pontife romain et de l'empereur, il fut rétabli dans son royaume. Le chef de l'Église romaine était alors Léon III; son légat en Bretagne était Ædulf, diacre de ce pays, saxon de nation. L'empereur envoya avec lui deux abbés, Rutfried, notaire, et Nantharius, abbé de Saint-Otmar. Il fit construire par ses envoyés deux forts sur l'Elbe, et y plaça une garnison pour les défendre des Esclavons. Il passa l'hiver à Aix, et y célébra la naissance du Seigneur et la sainte Pâque.

[809.] La flotte envoyée de Constantinople toucha d'abord en Dalmatie, et ensuite à Venise. Tandis qu'elle y passait l'hiver, une partie arriva à l'île de Commachio; elle engagea un combat contre la garnison qui y était placée, fut vaincue, mise en fuite, et regagna Venise. Lorsque le chef de cette flotte, nommé Paul, eut entrepris, comme il lui avait été enjoint, de traiter avec le roi Pepin de la paix entre les Grecs et les Francs, Willaire et Béat, ducs de Venise, s'opposèrent à tous ses efforts : il s'aperçut qu'ils lui tendaient des embûches, et s'éloigna.

Dans les régions occidentales de l'Empire, le roi Louis entra en Espagne avec une armée, attaqua la ville de Tortose située sur la rive de l'Èbre, et consuma quelque temps à ce siége ; mais quand il vit que la ville ne pouvait être bientôt prise, il y renonça, et revint en Aquitaine avec son armée intacte.

Lorsque Eardulf, roi des Northumbres, eut été rétabli dans son royaume, les légats du pontife et ceux de l'empereur retournèrent chez eux. Le diacre Ædulf fut pris par des pirates, tandis que les autres naviguaient sans péril ; il fut conduit en Bretagne, y fut racheté par un certain Cænulf, fidèle du roi, et se rendit à Rome. En Toscane, Populonia, ville maritime, fut ravagée par certains Grecs qu'on nomme Orobiotes. Les Maures sortis de l'Espagne entrèrent en Corse, ravagèrent une ville le jour même du samedi de la sainte Pâques, et n'y laissèrent que l'évêque et quelques vieillards infirmes.

Cependant Godefroi, roi des Danois, envoya de certains négocians pour dire qu'il avait appris que l'empereur était irrité contre lui, parce que, l'année précédente, il avait conduit son armée dans la région des Obotrites, et vengé ses injures; il ajoutait qu'il voulait se justifier de l'imputation portée contre lui, et qui le taxait d'avoir le premier rompu l'alliance; il demandait qu'on tînt en deçà de l'Elbe, et sur les confins de son royaume, une assemblée des comtes de l'empereur et des siens, afin que les choses qui s'étaient faites pussent être mutuellement expliquées et réparées de concert. L'empereur ne rejeta point cette demande, et le congrès se tint avec les grands Danois en deçà de l'Elbe, dans le lieu nommé Badenstein; on énuméra et l'on mit en avant de côté et d'autre beaucoup d'affaires, et l'on se sépara en laissant la chose très-imparfaite. En effet, Thrasicon, duc des Obotrites, qui, d'après la demande de Godefroi, avait donné son fils en otage, assembla une armée de ses peuples, reçut des secours des Saxons, entra chez les Wiltzes ses voisins, et dévasta leurs champs par le fer et le feu. Il revint chez lui, fut encore fortement secouru par les Saxons, et assiégea la plus grande ville des Smeldingiens : il força ainsi par ses succès tous ceux qui s'étaient séparés de lui à rentrer sous sa foi.

Après ces choses, l'empereur revint des Ardennes à Aix, et y tint cette année, au mois de novembre, un concile touchant la procession du Saint-Esprit. Un moine de Jérusalem, nommé Jean, avait le premier élevé cette question. Bernard, évêque de Worms, et Adalhard, abbé de Corbie, furent envoyés près du pape Léon à Rome pour la faire décider. On s'occupa dans ce même concile de l'état des Églises, et de la vie de ceux qui se consacrent à y servir Dieu ; mais rien ne fut réglé à cause (comme on le peut voir) de l'importance de la matière.

L'empereur, apprenant plusieurs traits de l'orgueil et de la jactance du roi des Danois, ordonna de bâtir une ville en deçà de l'Elbe, et d'y placer une garnison franque. Il assembla pour cet effet des hommes en Gaule et en Germanie, les munit d'armes et de toutes les choses à leur usage, et commanda de les mener par la Frise au lieu désigné. Thrasicon, duc des Obotrites, fut tué en trahison dans le port de Rerich par des hommes de Godefroi. Quand le lieu où l'on devait bâtir la ville eut été déterminé, l'empereur mit à la tête de cette affaire le comte Egbert, et lui ordonna de passer l'Elbe, et d'occuper ce terrain : il est situé sur la rive de la Sture, et porte le nom d'Esselfeld. Egbert et les comtes saxons en prirent possession vers le milieu de mars, et commencèrent à le fortifier.

Le comte Auréole qui, pour la communication de l'Espagne et de la Gaule, résidait en deçà des Pyrénées, vis-à-vis de Huesca et de Saragosse, mourut. Alors Amoroz, gouverneur de Saragosse et de Huesca, s'empara de son territoire, et mit des garnisons dans ses châteaux. Il envoya à l'empereur une légation, et lui promit de se mettre avec tous les siens à son service. Il y eut une éclipse de lune le 26 décembre.

[810.] Quand les envoyés de l'empereur furent arrivés auprès d'Amoroz, gouverneur de Saragosse, il demanda qu'il y eût une conférence entre lui et les comtes des frontières d'Espagne, promettant que, dans cette entrevue, il se soumettrait avec tous les siens à l'empereur. Quoique l'empereur lui eût accordé sa demande, il arriva, par beaucoup de causes, que cela ne s'effectua point. Les Maures armèrent dans toute l'Espagne une grande flotte, et attaquèrent d'abord la Sardaigne, et ensuite la Corse. Ils ne trouvèrent aucune garnison dans cette dernière île, et la soumirent presque entière. Cependant le roi Pepin, irrité de la perfidie des ducs de la Vénétie, ordonna de porter la guerre dans ce pays par terre et par mer; il le soumit et reçut à discrétion ses ducs. Il envoya cette même flotte pour dévaster les rivages de Dalmatie; mais comme Paul, préfet de Céphalonie, s'approchait avec la flotte orientale pour porter du secours aux Dalmates, celle du roi rentra dans ses ports.

Rotrude, fille aînée de l'empereur, mourut le 8 janvier. L'empereur, alors à Aix-la-Chapelle, méditait une expédition contre le roi Godefroi. Il reçut tout-à-coup la nouvelle qu'une flotte de deux cents navires, venue du pays des Normands, avait abordé en Frise, et dévasté toutes les îles adjacentes à ce rivage; que cette armée était entrée sur le continent, et que trois combats entre elle et les Frisons avaient eu lieu; que les Danois vainqueurs avaient imposé un tribut aux vaincus; que sous le nom d'impôt cent livres d'argent avaient été payées par les Frisons, et que le roi Godefroi était de retour chez lui. Tous ces faits étaient véritables. Cette nouvelle irrita tellement l'empereur qu'il expédia de tous côtés des envoyés pour toutes les régions afin qu'on assemblât une armée, partit de suite de son palais et se rendit sur-le-champ à la flotte. Après il passa le Rhin au lieu nommé Lippenheim, et résolut d'y attendre les troupes qui n'étaient pas encore arrivées. Comme il s'arrêta quelques jours en ce lieu, l'éléphant que lui avait envoyé Haroun, roi des Sarrasins, mourut de mort subite. L'armée assemblée, le roi se rendit sur la rivière de l'Aller avec autant de vitesse qu'il fut possible d'y aller, et dressa ses tentes auprès du confluent de ce fleuve avec le Weser; il attendit là l'issue des menaces de Godefroi; car ce roi, enflé de la vaine espérance d'une victoire, se vantait d'en venir aux mains avec l'armée de l'empereur.

Mais quand ce dernier eut demeuré quelque temps en ce lieu, il fut instruit d'événemens divers; la flotte qui avait dévasté la Frise était rentrée en Danemarck, le roi Godefroi avait été tué par un de ses serviteurs; un fort construit près de l'Elbe nommé Hobbuch [1], dans lequel étaient Odon, envoyé de l'empereur, et une garnison de Saxons orientaux, avait été pris par les Wiltzes. Pepin son fils, roi d'Italie, avait quitté son corps mortel, le 7 juin; et deux légations, parties l'une de Constantinople, l'autre de Cordoue, étaient arrivées pour traiter de la paix. Après avoir reçu ces nouvelles et réglé pour un temps la condition de la Saxe, l'empereur retourna chez lui. Dans cette expé-

[1] On croit que c'est Hambourg.

dition, il y eut sur les bœufs une maladie pestilentielle si forte qu'à peine l'armée en conserva un seul, car tous périrent. Cette mortalité n'eut pas seulement lieu dans cet endroit, elle s'étendit cruellement sur toutes les provinces soumises à l'empereur. Il revint à Aix au mois d'octobre, et reçut les deux ambassades qu'on vient de nommer. Il fit la paix avec l'empereur Nicéphore, et Abulaz[1] roi d'Espagne. Nicéphore restitua Venise, et l'empereur reçut le comte Henri qu'avaient autrefois pris les Sarrasins, et que rendit Abulaz.

Cette année le soleil et la lune s'éclipsèrent; le soleil le 3 juillet et le 30 novembre, la lune le 21 juin et le 14 décembre. L'île de Corse fut une seconde fois ravagée par les Maures. Amoroz fut chassé de Saragosse par Abdérame fils d'Abulaz, et forcé de se réfugier à Huesca. Godefroi, roi des Danois, étant mort, Hemming, fils de son frère, lui succéda et fit la paix avec l'empereur.

[811.] Quand l'empereur eut reçu et congédié Arsace Spathaire (c'était le nom de l'ambassadeur de l'empereur Nicéphore), il envoya, pour confirmer la paix, des ambassadeurs à Constantinople, savoir : Haidon évêque de Bâle, Hugues comte de Tours, Aion, Lombard, duc du Frioul; avec eux étaient Léon Spathaire sicilien et Willaire duc des Vénitiens. Le premier, dix ans auparavant, s'était réfugié de Sicile à Rome où était l'empereur, qui le renvoya cette année parce qu'il voulait retourner dans sa patrie; quant au second, il avait été dépouillé de sa charge à cause de sa perfidie et l'empereur ordonna qu'on le reconduisît à

---

[1] Al-Haccan, émir de Cordoue.

son seigneur. La paix ou plutôt seulement la trêve proposée entre Charles et Hemming, roi des Danois, fut observée sans être définitivement conclue, à cause de l'âpreté de l'hiver qui fermait les voies de communication entre les deux pays. Enfin au retour du printemps, quand les chemins rendus impraticables par le froid furent ouverts, il y eut une conférence de douze grands des deux nations au lieu....[1] sur le fleuve de l'Eyder, et la paix fut confirmée de part et d'autre, avec les formes et les sermens accoutumés. Les grands du côté des Francs furent les comtes Wala fils de Bernard, Burchard, Unroch, Wodon, Bernard, Egbert, Théodoric, Abbon, Osdag et Wigman; de celui des Danois, les principaux furent les frères d'Hemming, Hanewin et Angand; les autres étaient des hommes considérables parmi eux, savoir: Osfred, surnommé Turdemul, Warsliu, Swomi, Vrin, un autre Osfred fils de Heiligon, Osfred de Sconowe, Hebbe et Awin.

L'empereur, après avoir fait la paix avec Hemming et tenu, selon sa coutume, l'assemblée générale à Aix, envoya l'armée sur trois points de son royaume; l'une au-delà de l'Elbe contre les Livoniens: elle dévasta leur pays, et rebâtit le château de Hobbuch qui l'année d'avant avait été pris par les Wiltzes; la seconde en Pannonie pour y terminer les querelles entre les Huns et les Esclavons; la troisième en Bretagne pour châtier la perfidie de ses habitans. Ces troupes revinrent saines et sauves, après avoir rempli heureusement leur mission. Sur ces entrefaites, le roi, pour voir la flotte dont, l'année précédente, il avait ordonné la construction, se rendit à Boulogne des Gaules, ville

---

[1] Le nom du lieu manque.

maritime où étaient rassemblés les vaisseaux. Il restaura le phare élevé anciennement pour diriger dans leur course les navigateurs, et fit allumer à sa sommité un feu pendant la nuit. De là il se rendit dans l'endroit nommé Gand sur le fleuve de l'Escaut, y vit les navires construits pour cette même flotte, et vers le milieu de novembre il retourna à Aix. Awin et Hebbe, envoyés du roi Hemming, portant les présens du roi et des paroles pacifiques, vinrent à sa rencontre. Son arrivée était aussi attendue à Aix par les chagans ou princes des Avares, et par Thudun et d'autres grands et chefs des Esclavons habitant sur les bords du Danube; ils avaient été contraints de se rendre en la présence de l'empereur par les ducs des troupes qu'il avait envoyées en Pannonie.

Cependant Charles, le fils aîné du seigneur empereur, mourut le 4 décembre. L'empereur passa l'hiver à Aix.

[812.] Peu de temps après on lui annonça la mort de Hemming, roi des Danois. Comme Siegfried, neveu de Godefroi, et Anul, neveu de Hériold et du roi lui-même, voulaient lui succéder, et qu'ils ne pouvaient s'accorder pour savoir lequel régnerait, ils assemblèrent des troupes, et engagèrent un combat où tous deux périrent. Cependant le parti d'Anul avait remporté la victoire; il fit rois ses frères Hériold et Rainfroi. Comme de raison le parti vaincu ne refusa pas de les reconnaître. On dit que dans ce combat il périt dix mille neuf cent quarante hommes.

L'empereur Nicéphore, après avoir remporté beaucoup de remarquables victoires en Mœsie, engagea contre les Bulgares un combat où il périt. Michel, son gendre, fut nommé empereur. Il reçut et congédia les ambassadeurs qu'avait envoyés à Nicéphore l'empereur Charles. Il lui en envoya aussi, savoir, l'évêque Michel Arsafe et Théognoste, et il confirma par eux la paix qu'avait conclue Nicéphore. Ils vinrent à Aix, auprès de l'empereur, reçurent de ses mains, dans l'église, le traité de paix, et l'en remercièrent selon leur coutume, c'est-à-dire en langue grecque, l'appelant *basileus* et empereur '. Ils revinrent de là à Rome, et reçurent de nouveau du pape Léon, dans la basilique de Saint-Pierre, le même traité de paix et d'alliance. Quand l'empereur les eut congédiés, et qu'il eut tenu solennellement à Aix son assemblée générale, il envoya en Italie son petit-fils Bernard, fils de Pepin, et comme il avait entendu dire qu'une flotte partie d'Espagne et d'Afrique devait venir dévaster l'Italie, il commanda à Wala, fils de Bernard, son oncle paternel, de rester avec son petit-fils jusqu'à ce que l'issue de cet événement le tirât d'inquiétude. Cette flotte vint, une partie en Corse, une partie en Sardaigne, et cette dernière portion fut presque aussitôt taillée en pièces que débarquée.

Une flotte de Normands attaqua l'Hibernie, île des Écossais, engagea une bataille avec ces peuples, perdit beaucoup de monde, et revint dans son pays par une honteuse fuite. L'empereur fit sa paix avec Abulaz, roi des Sarrasins, ainsi qu'avec Grimoald, duc des Bénéventins, et vingt-cinq mille sous d'or furent exigés des Bénéventins sous le nom de tribut. On fit une

---

' Assertion démentie par les historiens Grecs, qui affirment que jamais les empereurs d'Orient ne donnèrent à aucun roi barbare le titre d'empereur.

expédition chez les Wiltzes, et l'on reçut d'eux des otages. Hériold et Rainfroi, rois des Danois, envoyèrent une légation à l'empereur, lui demandant la paix, et priant qu'on leur rendît leur frère Hemming. Cette année le soleil s'éclipsa après midi, le 15 mai.

[813.] L'empereur passa l'hiver à Aix. Au commencement du printemps, il envoya à Constantinople, pour affermir la paix avec l'empereur Michel, Amalhaire, évêque de Trèves, et Pierre, abbé de Nonantola. Le pont auprès de Mayence fut consumé au mois de mai par un incendie; après cela l'empereur, tandis qu'il chassait dans les Ardennes, fut obligé, par une douleur de pied, de se coucher; ensuite, convalescent, il retourna à Aix. Il y tint l'assemblée générale, appela près de lui son fils Louis, roi d'Aquitaine, et, prenant la couronne, la lui posa sur la tête, et l'associa à la dignité impériale. Il établit sur l'Italie son petit-fils Bernard, fils de Pepin, et ordonna de l'appeler roi ; par son ordre des conciles furent tenus dans toute la Gaule par les évêques, touchant les choses à réformer dans l'état des églises. Un fut convoqué à Mayence, un autre à Rheims, un troisième à Tours, un quatrième à Châlons, un cinquième à Arles ; et l'on fit, dans l'assemblée générale d'Aix-la-Chapelle, en présence de l'empereur, la collection des réglemens rendus dans tous ces conciles. Celui qui voudra les connaître les pourra trouver dans ces cinq villes ; on en garde aussi des exemplaires dans les archives du palais.

L'empereur envoya des grands francs et saxons dans le pays des Normands, au-delà de l'Elbe, pour faire la paix avec les Danois, selon la demande de leurs rois, et leur rendre leur frère. Des grands danois vinrent au lieu désigné, en nombre égal à celui des Francs (ils étaient seize de part et d'autre); on confirma la paix par des sermens, et les Francs rendirent aux Danois le frère de leurs rois. Ces princes n'étaient pas alors chez eux; ils étaient partis pour la Westerfulde avec une armée. Ce pays, le plus reculé de leur royaume, est situé au nord-ouest, et regarde le nord de la Bretagne. Le peuple et ses princes refusaient de se soumettre aux rois danois. Quand les rois revinrent après les avoir domptés, et qu'ils eurent reçu le frère que leur renvoyait l'empereur, ils furent attaqués par les fils du roi Godefroi et beaucoup de grands danois qui, depuis long-temps forcés de quitter leur patrie et exilés, s'étaient retirés chez les Suédois et venaient d'assembler des troupes. Des bandes accouraient à eux de toutes les parties du Danemarck; ils engagèrent le combat avec les rois, et les chassèrent du royaume sans beaucoup de peine.

Les Maures revinrent de Corse en Espagne avec un riche butin; mais le comte Irmingaire leur dressa des embûches dans l'île de Majorque, et prit huit de leurs navires, où il trouva plus de cinq cents Corses captifs. Les Maures, voulant se venger, ravagèrent Civita-Vecchia, ville de Toscane, et Nice, ville de la province de Narbonne; ils abordèrent aussi en Sardaigne, combattirent avec les Sardes, furent vaincus, mis en fuite, perdirent beaucoup de leurs gens, et se retirèrent.

L'empereur Michel déclara la guerre aux Bulgares,

et n'eut pas d'heureux succès. A son retour, il déposa le diadême, et fut fait moine. Léon, fils du patrice Barde, fut nommé empereur à sa place. Crumas, roi des Bulgares, qui, deux ans auparavant, avait tué Nicéphore, et venait de chasser Michel de la Mœsie, enflé par tant de prospérités, marcha avec son armée contre Constantinople même, et dressa ses tentes près des portes de la ville. Léon, l'empereur, en sortit, l'attaqua comme il faisait imprudemment à cheval le tour des murs, le blessa grièvement, le força de se mettre en sûreté par la fuite, et de retourner honteusement dans sa patrie.

LOUIS-LE-DÉBONNAIRE (814—829).

[814.] Comme le seigneur empereur Charles passait l'hiver à Aix-la-Chapelle, il sortit de cette vie terrestre dans la soixante-onzième année environ de son âge, la quarante-septième de son règne, la quarante-troisième depuis la soumission de l'Italie, et la quatorzième à dater du moment où il reçut les titres d'empereur et d'Auguste. Plusieurs messagers portèrent la nouvelle de sa mort à son fils Louis, à sa maison de campagne de Doué en Aquitaine, où il passait l'hiver. Ce prince arriva à Aix-la-Chapelle, trente jours après cet événement, et succéda à son père du consentement et de l'agrément unanime de tous les Francs. Consacrant tous ses soins à l'administration du royaume qu'il venait de recevoir, il entendit et renvoya les députations de divers peuples venues auprès de son père, et donna de même audience à d'autres députations destinées à son père, mais qui se rendirent près de lui. Entre ces dernières, la plus remarquable fut celle qui venait de Constantinople. L'empereur Léon, successeur de Michel, en congédiant Amalhaire, évêque, et Pierre, abbé, qui, quoique adressés à Michel, remplirent près de lui leur mission, les fit accompagner de ses ambassadeurs, Christophore, officier de ses gardes, et Grégoire, diacre, chargés de porter au seigneur Charles la copie et la ratification du traité d'alliance entre les deux nations. Le seigneur Louis reçut ces envoyés, les congédia, et députa Norbert, évêque de Reggio, et Rechwin, comte de Poitiers, à l'empereur Léon, à l'effet de renouveler amitié avec lui, et de confirmer le traité dont il vient d'être parlé. Après avoir ensuite tenu à Aix-la-Chapelle une assemblée générale de la nation pour terminer les procès, et porter remède aux vexations dont souffrait le peuple, il fit parcourir toutes les frontières du royaume par des commissaires, combla de présens Bernard son neveu, qu'il avait appelé près de lui, et le laissa libre de retourner dans ses États ; il conclut enfin et sanctionna un traité avec Grimoald, duc des Bénéventins, aux mêmes conditions que son père, c'est-à-dire, à la charge pour ceux-ci de payer chaque année un tribut de sept mille sous d'or.

Ce fut alors que deux de ses fils, Lothaire et Pepin reçurent de lui l'ordre de se rendre, le premier en Bavière, et le second en Aquitaine. Vers le même temps, Hériold et Rainfroi, princes danois, vaincus et chassés de leurs États l'année précédente par les enfans de Godefroi, rassemblèrent de nouvelles forces et recommencèrent la guerre ; Rainfroi et l'aîné des fils de Godefroi y périrent ; Hériold se défiant alors du succès de ses affaires vint trouver l'empereur, et se remit entre ses mains. Ce prince l'accueillit bien, et lui commanda d'aller en Saxe attendre le moment où il pourrait utilement lui porter les secours qu'il sollicitait.

[815.] Les Saxons et les Obotrites eurent de l'empereur l'ordre de se préparer à cette expédition; deux fois on tenta cet hiver le passage de l'Elbe ; mais la température changea subitement, l'air s'adoucit et les glaces du fleuve se rompirent ; il fallut donc renoncer à mettre à fin cette entreprise, et attendre jusque vers le milieu de mai que, l'hiver étant terminé, le temps plus favorable permît d'entrer en campagne. Alors tous les comtes Saxons et toutes les troupes des Obotrites, se rendirent, conformément aux instructions de Louis, et sous la conduite de Balderic son lieutenant, dans le pays des Normands, au lieu nommé Sinleu, au-delà du fleuve de l'Eyder, pour secourir Hériold ; ensuite, quittant cet endroit, ils posèrent enfin, et après sept jours de marche, leur camp sur le rivage de l'Océan, et y demeurèrent trois jours ; mais comme les fils de Godefroi, quoiqu'ils eussent rassemblé des troupes nombreuses et une flotte de deux cents voiles, restaient enfermés dans une île séparée du continent par une distance de trois milles, et n'osaient en venir aux mains, les nôtres ravagèrent tous les bourgs des environs, reçurent des peuples de ce pays quarante-un otages, et retournèrent en Saxe auprès de l'empereur.

Il tenait alors à Paderborn une assemblée générale de la nation, où tous les grands et les députés des

Esclavons orientaux vinrent le trouver. Avant qu'il se rendît dans cette ville, et lorsqu'il était encore dans sa résidence ordinaire, on lui rapporta que quelques-uns des principaux d'entre les Romains avaient conspiré de tuer le pape Léon dans Rome même, et qu'ensuite le pontife ayant eu révélation de ce complot, avait fait égorger tous les chefs de cette faction ennemie. Mécontent de cette affaire, Louis termina promptement celle des Esclavons et d'Hériold, renvoya celui-ci en Saxe, et se rendit à son palais de Francfort. A son arrivée, il chargea son neveu Bernard, roi d'Italie, qui l'avait accompagné dans le pays des Saxons, d'aller à Rome prendre connaissance de ce qui s'était passé.

A peine Bernard fut-il arrivé dans cette ville, que la maladie le força de s'aliter; il manda cependant à l'empereur par le comte Gérold, envoyé avec lui à cet effet, tout ce qu'il avait appris de cette affaire. Ce messager fut suivi de près par l'évêque Jean Théodore, maître des cérémonies, et le duc Serge, députés du pontife, qui satisfirent pleinement César sur toutes les accusations portées contre leur maître.

Les envoyés des Sardes vinrent alors de Cagliari, et apportèrent des présens. Vers ce temps encore la paix faite avec Abulaz, prince des Sarrasins, fut, après trois ans, rompue comme inutile, et l'on reprit les hostilités contre lui.

Cependant l'évêque Norbert et le comte Richwin revinrent de Constantinople et rapportèrent l'expédition du traité que leur avait remise l'empereur Léon. Ils racontèrent, entre autres choses, que, dans le mois d'août, un violent tremblement de terre, qui dura cinq jours consécutifs, avait renversé beaucoup d'édifices de cette ville et ruiné les habitans de plusieurs autres cités; on dit même que, dans les Gaules, Saintes, ville d'Aquitaine, en éprouva, en septembre, quelques secousses, et que le fleuve du Rhin, grossi par les eaux des Alpes, se déborda d'une manière extraordinaire.

A cette époque les habitans des États romains, voyant le pape Léon prêt à succomber sous la maladie, se réunissent en armes, pillent d'abord et détruisent ensuite par le feu les maisons que ce pontife avait bâties récemment sur le territoire de chacune des cités; cela fait, ils arrêtent d'aller à Rome et de reprendre par la force tout ce qu'ils se plaignaient qu'on leur eût enlevé. Le roi Bernard, instruit de ce projet, envoie des troupes, sous la conduite de Winégise, duc de Spolète, apaise la sédition, contraint les rebelles de se désister de leur entreprise, et expédie des messagers chargés de rendre compte à l'empereur de ce qu'il avait fait.

[816.] Cependant les Esclavons Sorabes se montraient peu soumis; quand l'hiver fut passé, les Saxons et les Francs orientaux reçurent donc l'ordre de marcher contre eux, l'exécutèrent avec courage et réprimèrent, sans grande fatigue, l'audace des rebelles. Lorsqu'en effet on eut pris une seule ville, tout ce qui, dans cette nation, montrait du penchant à la révolte, promit de se soumettre et se tint tranquille.

D'un autre côté les Gascons, qui habitent au-delà de la Garonne et au pied des Pyrénées, mécontens d'être privés de leur duc, nommé Siegwin, que l'empereur leur avait enlevé à cause de sa trop grande insolence et de la dépravation de son caractère, poussés par leur légèreté accoutumée, formèrent une conjuration et s'abandonnèrent à tous les excès de la rébellion. Mais deux campagnes les réduisirent si bien qu'il leur tardait de se soumettre et d'obtenir la paix.

Cependant le seigneur pape Léon sortit de ce monde dans la vingt-et-unième année de son pontificat, vers le 25 du mois de mai [1]. Le diacre Étienne fut élu et ordonné à sa place ; deux mois ne s'étaient pas encore écoulés depuis sa consécration qu'il s'efforça de se rendre, à aussi grandes journées qu'il le put, auprès de l'empereur auquel il avait cependant envoyé déjà deux légats pour le prévenir de son élévation à la papauté. Dès que Louis fut informé de son arrivée, il résolut de venir le recevoir à Rheims, envoya des gens chargés de l'y conduire, alla de sa personne au-devant de lui, et l'accueillit avec les plus grands honneurs. Le pontife se hâta de dire à l'empereur quelques mots sur le motif de son voyage, célébra la messe avec toute la solennité accoutumée, et couronna ce prince en lui mettant le diadème sur la tête. Après avoir l'un et l'autre échangé de nombreux présens, prodigué des festins magnifiques, cimenté leur amitié par les liens les plus forts, et pris les mesures que permettait l'opportunité des circonstances pour l'avantage ultérieur de la sainte Église de Dieu, ils retournèrent, le pape à Rome, et l'empereur à son palais de Compiègne.

Pendant le séjour qu'il y fit, ce monarque y reçut les députés des Obotrites et ceux que lui adressa d'Espagne Abdérame, fils du prince Abulaz. Après

[1] Léon III mourut le 11 juin 816.

s'être arrêté dans ce lieu vingt jours entiers et même plus, Louis se rendit à Aix-la-Chapelle pour y passer l'hiver.

[817.] Les ambassadeurs envoyés de Saragosse par Abdérame, fils d'Abulaz, prince des Sarrasins, étaient venus pour demander la paix. Louis leur donna d'abord audience à Compiègne, puis leur enjoignit de le devancer à Aix-la-Chapelle. A son arrivée dans cette ville, il y trouva Nicéphore que lui députait Léon, empereur de Constantinople, relativement à quelques difficultés avec les Dalmates, et lui ordonna d'attendre Cadolach, chargé de la garde des frontières de cette contrée, qui n'était pas présent et qu'on croyait devoir venir sous peu. Dès que celui-ci fut arrivé, la discussion des plaintes, portées par l'envoyé de l'empereur s'établit entre eux ; mais, comme la question intéressait plusieurs peuples et spécialement les Romains et les Esclavons, on remit à la décider sur les lieux mêmes, et Albigaire, neveu d'Unroch, fut envoyé à cet effet avec Cadolach et le député grec dont on a parlé.

Quant aux ambassadeurs d'Abdérame, après avoir été retenus pendant trois mois, et quand déjà ils commençaient à désespérer de pouvoir s'en aller, ils obtinrent enfin la permission de partir.

Les fils de Godefroi, roi des Danois, tourmentés par les ravages continuels qu'Hériold exerçait dans leur pays, envoyèrent à l'empereur une députation pour demander la paix et jurer de l'observer fidèlement ; mais ces protestations parurent plus feintes que sincères ; on les négligea donc, comme choses vaines, et on soutint Hériold contre eux.

Le 5 février, il y eut une éclipse de lune vers la seconde heure de la nuit, et une comète parut dans le signe du Sagittaire vers le 5 janvier précédent. Le pape Etienne mourut avant la fin du troisième mois qui suivit son retour à Rome. On élut pour son successeur Paschal, qui, après avoir été solennellement consacré, envoya des présens à l'empereur, avec une lettre d'excuse, dans laquelle il l'assurait que le pontificat lui avait été imposé non seulement contre son vœu, mais encore malgré ses refus réitérés. Ne s'en tenant pas là, il fit partir une ambassade pour solliciter le renouvellement et la confirmation du traité conclu avec ses prédécesseurs. Théodore, son maître des cérémonies, chargé de cette mission, obtint ce qu'il demandait. Le cinquième jour de la Semaine-Sainte, auquel jour de la fête se célèbre la cène du Seigneur, comme Louis, revenant de l'église après l'office, passait sous un portique en bois construit avec des matériaux peu solides, les poutres qui supportaient la charpente et le plafond, et qui, déjà pourries et vermoulues, ne pouvaient soutenir le moindre poids, s'écroulèrent tout à coup sur l'empereur et plus de vingt personnes qui l'accompagnaient, et les jetèrent par terre. La chute de ces poutres blessa grièvement plusieurs de ceux qu'elle renversa; quant au roi, il n'eut d'autre mal qu'une contusion que lui fit aux dernières côtes du côté gauche la garde de son épée, une légère blessure derrière l'oreille droite, et une meurtrissure à la cuisse droite, auprès de l'aine, produite par quelque éclat d'un lourd morceau de bois; mais il fut promptement rétabli par le secours des médecins qui s'empressèrent de lui donner des soins. Le vingtième jour, en effet, après cet accident, il se rendit à Nimègue, et put s'y livrer à l'exercice de la chasse. De retour à Aix-la-Chapelle, il y tint, comme de coutume, une assemblée générale de la nation, y couronna Lothaire, le premier né de ses fils, et l'associa au titre et à la puissance d'empereur. Quant à ses autres fils qu'on appelait seulement rois, il préposa l'un au gouvernement de l'Aquitaine, et l'autre à celui de la Bavière. Cette assemblée terminée, comme il allait chasser dans les forêts des Vosges, il rencontra des députés de l'empereur Léon, et leur donna audience dans son palais d'Ingelheim, près de Mayence; mais, reconnaissant que leur mission n'était autre que celle dont avait été tout récemment chargé près de lui Nicéphore, envoyé du même souverain, il les congédia promptement, et poursuivit sa route.

Ayant appris vers cette époque la rébellion des Obotrites et de Sclaomir, il en instruisit par un messager les comtes qui résidaient habituellement dans des forts auprès de l'Elbe, pour mettre à l'abri de toute attaque les frontières confiées à leur garde. La cause de cette révolte était l'ordre donné à Sclaomir, qui jusqu'alors avait exercé seul l'autorité royale sur les Obotrites depuis la mort de Thrasicon, de la partager avec Ceadrag, fils de celui-ci. Cette injonction avait tellement irrité Sclaomir, qu'il jura dès ce moment de ne jamais passer le fleuve de l'Elbe pour se rendre au palais de l'empereur, et députa sur-le-champ au-delà de la mer, vers les fils de Godefroi, afin de contracter alliance avec eux. Il obtint de ces princes d'envoyer une armée au-delà de l'Elbe : leur flotte, en effet, remonta ce fleuve jusqu'au château d'Esselfeld, et dévasta toute la rive de la Sture, pendant que Gluom, préposé à la garde de la frontière contre les Normands, conduisait des corps d'infanterie, et se rendait par terre, en même temps que les Obotrites, au pied de ce même château; les nôtres leur ayant opposé une courageuse résistance, ils abandonnèrent le siége de ce fort, et se retirèrent.

Pendant que ces choses se passaient, l'empereur, après avoir terminé sa chasse, était retourné à Aix-la-Chapelle; on lui apprit là que son neveu Bernard, roi d'Italie, poussé par les conseils de quelques hommes pervers, et affectant la tyrannie, avait fortifié tous les passages, ou cluses, par lesquels on peut entrer en Italie, et entraîné toutes les cités de ce pays à lui prêter serment de fidélité. De ce rapport une partie était vraie et l'autre fausse. Comme cependant, pour comprimer ces mouvemens de révolte, l'empereur avait rassemblé en grande hâte, de tous les points de la Gaule et de la Germanie, une immense armée et s'avançait à marches forcées vers l'Italie, Bernard, inquiet de l'état de ses affaires, depuis surtout qu'il se voyait chaque jour abandonné par les siens, posa les armes et vint à Châlons-sur-Saône, se remettre entre les mains de son oncle. Tous ses partisans suivirent son exemple, et non seulement mirent bas les armes et se rendirent à discrétion, mais encore déclarèrent volontairement et à la première question qu'on leur fit, comment les choses s'étaient passées. Les chefs de cette entreprise criminelle furent Eggidéon le premier d'entre tous les amis du roi, Reginhard camérier de ce prince, Reginhaire fils du comte Meginhaire, dont l'oncle maternel Hardrad avait autrefois ourdi en Germanie, avec un grand nombre de nobles de cette contrée, une conspiration contre l'empereur Charles. Beaucoup d'autres personnages illustres et d'un haut rang trempèrent en outre dans ce crime, et parmi eux étaient quelques prélats, tels qu'Anselme évêque de Milan, Wolfold de Crémone, et Théodulfe d'Orléans.

[818.] L'empereur ayant éclairci cette œuvre de ténèbres, mis au grand jour la conspiration et réduit tous les séditieux en sa puissance, reprit la route d'Aix-la-Chapelle. Quand le temps de jeûne du carême fut fini, et peu de jours après la Pâque, Louis ordonna que les chefs de la conjuration qu'on a nommés plus haut, et le roi Bernard, tous condamnés à la peine capitale par le jugement des Francs, fussent seulement privés de la vue; il confina dans des monastères les évêques, préalablement déposés par un décret synodal, et quant aux autres il les exila ou les fit tondre et enfermer dans des couvens, selon qu'ils parurent plus ou moins coupables. Ces choses ainsi réglées, il marcha de sa personne en Bretagne avec une armée considérable, et tint à Vannes l'assemblée générale de la nation. Entrant ensuite dans la province dont il vient d'être parlé, il prit toutes les places fortes des rebelles, et se rendit bientôt maître, sans beaucoup de fatigues, du pays entier. Après, en effet, que Morman qui s'y était arrogé l'autorité royale au mépris de l'usage constant des Bretons, eut été tué par les troupes de l'empereur, il ne se trouva plus un seul Breton qui résistât, ou qui refusât soit d'obéir aux ordres qu'il recevait, soit de fournir les otages qu'on exigeait de lui. Cette expédition achevée, l'empereur, après avoir congédié son armée, retourna dans la cité d'Angers ; la reine Hermengarde sa femme, qu'en quittant cette ville il y avait laissée malade, et dont l'état s'était toujours empiré, mourut là, le 3 octobre et deux jours après que son mari fut venu la rejoindre. Le 8 juillet il y eut une éclipse de soleil. L'empereur revint par Rouen, Amiens et Cambrai, passer l'hiver à Aix-la-Chapelle ; comme il arrivait à Herstall, il rencontra des députés de Siggon duc de Bénévent, qui apportaient des présens, et venaient excuser leur maître sur la mort du duc Grimoald son prédécesseur. Là étaient aussi les envoyés d'autres nations, et particulièrement ceux des Obotrites et de Borna duc des Guduscans et des Timotians [1], qui ayant rompu récemment toute société avec les Bulgares, s'étaient portés sur nos frontières ; là se trouvèrent encore les députés de Liudewit, duc de la Pannonie inférieure, qui machinant de nouvelles entreprises, s'efforçait d'accuser d'insolence et de cruauté le comte Cadolach, préfet des Marches du Frioul. L'empereur, après avoir entendu et congédié toutes ces députations, se rendit à Aix-la-Chapelle pour y séjourner pendant l'hiver.

[819.] Cette année on envoya l'armée des Saxons et des Francs orientaux au-delà de l'Elbe punir la perfidie de Sclaomir, roi des Obotrites ; lui-même fut amené à Aix-la-Chapelle par les préfets des frontières de Saxe et les lieutenans de l'empereur qui commandaient les troupes ; les principaux d'entre son peuple, qui avaient eu ordre de le suivre, l'accusaient d'une foule de crimes ; lui ne pouvant opposer une raisonnable défense aux reproches qu'on lui faisait, il fut

---

[1] Tribus Esclavonnes.

donc condamné à l'exil et dépouillé de son royaume en faveur de Céadrag, fils de Thrasicon. Il en arriva autant à Loup, duc de Gascogne, qui livra, cette même année, à Bérenger, comte de Toulouse, et à Warin, comte d'Auvergne, une bataille dans laquelle il perdit son frère Garuhand, homme d'une remarquable folie, et où il aurait infailliblement péri lui-même s'il n'eût cherché son salut dans la fuite. Ayant comparu devant l'empereur, et ne pouvant se justifier de la perfidie dont le taxaient les susdits comtes, il fut exilé pour un certain temps. L'assemblée d'Aix-la-Chapelle se tint après la fête de Noël; on y discuta et arrêta plusieurs dispositions relatives à l'état des églises et des monastères; on ajouta aux lois et fixa par écrit quelques capitulaires indispensables et qui manquaient. Cette réunion terminée, l'empereur, s'étant fait présenter beaucoup de filles des premières familles, choisit pour femme Judith, fille du comte Guelfe, de Bavière. Il tint ensuite dans le mois de juillet, à son palais d'Ingelheim, une autre assemblée de la nation, et envoya une armée d'Italie en Pannonie pour punir la rébellion de Liudewit; nos troupes obtinrent peu de succès et revinrent sans avoir presque rien fait. Liudewit, alors enflé d'orgueil, députa vers l'empereur, sous couleur de demander la paix, et fit proposer certaines conditions avec promesse de rentrer dans le devoir si on les lui accordait; elles furent rejetées; mais dans le temps même qu'il chargeait les envoyés d'en offrir de nouvelles, jugeant qu'il lui serait plus avantageux de persister dans la perfidie où il s'était engagé, il expédia de tous côtés des messagers et ne négligea rien pour entraîner les nations voisines à la guerre. Il parvint si bien à détourner les Timotians, qui avaient rompu toute société avec les Bulgares, de se rendre auprès de l'empereur et de se remettre en sa puissance, et les abusa si complétement par des espérances illusoires, qu'abandonnant leur premier dessein, ils devinrent les complices et les auxiliaires de sa révolte. Cependant, après que notre armée eut quitté la Pannonie, Cadolach, duc de Frioul, fut saisi de la fièvre et mourut sur le territoire même de ses marches. Balderic, qu'on lui donna pour successeur, était à peine entré dans le pays des Carinthiens compris dans son commandement, qu'il se trouva en face de l'armée de Liudewit; quoiqu'il n'eût qu'une poignée de monde, il l'attaqua dans sa marche auprès de la Drave, lui tua beaucoup de monde, le contraignit de prendre une autre route, et lui fit évacuer cette contrée. Mais dans le même temps, Borna, duc de Dalmatie, ayant, à la tête de nombreuses troupes, tenté d'arrêter sur les bords de la Kulpe Liudewit qui s'avançait contre lui, fut, au premier choc, abandonné des Guduscans; protégé cependant par les efforts de ses gardes, il parvint à s'échapper. Dans le combat périt Dragomose, beau-père de Liudewit, qui avait rompu avec son gendre dès le commencement de sa révolte et s'était uni à Borna. Celui-ci soumit de nouveau les Guduscans rentrés dans leurs foyers; mais Liudewit, profitant d'une occasion favorable, entra en Dalmatie, dans le mois de décembre, avec un fort corps de troupes et ravagea tout par le fer et le feu; alors Borna, qui se voyait hors d'état de tenir la campagne contre lui, enferme dans ses châteaux-forts tout ce qu'il possède, puis, avec un corps d'élite, se porte tantôt sur les derrières, tantôt sur les flancs de l'armée de Liudewit; l'attaque de jour, de nuit, partout où il peut, ne souffre pas qu'elle parcourre impunément son pays, la force enfin de le quitter après lui avoir fait éprouver de grandes pertes, tué trois mille hommes, pris plus de trois cents chevaux, enlevé ses bagages et toute sorte de butin, et envoie des messagers rendre compte à l'empereur de la manière dont les choses s'étaient passées.

Dans le même temps et du côté de l'occident, Pepin, l'un des fils de Louis, entra en Gascogne, par l'ordre de son père, à la tête d'une armée, enleva tous les séditieux de cette province, et la pacifia si complétement qu'il paraissait n'y être demeuré aucun individu rebelle ou même désobéissant. Alors aussi Hériold, que les Obotrites avaient reconduit jusqu'à ses vaisseaux d'après les instructions de l'empereur, gagna par mer sa patrie, dans l'espoir d'en occuper le trône; mais on dit qu'on lui associa, pour régner conjointement avec lui, deux des fils de Godefroi, et qu'on chassa du pays les deux autres: ceci fut, au reste, regardé comme l'œuvre de la ruse.

L'empereur, ayant congédié l'assemblée de la nation, alla d'abord à Creutznach, puis à Bingen et navigua heureusement sur le Rhin jusqu'à Coblentz; de là il se rendit dans les Ardennes pour prendre l'exercice de la chasse, et après s'y être livré, suivant sa coutume, avec une suite nombreuse, il retourna passer l'hiver à Aix-la-Chapelle.

[820.] Au mois de janvier il se tint dans cette même ville une assemblée générale de la nation; on y traita de la rébellion de Liudewit; on y arrêta de faire marcher tout à la fois trois armées de trois côtés différens pour dévaster son pays et réprimer son audace; et Borna envoya d'abord des députés, puis vint lui-même suggérer ce qu'il lui paraissait utile de faire à cet égard. Pendant cette même assemblée, Bera, comte de Barcelonne, que ses voisins taxaient depuis long-temps de fraude et d'infidélité, combattit à cheval son accusateur, et fut vaincu. Lorsque ensuite on l'eut jugé coupable de lèze-majesté, et condamné à la peine capitale, la miséricorde de l'empereur lui fit grâce de la vie et l'exila à Rouen.

Dès que l'hiver fut passé, et que l'herbe put fournir à la pâture des chevaux, les trois armées destinées à combattre Liudewit, partirent; l'une entra chez lui par l'Italie et les Alpes Noriques, l'autre par le pays des Carinthiens, et la troisième par la Bavière et la Pannonie supérieure. Deux de ces armées, celle de droite et celle de gauche, ne pénétrèrent que tard chez l'ennemi; l'une eut à disputer, contre une poignée d'hommes déterminés, le passage des Alpes; l'autre fut retardée par la longueur du chemin et par la Drave qu'il lui fallut passer; mais la troisième, qui venait par la Carinthie, plus heureuse quoiqu'elle rencontrât de la résistance sur trois points, battit l'ennemi trois fois, traversa la Drave, et arriva plus tôt à sa destination. Liudewit, qui n'avait fait aucune disposition contre de si grands préparatifs, se tint renfermé lui et les siens dans les murailles d'un château-fort qu'il avait élevé sur une montagne escarpée, et l'on assure que ni par lui-même, ni par députés, il n'entama aucun pourparler ni sur la guerre ni sur la paix. Cependant les trois armées opérèrent leur jonction, ravagèrent presque tout le pays par le fer et le feu, et rentrèrent chez elles sans avoir éprouvé aucun échec considérable. Celle pourtant qui revint par la Pannonie supérieure, souffrit beaucoup de la dysenterie au passage de la Drave, par suite de l'insalubrité des eaux et des lieux, et perdit de cette maladie une bonne partie de son monde. Ces trois armées, au surplus, avaient été levées dans la Saxe, la France orientale, l'Allemagne, la Bavière et l'Italie. Quand elles eurent regagné leurs foyers, ceux de la Carniole, qui habitent les bords de la Save et touchent presque au Frioul, se soumirent à Balderic, et une portion des Carinthiens, qui nous avaient abandonnés pour suivre le parti de Liudewit, s'empressa d'imiter cet exemple.

Vers ce même temps, le traité juré entre nous et Abulaz, roi des Sarrasins, fut rompu de dessein prémédité, comme n'étant assez avantageux à aucune des parties, et on entreprit la guerre contre ce prince.

Pendant que ces choses se passaient, des pirates prirent et submergèrent, dans la mer d'Italie, huit vaisseaux marchands qui revenaient de Sardaigne en Italie. Mais treize corsaires sortis de la Normandie, et qui tentèrent d'abord de piller le littoral de la Flandre, furent repoussés par les garnisons; toutefois, et par l'incurie des gardes, ils brûlèrent sur ce point quelques misérables chaumières, et enlevèrent un peu de menu bétail. Ayant ensuite essayé d'en faire de même à l'embouchure de la Seine, ils essuyèrent une vigoureuse résistance de la part des gardes du rivage, eurent cinq des leurs tués, et se retirèrent sans avoir réussi; plus heureux enfin sur les côtes de l'Aquitaine, ils dévastèrent entièrement un certain bourg nommé Buin, et regagnèrent leur patrie chargés d'un immense butin.

Cette année, les pluies continuelles et la trop grande humidité qui ramollit l'air, causèrent de grandes maladies; en effet, la contagion qui enlevait les hommes et les bêtes à cornes étendit si cruellement et si au loin ses ravages, qu'à peine aurait-on pu trouver dans tout le royaume des Francs un seul coin que ce fléau eût laissé intact et exempt de malheur. D'un autre côté, les grains et les légumes, gâtés par l'abondance continue des pluies, ne purent être récoltés ou se pourrirent après l'avoir été. Le vin même, dont on ne fit que très-peu cette même année, fut aigre et plat, faute de chaleur. Dans quelques endroits, enfin, les eaux dont les fleuves débordés avaient couvert la terre, y séjournèrent si long-temps et empêchèrent tellement les semailles d'automne, qu'on ne put absolument confier à la terre aucun de ses fruits avant l'époque du printemps. Il y eut une éclipse de lune le 24 novembre, à la seconde heure de la nuit. L'empereur après avoir tenu à Quiersy l'assemblée de la nation, et fait, suivant la coutume, les grandes chasses d'automne, revint à Aix-la-Chapelle.

[821.] L'assemblée générale eut lieu dans cette ville au mois de février; elle s'occupa de la guerre contre Liudewit, et décréta que trois armées iraient encore l'été suivant dévaster tour-à-tour les terres de ce perfide. Les mêmes mesures furent prises relativement aux Marches d'Espagne, et les mêmes ordres donnés aux préfets de cette frontière; on arrêta de plus qu'une seconde assemblée se réunirait au mois de mai à Nimègue, et l'on désigna les comtes qui devraient s'y rendre. Le seigneur empereur se rendit dans cette ville, en s'embarquant sur la Meuse, après la célébration des fêtes de Pâques; là, il examina de nouveau le partage du royaume entre ses fils, fait et enregistré les années précédentes, et voulut que les grands alors présens le garantissent par leurs sermens; là encore, il reçut Pierre, évêque de Civita-Vecchia, et Léon maître des cérémonies, députés du pontife romain Paschal, et les congédia promptement. Après avoir ensuite désigné ceux des comtes présens qu'il chargea de l'expédition de la Germanie, et n'être demeuré que fort peu de temps à Nimègue, il reprit le chemin d'Aix-la-Chapelle. Quelques jours après son arrivée dans cette ville, il se rendit à Trèves et à Metz, en traversant les Ardennes; de là gagnant le château de Remiremont, il passa le reste des chaleurs de l'été, et la moitié de l'automne, à prendre l'exercice de la chasse, dans les lieux les plus retirés des forêts des Vosges.

Cependant Borna, duc de Dalmatie et de Croatie, étant mort, son neveu, nommé Ladasclav[1], lui succéda sur la demande du peuple et du consentement de l'empereur. Il se répandit, vers ce même temps, relativement à la mort de Léon, empereur de Constantinople, qu'il avait été tué dans son propre palais, victime d'une conspiration des grands de sa cour, et particulièrement de Michel comte des domestiques, qu'on disait ceint du bandeau impérial par le suffrage des citoyens et le dévouement des gardes pré-

[1] Ladislas.

toriennes. Alors encore Fortunat, patriarche de Grado, accusé près de l'empereur par un prêtre de son église, nommé Tibère, d'avoir exhorté Liudewit à persévérer dans la révolte où il s'était engagé, et de l'avoir aidé à fortifier ses châteaux, en lui fournissant des maçons et d'autres ouvriers, reçut ordre de venir au palais. Faisant d'abord mine d'obéir, il partit pour l'Istrie, feignit ensuite de retourner à Grado, et sans qu'aucun des siens, excepté ceux avec lesquels il avait concerté son projet, en eût le moindre soupçon, saisit un moment favorable et s'embarqua secrètement ; arrivé à Jadère, cité de Dalmatie, il découvrit la cause de sa fuite à Jean, préfet de sa province, qui lui donna place dans un vaisseau, et le fit passer sur-le-champ à Constantinople.

Dans le milieu du mois d'octobre se tint à Thionville une assemblée générale, où accourut en foule la nation des Francs ; Lothaire, le premier né de l'empereur, y épousa solennellement, suivant l'ancienne coutume, Hermengarde, fille du comte Hugues ; Théodore primicier et Florus, envoyés du pontife romain, y vinrent aussi chargés de riches présens ; on vit encore dans cette même assemblée les comtes revenus de Pannonie, qui, après avoir ravagé tout le pays des rebelles et des adhérens de Liudewit, et ne trouvant aucun ennemi qui se présentât pour combattre, rentrèrent dans leurs foyers. Là, enfin, brilla dans tout son éclat la singulière clémence du pieux empereur envers ceux qui, avec son neveu Bernard, avaient conspiré en Italie pour lui ravir sa couronne et le jour. Les ayant fait comparaître en sa présence, non seulement il leur fit grâce de la vie, et de la perte des membres; mais encore il leur restitua par un excès de libéralité, leurs possessions confisquées, par jugement de la loi, au profit du fisc; il rappela aussi Adalhard d'Aquitaine, où il l'avait exilé, le rétablit supérieur et abbé du monastère de Corbie, comme il l'était précédemment, et renvoya avec lui dans le même monastère Bernard, son frère, admis au pardon. Ayant ainsi terminé toutes les choses entreprises pour l'avantage du royaume, et fait confirmer par tous les grands le serment qu'une partie seulement d'entre eux avaient prêté à Nimègue, ce prince revint à Aix-la-Chapelle, et, après avoir célébré les noces de son fils Lothaire, avec la pompe accoutumée, il l'envoya passer l'hiver à Worms.

Cette année, tout fut tranquille du côté des Danois. Les fils de Godefroi avaient admis Hériold au partage du royaume, et l'on attribue à cet arrangement la paix qui régnait alors entre eux; mais, comme on soupçonnait Céadrag, prince des Obotrites, de trahison, et d'avoir contracté quelque alliance avec les fils de Godefroi, Sclaomir, son rival, eut permission de retourner dans sa patrie. A peine était-il arrivé en Saxe qu'il tomba malade, reçut le sacrement du baptême et mourut.

Cette année encore, la continuité des pluies empêcha dans plusieurs endroits les semailles d'automne. A ces pluies succéda un hiver si long et si âpre que non seulement les petits ruisseaux et les rivières peu considérables, mais encore les plus grands et les plus célèbres fleuves, tels que le Rhin, le Danube, l'Elbe, la Seine, et tous ceux qui vont, à travers la

Gaule et la Germanie, se décharger dans l'Océan, se couvrirent d'une glace tellement solide que, pendant plus de trente jours, ils portèrent les chariots de transport d'une rive à l'autre, comme si des ponts les eussent réunies; ensuite la fonte de cette glace ne causa pas de médiocres dommages aux métairies bâties sur les bords du Rhin.

[822.] Dans le pays des Thuringiens, en un certain lieu près d'un fleuve, un tertre de gazon de cinquante pieds en longueur sur quatorze de largeur et un demi-pied de hauteur, fut coupé et enlevé de terre sans travail de la main des hommes, et trouvé à vingt-cinq pieds de l'endroit d'où il avait été arraché. De même, dans la partie orientale de la Saxe qui touche aux frontières des Sorabes, en un certain lieu désert, près du lac qu'on nomme Arnsee, le sol se souleva en forme de terrasse, et, dans l'espace d'une seule nuit, sans le concours d'aucun travail humain, éleva, sur une longueur d'une lieue, un boulevard qui présentait l'aspect d'un véritable rempart.

Cette année, Winégise, duc de Spolète, appesanti déjà par la vieillesse, quitta l'habit séculier, et s'asservit à la vie monastique; mais peu de temps après il mourut accablé par les infirmités, et Suppon, comte de Brescia, fut mis en sa place. Vers ce temps, le seigneur empereur ayant réuni un conseil composé des évêques et des grands de ses États, fut pardonné par ses frères qu'il avait fait raser contre leur vœu, et fit publiquement confession et pénitence tant pour ce fait que pour les actes de sévérité exercés contre Bernard, fils de son frère Pepin, ainsi que contre l'abbé Adalhard et son frère Wala. Ces mortifications, il s'y soumit de nouveau en présence de tout son peuple dans l'assemblée générale de la nation, qu'il tint cette même année, dans le mois d'août, à Attigny, et apporta le soin le plus pieux à réparer tout ce qu'il put découvrir d'actions semblables commises par son père ou par lui.

On avait cependant envoyé une armée d'Italie en Pannonie, afin de terminer la guerre contre Liudewit. A l'approche de ces troupes, celui-ci, abandonnant sa cité de Siscia, s'enfuit chez les Sorabes, nation qu'on dit maîtresse d'une grande partie de la Dalmatie, fit périr par trahison un de leurs ducs qui l'avait accueilli, et réduisit en sa puissance le territoire où celui-ci commandait. Toutefois il fit partir des députés pour l'armée de l'empereur, et se dit dans l'intention de comparaître par-devant ce prince. Cependant les Saxons construisirent, par les ordres de Louis, un fort au-delà de l'Elbe et dans un lieu nommé Delbend, dont ils avaient chassé les Esclavons qui l'occupaient auparavant; et, pour s'opposer aux incursions de ce peuple, on y mit une garnison saxonne. D'un autre côté, les comtes des Marches d'Espagne pénétrèrent dans ce royaume au-delà de la Sègre, dévastèrent les campagnes, brûlèrent un grand nombre de métairies, et revinrent chargés d'un butin considérable ; de même les comtes des Marches de Bretagne, après l'équinoxe d'automne, se jetèrent sur les possessions d'un certain breton nommé Wihomarch, qui restait encore en état de rébellion, et ravagèrent tout par la flamme et le fer. L'empereur, ayant clos alors l'assemblée d'Attigny, alla chasser dans les Ardennes, et envoya son fils Lothaire en Italie ; il le fit accompagner du moine Wala, son parent, comme frère de l'abbé Adalhard, et de Gérung, chef des portiers du palais, afin qu'il se gouvernât par leurs conseils dans l'administration tant de sa maison que des affaires relatives aux intérêts de son royaume. Quant à Pepin, son père lui enjoignit de se rendre en Aquitaine; mais auparavant il le maria à la fille de Théodebert, comte de Mâcon, et le fit partir après ses noces pour les contrées de l'ouest. Pour lui, lorsqu'il eut fini la chasse d'automne, il alla passer l'hiver à Francfort, au-delà du Rhin; et là, dans une assemblée générale de la nation, il s'occupa, conformément à l'antique usage, de régler, avec les grands qu'il avait convoqués à cet effet, tout ce qui importait à la sûreté des frontières orientales de son royaume. Ce fut dans cette même assemblée qu'il reçut les députations et les présens que lui envoyèrent les Esclavons orientaux, c'est-à-dire, les Obotrites, les Sorabes, les Wiltzes, les Bohémiens, les Marvaniens, les Prédénécentins et les Avares, habitans de la Pannonie. Des ambassades venues de Normandie, au nom tant d'Hériold que des fils de Godefroi, se rendirent également à cette assemblée. Après les avoir entendues et congédiées toutes, Louis séjourna l'hiver dans cette même ville de Francfort, où il avait fait construire, ainsi qu'il se l'était proposé, de nouveaux bâtimens nécessaires pour tenir sa cour.

[823.] Une autre assemblée se réunit au même lieu dans le mois de mai. On n'y appela pas les grands de toute la France; ceux de la France orientale, de la Saxe, de l'Allemagne, de la Bourgogne contiguë à l'Allemagne, et des contrées qui avoisinent le Rhin, eurent seuls l'ordre de s'y rendre. Parmi les autres députations des nations barbares qui s'y présentèrent, soit de leur propre mouvement, soit en vertu d'injonctions qui leur avaient été faites, parurent deux frères, tous deux rois des Wiltzes, en discussion pour l'empire ; ils s'appelaient Méligast et Céléadrag, et tous deux étaient fils de Liub, roi des Wiltzes, qui, quoiqu'il eût partagé le royaume avec ses frères, exerçait toutefois en qualité d'aîné la suprême autorité sur tout le pays. Il avait été tué dans un combat contre les Obotrites, et les Wiltzes s'étaient donné pour roi Méligast son fils aîné; mais, comme il usait peu dignement de l'autorité que la nation lui avait confiée, conformément à ses anciens usages, on le rejeta et l'on transporta à son frère les honneurs de la royauté. Cette affaire amena les deux frères devant l'empereur. Dès que ce prince les eut entendus, et se fut assuré que les vœux de la nation penchaient davantage en faveur du plus jeune, il décida que celui-ci jouirait de la puissance que lui avait conférée le peuple, et les renvoya cependant tous deux comblés de présens et liés à l'obéissance par un serment.

Dans la même assemblée on accusa auprès de Louis Céadrag, prince des Obotrites, d'en agir avec peu de fidélité à l'égard des Francs, et de trop tarder à paraître en présence de leur monarque; on lui envoya donc des commissaires qu'il fit accompagner à leur retour par quelques-uns des principaux de sa nation, chargés de promettre en son nom qu'il se rendrait l'hiver prochain auprès de l'empereur.

Cependant Lothaire après avoir, suivant l'ordre de

son père, fait droit en Italie à toutes les justes réclamations, se préparait à revenir; mais il alla jusqu'à Rome, à la sollicitation du pape Pascal. Accueilli par ce pontife avec de grands honneurs, il reçut de lui, le jour même de Pâques et dans la basilique de Saint-Pierre, la couronne, marque distinctive de l'autorité, ainsi que les titres d'empereur et d'Auguste. Sur le compte qu'il rendit à son père des affaires qu'il avait terminées par ses décisions, ou préparées en Italie, Adalhard, comte du palais, fut envoyé dans ce pays, avec ordre de s'adjoindre Mauring, comte de Brescia, et d'apporter tous ses soins à statuer définitivement sur ce qui n'était encore que commencé. Vers le même temps, Louis, d'après l'élection faite et le consentement exprimé par le clergé de la ville de Metz, donna pour pasteur à cette église, Drogon son frère qui vivait sous la loi canonique, et trouva bon de l'élever au pontificat. Dans cette même assemblée on indiqua le temps et le lieu de la tenue de l'assemblée suivante, savoir le mois de novembre et le palais de Compiègne.

Au moment où ces plaids finissaient et où, après avoir congédié les grands, l'empereur était sur le point de quitter Francfort, on lui apporta la nouvelle de la mort de Liudewit, qui, ayant laissé là les Sorabes, se rendit en Dalmatie chez Liudemuth, oncle du duc Bernard, demeura quelque temps chez lui, et périt par la perfidie de son hôte. Le bruit se répandit aussi que Théodore, primicier de la sainte Église romaine, et Léon son gendre, maître des cérémonies, avaient été d'abord privés de la vue, et ensuite décapités dans le palais pontifical de Latran, et cela parce qu'ils s'étaient montrés fidèles en toutes choses au jeune empereur Lothaire. Quelques gens prétendaient même que ces cruautés s'étaient commises par l'ordre, ou au moins de l'aveu du pape Pascal. Adalung, abbé du monastère de Saint-Vaast et Hunfroi, comte de la cour de justice impériale, furent chargés d'aller prendre des informations, et faire une enquête sévère à cet égard. Mais ils n'étaient pas encore partis que l'évêque Jean, et Benoît, archidiacre du Saint-Siége apostolique, ambassadeurs de Pascal, arrivèrent et supplièrent l'empereur de laver le pontife de l'accusation infâme qui tendait à faire croire qu'il avait donné son consentement à la mort des hommes dont on a parlé plus haut. Louis leur répondit comme la raison l'exigeait, les congédia, et enjoignit à ses commissaires susdits d'aller à Rome, ainsi qu'il l'avait réglé d'abord, pour rechercher la vérité des faits. Quant à lui, il finit l'été dans le pays de Worms, passa ensuite dans les Ardennes, et après les chasses d'automne se rendit à Compiègne, comme il l'avait dit, au commencement de novembre. Ses commissaires arrivés à Rome ne purent acquérir aucune certitude sur ce qui s'y était passé; car le pape Pascal se purgea par le serment, ainsi qu'un très-grand nombre d'évêques, de toute participation à ce crime, défendit de tout son pouvoir, comme gens appartenant au clergé de Saint-Pierre, les meurtriers des personnages dont on a parlé, déclara ceux qui avaient été tués coupables de lèze-majesté, et affirma qu'ils avaient été mis à mort justement. A cette occasion donc il députa vers l'empereur, et fit suivre les commissaires envoyés par ce prince de l'évêque Jean, de Serge bibliothécaire, de Quirinus sous-diacre, et de Léon, maître de la milice.

Lorsque Louis eut appris, tant par eux que par ses propres délégués, le serment du pontife et la justification de ceux qu'on accusait, persuadé qu'il n'y avait plus lieu pour lui à pousser davantage cette affaire, il renvoya l'évêque Jean et ses collègues au pape avec une réponse convenable.

Vers le même temps Céadrag, prince des Obotrites, se montrant fidèle à ses promesses, vint à Compiègne, avec quelques-uns des principaux de sa nation, et offrit à l'empereur des excuses assez plausibles pour avoir différé cette démarche pendant tant d'années. Aussi, quoiqu'il parût coupable en certaines choses, par considération cependant pour les bons services des siens, il lui fut permis de retourner dans son royaume, non seulement quitte de toute peine, mais même comblé de présens. Hériold accourut aussi de Normandie, sollicitant des secours contre les fils de Godefroi, qui menaçaient de le chasser de sa patrie. Les comtes Théothaire et Rotmund furent envoyés vers ceux-ci pour informer avec soin sur cette affaire. Se hâtant de reconnaître à fond et la conduite des fils de Godefroi, et l'état général de tout le royaume des Normands, ils devancèrent le retour d'Hériold et mirent clairement sous les yeux de l'empereur tous les documens qu'ils avaient recueillis dans ces contrées. Avec eux revint Ebbon, archevêque de Rheims, qui, de l'avis de l'empereur et avec l'autorisation du pontife romain, s'était rendu sur les frontières des Danois pour prêcher la religion, et avait, l'été précédent, baptisé beaucoup d'entre eux convertis à la foi.

On raconte que certains prodiges se firent remarquer cette année. Les principaux furent un tremblement de terre qu'on ressentit dans le palais d'Aix, et une jeune fille, à peine âgée de douze ans, qui, dans le territoire de Toul et près de la ville de Commercy, s'abstint de toute nourriture pendant dix mois. En Saxe, dans un bourg appelé Firisaz [1], la foudre tomba en plein jour, par un temps serein, et le feu du ciel brûla vingt-trois maisons des champs; dans plusieurs endroits la grêle détruisit tous les fruits de la terre, et avec cette grêle on vit tomber des pierres véritables et d'un grand poids. Les flammes d'en haut consumèrent aussi des maisons çà et là, et l'on rapporte encore que plus d'hommes et d'autres animaux que dans d'autres temps furent frappés du tonnerre. A ces fléaux succédèrent une peste affreuse et une grande mortalité qui, répandant leurs cruels ravages dans toute la France, enlevèrent par leurs fureurs une innombrable multitude de personnes de tout âge et de tout sexe.

[824.] Omortag, roi des Bulgares, envoya vers l'empereur des députés avec des lettres, sous le prétexte de conclure la paix. Louis, ayant entendu ces hommes et lu les dépêches qu'ils apportaient, fut justement étonné de la nouveauté du fait, et renvoya au susdit roi des Bulgares, avec ses propres messagers, un certain Machelme, Bavarois, pour s'enquérir avec soin de la véritable cause d'une ambassade si extraordinaire, et telle que jusqu'alors il n'en était jamais venu en France. Cependant l'hiver fut si long et si dur que non seulement des animaux, mais encore

---

[1] Freysachs.

plusieurs hommes, périrent de la rigueur du froid. Il y eut une éclipse de lune le 5 mars, à la seconde heure de la nuit. On répandit, vers ce temps, le bruit de la mort de Suppon, duc de Spolète; d'autre part, les députés du pontife romain le trouvèrent, à leur retour à Rome, attaqué d'une maladie grave, et déjà tout près de sa fin : deux jours en effet après leur arrivée, ce pape sortit de cette vie [1]. Le peuple s'étant partagé sur le choix de son successeur, deux sujets furent élus en même temps; mais Eugène, alors archi-prêtre du titre de sainte Sabine, l'emporta par les efforts de sa noblesse, fut mis en leur place et consacré. Le sous-diacre Quirinus, qui faisait partie de la précédente députation, vint rendre compte de cette affaire à l'empereur. C'était le moment où l'assemblée générale de la nation, indiquée pour le 24 juin, se tenait à Compiègne, et où Louis se préparait à faire en personne une expédition en Bretagne. Ce prince envoya donc à Rome Lothaire, son fils et son associé à l'empire, pour le remplacer et régler sur des bases solides, entre le nouveau pontife et le peuple romain, tout ce que paraîtrait exiger la nécessité des circonstances. Le jeune prince se rendit en Italie vers le milieu d'août, pour exécuter cette commission. Mais l'empereur différa la course qu'il voulait faire en Bretagne jusqu'au commencement de l'automne, à cause de la famine qui se faisait alors sentir dans toute sa force. Ayant enfin réuni ses troupes de toutes parts, il se dirigea sur Rennes, cité contiguë aux frontières de la Bretagne. Là, divisant son armée en trois corps, il en confia deux à ses fils, Pepin et

[1] Le 11 mai 824.

Louis, se réserva la troisième, pénétra dans la Bretagne, et la ravagea par le fer et par le feu. Après avoir employé quarante jours et plus à cette expédition, et reçu les otages qu'il avait ordonné au perfide Breton de lui livrer, il partit le 17 novembre pour la ville de Rouen, où il avait prescrit à sa femme de l'attendre, et aux députés de l'empereur Michel de venir à sa rencontre. Avec eux se rendit auprès de lui Fortunat, patriarche de Grado; mais les envoyés de Michel apportaient des présens et des lettres, se disant uniquement chargés de resserrer les liens de la paix, et ne parlèrent en rien de Fortunat; cependant, tout en traitant les autres objets de leur mission, ils mirent en avant quelque chose du culte des images, et annoncèrent qu'ils devaient faire le voyage de Rome, pour consulter à cet égard le chef du siége apostolique. Louis, après les avoir entendus et congédiés avec sa réponse, ordonna de les conduire à Rome, où ils assuraient vouloir se rendre. Quant à Fortunat, le monarque s'étant informé de la cause de sa fuite, lui enjoignit de se rendre aussi à Rome, afin d'y être interrogé par le pape. Lui-même enfin partit pour Aix-la-Chapelle, où il avait résolu de passer l'hiver.

Lorsqu'il y fut arrivé et y eut célébré les fêtes de la naissance de Notre-Seigneur, on lui rapporta que des ambassadeurs du roi des Bulgares étaient en Bavière. Envoyant à leur rencontre, il leur fit dire d'attendre dans ce pays le moment où il jugerait à propos de les recevoir; mais en même temps il permit d'arriver jusqu'à Aix-la-Chapelle à des députés qu'on lui disait venir vers lui de la part des Obotrites, vulgairement nommés Prédénécentins, et qui habitent la Dacie, province située le long du Danube, et limitrophe de la Bulgarie; et comme ces peuples se plaignaient d'être injustement molestés par les Bulgares, et sollicitaient contre eux des secours, il fut enjoint à leurs envoyés de retourner chez eux et de se présenter au terme fixé pour entendre les ambassadeurs Bulgares. Suppon étant mort à Spolète, comme on l'a dit plus haut, son duché fut alors conféré à Adalhard, comte du palais, qu'on appelait Adalhard le jeune; mais il jouissait de ce poste honorable depuis à peine cinq mois, qu'il fut pris de la fièvre et mourut. Mauring, comte de Brescia, qu'on lui donna pour successeur, tomba malade au moment où il venait de recevoir l'annonce de l'honneur qu'on lui déférait, et termina sa vie peu de jours après. Dans ce temps, les comtes Éble et Asinaire, envoyés avec des troupes gasconnes à Pampelune, et, rentrant en France après avoir rempli l'objet de leur mission, tombèrent dans une embuscade sur le sommet des Pyrénées, par la trahison des montagnards; cernés de toutes parts, et faits prisonniers, ils virent les troupes qu'ils avaient avec eux mises en déroute, et presque entièrement massacrées. On dirigea Éble sur Cordoue; mais Asinaire obtint, de la pitié de ceux qui s'étaient emparés de lui et le considéraient comme un homme du même sang qu'eux, la permission de retourner chez lui.

Cependant Lothaire, qui s'était rendu à Rome ainsi que lui avait commandé son père, fut reçu par le pape Eugène avec de grands honneurs. Ayant fait connaître ensuite à ce pontife les ordres dont il était porteur, il réforma si bien, a le bienveillant assentiment d'Eugène, l'administration de l'État romain, corrompue par la perversité de certains chefs, que tous ceux qu'on avait cruellement ruinés, par le pillage de ce qu'ils possédaient, se virent magnifiquement indemnisés par la restitution de leurs biens, et la durent à la bonté de Dieu et à l'arrivée de ce prince.

Cette année, peu de jours avant le solstice d'été, la température changea subitement ; un effroyable orage éclata sur le territoire d'Autun, et l'on raconte qu'avec la grêle tomba un énorme morceau de glace de quinze pieds de longueur, sept de largeur et onze d'épaisseur.

[825.] Après avoir célébré, avec la plus grande solennité, la sainte fête de Pâques à Aix-la-Chapelle, et dès que la saison du printemps commença de sourire à la terre, l'empereur alla chasser à Nimègue, et ordonna que les ambassadeurs Bulgares se rendissent vers le milieu de mai dans la première de ces deux villes, car il était résolu de retourner à cette époque pour tenir l'assemblée générale, dont, à son retour de Bretagne, il avait indiqué à ses grands la réunion pour ce moment et dans ce lieu. La chasse terminée, il revint en effet à Aix-la-Chapelle et donna audience à la députation de Bulgarie, dont la mission avait pour but de fixer les limites entre les Francs et les Bulgares. A l'assemblée dont il s'agit se trouvèrent presque tous les principaux de la Bretagne, et entre autres Wihomarch, qui avait troublé, par sa rébellion, tout son pays, provoqué par sa folle obstination la colère de l'empereur et attiré sur lui l'exécution militaire dont il a été parlé ; rendu enfin à des idées plus saines il ne balançait pas, disait-il, à venir se remettre au nombre des fidèles de l'empereur. Ce prince lui pardonna donc, le combla même de présens, et le laissa retourner chez lui avec les autres grands de sa nation; mais, retombant dans la perfidie ordinaire à sa race, Wihomarch viola promptement, comme il était habitué à le faire, la foi qu'il avait jurée, et ne cessa de désoler ses voisins par le pillage et l'incendie jusqu'au moment où enfin il fut cerné et tué dans sa propre demeure par les hommes du comte Lambert.

Cependant l'empereur, après avoir entendu l'ambassade de Bulgarie, répondit aux lettres du roi de ce pays par les envoyés même que ce prince avait chargés de les lui apporter. Ayant ensuite congédié l'assemblée de la nation, il alla chasser à Remiremont dans les Vosges et y vit son fils Lothaire qui vint l'y trouver à son retour d'Italie. La chasse finie, Louis reprit le chemin d'Aix-la-Chapelle et y tint au mois d'août, suivant l'usage consacré, l'assemblée générale de son peuple. Dans ce plaid, il reçut, entre autres députations arrivées des divers pays, celle qu'envoyaient de Normandie les fils de Godefroi, et fit ratifier, au mois d'octobre et sur leurs frontières même, la paix qu'ils lui demandaient. Toutes les affaires qui paraissaient de la compétence de cette assemblée une fois terminées, l'empereur se rendit à Nimègue avec son fils aîné; le cadet Louis, il l'envoya en Bavière, et lui-même, après les chasses d'automne, revint à Aix-la-Chapelle vers le commencement de l'hiver.

On assure que, dans le territoire de Toul et près de Commercy, une certaine jeune fille d'environ douze ans, après avoir reçu, le jour de Pâques, la sainte communion de la main d'un prêtre, suivant la coutume des chrétiens, s'abstint d'abord de pain, ensuite de toute nourriture et de toute boisson, et poussa son jeûne si loin que, vers ce temps, s'accomplit la troisième année qu'elle avait passée sans faire entrer dans son corps le moindre aliment et sans même souhaiter aucune nourriture; elle commença en effet son abstinence l'année de l'incarnation de Notre-Seigneur 823, comme on l'a dit plus haut dans l'histoire de cette même année, et c'est dans celle dont il s'agit actuellement, c'est-à-dire en 825, vers le commencement de novembre, que, mettant fin à son jeûne, elle se remit à prendre de la nourriture et à vivre à la manière du reste des mortels.

[826.] Lorsque les ambassadeurs du roi des Bulgares lui eurent rendu compte de ce qu'ils avaient fait, il envoya de nouveau à l'empereur, avec des lettres, le même homme qu'il lui avait député d'abord, suppliant ce prince d'ordonner que la démarcation des frontières fût fixée sans aucun retard, ou que si cela ne lui convenait pas, chacun au moins conservât ses limites actuelles, quoiqu'on n'eût conclu aucun traité de paix; mais il se répandit que le roi des Bulgares avait été détrôné ou tué par un de ses grands. L'empereur différa donc de répondre à l'envoyé; il lui enjoignit au contraire d'attendre, et dépêcha Bertheric, comte du palais, dans le pays des Carinthiens, vers les comtes Balderic et Gérold, préposés à la garde des frontières des Avares, avec mission de s'assurer de la vérité du bruit en question. Mais Bertheric, à son retour, n'ayant rien rapporté de certain sur ce que publiait la renommée, Louis appela près de lui le député, puis le fit repartir sans lettres.

Cependant le roi Pepin, fils de l'empereur, se rendit, conformément à l'ordre qu'il en avait reçu, avec les grands de son royaume et les commandans de la frontière d'Espagne, vers le commencement de février, à Aix-la-Chapelle, où son père passait alors l'hiver. Lorsqu'on eut discuté de concert avec eux et arrêté les dispositions à faire pour défendre les frontières de l'Ouest contre les Sarrasins, Pepin retourna dans l'Aquitaine, où il demeura l'été suivant tout entier. Quant à Louis, quittant, dans le milieu de mai, Aix-la-Chapelle, il arriva vers le commencement de juin à Ingelheim, y tint une assemblée nationale assez nombreuse, entendit et congédia beaucoup de députations envoyées des diverses parties de la terre. La principale, et qui l'emportait sur toutes les autres, était celle dont le pontife romain avait chargé Léon, évêque de Civita-Vecchia, Théophylacte, maître des cérémonies, et Dominique, abbé du Mont-des-Oliviers des contrées au-delà des mers. Les fils de Godefroi, roi des Danois, députèrent aussi pour solliciter paix et alliance. Quelques-uns des principaux d'entre les Obotrites vinrent également du pays des Esclavons accuser leur duc Céadrag; on porta plainte encore contre Tunglon, l'un des chefs des Sorabes, de ce qu'il ne se montrait pas obéissant aux ordres qu'il recevait; et il fut signifié aux deux inculpés que, s'ils ne se rendaient de bonne heure à l'assemblée générale que tiendrait l'empereur au mois d'octobre, ils porteraient la peine due à leur peu de foi. On vit de plus à ce plaid quelques-uns des grands de Bretagne amenés par les commandans de cette frontière. Vers ce même temps, arriva Hériold avec sa femme et un grand nombre de ses Danois. Il fut baptisé dans l'église de Saint-Albin, à Mayence, avec tous ceux qui l'accompagnaient; puis, comblé de présens par Louis, et reprenant le chemin par lequel il était venu, il retourna chez lui par la Frise, où on lui donna un comté appelé Rhiustri, afin qu'il pût s'y retirer avec ce qu'il possédait, si quelque nécessité l'y contraignait. A cette même assemblée, assistèrent Balderic et Gérold, comte des frontières de Pannonie, qui déclarèrent n'avoir pu parvenir encore à rien savoir des mouvemens des Bulgares contre nous. Avec Balderic était venu un certain prêtre de Venise, nommé George, qui se disait en état de fabriquer un orgue. L'empereur l'envoya à Aix-la-Chapelle avec le sacristain Thanculf, et ordonna de lui fournir tous les objets nécessaires à la confection de cet instrument. La prochaine assemblée générale ayant été fixée et annoncée pour le milieu d'octobre, et toutes les autres affaires étant terminées suivant l'ancienne coutume, Louis se rendit avec sa suite, par-delà le Rhin, à une maison de campagne nommée Selz. Là lui arrivèrent, de la part des Napolitains, des députés qui repartirent dès qu'ils eurent reçu sa réponse. Là aussi on lui apporta la nouvelle de la fuite et de la perfidie d'Aizon, qui, entré dans Ausone par trahison, et accueilli des habitans séduits par ses artifices, avait détruit la cité de Roda, approvisionné les châteaux de cette contrée qui paraissaient les plus forts, envoyé son frère auprès d'Abdérame, roi des Sarrasins, et reçu de ce prince les secours qu'il sollicitait contre nous. L'empereur, quoique vivement affecté de ces détails, mais ne voulant rien faire sans une mûre réflexion, résolut d'attendre l'époque de la réunion de ses conseillers. Après les chasses d'automne, il s'embarqua vers le commencement d'octobre sur le Mein, et se rendit heureusement par ce fleuve à Francfort; de là il arriva vers le milieu du même mois à Ingelheim où il tint, comme il avait été arrêté, l'assemblée générale de son peuple. Il y donna audience à Céadrag, duc des Obotrites, et à Tunglon, qui tous deux étaient accusés près lui de trahison. Ayant consenti à recevoir le fils de Tunglon comme otage de sa fidélité, il permit à celui-ci de retourner chez lui : mais pour Céadrag, il le retint, congédia tous les autres Obotrites, et envoya dans leur pays des commissaires chargés de rechercher si la masse de la nation voulait que Céadrag régnât sur elle. Cela fait, Louis partit pour Aix-la-Chapelle, où il avait résolu de passer l'hiver. Comme les commissaires envoyés chez les Obotrites rapportèrent, à leur retour, que la nation était partagée sur la question de reprendre leur roi, mais que les plus grands et les plus considérables s'accordaient à le recevoir, Louis reçut de Céadrag les otages qu'il avait exigés, et le fit rétablir dans ses États.

Pendant que ces choses se passaient, Hilduin, abbé de Saint-Denis martyr, envoya chercher à Rome les os du bienheureux martyr du Christ Sébastien, qu'Eugène, chef alors du Saint-Siége apostolique, avait accordés à ses prières, et les fit placer à Soissons dans la basilique de Saint-Médard. Tandis que ces reliques, toujours renfermées dans le coffre où on les avait apportées, n'étaient encore que déposées dans cette église auprès du tombeau de saint Médard, il éclata une telle multitude de miracles et de prodiges,

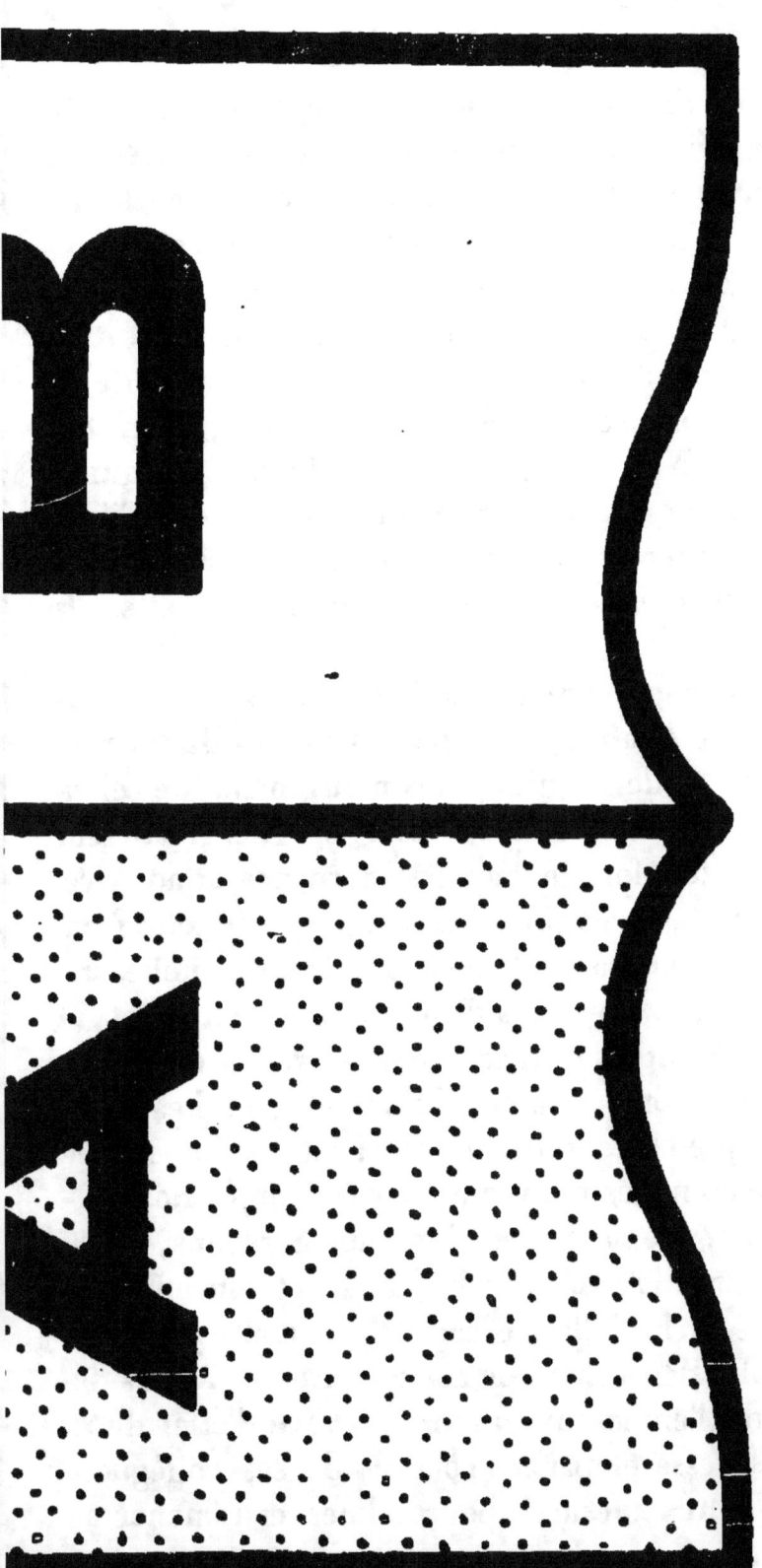

et la bonté divine manifesta tellement sa toute-puissance par les guérisons de tous genres opérées au nom de ce bienheureux martyr, que nul mortel ne pourrait se faire une idée du nombre de ces miracles, et que les paroles ne suffiraient pas à en exprimer la variété. Quelques-uns même frappèrent, dit-on, d'un tel étonnement, qu'ils passeraient les bornes de la croyance permise à notre faible humanité, s'il n'était certain que Notre-Seigneur Jésus-Christ, pour qui ce saint martyr avait souffert, peut faire tout ce qu'il lui plaît par l'intervention de cette puissance divine, à laquelle tout créature est soumise dans le ciel et sur la terre.

[827.] L'empereur chargea, l'année suivante, Hélisachar, prêtre et abbé, ainsi que les comtes Hildebrand et Donat, d'aller réprimer les mouvemens de rébellion qui troublaient les Marches d'Espagne. Avant leur arrivée, Aizon, fort de l'appui des Sarrasins, attaqua fréquemment les gens préposés à la garde de cette frontière, et les fatigua tellement par de continuelles incursions, que plusieurs d'entre eux se retirèrent, et abandonnèrent les châteaux qu'ils devaient défendre. Un fils de Béra, nommé Willemund, et beaucoup d'autres que la légèreté naturelle à leur nation entraînait à l'amour des nouveautés, désertèrent nos drapeaux pour les siens, et réunis aux Sarrasins, désolaient journellement par le pillage et l'incendie la Cerdagne et le Vallais espagnol. Pendant que d'une part l'abbé Hélisachar, de concert avec les autres délégués de l'empereur, prenait, et par l'effet de sa propre sagesse et par les conseils de ses collègues, les meilleures mesures pour calmer et ramener au devoir les esprits des Goths et des Espagnols de cette frontière, et que de l'autre Bernard, comte de Barcelonne, opposait une courageuse résistance aux piéges d'Aizon, à la ruse et aux machinations frauduleuses de ceux qui avaient embrassé son parti, et rendait vains leurs téméraires efforts, il se répandit qu'une armée envoyée par Abdérame, roi des Sarrasins, au secours d'Aizon, s'approchait du côté de Saragosse. Abumarvan, parent du roi, qui lui avait confié le commandement de ces troupes, se promettait, sur la parole d'Aizon, une victoire certaine. L'empereur avait chargé Pepin son fils de marcher contre lui à la tête d'une immense armée de Francs, et enjoint à ce jeune prince de mettre à l'abri de tout danger les frontières de son propre royaume. Cet ordre eût été exécuté si, par suite de la négligente lenteur des ducs qui commandaient les divers corps des Francs, les troupes qu'ils amenaient ne fussent arrivées dans les Marches d'Espagne plus tard que la nécessité des circonstances ne le demandait. Ce retard fut si nuisible qu'Abumarvan, après avoir ravagé les campagnes de Barcelonne et de Gironne, brûlé les métairies et pillé tout ce qu'il avait trouvé hors des murs des villes, se retira dans Saragosse avec son armée sans qu'elle eût éprouvé la moindre perte. On regarda comme des présages de ce revers des armées qu'on aperçut plusieurs fois dans le ciel, et la chute toujours si terrible de feux nocturnes à travers les airs.

Cependant Louis avait tenu deux assemblées nationales, l'une à Nimègue, nécessitée par la perfidie dont Herric, fils de Godefroi, roi des Danois, s'était rendu coupable en faussant la promesse par laquelle il s'était engagé à comparaître dans cette ville, en présence de l'empereur; l'autre à Compiègne, pour recevoir les dons annuels, et prescrire à ceux qu'on envoyait dans les Marches Espagnoles ce qu'ils avaient à faire, et quelle conduite ils devaient tenir. Lui-même ensuite partagea son temps entre Compiègne, Quiersy, et les autres palais voisins de ceux-ci, jusqu'au commencement de la saison d'hiver.

Pendant ce temps-là, les rois des Danois, c'est-à-dire les fils de Godefroi, excluant Hériold de toute association au royaume, le forcèrent à s'éloigner des frontières des Normands; d'un autre côté les Bulgares, envoyant une armée navale par la Drave, portèrent le fer et le feu dans le territoire des Esclavons établis en Pannonie, chassèrent leurs ducs, et leur imposèrent des chefs Bulgares. Dans le mois d'août mourut le pape Eugène[1]; le diacre Valentin élu et consacré en sa place par les Romains, jouit à peine un mois du pontificat; lui mort, on élut Grégoire prêtre du titre de saint Marc; mais on ne le fit consacrer qu'après qu'un commissaire de l'empereur fut venu à Rome, et eut examiné la validité de l'élection faite en septembre par le peuple. Des députés de Michel, empereur de Constantinople, vinrent à Compiègne avec la mission apparente de resserrer les liens d'amitié entre les deux nations; Louis les accueillit avec bienveillance, puis les congédia dans le courant d'octobre. Enfin les corps des bienheureux martyrs Marcellin et Pierre furent apportés de Rome en France, où les vertus de ces saintes reliques se manifestèrent avec éclat, et par une foule de prodiges.

[1] Le 27 août, selon Fleury.

[828.] L'assemblée d'Aix-la-Chapelle se tint au mois de février suivant ; entre beaucoup d'autres affaires, on traita spécialement tout ce qui regardait les Marches d'Espagne ; les hommes qui avaient commandé l'armée furent reconnus coupables et punis, comme ils le méritaient, par la perte de leurs dignités. On dépouilla également de ses honneurs Balderic, duc de Frioul, qui, par une lâche indolence, avait laissé les Bulgares dévaster impunément les frontières de la Pannonie, et l'on partagea entre quatre comtes le territoire qui lui était confié. Halitcaire, évêque de Cambrai, et Ansfried, abbé du monastère de Nonentola, envoyés à Constantinople, y furent honorablement traités par l'empereur Michel. Louis vint dans le mois de juin à Ingelheim, et y tint un plaid qui ne dura que quelques jours. Il y prit la détermination de faire partir ses fils Lothaire et Pepin pour les Marches d'Espagne, et leur traça la conduite qu'ils avaient à tenir ; il entendit et congédia Quirinus primicier et Théophylacte maître des cérémonies, députés du pontife romain, qui étaient venus le trouver dans ce lieu ; puis il partit pour Francfort. Après y avoir séjourné quelque temps, il se rendit à Worms, et de là continua sa route pour Thionville, d'où il dirigea son fils Lothaire, avec une grande armée de Francs, sur la frontière d'Espagne. Celui-ci, arrivé à Lyon, s'y arrêta pour se donner le temps de recevoir des nouvelles qui lui confirmassent l'approche des Sarrasins. Pendant cette attente, il eut des conférences avec son frère Pepin, et quand on sut enfin que les Sarrasins n'osaient pas ou ne voulaient pas se présenter sur la frontière, Pepin reprit le chemin de l'Aquitaine, et Lothaire retourna vers son père à Aix-la-Chapelle. Cependant comme on allait s'occuper, sur la frontière des Normands, tant de renouveler l'alliance entre ces peuples et les Francs que de statuer sur les intérêts d'Hériold, et lorsque déjà presque tous les comtes de la Saxe s'étaient réunis à cet effet avec les commandans des Marches, Hériold, trop empressé de hâter la conclusion de cette affaire, rompit la paix jurée et garantie par des otages, pilla et incendia quelques métairies des Normands. A cette nouvelle les fils de Godefroi rassemblent promptement des troupes, marchent sur la frontière, passent le fleuve de l'Eyder, tombent sur les nôtres qui, campés sur la rive, ne s'attendaient pas à une telle attaque, emportent les retranchemens, forcent nos gens à la fuite, mettent tout au pillage, et se retirent dans leur camp avec toute leur armée. Ensuite, avisant aux moyens de détourner la vengeance d'une telle action, ils envoyèrent une députation à l'empereur, pour lui représenter que c'était bien malgré eux et uniquement contraints par la nécessité qu'ils s'étaient portés à cette extrémité; qu'au surplus, ils étaient prêts à fournir toutes les satisfactions possibles, et s'en remettaient à la volonté de l'empereur de la réparation qu'il exigerait, pour que d'ailleurs la paix demeurât stable entre les deux nations.

Vers ce temps, le comte Boniface, à qui était confiée la garde de l'île de Corse, ayant pris avec lui son frère Berchaire et certains autres comtes, partit de la Toscane avec une petite flotte, et croisa autour de la Corse et de la Sardaigne ; comme il n'aperçut en mer aucun pirate, il passa en Afrique, débarqua entre Utique et Carthage, rencontra une innombrable multitude d'habitants qui s'étaient rassemblés subitement, en vint aux mains avec eux, les dispersa et les mit en fuite cinq fois et plus, puis regagna ses vaisseaux, après avoir couché par terre un grand nombre d'Africains, perdu par sa témérité quelques-uns des siens, et imprimé par cette expédition une grande frayeur dans l'ame des gens du pays.

Au commencement de juin, et à la petite pointe du jour, la lune s'éclipsa au moment de son coucher; elle s'obscurcit de même au milieu de la nuit, le 25 décembre, c'est-à-dire le jour de la nativité de Notre-Seigneur. L'empereur arriva vers la fête de la Saint-Martin, à Aix-la-Chapelle, pour y séjourner l'hiver, et y employa tout le temps de cette saison en diverses assemblées convoquées pour régler les affaires urgentes du royaume.

[829.] Quand l'hiver fut à peu près fini, dans le temps même du jeûne du carême, et peu de jours avant la sainte Pâques, un tremblement de terre se fit sentir pendant la nuit à Aix-la-Chapelle; en même temps s'éleva un vent si impétueux qu'il enleva les toits, non seulement des maisons des petites gens, mais même d'une bonne partie de la basilique de la sainte mère de Dieu, qu'on nomme la Chapelle, quoiqu'elle fût recouverte de lames de plomb. Louis, que diverses occupations avaient retenu à Aix-la-Chapelle jusqu'au commencement de juillet, résolut enfin de partir dans le mois d'août avec sa suite pour l'assemblée générale qui devait se tenir à Worms. Mais avant qu'il se fût mis en route, il reçut la nouvelle que les Normands voulaient envahir la partie de la Saxe au-delà de l'Elbe, et que dans ce dessein leur armée s'approchait déjà de nos frontières. Fortement troublé de ce rapport, il envoya dans toutes les contrées de la France l'ordre que le peuple en masse marchât vers la Saxe en toute hâte, et il annonça que, de sa personne, il passerait le Rhin à Nuitz dans le milieu de juillet. Cependant aussitôt qu'il eut appris que le bruit répandu sur l'invasion des Normands n'avait aucun fondement, il se rendit à Worms vers le milieu d'août, comme il s'y était décidé. Là il tint l'assemblée générale de la nation, reçut les dons annuels qui lui furent offerts, entendit et congédia plusieurs députations venues tant de Rome et de Bénévent que d'autres pays éloignés. L'assemblée finie, il envoya son fils Lothaire en Italie, et nomma chambellan du palais Bernard, comte de Barcelonne, qui jusqu'alors avait commandé dans les Marches d'Espagne. Après que les autres affaires, qui paraissaient de la compétence de l'assemblée, furent aussi préparées ou terminées comme il le fallait, et que chacun eut été renvoyé chez soi, l'empereur se rendit à sa maison de Francfort pour les chasses d'automne. Lorsqu'elles furent achevées, il retourna passer l'hiver à Aix-la-Chapelle, et y célébra avec de grands transports de joie la fête de Saint-Martin, celle du bienheureux apôtre André et le très-saint jour de la nativité de Notre-Seigneur.

FIN DES ANNALES D'ÉGINHARD.

VIE
DE
CHARLEMAGNE,
PAR ÉGINHARD.

PRÉFACE D'ÉGINHARD.

Ayant formé le projet d'écrire la vie, l'histoire privée et la plupart des actions du maître qui daigna me nourrir, le roi Charles, le plus excellent et le plus justement fameux des princes, je l'ai exécuté en aussi peu de mots que je l'ai pu faire ; j'ai mis tous mes soins à ne rien omettre des choses parvenues à ma connaissance, et à ne point rebuter par la prolixité les esprits qui rejettent avec dédain tous les écrits nouveaux. Peut-être cependant n'est-il aucun moyen de ne pas fatiguer, par un nouvel ouvrage, des gens qui méprisent même les chefs-d'œuvre anciens sortis des mains des hommes les plus érudits et les plus éloquens. Ce n'est pas que je ne croie que plusieurs de ceux qui s'adonnent aux lettres et au repos ne regardent point les choses du temps présent comme tellement à négliger que tout ce qui se fait soit indigne de mémoire et doive être passé sous silence ou condamné à l'oubli ; tourmentés du besoin de l'immortalité, ils aimeraient mieux, je le sais, rapporter, dans des ouvrages tels quels, les actions illustres des autres hommes que de frustrer la postérité de la renommée de leur propre nom en s'abstenant d'écrire. Cette réflexion ne m'a pas déterminé toutefois à abandonner mon entreprise; certain, d'une part, que nul ne pourrait raconter avec plus de vérité des faits auxquels je ne demeurai pas étranger, dont je fus le spectateur, et que je connus, comme on dit, par le témoignage de mes yeux, je n'ai pas réussi, de l'autre, à savoir positivement si quelque autre se chargerait ou non de les recueillir. J'ai cru d'ailleurs qu'il valait mieux courir le risque de transmettre, quoique, pour ainsi dire, de société avec d'autres auteurs, les mêmes choses à nos neveux, que de laisser perdre dans les ténèbres de l'oubli la glorieuse mémoire d'un roi vraiment grand et supérieur à tous les princes de son siècle, et des actes éminens que pourraient à peine imiter les hommes des temps modernes. Un autre motif, qui ne me semble pas déraisonnable, suffirait seul au surplus pour me décider à composer cet ouvrage; nourri par ce monarque du moment où je commençai d'être admis à sa cour, j'ai vécu avec lui et ses enfans dans une amitié constante qui m'a imposé envers lui, après sa mort comme pendant sa vie, tous les liens de la reconnaissance; on serait donc autorisé à me croire et à me déclarer bien justement ingrat, si, ne gardant aucun souvenir des bienfaits accumulés sur moi, je ne disais pas un mot des hautes et magnifiques actions d'un prince qui s'est acquis tant de droits à ma gratitude; et si je consentais que sa vie restât comme s'il n'eût jamais existé, sans un souvenir écrit, et sans le tribut d'éloges qui lui est dû. Pour remplir dignement et dans tous ses détails une pareille tâche, la faiblesse d'un talent aussi médiocre, misérable et complétement nul que le mien, est loin de suffire; et ce ne serait pas trop de tous les efforts de l'éloquence de Tullius. Voici cependant, lecteur, cette histoire de l'homme le plus grand et le plus célèbre; à l'exception de ses actions tu n'y trouveras rien que tu puisses admirer, si ce n'est peut-être l'audace d'un barbare peu exercé dans la langue des Romains, qui a cru pouvoir écrire en latin, d'un style correct et facile, et s'est laissé entraîner à un tel orgueil que de ne tenir aucun compte de ce que *Cicéron* a dit dans le premier livre des *Tusculanes*, en parlant des écrivains latins. On y lit : « Confier à l'écriture ses pensées « sans être en état de les bien disposer ni de les « embellir et d'y répandre un charme qui attire « le lecteur, est d'un homme qui abuse à l'excès « et de son loisir et des lettres. » Certes, cette sentence d'un si parfait orateur aurait eu le pouvoir de me détourner d'écrire, si je n'eusse été fermement résolu de m'exposer à la critique des hommes, et de donner, en composant, une mince opinion de mon talent, plutôt que de laisser, par ménagement pour mon amour-propre, périr la mémoire d'un si grand homme.

VIE

DE

CHARLEMAGNE,

PAR ÉGINHARD.

La famille des Mérovingiens, dans laquelle les Francs avaient coutume de se choisir des rois, passe pour avoir duré jusqu'à Childéric, déposé, rasé et confiné dans un monastère par l'ordre du pontife romain Étienne. On peut bien, il est vrai, la regarder comme n'ayant fini qu'en ce prince; mais depuis long-temps déjà elle ne faisait preuve d'aucune vigueur et ne montrait en elle-même rien d'illustre, si ce n'est le vain titre de roi. Les trésors et les forces du royaume étaient passés aux mains des préfets du palais, qu'on appelait *maires du palais*, et à qui appartenait réellement le souverain pouvoir. Le prince était réduit à se contenter de porter le nom de roi, d'avoir les cheveux flottans et la barbe longue, de s'asseoir sur le trône, et de représenter l'image du monarque. Il donnait audience aux ambassadeurs de quelque lieu qu'ils vinssent, et leur faisait, à leur départ, comme de sa pleine puissance, les réponses qui lui étaient enseignées ou plutôt commandées. A l'exception du vain nom de roi et d'une pension alimentaire mal assurée, et que lui réglait le préfet du palais selon son bon plaisir, il ne possédait en propre qu'une seule maison de campagne d'un fort modique revenu, et c'est là qu'il tenait sa cour, composée d'un très-petit nombre de domestiques chargés du service le plus indispensable et soumis à ses ordres. S'il fallait qu'il allât quelque part, il voyageait monté sur un chariot traîné par des bœufs et qu'un bouvier conduisait à la manière des paysans; c'est ainsi qu'il avait coutume de se rendre au palais et à l'assemblée générale de la nation qui se réunissait une fois chaque année pour les besoins du royaume; c'est encore ainsi qu'il retournait d'ordinaire chez lui. Mais l'administration de l'État et tout ce qui devait se régler et se faire au dedans comme au dehors étaient remis aux soins du préfet du palais.

Lors de la déposition de Childéric, Pepin, père du roi Charles, remplissait, pour ainsi dire, par droit héréditaire, les fonctions de préfet du palais. Et en effet son père Charles, celui qui purgea la France des tyrans qui partout s'en arrogeaient l'empire, défit, dans deux grandes batailles, l'une à Poitiers en Aquitaine, l'autre sur les rives de la Berre, près de Narbonne, les Sarrasins qui voulaient s'emparer du royaume, les força de se retirer en Espagne, et occupa glorieusement cette même charge que lui avait laissée son père, nommé aussi Pepin. Cet office honorable, le peuple était dans l'habitude de ne le confier qu'à des hommes distingués au-dessus de tous les autres par l'illustration de leur naissance et la grandeur de leurs richesses. Pendant quelques années[1], Pepin, père du roi Charles, partagea, sous le monarque qu'on vient de nommer, avec son frère Carloman, cette place que leur aïeul et leur père leur avaient trans-

---

[1] En 741.

mise; tous deux vécurent dans la plus parfaite union. Carloman, sans qu'on sache bien par quel motif, mais, à ce qu'il paraît, enflammé de l'amour de la vie contemplative, abandonna les pénibles soins du pouvoir temporel [1], se rendit à Rome pour y vivre en repos, y prit l'habit monastique, construisit un couvent sur le mont Soracte auprès de l'église du bienheureux Silvestre, s'y renferma avec quelques religieux qui s'étaient joints à lui, et y jouit pendant plusieurs années de la tranquillité, seul objet de ses vœux. Cependant comme beaucoup de nobles, partis de la France, se rendaient solennellement à Rome pour s'acquitter de leurs vœux, et, ne voulant pas manquer de témoigner leurs respects à leur ancien maître, troublaient par de fréquentes visites la vie paisible dans laquelle se complaisait Carloman, ils le forcèrent ainsi à changer de demeure. Reconnaissant en effet que cette foule de gens le détournait du but qu'il se proposait, il quitta le mont Soracte, se retira dans le Samnium, au monastère de Saint-Benoît, situé près du Mont-Cassin, et y consacra aux exercices de la vie religieuse les restes de son existence dans ce monde [2].

Pepin qui, de préfet du palais, avait été fait roi par l'autorité du pontife romain, mourut à Paris [3] d'une hydropisie, après avoir régné seul plus de quinze ans sur les Francs, et fait, pendant neuf ans de suite, la guerre en Aquitaine contre Waïfer, duc de ce pays. Il laissait deux fils, Charles et Carloman, qui, par la volonté divine, succédèrent à sa couronne. Et en

---

[1] En 747.
[2] Il mourut à Vienne dans la Gaule, en 754.
[3] En 768.

effet, les Francs, réunis en assemblée générale et solennelle, se donnèrent pour rois ces deux princes, sous la condition préalable qu'ils se partageraient également le royaume; que Charles aurait, pour la gouverner, la portion échue primitivement à leur père Pepin, et Carloman celle qu'avait régie leur oncle Carloman. Tous deux acceptèrent ces conventions, et chacun reçut la partie du royaume qui lui revenait d'après le mode de partage arrêté; l'union se maintint entre eux quoique avec une grande difficulté; plusieurs de ceux du parti de Carloman tentèrent en effet de rompre la concorde, et quelques uns méditèrent même de précipiter les deux frères dans la guerre; mais il y eut dans toute cette affaire plus de méfiance que de danger réel; l'événement le prouva, lorsqu'à la mort de Carloman, sa veuve, avec ses enfans et plusieurs des principaux d'entre les grands attachés à ce prince, s'enfuit en Italie, et manifestant, quoique sans aucun prétexte, son éloignement pour le frère de son mari, alla se mettre ainsi que ses enfans sous la protection de Didier, roi des Lombards. Quant à Carloman, il mourut de maladie [1] après avoir administré pendant deux ans le royaume conjointement avec son frère.

Après la mort de ce prince, Charles fut établi seul roi, du consentement unanime des Francs. On n'a rien écrit sur sa naissance, sa première enfance et sa jeunesse; parmi les gens qui lui survivent, je n'en ai connu aucun qui puisse se flatter de connaître les détails de ses premières années; je croirais donc déplacé d'en rien dire, et laissant de côté ce que j'ignore, je

[1] En 771.

passe au récit et au développement des actions, des mœurs et des autres parties de la vie de ce monarque. Cette tâche, je la remplirai de manière à ne rien omettre de nécessaire ou de bon à savoir, d'abord sur ce qu'il a fait au dedans et au dehors, ensuite sur ses mœurs et ses travaux, enfin sur son administration intérieure et sa mort.

De toutes ses guerres, la première fut celle d'Aquitaine, entreprise, mais non terminée par son père; il croyait pouvoir l'achever promptement avec l'aide de son frère, alors vivant, dont il avait sollicité le concours. Quoique celui-ci, malgré ses engagemens, ne lui fournît aucun secours, Charles exécuta courageusement l'expédition projetée, et ne voulut ni abandonner ce qu'il avait commencé, ni prendre de repos qu'il n'eût, par une persévérance soutenue, amené son entreprise à un résultat complet. Il contraignit en effet à quitter l'Aquitaine, et à fuir en Gascogne, Hunold, qui, après la mort de Waïfer, avait tenté de s'emparer de l'Aquitaine, et de renouveler une guerre déjà presque assoupie. Décidé à ne pas même souffrir Hunold dans cet asile, Charles passe la Garonne après avoir élevé le fort de Fronsac, somme, par des envoyés, Loup, duc des Gascons, de lui livrer le fugitif, et, s'il ne le remet sur-le-champ, le menace d'aller le lui demander les armes à la main. Mais Loup, écoutant les conseils de la prudence, rendit Hunold [1], et se soumit lui-même, ainsi que la province qu'il commandait, à la puissance du vainqueur.

Cette guerre finie, et les affaires d'Aquitaine ré-

[1] En 769.

glées, Charles, après la mort du frère avec lequel il partageait le royaume, porta ses armes en Lombardie, sur les prières et les instantes supplications d'Adrien, évêque de Rome. Son père, Pepin, à la demande du pape Étienne, avait fait précédemment une pareille expédition, mais non sans de grandes difficultés; plusieurs des principaux d'entre les Francs, dont ce prince était dans l'usage de prendre les conseils, poussèrent en effet la résistance à ses volontés au point de déclarer hautement qu'ils l'abandonneraient et retourneraient chez eux. Cette guerre contre le roi Astolphe eut cependant lieu, et fut promptement terminée. Mais quoique celle qu'entreprit Charles en Lombardie et celle qu'y soutint son père parussent avoir une cause semblable, ou plutôt tout-à-fait la même, les fatigues de la lutte et les résultats différèrent certainement beaucoup. Pepin [1], après avoir assiégé quelques jours la ville de Pavie, força le roi Astolphe à donner des otages, à restituer les places et châteaux enlevés aux Romains, et à s'obliger par serment de ne rien reprendre de ce qu'il avait rendu. Mais Charles tint Didier assiégé long-temps, et, la guerre une fois commencée [2], ne s'en désista qu'après avoir contraint [3] ce roi de se rendre à discrétion. chassé du royaume de son père, et de l'Italie même, son fils Adalgise, vers qui les Lombards paraissaient tourner toutes leurs espérances, remis les Romains en possession de tout ce qu'on leur avait pris, accablé Rotgaud, duc de Frioul, qui machinait de nouvelles révoltes, subjugué toute l'Italie, et donné son fils Pepin pour roi au pays conquis. J'aurais pu décrire

---

[1] En 755. — [2] En 773. — [3] En 774.

ici les immenses difficultés que les Francs, à leur entrée en Italie, trouvèrent à passer les Alpes, et les pénibles travaux qu'il leur fallut supporter pour franchir ces sommets de monts inaccessibles, ces rocs qui s'élancent vers le ciel, et ces rudes masses de pierres ; mais mon but, dans cet ouvrage, est de transmettre à la postérité plutôt la manière de vivre de Charles que les détails de ses guerres. Celle-ci se termina par la soumission de l'Italie, l'exil et la captivité perpétuelle de Didier, l'expulsion de son fils Adalgise hors de l'Italie, et la restitution à Adrien, chef de l'église romaine, de tout ce qu'avaient envahi sur elle les rois de Lombardie.

Cette affaire finie, la guerre contre les Saxons, qui paraissait comme suspendue, recommença[1]. Aucune ne fut plus longue, plus cruelle et plus laborieuse pour les Francs. Les Saxons, ainsi que la plupart des nations de la Germanie, naturellement féroces, adonnés au culte des faux dieux, et ennemis de notre religion, n'attachaient aucune honte à profaner ou à violer les lois divines et humaines. Une foule de causes pouvaient troubler journellement la paix ; à l'exception de quelques points où de vastes forêts et de hautes montagnes séparaient les deux peuples et marquaient d'une manière certaine les limites de leurs propriétés respectives, nos frontières touchaient presque partout, dans le pays plat, celles des Saxons ; aussi voyait-on le meurtre, le pillage et l'incendie se renouveler sans cesse tant d'un côté que de l'autre. Les Francs en furent si irrités qu'ils résolurent de ne plus se contenter d'user de représailles, et de déclarer

[1] En 775.

aux Saxons une guerre ouverte. Une fois commencée, elle dura trente-trois ans sans interruption; se fit des deux parts avec une grande animosité, mais fut beaucoup plus funeste aux Saxons qu'aux Francs. Elle eût pu cependant finir plus tôt, si la perfidie des Saxons l'eût permis. Il serait difficile de dire combien de fois, vaincus et supplians, ils s'abandonnèrent aux volontés du roi, promirent d'obéir à ses ordres, remirent sans retard les otages qu'on leur demandait, et reçurent les gouverneurs qui leur étaient envoyés. Quelquefois même, entièrement abattus et domptés, ils consentirent à quitter le culte des faux dieux, et à se soumettre au joug de la religion chrétienne; mais autant ils se montraient faciles et empressés à prendre ces engagemens, autant ils étaient prompts à les violer; si l'un leur coûtait plus que l'autre, il serait impossible de l'affirmer; et en effet, depuis l'instant où les hostilités contre eux commencèrent, à peine se passa-t-il une seule année sans qu'ils se rendissent coupables de cette mobilité. Mais leur manque de foi ne put ni vaincre la magnanimité du roi et sa constante fermeté d'ame dans la bonne comme dans la mauvaise fortune, ni le dégoûter de poursuivre l'exécution de ses projets. Jamais il ne souffrit qu'ils se montrassent impunément déloyaux; toujours il mena son armée ou l'envoya, sous la conduite de ses comtes, châtier leur perfidie et les punir comme ils le méritaient. A la fin, ayant battu et subjugué les plus constans à lui résister, il fit enlever, avec leurs femmes et leurs enfans, dix mille de ceux qui habitaient les deux rives de l'Elbe, et les répartit çà et là en mille endroits séparés de la Gaule et de la Germanie. Cette guerre, qui avait duré tant d'années, finit alors à la condition prescrite par le roi et acceptée par les Saxons, savoir que ceux-ci renonceraient au culte des idoles et aux cérémonies religieuses de leurs pères, embrasseraient le christianisme, recevraient le baptême, se réuniraient aux Francs, et ne feraient plus avec eux qu'un seul peuple.

Quoique cette guerre se soit continuée pendant un très-long temps, Charles ne combattit l'ennemi que deux fois en bataille rangée, d'abord près du mont Osneg, dans le lieu appelé Theotmel¹, ensuite sur les bords de la Hase, et cela dans un seul mois et à peu de jours d'intervalle². Dans ces deux actions générales, les Saxons furent tellement défaits et taillés en pièces qu'ils n'osèrent plus ni provoquer ce prince ni l'attendre et lui résister, à moins qu'ils ne se vissent protégés par quelque position forte. Comme les Saxons, les Francs perdirent beaucoup de leurs nobles et plusieurs hommes revêtus des plus hautes et plus honorables fonctions. Mais enfin cette lutte cessa dans sa trente-troisième année. Pendant qu'elle durait, de si nombreuses et si grandes guerres furent en même temps suscitées aux Francs dans diverses parties de la terre, et dirigées par l'habileté de leur monarque, que les témoins même de ses actions pourraient justement douter si c'est de sa patience dans les travaux ou de sa fortune qu'on doit le plus s'étonner ; et en effet, deux ans avant que la guerre se fît en Italie, celle de Charles contre les Saxons commença ; et quoiqu'elle se continuât sans interruption, on ne ralentit en rien

¹ Dethmold, dans l'évêché d'Osnabrück.
² En 783.

celles qui avaient lieu en quelque endroit que ce fût, et on ne cessa nulle part de combattre avec les mêmes succès. Le roi qui, de tous les princes dont les nations reconnaissaient alors les lois, était le plus distingué par la prudence et le plus éminent par la grandeur d'ame, ne se laissait ni détourner par la crainte des fatigues, ni rebuter par l'horreur des dangers dans aucune des choses qu'il devait entreprendre ou exécuter; mais habile à subir et à porter comme il le fallait chaque événement, jamais il ne se montrait ni abattu par les revers ni ébloui par les faveurs de la fortune dans les succès.

Pendant qu'il faisait aux Saxons une guerre vive et presque continue, il répartit des garnisons sur tous les points favorables des frontières du côté de l'Espagne, attaqua ce royaume à la tête de l'armée la plus considérable qu'il put réunir [1], franchit les gorges des Pyrénées, força de se rendre à discrétion toutes les places et les châteaux forts devant lesquels il se présenta, et ramena les troupes saines et sauves. A son retour cependant, il eut, dans les Pyrénées mêmes, à souffrir un peu de la perfidie des Gascons. Dans sa marche, l'armée défilait sur une ligne étroite et longue, comme l'y obligeait la nature d'un terrain resserré. Les Gascons s'embusquèrent sur la crête de la montagne, qui, par le nombre et l'épaisseur de ses bois, favorisait leurs artifices; de là, se précipitant sur la queue des bagages, et sur l'arrière-garde destinée à protéger ce qui la précédait, ils les rejetèrent dans le fond de la vallée, tuèrent, après un combat opiniâtre, tous les hommes jusqu'au dernier, pillèrent les bagages,

---

[1] En 778.

et, protégés par les ombres de la nuit qui déjà s'épaississaient, s'éparpillèrent en divers lieux avec une extrême célérité. Les Gascons avaient pour eux dans cet engagement la légèreté de leurs armes et l'avantage de la position. La pesanteur des armes et la difficulté du terrain rendaient au contraire les Francs inférieurs en tout à leurs ennemis. Eggiard, maître-d'hôtel du roi, Anselme, comte du palais, Roland, commandant des frontières de Bretagne et plusieurs autres périrent dans cette affaire. Tirer vengeance sur-le-champ de cet échec ne se pouvait pas. Le coup fait, ses auteurs s'étaient tellement dispersés qu'on ne put recueillir aucun renseignement sur les lieux où on devait les aller chercher.

Les Bretons qui habitent, sur les rives de l'Océan, la partie la plus reculée de la Gaule occidentale, refusaient de reconnaître les ordres de Charles ; il envoya contre eux une armée [1] qui les fit rentrer dans le devoir, et les contraignit de donner des otages et de s'obliger à faire ce qui leur serait commandé. Lui-même ensuite passa en Italie à la tête de ses troupes, traversa Rome, s'approcha de Capoue, ville de Campanie, établit là son camp, et menaça les Bénéventins de la guerre, s'ils ne se soumettaient. Leur duc Arégise s'empressa de prévenir ce malheur, envoya ses fils Romuald et Grimoald avec une grande somme d'argent au devant du roi, le fit prier de les accepter pour otages, promit pour sa nation et pour lui-même une entière obéissance, et ne demanda d'autre grâce que d'être dispensé de se présenter en personne. Charles, plus touché du salut des Béné-

[1] En 786.

ventins que de l'obstination de leur duc, accepta les otages qu'offrait celui-ci, et lui accorda comme une immense faveur la permission de ne pas venir le trouver ; se contentant même de retenir comme otage le cadet des fils du duc, il renvoya l'aîné à son père, chargea des commissaires d'aller, avec Arégise, exiger et recevoir le serment de fidélité des Bénéventins, revint à Rome, et, après y avoir consacré quelques jours à visiter les lieux saints, repassa dans les Gaules.

Ce prince entreprit ensuite tout-à-coup et termina promptement la guerre de Bavière [1]. Elle eut pour cause l'insolence et la lâche perfidie de Tassilon, duc de ce pays, poussé par sa femme, fille du roi Didier, qui espérait venger la chute de son père à l'aide de son mari. Celui-ci s'unit aux Huns, voisins des Bavarois du côté de l'Orient, et osa non seulement secouer le joug, mais provoquer le roi. La grande ame de Charles ne pouvait supporter un tel excès d'arrogance ; rassemblant des troupes de toutes parts, il marche en personne contre la Bavière, arrive à la tête d'une armée considérable sur le Lech qui sépare les Bavarois des Allemands, pose son camp sur les bords de ce fleuve, et, avant d'entrer dans le pays, envoie des députés au duc pour essayer de le ramener au devoir. Tassilon, reconnaissant qu'il ne serait utile ni à lui ni aux siens de persister dans la révolte, se rend en suppliant auprès du roi, donne les otages qui lui sont demandés, entre autres son fils Théodon, et s'engage sous la foi du serment à ne jamais prêter l'oreille à quiconque voudrait lui persuader de se soustraire à la puissance

[1] En 787.

et à la protection de Charles. Ainsi finit rapidement cette guerre qui paraissait devoir être très-grave [1]. Dans la suite cependant, Tassilon, appelé près du roi, n'eut pas la permission de retourner en Bavière; et tout le pays qu'il occupait ne fut plus gouverné par un duc, mais régi par des comtes.

Cette révolte comprimée, Charles porta ses armes contre les Esclavons, que nous nommons d'ordinaire Wiltzes, mais qui s'appellent proprement Wélétabes [2]. Divers peuples, d'après l'ordre qu'ils en avaient reçu, suivaient les enseignes du roi. De ce nombre étaient les Saxons; et, quoiqu'on ne pût compter de leur part que sur une obéissance feinte et sans dévouement, ils servaient comme auxiliaires. Cette guerre avait pour motif les incursions dont les Esclavons ne cessaient de fatiguer les Obotrites [3], alliés des Francs, et auxquelles toutes les représentations de Charles n'avaient pu mettre un terme. Un bras de mer d'une longueur inconnue [4], mais dont la largeur, qui nulle part n'excède cent mille pas, est, dans beaucoup d'endroits, plus resserrée, s'étend de l'Océan occidental vers l'orient. Plusieurs nations habitent ses bords; les Danois et les Suèves, que nous appelons Normands, occupent le rivage septentrional et toutes les îles; sur la rive méridionale sont les Esclavons, les Aïstes et d'autres peuples. Les plus importans de ceux-ci étaient les Wélétabes, auxquels le roi faisait la guerre. Cependant une seule campagne, dans la-

---

[1] En 788.
[2] Ils habitaient dans le Brandebourg et la Poméranie.
[3] Ils occupaient le Mecklenbourg.
[4] La mer Baltique.

quelle ce prince commandait en personne, suffit pour les écraser et les soumettre si complétement, que dans la suite ils n'osèrent plus faire la moindre résistance à ses ordres.

A cette expédition succéda la plus terrible de toutes les guerres que fit Charles, si l'on excepte celle des Saxons; ce fut la guerre contre les Avares ou Huns [1]. Il y mit plus d'acharnement et y déploya de plus grandes forces que dans les autres. Il ne fit toutefois en personne qu'une seule campagne dans la Pannonie, pays qu'occupait alors cette nation, et se reposa sur son fils Pepin, les commandans des provinces, ses comtes et ses lieutenans, du reste de la guerre; quoique soutenue par tous ceux-ci avec un très-grand courage, elle ne fut terminée qu'au bout de huit ans [2]. La Pannonie vide d'habitans, et la résidence royale du Chagan [3] tellement dévastée qu'il n'y restait pas trace de demeure humaine, attestent combien il y eut de combats donnés et de sang répandu. Les Huns perdirent toute leur noblesse, virent périr toute leur gloire, et furent dépouillés de tout leur argent, ainsi que des trésors qu'ils avaient amassés depuis longues années. De mémoire d'homme, les Francs n'ont fait aucune guerre dont ils aient rapporté un butin plus abondant et de plus grandes richesses. Jusqu'à cette époque on aurait pu les regarder comme pauvres; mais alors ils trouvèrent, dans le palais du roi des Huns, tant d'or et d'argent, et rapportèrent des combats tant de précieuses dépouilles, qu'on est fondé à croire que les Francs enlevèrent justement aux Huns ce

---

[1] En 791. — [2] En 797.
[3] Titre du roi des Avares.

que ceux-ci avaient précédemment ravi injustement aux autres nations. Les Francs ne perdirent au surplus dans cette guerre que deux des grands de leur nation; l'un Herric, duc de Frioul, qui, en Dalmatie, tomba près de Tarsacoz, ville maritime, dans des embûches dressées par les assiégés; l'autre Gérold, gouverneur de Bavière, qui au moment où, dans la Pannonie, il rangeait son armée en bataille pour combattre les Huns, fut tué, on ne sait par qui, avec deux guerriers qui l'accompagnaient, pendant qu'à cheval il exhortait chacun à bien faire. Du reste, cette guerre qui traîna en longueur à cause de son étendue, coûta peu de sang aux Francs, et se termina heureusement pour eux. Après qu'elle fut achevée, la guerre contre les Saxons eut aussi un résultat proportionné à sa longue durée.

Deux autres guerres, l'une contre les Bohémiens, l'autre contre les peuples du Lunebourg, eurent ensuite lieu, furent conduites par Charles, le plus jeune des fils du roi, et finirent promptement.

Une dernière fut entreprise contre les Normands[1], qu'on appelle Danois, qui, se bornant d'abord à la piraterie, vinrent ensuite avec une nombreuse flotte ravager les côtes de la Gaule et de la Germanie. Leur roi Godefroi se laissait tellement enfler par d'orgueilleuses espérances, qu'il se promettait l'empire de la Germanie toute entière. La Frise et la Saxe, il les regardait comme des provinces à lui appartenantes. Les Obotrites ses voisins, déjà il les avait soumis et rendus tributaires; il se vantait même

[1] En 808.

qu'il arriverait bientôt avec de nombreuses forces jusqu'à Aix-la-Chapelle où le roi tenait sa cour. Bien loin de n'ajouter aucune foi à ses menaces, tout arrogantes qu'elles étaient, on croyait généralement qu'il aurait hasardé quelque entreprise de cette sorte, s'il n'eût été prévenu par une mort prématurée. En effet, un de ses propres soldats l'assassina, et mit ainsi fin à sa vie et aux hostilités qu'il avait commencées.

Telles sont les guerres que Charles, le plus puissant des monarques, soutint en divers lieux de la terre avec autant d'habileté que de bonheur, pendant les quarante-sept ans que dura son règne. Le royaume des Francs, tel que le lui transmit Pepin son père, était déjà sans doute étendu et fort; mais il le doubla presque, tant il l'agrandit par ses nobles conquêtes. Ce royaume, en effet, ne comprenait avant lui que la partie de la Gaule située entre le Rhin, la Loire, l'Océan et la mer Baléare, la portion de la Germanie habitée par les Francs, bornée par la Saxe, le Danube, le Rhin et la Sale, qui sépare les Thuringiens des Sorabes, le pays des Allemands et la Bavière. Charles y ajouta, par ses guerres mémorables, d'abord l'Aquitaine, la Gascogne, la chaîne entière des Pyrénées, et toutes les contrées jusqu'à l'Èbre qui prend sa source dans la Navarre, arrose les plaines les plus fertiles de l'Espagne, et se jette dans la mer Baléare sous les murs de Tortose; ensuite toute la partie de l'Italie, qui de la vallée d'Aost jusqu'à la Calabre inférieure, frontière des Grecs et des Bénéventins, s'étend sur une longueur de plus d'un million de pas; en outre la Saxe, portion considérable de la Germanie, et qui, regardée comme double en largeur de la partie de cette contrée qu'habitent les Francs, est réputée égale en longueur ; de plus, les deux Pannonies, la Dacie située sur la rive opposée du Danube, l'Istrie, la Croatie et la Dalmatie, à l'exception des villes maritimes, dont il voulut bien abandonner la possession à l'empereur de Constantinople, par suite de l'alliance et de l'amitié qui les unissaient ; enfin toutes les nations barbares et farouches, qui occuppent la partie de la Germanie comprise entre le Rhin, la Vistule, le Danube et l'Océan ; quoique parlant à peu près une même langue, elles diffèrent beaucoup par leurs mœurs et leurs usages. Il les dompta si complétement qu'il les rendit tributaires. Les principales sont les Wélétabes, les Sorabes, les Obotrites et les Bohémiens. Ce fut avec celles-là qu'il en vint aux mains ; mais il accepta la soumission des autres, dont le nombre est plus grand.

Il sut accroître aussi la gloire de son règne en se conciliant l'amitié de plusieurs rois et de divers peuples. Il s'attacha par des liens si forts Alphonse, roi de Galice et des Asturies, que celui-ci, lorsqu'il écrivait à Charles ou lui envoyait des ambassadeurs, ne voulait jamais s'intituler que son fidèle. Sa munificence façonna tellement à ses volontés les rois des Écossais qu'ils ne l'appelaient pas autrement que leur seigneur, et se disaient ses sujets et ses serviteurs. On a encore de leurs lettres, où ils lui témoignent en ces termes toute leur affection. Haroun, prince des Perses et maître de presque tout l'Orient, à l'exception de l'Inde, lui fut uni d'une si parfaite amitié qu'il préférait sa bienveillance à celle de tous les rois et potentats de l'univers, et le regardait comme seul digne qu'il l'honorât par des marques de déférence et des présens. Aussi quand les envoyés que Charles avait chargés de porter des offrandes au saint sépulcre du Seigneur et Sauveur du monde, et aux lieux témoins de sa résurrection ¹, se présentèrent devant Haroun et lui firent connaître les desirs de leur maître, le prince des Perses ne se contenta pas d'acquiescer à la demande du roi, mais il lui accorda la propriété des lieux, berceau sacré de notre salut, et voulut qu'ils fussent soumis à sa puissance. Lorsque ensuite ces députés revinrent, Haroun les fit accompagner d'ambassadeurs qui apportèrent à Charles, outre des habits, des parfums, et d'autres riches produits de l'Orient, les plus magnifiques présens; c'est ainsi que peu d'années auparavant, à la prière du roi, Haroun lui avait envoyé le seul éléphant qu'il eût alors. Les empereurs de Constantinople, Nicéphore, Michel, et Léon sollicitèrent aussi de leur propre mouvement son alliance et son amitié; le titre d'empereur qu'il avait pris les inquiétait, et leur faisait redouter qu'il ne voulût leur enlever l'empire; mais il conclut avec eux un ferme traité, tellement qu'il ne resta entre eux et lui aucun motif de division. La puissance des Francs était toujours en effet un objet de crainte pour les Romains et les Grecs, et de là vient ce proverbe grec qui subsiste encore: « Ayez le Franc pour « ami et non pour voisin ². »

Quoiqu'ardent à agrandir ses États, en soumettant à ses lois les nations étrangères, et quoique tout entier à l'exécution de ce vaste projet, Charles ne

---

¹ En 800.

² Τὸν Φράγκον φίλον ἔχῃς, γείτονα οὐκ ἔχῃς.

laissa pas de commencer et même de terminer en divers lieux beaucoup de travaux pour l'éclat et la commodité de son royaume. Les plus remarquables furent, sans aucun doute, la basilique construite avec un art admirable, en l'honneur de la mère de Dieu, à Aix-la-Chapelle, et le pont de Mayence sur le Rhin. Il était long de cinq cents pas, car telle est la largeur du fleuve en cet endroit. Mais ce bel ouvrage périt un an avant la mort de Charles, un incendie le consuma; le roi pensait à le rétablir, et à employer la pierre au lieu du bois; mais la mort qui vint le surprendre l'en empêcha. Ce prince commença deux palais d'un beau travail; l'un non loin de Mayence, près de la maison de campagne nommée Ingelheim; l'autre à Nimègue sur le Wahal, qui coule le long de l'île des Bataves au midi. Mais il donna surtout ses soins à faire reconstruire, dans toute l'étendue de son royaume, les églises tombées en ruines par vétusté; les prêtres et les moines qui les desservaient eurent ordre de les rebâtir, et des commissaires furent envoyés par le roi pour veiller à l'exécution de ses commandemens. Voulant réunir une flotte pour combattre les Normands, il fit fabriquer des vaisseaux sur tous les fleuves de la Gaule et de la Germanie qui se jettent dans l'Océan septentrional; et comme les Normands dévastaient dans leurs courses continuelles les côtes de ces deux contrées, il plaça, dans tous les ports et les embouchures de fleuves propres à recevoir des navires, quelques bâtimens en station, et coupa ainsi le chemin à l'ennemi. Les mêmes précautions, il les employa sur toute la côte de la province Narbonnaise, de la Septimanie et de l'Italie jusqu'à Rome, contre les Maures, qui tout récemment avaient tenté d'exercer leurs pirateries dans ces parages. Grâces à ces mesures, tant que ce monarque vécut, on n'eut à souffrir aucun dommage grave, en Italie de la part des Maures, dans la Gaule et la Germanie, de celle des Normands ; les premiers cependant prirent par trahison, et ruinèrent Civita-Vecchia, ville d'Etrurie; et les seconds ravagèrent dans la Frise quelques îles contiguës aux côtes de la Germanie.

Tel se montra Charles dans tout ce qui intéressait la défense, l'agrandissement et l'éclat de son royaume. Je vais dire maintenant quelles qualités distinguaient sa grande ame, raconter combien il déploya de constance dans tous les événemens, soit heureux, soit funestes, et donner le détail de sa vie intérieure et domestique.

Quand, après la mort de son père, il eut partagé le royaume avec son frère, il supporta la jalousie et l'inimitié cachée de celui-ci avec une telle patience que c'était pour tous un sujet d'étonnement qu'il ne laissât paraître aucun ressentiment. Après avoir ensuite, à la sollicitation de sa mère, épousé la fille de Didier,[1] roi des Lombards[1], il la répudia, on ne sait pour quel motif, au bout d'un an, et s'unit à Hildegarde, femme d'une des plus nobles familles de la nation des Suèves. Elle lui donna trois fils, Charles, Pepin et Louis, et autant de filles, Rotrude, Berthe et Gisèle[2]; il eut

---

[1] Desirée, aussi nommée par les historiens Désidérate ou Hermengarde.

[2] Charles naquit en 772, Rotrude en 773, Berthe en 775, Carloman, qui prit ensuite le nom de Pepin, en 776, Louis en 778, et Gisèle en 781. La reine Hildegarde avait donné à Charlemagne trois autres enfans,

encore trois autres filles, Thédrade, Hildrude et Rothaïde, deux de Fastrade, sa troisième femme, qui appartenait à la nation des Francs orientaux, c'est-à-dire des Germains; et l'autre, la troisième, d'une concubine dont le nom m'échappe pour le moment[1]. Ayant perdu Fastrade, il épousa Luitgarde, Allemande de naissance, dont il n'eut pas d'enfans. Après la mort de cette dernière, il eut quatre concubines : Mathalgarde, qui lui donna une fille nommée Rothilde; Gersuinthe, saxonne, de qui lui naquit une autre fille, Adelrude; Régina, qui mit au jour Drogon et Hugues; et Adalinde, dont lui vint Théodoric. Sa mère Bertrade vieillit auprès de lui comblée d'honneurs; il lui témoignait en effet le plus grand respect, et jamais ne s'éleva entre eux le moindre nuage, si ce n'est une seule fois à l'occasion du divorce de Charles avec la fille de Didier que Bertrade lui avait fait épouser. Cette princesse suivit de près Hildegarde au tombeau, après avoir vu trois petits-fils et autant de petites-filles dans la maison de son fils. Celui-ci la fit enterrer avec les plus grands honneurs dans la basilique de Saint-Denis, où reposait déjà Pepin, son père. Charles n'avait qu'une sœur nommée Gisèle, vouée dès sa plus tendre enfance à la vie monastique, et qu'il aima et vénéra toujours autant que sa mère. Elle mourut quelques années avant lui dans le monastère où elle avait pris l'habit religieux.

Le roi voulut que ses enfans, tant fils que filles, fussent initiés aux études libérales que lui-même culti-

---

dont deux, Lothaire et Adélaïde, moururent avant leur mère, et la troisième, nommée aussi Hildegarde, ne lui survécut que quarante jours.

[1] Himiltrude, selon quelques auteurs.

vait. Dès que l'âge des garçons le permit, il les fit exercer, suivant l'usage des Francs, à l'équitation, au maniement des armes et à la chasse. Quant aux filles, pour qu'elles ne croupissent pas dans l'oisiveté, il ordonna qu'on les habituât au fuseau, à la quenouille et aux ouvrages de laine, et qu'on les formât à tout ce qu'il y a d'honnête. De tous ses enfans, il ne perdit avant sa mort que deux fils et une fille, Charles, l'aîné des garçons, Pepin, roi d'Italie, et Rotrude, la plus âgée des filles, promise en mariage à Constantin, empereur des Grecs. Pepin laissa un fils nommé Bernard, et cinq filles, Adélaïde, Atula, Goudrade, Berthe et Théodora. Le roi leur donna une preuve éclatante de sa tendresse en permettant que son petit-fils succédât au royaume de son père, et que ses petites-filles fussent élevées avec ses propres filles. Ce prince supporta la perte de ses fils et de sa fille avec moins de courage qu'on ne devait l'attendre de la fermeté d'ame qui le distinguait ; et sa tendresse de cœur qui n'était pas moins grande, lui fit verser des torrens de larmes. A la nouvelle de la mort du pape Adrien, son ami le plus dévoué, on le vit pleurer aussi, comme s'il eût perdu un frère ou le plus cher de ses enfans. Tout fait pour les liens de l'amitié, il les formait avec facilité, les conservait avec constance, et soignait religieusement tous les gens auxquels l'unissaient des liens de cette nature. Il apportait une telle surveillance à l'éducation de ses fils et de ses filles, que quand il n'était pas hors de son royaume, jamais il ne mangeait ou ne voyageait sans les avoir avec lui ; les garçons l'accompagnaient à cheval, les filles suivaient par derrière, et une troupe nombreuse de soldats choisis, destinés à ce service, veillaient à leur sûreté. Elles étaient fort belles, et il les aimait avec passion ; aussi s'étonne-t-on qu'il n'ait jamais voulu en marier une seule, soit à quelqu'un des siens, soit à quelque étranger ; il les garda toutes chez lui et avec lui jusqu'à sa mort, disant qu'il ne pouvait se priver de leur société. Quoique heureux en toute autre chose, il éprouva dans ses filles la malignité de la mauvaise fortune ; mais il dissimula ce chagrin, et se conduisit comme si jamais elles n'eussent fait naître de soupçons injurieux, et qu'aucun bruit ne s'en fût répandu.

Il avait eu d'une de ses concubines un fils nommé Pepin, beau de visage, mais bossu, dont je n'ai pas fait mention en parlant de ses autres enfans. Dans le temps de la guerre contre les Huns, et pendant un hiver que le roi passait en Bavière, ce jeune homme feignit une maladie, s'unit à quelques grands d'entre les Francs qui l'avaient séduit du vain espoir de le mettre sur le trône, et conspira contre son père [1]. Après la découverte du crime et la condamnation des coupables, Pepin fut rasé, sollicita et obtint la permission d'embrasser la vie monastique dans le couvent de Pruim [2]. Une autre et plus violente conjuration se forma contre Charles en Germanie ; quelques-uns de ceux qui la tramèrent eurent les yeux crevés ; les autres conservèrent leurs membres, et tous furent exilés et déportés ; mais aucun ne perdit la vie, à l'exception de trois qui, pour n'être pas arrêtés, tirèrent l'épée, se défendirent, massacrèrent quelques soldats, et se firent tuer plutôt que de se rendre. Au

---

[1] En 792.
[2] Dans le diocèse de Trèves.

surplus, la cruauté de la reine Fastrade est regardée comme la seule cause qui donna naissance à ces deux complots; et si, dans ces deux circonstances, on en voulut à la vie du roi, c'est parce que, se prêtant à la méchanceté de sa femme, il avait paru inhumainement oublier sa douceur accoutumée et la bonté de sa nature.

Du reste, pendant toute sa vie, il sut si bien se concilier l'amour et la bienveillance de tous, tant au dedans qu'au dehors, que nul ne put jamais lui reprocher le plus petit acte d'une injuste rigueur. Il aimait les étrangers et mettait tous ses soins à les bien accueillir; aussi accoururent-ils en si grand nombre qu'on les regardait avec raison comme une charge trop dispendieuse et pour le palais et pour le royaume même. Quant au roi, l'élévation de son ame lui faisait regarder ce fardeau comme léger; la gêne fâcheuse qu'il en éprouvait, il la trouvait plus que payée par les louanges prodiguées à sa magnificence et l'éclat répandu sur son nom.

Charles était gros, robuste et d'une taille élevée, mais bien proportionnée, et qui n'excédait pas en hauteur sept fois la longueur de son pied. Il avait le sommet de la tête rond, les yeux grands et vifs, le nez un peu long, les cheveux beaux, la physionomie ouverte et gaie; qu'il fût assis ou debout, toute sa personne commandait le respect et respirait la dignité; bien qu'il eût le cou gros et court et le ventre proéminent, la juste proportion du reste de ses membres cachait ces défauts; il marchait d'un pas ferme; tous les mouvemens de son corps présentaient quelque chose de mâle; sa voix, quoique perçante, paraissait trop grêle pour son corps. Il jouit d'une santé constamment bonne jusqu'aux quatre dernières années qui précédèrent sa mort; il fut alors fréquemment tourmenté de la fièvre, et finit même par boiter d'un pied. Dans ce temps de souffrance il se conduisait plutôt d'après ses idées que par le conseil des médecins, qui lui étaient devenus presque odieux pour lui avoir interdit les viandes rôties dont il se nourrissait d'ordinaire, et prescrit des alimens bouillis. Il s'adonnait assidûment aux exercices du cheval et de la chasse; c'était chez lui une passion de famille, car à peine trouverait-on dans toute la terre une nation qui pût y égaler les Francs. Il aimait beaucoup encore les bains d'eaux naturellement chaudes, et s'exerçait fréquemment à nager, en quoi il était si habile que nul ne l'y surpassait. Par suite de ce goût il bâtit à Aix-la-Chapelle un palais qu'il habita constamment les dernières années de sa vie et jusqu'à sa mort; ce n'était pas au reste seulement ses fils, mais souvent aussi les grands de sa cour, ses amis et les soldats chargés de sa garde personnelle qu'il invitait à partager avec lui le divertissement du bain; aussi vit-on quelquefois jusqu'à cent personnes et plus le prendre tous ensemble.

Le costume ordinaire du roi était celui de ses pères, l'habit des Francs; il avait sur la peau une chemise et des haut-de-chausses de toile de lin; par-dessus étaient une tunique serrée avec une ceinture de soie et des chaussettes; des bandelettes entouraient ses jambes, des sandales renfermaient ses pieds, et l'hiver un justaucorps de peau de loutre lui garantissait la poitrine et les épaules contre le froid. Toujours il était couvert de la saye des Wénètes et portait une épée dont la poignée et le baudrier étaient d'or ou d'argent; quelquefois il en portait une enrichie de pierreries, mais ce n'était jamais que les jours de très-grandes fêtes, ou quand il donnait audience aux ambassadeurs des autres nations. Les habits étrangers, quelque riches qu'ils fussent, il les méprisait et ne souffrait pas qu'on l'en revêtît. Deux fois seulement, dans les séjours qu'il fit à Rome, d'abord à la prière du pape Adrien, ensuite sur les instances de Léon, successeur de ce pontife, il consentit à prendre la longue tunique, la chlamyde et la chaussure romaine. Dans les grandes solennités, il se montrait avec un justaucorps brodé d'or, des sandales ornées de pierres précieuses, une saye retenue par une agrafe d'or, et un diadème tout brillant d'or et de pierreries; mais le reste du temps ses vêtemens différaient peu de ceux des gens du commun.

Sobre dans le boire et le manger, il l'était plus encore dans le boire; haïssant l'ivrognerie dans quelque homme que ce fût, il l'avait surtout en horreur pour lui et les siens. Quant à la nourriture, il ne pouvait s'en abstenir autant, et se plaignait souvent que le jeûne l'incommodait. Très-rarement donnait-il de grands repas; s'il le faisait, ce n'était qu'aux principales fêtes; mais alors il réunissait un grand nombre de personnes. A son repas de tous les jours on ne servait jamais que quatre plats outre le rôti que les chasseurs apportaient sur la broche, et dont il mangeait plus volontiers que de tout autre mets. Pendant ce repas il se faisait réciter ou lire, et de préférence, les histoires et les chroniques des temps passés. Les ouvrages de saint Augustin, et particulièrement celui qui a pour titre *de la Cité de Dieu*, lui plaisaient aussi beaucoup. Il était tellement réservé dans l'usage du vin et de toute espèce de boisson qu'il ne buvait guère que trois fois dans tout son repas; en été, après le repas du milieu du jour, il prenait quelques fruits, buvait un coup, quittait ses vêtemens et sa chaussure comme il le faisait le soir pour se coucher, et reposait deux ou trois heures. Le sommeil de la nuit, il l'interrompait quatre ou cinq fois, non seulement en se réveillant, mais en se levant tout-à-fait. Quand il se chaussait et s'habillait, non seulement il recevait ses amis, mais si le comte du palais lui rendait compte de quelque procès sur lequel on ne pouvait prononcer sans son ordre, il faisait entrer aussitôt les parties, prenait connaissance de l'affaire, et rendait sa sentence comme s'il eût siégé sur un tribunal; et ce n'était pas les procès seulement, mais tout ce qu'il avait à faire dans le jour, et les ordres à donner à ses ministres que ce prince expédiait ainsi dans ce moment.

Doué d'une éloquence abondante et forte, il s'exprimait avec une grande netteté sur toute espèce de sujets. Ne se bornant pas à sa langue paternelle, il donna beaucoup de soins à l'étude des langues étrangères, et apprit si bien le latin qu'il s'en servait comme de sa propre langue; quant au grec, il le comprenait mieux qu'il ne le parlait. La fécondité de sa conversation était telle au surplus qu'il paraissait aimer trop à causer. Passionné pour les arts libéraux, il respectait les hommes qui s'y distinguaient et les comblait d'honneurs. Le diacre Pierre, vieillard, natif de Pise, lui apprit la grammaire ; dans les autres sciences il eut pour maître Albin, surnommé Alcuin, diacre breton, Saxon d'origine, l'homme le plus savant de son temps ; ce fut sous sa direction que Charles consacra beaucoup de temps et de travail à l'étude de la rhétorique, de la dialectique et surtout de l'astronomie, apprenant l'art de calculer la marche des astres et suivant leur cours avec une attention scrupuleuse et une étonnante sagacité ; il essaya même d'écrire, et avait habituellement sous le chevet de son lit des tablettes et des exemples pour s'exercer à former des lettres quand il se trouvait quelques instans libres ; mais il réussit peu dans cette étude commencée trop tard et à un âge peu convenable.

Élevé dès sa plus tendre enfance dans la religion chrétienne, ce monarque l'honora toujours avec une exemplaire et sainte piété. Poussé par sa dévotion il bâtit à Aix-la-Chapelle une basilique d'une grande beauté, l'enrichit d'or, d'argent, et de magnifiques candélabres, l'orna de portes et de grilles de bronze massif, et fit venir pour sa construction, de Ravenne et de Rome, les colonnes et les marbres qu'il ne pouvait tirer d'aucun autre endroit. Il s'y rendait exactement, pour les prières publiques, le matin et le soir, et y allait même aux offices de la nuit et à l'heure du saint sacrifice, tant que sa santé le lui permettait ; veillant avec attention à ce que les cérémonies s'y fissent avec une grande décence, il recommandait sans cesse aux gardiens de ne pas souffrir qu'on y apportât ou qu'on y laissât rien de malpropre ou d'indigne de la sainteté du lieu. Les vases sacrés d'or et d'argent et les ornemens sacerdotaux dont il fit don à cette église étaient en si grande abondance que, lorsqu'on célébrait les saints mystères, les portiers, qui sont les clercs du dernier rang, n'avaient pas besoin de se servir de leurs propres habits. Ce prince mit le plus grand soin à réformer la manière de réciter et de chanter les psaumes ; lui-même était fort habile à l'un et à l'autre, quoiqu'il ne récitât jamais en public et ne chantât qu'à voix basse et avec le gros des fidèles.

Toujours porté à soutenir les pauvres, et prodigue de ces dons gratuits que les Grecs appellent ἐλεημοσύνη[1], il ne bornait pas ses charités à son pays et à ses seuls États ; mais au-delà des mers, en Syrie, en Égypte, en Afrique, à Jérusalem, à Alexandrie, à Carthage, partout où il savait des Chrétiens dans la misère, il compatissait à leur détresse, et leur envoyait sans cesse de l'argent. S'il recherchait l'amitié des princes d'outremer, c'était surtout pour procurer des secours et du soulagement aux Chrétiens qui vivaient sous leur domination. Entre tous les lieux saints et respectables, il vénérait spécialement l'église de l'apôtre saint Pierre à Rome ; aussi lui fit-il des dons en or, en argent, et même en pierreries, pour de grandes sommes d'argent, et envoya-t-il aux papes des présens d'une immense valeur. Aussi encore, dans tout son règne, ne se glorifiait-il de rien tant que d'avoir rendu, par ses travaux et ses soins, à la ville de Rome son antique pouvoir, d'avoir protégé, défendu et comblé même de plus de richesses et de dons précieux qu'aucune autre église la basilique de Saint-Pierre ; et cependant, malgré toute la dévotion qu'il professait pour elle, il ne put y aller faire ses prières et acquitter ses vœux que

---

[1] *Aumône.*

quatre fois dans tout le cours des quarante-sept ans qu'il occupa le trône.

Le desir de remplir ce pieux devoir ne fut pas le seul motif du dernier voyage que Charles fit à Rome. Le pape Léon, que les Romains accablèrent de mauvais traitemens, et auquel ils arrachèrent les yeux et coupèrent la langue, se vit contraint de recourir à la protection du roi. Ce prince vint donc pour faire cesser le trouble, et remettre l'ordre dans l'État de l'Église [1]. Dans ce but, il passa l'hiver à Rome, et y reçut à cette époque le nom d'Empereur et d'Auguste. Il était d'abord si loin de desirer cette dignité, qu'il assurait que, quoique le jour où on la lui conféra fût une des principales fêtes de l'année, il ne serait pas entré dans l'église, s'il eût pu soupçonner le projet du souverain pontife. Les empereurs grecs virent avec indignation que Charles eût accepté un tel titre ; lui n'opposa qu'une admirable patience à leur mécontentement, leur envoya de fréquentes ambassades, les appela ses frères dans ses lettres, et triompha de leur humeur par cette grandeur d'ame qui l'élevait sans contredit de beaucoup au dessus d'eux.

Les Francs sont régis, dans une foule de lieux, par deux lois très-différentes [2]. Charles s'était aperçu de ce qui y manquait. Après donc que le titre d'empereur lui eut été donné, il s'occupa d'ajouter à ces lois, de les faire accorder dans les points où elles différaient, de corriger leurs vices et leurs funestes extensions. Il ne fit cependant, à cet égard, qu'augmenter ces lois d'un petit nombre de capitulaires qui

---

[1] En 800.
[2] Éginhard veut parler sans doute des lois salique et ripuaire.

demeurèrent imparfaits. Mais toutes les nations soumises à son pouvoir n'avaient point eu jusqu'alors de lois écrites : il ordonna d'écrire leurs coutumes, et de les consigner sur des registres ; il en fit de même pour les poèmes barbares et très-anciens qui chantaient les actions et les guerres des anciens rois, et de cette manière les conserva à la postérité. Une grammaire de la langue nationale fut aussi commencée par ses soins. Les mois avaient eu jusqu'à lui, chez les Francs, des noms moitié latins et moitié barbares; Charles leur en donna de nationaux. Précédemment encore à peine pouvait-on désigner quatre vents par des mots différens ; il en distingua douze qui avaient chacun son nom propre. C'est ainsi qu'il appela janvier *wintermanoht*, février *hormunc*, mars *lenzinmanoht*, avril *ostermanoht*, mai *winnemanoht*, juin *prahmanoht*, juillet *hewimanoht*, août *aranmanoht*, septembre *wintumanoht*, octobre *windummemanoht*, novembre *herbistmanoht*, décembre *helmanoht*[1]. Quant aux vents, il nomma celui d'est *ostroniwint*, l'eurus *ostsundroni*, le vent de sud-est *sundostroni*, celui du midi *sundroni*, l'auster africain *sundwestroni*, l'africain *westsundroni*, le zéphire *westroni*, le vent de nord-ouest

---

[1] *Wintermonath*, mois d'hiver; *hornung*, mois de bouc, selon Adelung; *lenzmonath*, mois du printemps; *ostermonath*, mois de Pâques; *winnemonath* ou plutôt *minnemonath*, mois d'amour; *prahmonath*, dont j'ignore l'étymologie; *heumonath*, mois des foins; *arndtmonata*, mois des moissons; *windmonath*, mois des vents; *windemmonath*, mois des vendanges; *herbstmonath*, mois d'automne; *helmonath*, dont j'ignore l'étymologie. Du reste on trouve ces noms des mois en usage chez divers peuples germains avant le temps de Charlemagne, notamment chez les Anglo-Saxons.

westnordroni, la bise *nordwestroni*, le vent de nord *nordroni*, l'aquilon *nordostroni*, et le Vulturne *ostnordroni*.

Vers la fin de sa vie, et quand déjà la vieillesse et la maladie l'accablaient [1], Charles appela près de lui son fils Louis, roi d'Aquitaine, le seul des enfans mâles qu'il avait eus d'Hildegarde qui fût encore vivant. Ayant en même temps réuni, de toutes les parties du royaume des Francs, les hommes les plus considérables dans une assemblée solennelle, il s'associa, du consentement de tous, ce jeune prince, l'établit héritier de tout le royaume et du titre impérial, et, lui mettant le diadême sur la tête, il ordonna qu'on eût à le nommer empereur et auguste. Ce parti fut applaudi de tous ceux qui étaient présens, parut inspiré d'en haut pour l'avantage de l'État, rehaussa la majesté de Charles, et frappa de terreur les nations étrangères. Ayant ensuite envoyé son fils en Aquitaine, le roi, suivant sa coutume, et quoique épuisé de vieillesse, alla chasser dans les environs de son palais d'Aix. Après avoir employé la fin de l'automne à cet exercice, il revint à Aix-la-Chapelle au commencement de novembre pour y passer l'hiver. Au mois de janvier [2], une fièvre violente le saisit, et il s'alita. Dès ce moment, comme il le faisait toujours quand il avait la fièvre, il s'abstint de toute nourriture, persuadé que la diète triompherait de la maladie, ou tout au moins l'adoucirait; mais à la fièvre se joignit une douleur de côté que les Grecs appellent pleurésie. Le roi, continuant toujours de ne rien manger, et ne se soute-

[1] En 813. — [2] En 814.

nant qu'à l'aide d'une boisson prise encore en petite quantité, mourut, après avoir reçu la communion, le septième jour depuis qu'il gardait le lit, le 28 janvier, à la troisième heure du jour, dans la soixante-douzième année de sa vie et la quarante-septième de son règne.

Son corps lavé et paré solennellement, suivant l'usage, fut porté et inhumé dans l'église, au milieu des pleurs et du deuil de tout le peuple. On balança d'abord sur le choix du lieu où on déposerait les restes de ce prince qui, de son vivant, n'avait rien prescrit à cet égard; mais enfin on pensa généralement qu'on ne pouvait l'enterrer plus honorablement que dans la basilique que lui-même avait construite dans la ville, et à ses propres frais, en l'honneur de la sainte et immortelle Vierge, mère de Dieu, comme un gage de son amour pour Notre-Seigneur Jésus-Christ. Ses obsèques eurent lieu le jour même qu'il mourut. Sur son tombeau, on éleva une arcade dorée, sur laquelle on mit son image et son épitaphe. Celle-ci porte :
« *Sous cette pierre, gît le corps de Charles, grand*
« *et orthodoxe empereur, qui agrandit noblement*
« *le royaume des Francs, régna heureusement*
« *quarante-sept ans, et mourut septuagénaire le*
« *5 des calendes de février, la huit cent quator-*
« *zième année de l'incarnation du Seigneur, à*
« *la septième indiction.* »

Plusieurs prodiges se firent remarquer aux approches de la fin du roi, et parurent non seulement aux autres, mais à lui-même, le menacer personnellement. Pendant les trois dernières années de sa vie il y eut de fréquentes éclipses de soleil et de lune; on vit durant sept jours une tache noire dans le soleil; la galerie que Charles avait bâtie à grands frais pour joindre la basilique au palais s'écroula tout à coup jusque dans ses fondemens le jour de l'ascension de Notre-Seigneur. Le pont de bois que ce prince avait jeté sur le Rhin à Mayence, ouvrage admirable, fruit de dix ans d'un immense travail, et qui semblait devoir durer éternellement, fut de même consumé soudainement et en trois heures de temps par les flammes, et, à l'exception de ce que couvraient les eaux, il n'en resta pas un seul soliveau. Lors de sa dernière expédition dans la Saxe contre Godefroi, roi des Danois [1], Charles étant un jour sorti de son camp avant le lever du soleil et commençant à se mettre en marche, il vit lui-même une immense lumière tomber tout à coup du ciel, et, par un temps serein, fendre l'air de droite à gauche; pendant que tout le monde admirait ce prodige et cherchait ce qu'il présageait, le cheval que montait l'empereur tomba la tête en avant et le jeta si violemment à terre qu'il eut l'agrafe de sa saye arrachée ainsi que le ceinturon de son épée rompu, et que, débarrassé de ses armes par les gens de sa suite qui s'empressèrent d'accourir, il ne put se relever sans appui; le javelot qu'il tenait alors par hasard à la main fut emporté si loin qu'on le trouva tombé à plus de vingt pieds. Le palais d'Aix éprouva de plus de fréquentes secousses de tremblement de terre, et dans les bâtimens qu'occupait le roi on entendit craquer les plafonds. Le feu du ciel tomba sur la basilique, où dans la suite ce prince fut enterré, et la boule dorée qui décorait le faîte du toit, frappée de la foudre, fut

---

[1] En 810.

brisée et jetée sur la maison de l'évêque contiguë à l'église. Dans cette même basilique, sur le bord de la corniche qui régnait autour de la partie inférieure de l'édifice entre les arcades du haut et celles du bas, était une inscription de couleur rougeâtre indiquant l'auteur de ce monument; dans la dernière ligne se lisaient les mots *Charles Prince;* quelques personnes remarquèrent que l'année où mourut ce monarque et peu de mois avant son décès, les lettres qui formaient le mot *Prince* étaient tellement effacées qu'à peine pouvait-on les distinguer. Quant à lui il ne témoigna nulle crainte de ces avertissemens d'en haut, ou les méprisa comme s'ils ne regardaient en aucune manière sa destinée.

Il avait résolu de faire un testament pour régler ce qu'il voulait laisser à ses filles et aux enfans nés de ses concubines; mais il ne put achever cet acte commencé trop tard. Trois ans avant sa mort, il régla le partage de ses trésors, de son argent, de sa garderobe et du reste de son mobilier en présence de ses familiers et de ses ministres, et requit leur témoignage, afin qu'après sa mort la répartition de tous les objets, faite par lui et revêtue de leur approbation, fût maintenue. Il consigna ses dernières volontés sur les choses qu'il entendait partager ainsi dans un écrit sommaire dont voici l'esprit et le texte littéral:

« Au nom de Dieu tout-puissant, le Père, le Fils et le Saint-Esprit. Ici commencent la description et la distribution réglées par le très-glorieux et très-pieux seigneur Charles, empereur auguste, des trésors et de l'argent trouvés ce jour dans sa chambre, l'année huit cent onzième depuis l'incarnation de Notre-Seigneur Jésus-Christ, la quarante-troisième du règne de ce prince sur la France, la trente-sixième de son règne sur l'Italie, la onzième de l'Empire, indiction quatrième. Les voici telles qu'après une sage et mûre délibération il les arrêta et les fit avec l'approbation du Seigneur. En ceci, il a voulu principalement pourvoir d'abord à ce que la répartition des aumônes que les Chrétiens ont l'habitude de faire solennellement sur leurs biens, eût lieu pour lui, et de son argent, avec ordre et justice; ensuite à ce que ses héritiers pussent connaître clairement et sans aucune ambiguité ce qui doit appartenir à chacun d'eux, et se mettre en possession de leurs parts respectives sans discussion ni procès. Dans cette intention et ce but, il a divisé d'abord en trois parts tous les meubles et objets, soit or, argent, pierres précieuses et ornemens royaux, qui, comme il a été dit, se trouveront ce jour dans sa chambre. Subdivisant ensuite ces parts, il en a séparé deux en vingt-et-un lots, et a réservé la troisième dans son intégrité. Des deux premières parts, il a composé vingt-et-un lots, afin que chacune des vingt-et-une villes qui, dans son royaume, sont reconnues comme métropoles, reçoive à titre d'aumône, par les mains de ses héritiers et amis, un de ces lots. L'archevêque qui régira alors une église métropolitaine, devra, quand il aura touché le lot appartenant à son église, le partager avec ses suffragans de telle manière que le tiers demeure à son église, et que les deux autres tiers se divisent entre ses suffragans. De ces lots formés des deux premières parts, et qui sont au nombre de vingt-et-un, comme les villes reconnues métropoles, chacun est séparé des autres, et renfermé à part dans une armoire, avec le nom de la ville à laquelle il doit être porté. Les noms des métropoles auxquelles ces aumônes ou largesses doivent être faites, sont Rome, Ravenne, Milan, Fréjus, Gratz, Cologne, Mayence, *Juvavum*, aujourd'hui Salzbourg, Trèves, Sens, Besançon, Lyon, Rouen, Rheims, Arles, Vienne, Moustier dans la Tarentaise, Embrun, Bordeaux, Tours et Bourges. Quant à la part qu'il a décidé de conserver dans son intégrité, son intention est que, les deux autres étant divisées en lots, ainsi qu'il a été dit, et enfermées sous scellé, cette troisième serve aux besoins journaliers, et demeure comme une chose que les liens d'aucun vœu n'ont soustraite à la possession du propriétaire, et cela tant que celui-ci restera en vie, ou jugera l'usage de cette part nécessaire pour lui; mais après sa mort ou son renoncement volontaire aux biens du siècle, cette part sera subdivisée en quatre portions : la première se joindra aux vingt-un lots dont il a été parlé ci-dessus; la seconde appartiendra aux fils et filles du testateur et aux fils et filles de ses fils, pour être partagée entre eux raisonnablement et avec équité : la troisième se distribuera aux pauvres, suivant l'usage des Chrétiens; la quatrième se répartira de la même manière, et à titre d'aumône, entre les serviteurs et les servantes du palais, pour servir à assurer leur existence. A la troisième part du total entier, qui, comme les deux autres, consiste en or et argent, on joindra tous les objets d'airain, de fer et d'autres métaux, les vases, ustensiles, armes, vêtemens, tous les meubles, soit précieux, soit de vil prix, servant à divers usages, comme rideaux, couvertures, tapis, draps grossiers, cuirs, selles, et tout ce qui, au jour de la mort du testateur, se trouvera dans son appartement et son vestiaire, et cela pour que les subdivisions de cette part soient plus considérables, et qu'un plus grand nombre de personnes puisse participer aux aumônes. Quant à sa chapelle, c'est-à-dire tout ce qui sert aux cérémonies ecclésiastiques, il a réglé que, tant ce qu'il a fait fabriquer ou amassé lui-même que ce qui lui est revenu de l'héritage paternel, demeure dans son entier, et ne soit pas partagé. S'il se trouvait cependant des vases, livres, ou autres ornemens qui bien évidemment n'eussent point été donnés par lui à cette chapelle, celui qui les voudra pourra les acheter et les garder, en en payant le prix d'une juste estimation. Il en sera de même des livres dont il a réuni un grand nombre dans sa bibliothèque : ceux qui les desireront pourront les acquérir à un prix équitable, et le produit se distribuera aux pauvres. Parmi ses trésors et son argent, il y a trois tables de ce dernier métal et une d'or fort grande et d'un poids considérable. L'une des premières, qui est carrée, et sur laquelle est figurée la description de la ville de Constantinople, on la portera, comme l'a voulu et prescrit le testateur, à la basilique du bienheureux apôtre Pierre à Rome, avec les autres présens qui lui sont assignés; l'autre, de forme ronde, et représentant la ville de Rome, sera remise à l'évêque de l'église de Ravenne; la troisième, bien supérieure aux autres par la beauté du travail et la grandeur du poids, entourée de trois cercles, et où le monde entier est figuré en petit et avec soin, viendra, ainsi que la table d'or qu'on a dit être la quatrième, en augmentation de la troisième part à répartir tant entre ses héritiers qu'en aumônes.

Cet acte et ces dispositions, l'empereur les fit et les régla en présence des évêques, abbés et comtes qu'il put réunir alors autour de lui, et dont les noms suivent : Évêques : Hildebald, Richulf, Arne, Wolfer, Bernoin, Laidrade, Jean, Théodulf, Jessé, Hetton, Waldgand. Abbés : Friedgis, Audoin, Angilbert, Irmine. Comtes : Wala, Meginhaire, Othulf, Étienne, Unroch, Burchard, Méginhard, Hatton, Richwin, Eddon, Erchangaire, Gérold, Béra, Hildigern, Roculf. Toutes ces volontés, Louis, fils de Charles, qui lui succéda par l'ordre de la divine Providence, et vit cet écrit, apporta le soin le plus religieux à les exécuter, aussi promptement qu'il fut possible, après la mort de son père.

FIN DE LA VIE DE CHARLEMAGNE.

DES
FAITS ET GESTES
DE
CHARLES-LE-GRAND,
ROI DES FRANCS ET EMPEREUR,

PAR UN MOINE DE SAINT-GALL.

NOTICE

sur

LE TRAITÉ DES FAITS ET GESTES
DE CHARLEMAGNE.

Peu d'ouvrages historiques du neuvième siècle contiennent, sur leur origine et l'authenticité de leurs récits, autant de détails et des détails aussi positifs que celui dont nous publions ici la traduction. La préface du premier livre est perdue; mais, dans celle du second et dans le cours de sa narration, l'auteur nous apprend à peu près tout ce que nous avons besoin de savoir. Nous y voyons qu'il écrivit à la demande de l'empereur Charles-le-Gros, auquel il dédia son ouvrage, et qu'il y travaillait en 884. On sait qu'au mois de décembre 883, Charles-le-Gros passa quelques jours à Saint-Gall; ce fut donc très-probablement à cette époque que l'historien commença à écrire; le 30 mai de l'année suivante, il avait fini son premier livre et entamait le second; alors, dit-il, il était lui-même déjà vieux. Il y a donc lieu de croire que le second livre fut terminé à la fin de l'an 884 ; et nous avons ainsi la date précise d'une histoire, ou plutôt d'un recueil d'anecdotes composé il y a bientôt mille ans.

Quant aux faits, le moine de Saint-Gall nous indique avec la même précision les sources où il les a puisés. C'était d'après des conversations, non d'après des livres, qu'il écrivait. Tout ce qui se rapporte à l'état de l'Église sous Charlemagne, et aux relations de ce prince avec les évêques ou les clercs, il le tenait de Wernbert ou Wérembert, célèbre moine de Saint-Gall, contemporain de Louis-le-Débonnaire et de Charles-le-Chauve. Tout ce qui a trait aux guerres de Charlemagne, à sa cour, à sa vie politique et domestique, il l'avait entendu conter par Adalbert, père de ce même Wernbert, et l'un des guerriers qui, à la suite du comte Gérold, avaient pris part aux expéditions de Charlemagne contre les Saxons, les Esclavons et les Avares, qu'il appelle les Huns. Il avait aussi, dit-il, recueilli les récits d'une troisième personne qu'il ne nomme pas. A coup sûr, peu d'écrivains de ces temps barbares nous font aussi bien connaître leurs autorités, et peu d'autorités semblent mériter plus de confiance que celles qui sont ici indiquées.

Cependant le moine de Saint-Gall en a lui-même inspiré fort peu à la plupart des érudits, et ils le traitent avec un mépris presque mêlé de courroux. En en recherchant les raisons, on n'en trouve aucune autre si ce n'est qu'il raconte des anecdotes indignes, à leur avis, de la gravité de l'histoire, et ne parle point, comme il convient, de Charlemagne et du clergé. « Il est inutile, dit
« dom Bouquet dans sa préface, de nous mettre
« en peine davantage de rechercher le nom de
« cet auteur, car l'ouvrage le déshonore plus qu'il
« ne l'honore. Outre qu'il est rempli de fables et
« d'historiettes mal assorties, Charles y est re-
« présenté comme un homme qui exerce des
« cruautés, qui ne respire que menaces, qui
« jette la terreur partout ; en sorte que, si nous
« ne le connaissions pas d'ailleurs, nous aurions
« de lui des sentimens peu avantageux. Les évê-
« ques y sont traités indignement; leurs mœurs,
« leur faste et leur ambition sont repris avec trop
« d'aigreur et avec indécence..... Enfin il y a de
« nombreuses erreurs et des fautes énormes de
« chronologie [1]. »

En ce qui touche le clergé, le moine de Saint-

---

[1] *Recueil des historiens des Gaules et de la France*, t. 5, préface, p. x.

Gall s'était attendu à de tels reproches ; il s'excuse en plusieurs endroits de la liberté de ses récits, déclare qu'il n'en dirait pas tant s'il ne comptait sur la protection de l'empereur à la demande duquel il écrit, et laisse entrevoir que, s'il osait, il en dirait bien davantage. Mais, quant à Charlemagne, le moine anonyme était, à coup sûr, fort loin de prévoir qu'on l'accuserait d'avoir voulu ternir sa gloire. Il l'admirait autant que l'ont pu faire, au seizième, dix-septième ou dix-huitième siècle, les plus monarchiques érudits ; et en recueillant, sur ce prince, les anecdotes que lui avaient racontées les contemporains, il était fermement convaincu qu'il rassemblait et prouvait tous ses titres aux respects de la postérité. Mais la flatterie, qui bien souvent descend au tombeau avec ceux qu'elle a vantés, devient quelquefois au contraire, à mesure que le temps s'écoule, plus absolue et plus exigeante. Un moine du neuvième siècle ne partageait point, sur les actions et les vertus d'un empereur, la susceptibilité des Bénédictins modernes. Que Charlemagne eût commis des cruautés, qu'il se fût entouré de concubines, qu'il eût traité cavalièrement quelques évêques, un pauvre reclus de Saint-Gall ne songeait point à s'en indigner, ne le remarquait même pas; ses oreilles et ses yeux étaient fort accoutumés à de tels spectacles, et il se fût indigné à son tour s'il eût entendu prétendre que son héros était déshonoré par quelques faits de cette sorte. Son admiration, à la fois moins ombrageuse et plus robuste, n'en était nullement troublée, et pour regarder Charlemagne comme le plus clément et le plus sage des rois, il ne soupçonnait pas qu'il eût besoin de taire ce qui, au dire de dom Bouquet, « nous « donnerait aujourd'hui de ce grand homme des « sentimens peu avantageux. »

C'est précisément par cette peinture naïve de son temps et de son héros que l'ouvrage du moine de Saint-Gall mérite toute notre attention. Qu'il ait voulu écrire un panégyrique de Charlemagne, cela n'est pas douteux; mais sa flatterie est contemporaine et ne s'épouvante ni de la brutalité des actions, ni de la grossièreté des mœurs, ni de la trivialité des plaisanteries, car elle ne s'en doute même pas. Il se peut aussi que, parmi les anecdotes recueillies par l'élève d'Adalbert, beaucoup soient controuvées; il se peut que le vieux soldat de Charlemagne, retiré auprès d'une abbaye, ait charmé son repos en racontant à un enfant des aventures embellies ou défigurées, à dessein ou de bonne foi ; mais ce qui nous importe le plus maintenant, ce n'est pas l'exactitude scrupuleuse de ses souvenirs, c'est leur ensemble, c'est l'état général des mœurs qu'ils nous révèlent, et qui ne s'invente point. Authentiques ou altérées, vraies ou fausses même, les anecdotes du moine de Saint-Gall sur le caractère et la vie de Charlemagne ne peuvent manquer de nous intéresser vivement, car c'était là ce qu'on disait, ce qu'on racontait de lui, soixante et dix ans après sa mort.

Quant aux erreurs, historiques ou chronologiques, on n'en rencontre guères plus dans cet ouvrage que dans les autres écrits du temps. La *vie de Charlemagne* par Eginhard, le plus soigné et le plus complet des monumens contemporains, n'en est point exempte; elles fourmillent dans les chroniques les plus sèches et qui semblent exclusivement destinées à placer sous la rubrique de chaque année les événemens les plus importans. Il est donc absurde de s'en prévaloir pour refuser toute créance à un écrivain qui se montre d'ailleurs informé de plusieurs faits que nous ignorerions sans lui.

Malgré leur dédain, les érudits se sont appliqués à découvrir le nom de cet écrivain et n'y ont point réussi. Goldast croit que c'est Notker le bègue, moine de Saint-Gall, dont il nous reste quelques écrits et qui mourut dans cette abbaye en 912. Duchesne et dom Rivet ont rejeté cette opinion comme incompatible avec l'âge qu'en 884 l'auteur lui-même semble s'attribuer [1]. Basnage et dom Bouquet au contraire se montrent disposés à l'adopter. Quoi qu'il en soit, cet ouvrage est un des monumens les plus curieux et les plus instructifs que le neuvième siècle nous ait transmis.

F. G.

[1] *Histoire littéraire de la France*, par les Bénédictins, t. 5, p. 614.

DES FAITS ET GESTES DE CHARLES-LE-GRAND,

ROI DES FRANCS ET EMPEREUR,

PAR UN MOINE DE SAINT-GALL.

LIVRE PREMIER[1].

De la piété du roi Charles et de son administration ecclésiastique.

LE tout-puissant maître des princes, qui ordonne des royaumes et des temps, après avoir brisé l'étonnant colosse, aux pieds de fer ou d'argile, de l'empire romain, a élevé par les mains de l'illustre Charles un autre colosse non moins admirable et à tête d'or, celui de l'empire des Francs. Au moment où ce monarque commença à régner seul sur les régions occidentales du monde, l'étude des lettres était tombée partout dans un oubli presque complet : le hasard amena d'Irlande sur les côtes de la Gaule, et avec des marchands bretons, deux Écossais, hommes profondément versés dans les lettres profanes et sacrées. Ils

[1] La préface de ce livre manque.

n'étalaient aucune marchandise ; mais chaque jour ils criaient à la foule qui accourait pour faire des emplètes : « Si quelqu'un desire de la science, qu'il « vienne à nous et en prenne, car nous en vendons. » Ils disaient ainsi qu'ils vendaient la science, parce qu'ils voyaient la multitude avide d'acquérir plutôt ce qui s'achète que ce qui se donne gratuitement ; et, soit pour exciter le peuple à la desirer aussi ardemment que les autres biens qui s'obtiennent à prix d'argent, soit, comme la suite le prouva, pour frapper d'admiration et d'étonnement par une telle annonce, ils la répétèrent si long-temps que les gens, émerveillés ou les croyant fous, la firent parvenir jusqu'aux oreilles du roi Charles. Toujours plein d'un insatiable amour pour la science, il fit venir en toute hâte ces deux étrangers en sa présence, et leur demanda s'il était vrai que, comme le publiait la renommée, ils apportassent la science avec eux. « Oui, répondirent-ils, « nous la possédons et sommes prêts à la donner à « ceux qui la cherchent sincèrement, et pour la « gloire de Dieu. » Charles s'enquit alors de ce qu'ils prétendaient pour l'accomplissement de leur offre. « Nous réclamons uniquement, répliquèrent-ils, des « emplacemens convenables, des esprits bien dis- « posés, la nourriture et le vêtement, sans lesquels « nous ne pourrions subsister pendant notre voyage « ici. » Comblé de joie par ces réponses, le monarque les garda quelque temps, d'abord tous les deux auprès de sa personne ; mais bientôt après, forcé de partir pour des expéditions militaires, il enjoignit à l'un, nommé Clément, de rester dans la Gaule, et lui confia, pour les instruire, un grand nombre d'enfans appartenant aux plus nobles familles, aux familles de classe moyenne et aux plus basses; afin que le maître et les élèves ne manquassent point du nécessaire, il ordonna de leur fournir tous les objets indispensables à la vie, et assigna pour leur habitation des lieux commodes. Quant à l'autre Écossais, Charles l'emmena en Italie, et lui donna le monastère de Saint-Augustin près de Pavie, pour y réunir tous ceux qui voudraient venir prendre ses leçons.

Albin[1], Anglais de naissance, apprenant avec quel empressement Charles, le plus religieux des rois, accueillait les savans, s'embarqua et se rendit à la cour de ce prince. Disciple de Bède, le plus érudit des commentateurs après saint Grégoire, Albin surpassait de beaucoup les autres savans des temps modernes dans la connaissance des écritures. Charles, à l'exception du temps où il allait en personne à des guerres importantes, eut constamment et jusqu'à sa mort Albin avec lui, se faisait gloire de se dire son disciple, l'appelait son maître, et lui donna l'abbaye de Saint-Martin près de Tours pour s'y reposer, quand lui-même s'éloignerait, et instruire ceux qui accouraient en foule pour l'entendre.

Après une longue absence, le très-victorieux Charles, de retour dans la Gaule, se fit amener les enfans remis aux soins de Clément, et voulut qu'ils lui montrassent leurs lettres et leurs vers; les élèves sortis des classes moyenne et inférieure présentèrent des ouvrages qui passaient toute espérance, et où se faisaient sentir les plus douces saveurs de la science; les nobles, au contraire, n'eurent à produire que

[1] Dit Alcuin.

de froides et misérables pauvretés. Le très-sage Charles, imitant alors la justice du souverain juge, sépara ceux qui avaient bien fait, les mit à sa droite, et leur dit : « Je vous loue beaucoup, mes enfans, « de votre zèle à remplir mes intentions et à recher- « cher votre propre bien de tous vos moyens. Main- « tenant efforcez-vous d'atteindre à la perfection ; « alors je vous donnerai de riches évêchés, de ma- « gnifiques abbayes, et vous tiendrai toujours pour « gens considérables à mes yeux. » Tournant ensuite un front irrité vers les élèves demeurés à sa gauche, portant la terreur dans leurs consciences par son regard enflammé, tonnant plutôt qu'il ne parlait, il lança sur eux ces paroles pleines de la plus amère ironie : « Quant à vous, nobles, vous fils des princi- « paux de la nation, vous enfans délicats et tout « gentils, vous reposant sur votre naissance et votre « fortune, vous avez négligé mes ordres et le soin de « votre propre gloire dans vos études, et préféré vous « abandonner à la mollesse, au jeu, à la paresse ou à « de futiles occupations. » Ajoutant à ces premiers mots son serment accoutumé, et levant vers le ciel sa tête auguste et son bras invincible, il s'écria d'une voix foudroyante : « Par le roi des cieux, permis à « d'autres de vous admirer ; je ne fais, moi, nul cas de « votre naissance et de votre beauté ; sachez et rete- « nez bien que, si vous ne vous hâtez de réparer « par une constante application votre négligence pas- « sée, vous n'obtiendrez jamais rien de Charles. »

Ce prince fit l'un de ces élèves pauvres dont on a parlé ci-dessus, chef suprême et écrivain de sa chapelle ; les rois des Francs appelaient ainsi les choses saintes qu'ils possédaient, à cause de la chape de saint Martin qu'ils avaient coutume de porter dans toutes leurs guerres comme un gage de sûreté pour eux et de triomphe sur l'ennemi. Un jour qu'on annonça la mort d'un certain évêque au très-prudent Charles, il demanda si ce prélat avait envoyé devant lui dans l'autre monde quelque portion de ses biens et du fruit de ses travaux. « Pas plus de deux livres d'argent, « seigneur, » répondit le messager. Le jeune homme dont il s'agit ne pouvant contenir dans son sein la vivacité de son esprit, s'écria malgré lui en présence du roi : « Voilà un bien léger viatique pour un voyage « si grand et de si longue durée. » Après avoir délibéré quelques instans en lui-même, Charles, le plus prudent des hommes, dit au jeune clerc : « Qu'en « penses-tu ? si je te donnais cet évêché, aurais-tu « soin de faire de plus considérables provisions pour « ce long voyage ? » L'autre se hâtant de dévorer ces sages paroles, comme des raisins mûrs avant le terme et qui seraient tombés dans sa bouche entr'ouverte, se précipita aux pieds de son maître et répondit : « Seigneur, c'est à la volonté de Dieu et à votre puis- « sance à en décider. — Cache-toi, reprit le roi, sous « le rideau tiré derrière moi, et tu apprendras com- « bien tu as de rivaux pour ce poste honorable. » Dès que la mort de l'évêque fut connue, les officiers du palais, toujours prêts à épier les malheurs ou tout au moins le trépas d'autrui, impatiens de tout retard et s'enviant les uns les autres, firent agir, pour obtenir l'évêché, les familiers de l'empereur. Mais celui-ci, ferme dans son dessein, les refusa tous, disant qu'il ne voulait pas manquer de parole à son jeune homme, A la fin la reine Hildegarde envoya d'abord les grands du royaume et vint ensuite elle-même solliciter cet évêché pour son propre clerc. Le roi reçut sa demande de l'air le plus gracieux, l'assura qu'il ne pouvait ni ne voulait lui rien refuser, mais ajouta qu'il ne se pardonnerait pas de tromper son jeune clerc. A la manière de toutes les femmes quand elles prétendent faire prédominer leurs desirs et leurs idées sur la volonté de leurs maris, la reine, dissimulant sa colère, adoucissant sa voix naturellement forte et s'efforçant d'amollir par des manières caressantes l'ame inébranlable de Charles, lui dit : « Cher prince, mon seigneur, pour« quoi perdre cet évêché en le donnant à un tel en« fant? Je vous en conjure, mon aimable maître, vous « ma gloire et mon appui, accordez-le à mon clerc « votre serviteur dévoué. » Alors le jeune homme à qui Charles avait enjoint de se placer derrière le rideau auprès duquel lui-même était assis, et d'écouter les prières que chacun ferait, s'écria d'un ton lamentable mais sans quitter le rideau qui l'enveloppait : « Sei« gneur roi, tiens ferme; ne souffre pas que personne « arrache de tes mains la puissance que Dieu t'a don« née. » Alors ce prince, ami courageux de la vérité, ordonna à son clerc de se montrer et lui dit : « Reçois « cet évêché, mais apporte tes soins les plus empressés « à envoyer devant moi et devant toi-même dans « l'autre monde de grandes aumônes et un bon via« tique pour le long voyage dont on ne revient pas. »

Parmi la suite de ce monarque était un autre clerc, d'une naissance vile et abjecte, peu instruit dans les lettres; tout le monde le haïssait et s'efforçait de le faire chasser; mais le très-compatissant Charles, touché de sa pauvreté, ne pouvait se laisser persuader de le rejeter et de l'éloigner de sa présence. Il arriva qu'une certaine veille de Saint-Martin l'empereur apprit la mort d'un évêque, fit venir un des clercs de sa cour, fort recommandable par la noblesse de son origine et son savoir, et lui conféra l'évêché vacant. Fou de joie, celui-ci rassemble dans sa demeure beaucoup des officiers du palais, reçoit avec un grand faste plusieurs gens de sa paroisse accourus pour le féliciter, et leur fait préparer à tous un splendide festin. Chargé de nourriture, gorgé de vin et enseveli dans l'ivresse, il ne parut pas aux offices de cette sainte nuit. Il était d'usage que le maître du chœur désignât la veille à chacun le répons qu'il devait chanter la nuit ; celui qui porte : « Seigneur, si je suis encore « nécessaire à ton peuple, etc., » avait été assigné au clerc qui déjà tenait l'évêché dans ses mains. Comme il était absent, un long silence eut lieu après la leçon ; les clercs s'exhortaient réciproquement à réciter le répons ; mais chacun s'en excusait à son tour, disant qu'il avait le sien à chanter. « Que quelqu'un chante « donc enfin, » s'écria l'empereur. Alors ce clerc, repoussé de tous, fortifié par la providence divine et encouragé par l'ordre du roi, entonna le répons. Bientôt le clément prince, ne croyant pas ce clerc en état de tout chanter, ordonna de l'aider ; les autres ayant obéi, le pauvre diable, à qui personne n'avait appris à l'avance le verset, se mit, une fois le répons fini, à psalmodier très-harmonieusement l'oraison dominicale. Chacun voulait l'empêcher de continuer, mais le très-sage monarque, desirant voir où il en viendrait, défendit que personne le tourmentât. Le clerc, ter-

minant son verset par ces paroles, « Que ton règne
« vienne, » les autres, bon gré, mal gré, furent forcés
de répondre : « Que ta volonté soit faite. » Après les
Laudes qui suivent les Matines, le roi retourna dans
son palais et se mit auprès de la cheminée dans sa
chambre à coucher pour se réchauffer et se revêtir de
riches habits à cause de la solennité de la fête. Faisant
alors appeler ce clerc, ancien serviteur, mais chanteur
tout nouveau, il lui dit : « Qui t'a ordonné de réciter
« le répons ? — Seigneur, répondit le clerc tout ef-
« frayé, vous avez commandé que quelqu'un chan-
« tât. — Bien, reprit le roi à la manière des anciens;
« mais, ajouta-t-il, qui t'a donc désigné le verset ? » Le
clerc, animé, comme on le croit, par une inspiration
d'en haut, s'expliqua dans ces termes que les inférieurs avaient alors coutume d'employer pour honorer,
adoucir ou flatter leurs supérieurs : « Joyeux seigneur,
« joyeux monarque, n'ayant pu m'enquérir auprès de
« personne d'un autre verset, j'ai réfléchi en moi-
« même que, si j'en choisissais un qui ne fût pas con-
« venable, je serais assez malheureux pour encourir
« votre désapprobation ; je me suis donc décidé à
« chanter celui dont la fin me paraissait se rapprocher
« de l'esprit du répons. » L'excellent empereur, lui
souriant alors avec bonté, dit tout haut devant les
grands de sa cour : « Cet orgueilleux qui n'a pas assez
« craint ou respecté ni Dieu, ni un maître qui se mon-
« trait son ami, pour s'abstenir de la débauche une
« seule nuit, et tout au moins jusqu'à ce que le ré-
« pons que j'apprends qu'il devait chanter fût com-
« mencé, n'aura point l'évêché ; c'est la volonté de
« Dieu et la mienne. Quant à toi, le Seigneur te l'ac-

« corde et je t'y nomme ; prends soin de le gouverner
« conformément aux règles canoniques et aposto-
« liques. »

Un autre prélat étant mort, Charles lui donna pour successeur un certain jeune homme. Celui-ci, tout content, se préparait à partir ; ses valets lui amenèrent, comme il convenait à la gravité épiscopale, un cheval qui n'avait rien de fringant, et lui préparèrent un escabeau pour se mettre en selle. Indigné qu'on le traitât comme un infirme, il s'élança de terre sur sa bête si vivement qu'il eut grand'peine à se tenir, et à ne pas tomber de l'autre côté. Le roi, qui vit ce qui se passait de la balustrade du palais, fit appeler cet homme, et lui dit : « Mon brave, tu es vif, agile,
« prompt, et tu as bon pied ; la tranquillité de notre
« Empire est, tu le sais, sans cesse troublée par une
« multitude de guerres ; nous avons par conséquent
« besoin dans notre suite d'un clerc tel que toi ; reste
« donc pour être le compagnon de nos fatigues, puis-
« que tu peux monter si lestement ton cheval. »

En racontant de quelle manière se distribuaient les répons, j'ai oublié de dire quelle règle était suivie pour les leçons ; je vais réparer en peu de mots cette omission. Parmi les hommes attachés à la chapelle du très-docte Charles, personne ne désignait à chacun les leçons à réciter, personne n'en indiquait la fin, soit avec de la cire, soit par quelque marque faite avec l'ongle ; mais tous avaient soin de se rendre assez familier ce qui devait se lire, pour ne tomber dans aucune faute quand on leur ordonnait à l'improviste de dire une leçon. L'empereur montrait du doigt ou du bout d'un bâton celui dont c'était le tour de réciter, ou qu'il jugeait à propos de choisir, ou bien il envoyait quelqu'un de ses voisins à ceux qui étaient placés loin de lui. La fin de la leçon, il la marquait par une espèce de son guttural : tous étaient si attentifs quand ce signal se donnait, que, soit que la phrase fût finie, soit qu'on fût à la moitié de la pause, ou même à l'instant de la pause, le clerc qui suivait ne reprenait jamais au-dessus ni au-dessous, quoique ce qu'il commençait ou finissait ne parût avoir aucun sens. Cela, le roi le faisait ainsi pour que tous les lecteurs de son palais fussent les plus exercés, quoique tous ne comprissent pas bien ce qu'ils lisaient. Aucun étranger, aucun homme même connu, s'il ne savait bien lire et bien chanter, n'osait se mêler à ces choristes.

Dans un de ses voyages, Charles s'étant rendu à une certaine grande basilique, un clerc, de ceux qui vont de pays en pays, ne connaissant pas les règles établies par ce prince, vint se ranger parmi les choristes. N'ayant rien appris de ce que ceux-ci récitaient, pendant que tous chantaient, il restait muet et l'esprit perdu. Le paraphoniste vint à lui, et, levant son bâton, le menaça de lui en donner sur la tête s'il ne chantait. Le malheureux, ne sachant que faire, ni de quel côté se tourner, mais n'osant pas sortir, se mit à remuer la tête circulairement, et à ouvrir les mâchoires fort grandes pour imiter autant que possible les manières des chantres. Les autres ne pouvaient s'empêcher de rire ; mais l'empereur, toujours maître de lui-même, ne parut point s'apercevoir des contorsions que faisait cet homme pour se donner l'air de chanter, de peur que le trouble de son esprit ne le poussât à quelque sottise encore plus grande, et attendit avec une contenance calme la fin de la messe. Ayant ensuite mandé le pauvre diable, et plein de pitié pour ses chagrins et ses fatigues, il le consola en lui disant avec bonté : « Brave clerc, je vous remercie de votre « chant et de votre peine, » et lui fit donner une livre pesant d'argent pour soulager sa misère.

Je ne veux pas avoir l'air d'oublier ou de négliger de rapporter en preuve du mérite et de l'habileté de ce prince, un fait qui m'est bien connu : c'est qu'il n'y eut aucun de ceux qu'il avait formés qu'on ne citât comme un très-savant abbé ou un fort illustre prêtre. C'est auprès de lui que mon seigneur Grimald[2] étudia les sciences libérales, d'abord dans la Gaule, et ensuite en Italie. Cependant, afin que les hommes instruits de ces détails ne me taxent pas d'inexactitude pour n'avoir fait à cet égard aucune exception, je dirai que deux fils de meuniers, moines de Saint-Colomban, et sortis de l'école tenue sous les auspices de Charles, ne furent pas jugés dignes de diriger des évêchés ou des monastères, mais obtinrent, l'un après l'autre, et, comme on le croit, en considération de leur auguste maître, le prieuré du couvent de Bobbio, et s'acquittèrent avec zèle de cet emploi.

Charles, insatiable de gloire, voyait l'étude des lettres fleurir dans tout son royaume ; mais il s'affligeait qu'elle n'atteignît pas à la sublimité des anciens Pères de l'Église. Dans son chagrin, formant des

[1] Archi-chapelain de Louis-le-Germanique, qui lui donna, en 841, l'abbaye de Saint-Gall. Grimald, continuant de vivre à la cour, s'occupa cependant avec zèle de la prospérité de son abbaye, gouvernée en son absence par le moine Hartmut. Il s'y retira vers la fin de sa vie, et y mourut le 13 juin 872. On a conservé de lui quelques ouvrages théologiques.

vœux au-dessus d'un simple mortel, il s'écria : « Que
« n'ai-je onze clercs aussi instruits et aussi profondé-
« ment versés dans toutes les sciences que Jérôme et
« Augustin ! » Le docte Albin, quoique se regardant
avec raison comme très-ignorant en comparaison de
ces Pères, fut cependant saisi d'indignation, ne put
s'empêcher de la laisser éclater un moment, et, osant
plus qu'aucun mortel n'aurait osé en présence du terrible empereur, répondit : « Le Créateur du ciel et
« de la terre n'a pas fait d'autres hommes semblables
« à ces deux-là, et vous voulez en avoir une dou-
« zaine ! »

C'est ici le lieu de citer un fait que les gens de notre
âge croiront difficilement, et auquel moi-même qui
écris je n'ajouterais pas une foi entière, en raison de
l'extrême différence qui se remarque entre notre plain-
chant et celui de Rome, s'il ne fallait avoir plus de
confiance dans la véracité de nos pères que dans l'ignorance de notre temps. Charles donc, dévoré d'un zèle
infatigable pour le service de Dieu, pouvait se féliciter d'avoir, autant qu'il était possible, atteint l'accomplissement de ses vœux pour l'étude des lettres;
il se désolait cependant que des provinces entières,
les campagnes et les villes mêmes ne s'accordassent
pas sur la manière de louer Dieu, c'est-à-dire, de mo-
duler le plain-chant. Il mit donc ses soins à obtenir
douze clercs habiles dans le chant d'église, du pape
Étienne, d'heureuse mémoire, le même qui, quand
Childéric, ce lâche roi des Francs, eut été déposé et
rasé, intervint, selon la coutume des anciens Pères,
dans le gouvernement du royaume[1]. Ce pontife, qui

[1] L'auteur confond ici le pape Étienne III, qui régna de l'an 768 à

ne pouvait qu'approuver le sage désir et les pieux efforts de l'empereur, lui envoya de sa résidence apostolique en France, et je désigne par ce nom toutes les provinces en deçà des Alpes, douze clercs très-savans dans le plain-chant, en commémoration du nombre des saints apôtres, car il est écrit : « Dans ce « jour, dix hommes des peuples de toutes langues « prendront un Juif par la frange de sa robe [1]. »

A cette époque, la supériorité de gloire dont brillait Charles avait amené les Gaulois et les Aquitains, les Æduens [2] et les Espagnols, les Allemands et les Bavarois à se glorifier, comme d'une grande distinction, de porter le nom de sujets des Francs; mais les Grecs et les Romains ont au contraire toujours envié la gloire des Francs : les clercs dont on vient de parler furent donc à peine sortis de Rome, qu'ils délibérèrent entre eux sur les moyens de varier tellement leur chant, qu'il ne pût jamais y avoir sur ce point, ni unité ni accord dans l'empire, et dans le pays même des Francs. A leur arrivée, cependant, le roi les accueillit honorablement, et les répartit dans les villes les plus distinguées de ses États; mais dans chacune des provinces qui leur furent assignées pour chanter et instruire les autres, ces clercs se donnèrent chacun mille peines pour chanter aussi diversement et aussi mal qu'ils purent l'imaginer. L'ingénieux Charles ayant, une certaine année, passé, soit à Trèves, soit à Metz, les fêtes de la naissance et de l'apparition de Notre-Seigneur, écouta le chant avec

---

l'an 772, avec Étienne II qui avait concouru à l'élévation de Pepin.

[1] Zacharie, chap. 8, v. 23.

[2] Par *Æduens*, l'auteur entend probablement les Bourguignons.

un soin vigilant et éclairé, ou plutôt s'en pénétra complétement ; l'année suivante, célébrant les mêmes fêtes à Paris ou à Tours, il ne reconnut plus aucun des sons du chant qu'il avait entendu l'année précédente dans les premières villes ; il s'aperçut ainsi que les clercs envoyés sur divers points n'étaient pas plus d'accord que par le passé dans leur chant, et signala cette manœuvre au saint pape Léon, successeur d'Étienne[1]. Ce pontife rappela ses clercs à Rome, et les condamna, soit à l'exil, soit à la prison pour leur vie. Il écrivit ensuite à l'illustre monarque : « Si « je vous envoie d'autres clercs, aveuglés comme « leurs prédécesseurs par le même sentiment d'envie, « ils ne manqueront pas de se jouer également de « vous ; mais voici une manière de satisfaire vos « vœux, et j'y veillerai ; envoyez-moi deux des clercs « les plus capables qui soient auprès de vous ; que « ceux qui m'entourent ne s'aperçoivent pas que ces « hommes vous appartiennent, et avec l'assistance de « Dieu, ils acquerront dans le plain-chant toute l'ha-« bileté que vous souhaitez. » La chose se fit ainsi. Au bout d'un temps assez court, le pape renvoya les deux clercs parfaitement instruits à Charles, qui garda l'un auprès de sa personne et donna l'autre à l'église de Metz, sur la demande de Drogon son fils, qui en était évêque[2]. Le zèle habile du dernier ne se renferma pas dans le lieu où on l'avait placé, et s'étendit bientôt par toute la France ; aussi tous ceux qui dans

[1] Léon III ne fut pas le successeur immédiat d'Étienne III ; entre eux fut placé Adrien I*r*.

[2] Drogon ne prit possession de l'évêché de Metz qu'en 823, sous le règne de Louis-le-Débonnaire.

ce pays parlent le latin, appellent-ils encore aujourd'hui *chant messin* le chant d'église; quant à nous qui parlons la langue teutonique ou tudesque, nous le nommons familièrement *met* ou *mette,* ou aussi *métisque,* en suivant les règles de la formation des mots dans le grec.

Le très-pieux et très-tempérant Charles avait en carême l'habitude, une fois la messe et les vêpres célébrées, de manger à la huitième heure du jour; il ne violait pas cependant la règle du jeûne, ne prenant rien depuis cette heure jusqu'à la même heure du lendemain, conformément au précepte de Notre-Seigneur. Un certain évêque, plus sévère que ne le recommande l'homme sage, et encore plus sot, eut la légèreté d'en reprendre ce prince. Le très-sage empereur dissimulant son indignation, reçut la réprimande avec humilité, puis lui dit : « Vous avez « bien parlé, brave évêque ; mais moi je vous pres- « cris de ne goûter de rien qu'après que les derniers « officiers de mon palais auront mangé. » Quand Charles était à table, les ducs et les chefs ou rois des diverses nations le servaient. Son repas fini, ceux-ci prenaient le leur, servis par les comtes, les préfets, et les grands revêtus de différentes dignités. Lorsque ces derniers sortaient de table, les officiers militaires et civils du palais s'y mettaient; les chefs de toute espèce de service les y remplaçaient; à ceux-ci succédaient les serviteurs ; de cette manière les gens du rang le plus inférieur ne mangeaient pas avant le milieu de la nuit. Le carême était près de finir, et l'évêque dont on vient de parler avait subi pendant tout ce temps la punition imposée par Charles. « Évê-

« que, lui dit alors ce clément empereur, vous re-
« connaissez maintenant, j'espère, que si, pendant le
« carême, je mange avant la nuit, ce n'est pas par
« intempérance, mais par sagesse. »

Un autre évêque auquel Charles demandait de bénir le pain, le fit, en prit d'abord pour lui, et voulut en présenter ensuite à ce prince ; mais ce monarque, fort soigneux de la politesse, lui dit : « Gardez pour « vous tout ce pain, » le rendit ainsi confus, et refusa de recevoir sa bénédiction.

Le prudent Charles ne confia jamais plus d'un seul comté à aucun de ses comtes, si ce n'est à ceux qui étaient préposés à la garde des frontières des peuples barbares. Jamais non plus il ne donna à aucun évêque, sinon par des considérations très-déterminantes, des abbayes ou des églises dépendantes du domaine royal. Quand ses conseillers ou ses familiers lui demandaient pourquoi il en agissait ainsi : « C'est, ré-
« pondit-il, qu'avec ce domaine ou cette métairie
« attachée, soit à une petite abbaye, soit à une
« église, je m'acquiers un vassal fidèle, aussi bon
« ou même meilleur que tel comte ou tel évêque. »
Certains motifs le décidaient cependant à combler quelques personnes ; c'est ainsi qu'il en usa pour Udalric, frère de l'illustre Hildegarde, mère de tant de rois et d'empereurs : après la mort de cette princesse, Udalric se vit privé de toutes ses dignités en punition de quelque faute ; mais un certain bouffon ayant murmuré aux oreilles du miséricordieux Charles : « Qu'Udalric en perdant sa sœur, avait aussi
« perdu tous les honneurs dont il jouissait en Orient
« et en Occident, » l'empereur se mit à pleurer à ces

paroles, et rétablit son beau-frère dans ses anciennes grandeurs. Écoutant la voix d'une juste pitié, il ouvrit aussi une main libérale en faveur des saints lieux, comme la suite le montrera.

Pendant un de ses voyages il arriva dans un certain évêché qui se trouvait sur sa route, ou plutôt qu'il ne pouvait éviter; et l'évêque du lieu, desirant satisfaire le prince, prodigua pour le bien recevoir tout ce qu'il pouvait avoir. Mais l'empereur étant arrivé avant le moment où on l'attendait, le prélat troublé courut çà et là à la manière des hirondelles, fit nettoyer et approprier, non seulement les églises et les maisons, mais même les cours et les rues; puis, accablé de fatigue et tout triste, se rendit au-devant du monarque. Le pieux Charles l'ayant remarqué, jeta les yeux de côté et d'autre, parcourut chaque endroit de ses regards, et dit à l'évêque : « Mon ex« cellent hôte, vous faites toujours, je le vois, bien « disposer toutes choses pour notre entrée. » Le prélat, tranquillisé par ces paroles, comme par une inspiration du ciel, saisissant et baisant la main invincible de l'empereur, et cachant son chagrin le mieux qu'il pouvait, répondit : « Il est juste, seigneur, que « partout où vous paraissez tout soit déblayé bien « à fond. » Alors le plus sage des princes, prenant les choses dans un autre sens, répliqua : « Si je sais « déblayer, j'ai aussi appris à remplir. » Puis il ajouta : « Recevez ce domaine qui touche à votre évêché, et « que vos successeurs le possèdent jusqu'à la fin des « siècles. »

Dans le même voyage, il s'arrêta chez un certain évêque, établi dans un endroit où l'empereur ne pou-

vait éviter de passer. Ce jour-là, qui était un samedi, ce prince ne voulait point manger de chair de quadrupède ni de volatile; le prélat, n'ayant pu se procurer sur-le-champ du poisson, ordonna, comme le permettait la pauvreté de l'endroit, de servir au roi un excellent fromage tout blanc de graisse. Le modeste Charles, habitué à se trouver bien partout, et à se contenter de tout, ménageant l'embarras du prélat, ne demanda pas autre chose; mais prenant son couteau et enlevant le moisi qui lui paraissait abominable, il ne mangeait que le blanc du fromage. L'évêque, qui se tenait auprès du roi comme un serviteur, s'approchant davantage, lui dit : « Pourquoi, seigneur em-
« pereur, fais-tu ainsi? ce que tu rejettes est le meil-
« leur. » Alors Charles, qui ne savait pas tromper et croyait ne pouvoir être trompé par personne, suivit le conseil du prélat, mit dans sa bouche de la partie moisie du fromage, et la mâchant peu à peu, l'avala comme on fait le beurre; puis, approuvant l'avis de l'évêque, il lui dit : « Tu as dit vrai, mon cher hôte ; n'ou-
« blie donc pas de m'envoyer chaque année à Aix-
« la-Chapelle deux caisses de pareils fromages. » Le pauvre évêque, consterné de l'impossibilité de satisfaire à cette demande, et se croyant déjà en danger de perdre son état et son siége, répliqua : « Je puis bien,
« seigneur, me procurer des fromages, mais je ne
« saurais distinguer ceux de cette espèce des autres,
« et je crains de vous paraître répréhensible. » Mais Charles, à qui les choses extraordinaires et peu connues ne pouvaient ni échapper ni demeurer cachées, dit à cet évêque ignorant des choses même au milieu desquelles il était élevé : « Coupe tous les fromages

« par le milieu ; lorsque tu en reconnaîtras de bons,
« réunis-en les parties avec une broche de bois et
« envoie-les-moi dans une caisse ; quant aux autres,
« réserve-les pour toi, tes clercs, et ta maison. » Cet
ordre fut exécuté deux années de suite, et le roi,
sans s'expliquer autrement, prescrivit de recevoir ce
présent de fromages. La troisième année l'évêque vint
et voulut présenter lui-même ce qu'il amenait de si
loin et avec tant de fatigues. Alors le sage monarque,
touché des soins et de la peine du bon prélat, fit don
à son évêché d'une excellente métairie, dont lui et ses
successeurs tirèrent du froment, du vin et les autres
choses nécessaires à la vie.

Nous avons raconté comment le judicieux Charles
élevait les humbles ; disons maintenant comme il savait humilier les superbes. Il était un certain évêque,
avide de vaine gloire et de frivolités ; le roi s'en étant
aperçu avec sa remarquable sagacité, ordonna à un
marchand juif, qui se rendait fréquemment dans la
Terre-Sainte et de là rapportait habituellement beaucoup de raretés précieuses dans les pays en deçà des
mers, de trouver quelque moyen de jouer et duper
ce prélat. Le Juif prenant un de ces rats qui se rencontrent d'ordinaire dans les maisons, l'embauma
avec divers aromates et le présenta à l'évêque en question, disant qu'il apportait de Judée cet animal vraiment curieux qu'on n'avait pas vu jusqu'alors. Le prélat, enchanté de cette merveille, offre trois livres
d'argent pour prix de cette admirable rareté. « La
« belle somme, dit le Juif, pour une pareille curiosité !
« Je la jetterais au fond de la mer plutôt que de con-
« sentir que qui que ce fût l'acquît à si vil prix. » L'é-

vêque qui, quoique très-riche, ne donnait jamais rien aux pauvres, promit dix livres pour avoir cette chose incomparable. L'astucieux marchand, feignant alors une grande colère, s'écria : « Que le Dieu d'A-« braham ne permette pas que je perde ainsi ma peine « et ma dépense pour apporter cette pièce rare ! » L'avare prélat, soupirant après ce miraculeux objet, proposa vingt livres ; mais le Juif, furieux, enveloppant son rat dans une magnifique étoffe de soie, fait mine de s'en aller. L'autre, comme s'il s'était trompé, mais vraiment fait pour l'être, rappelle alors le marchand et lui donne une pleine mesure d'argent afin de se rendre possesseur de cet animal si précieux. Enfin le Juif, après s'être encore fait beaucoup prier, ne tomba d'accord du marché qu'à grand'peine, porta l'argent qu'il venait de recevoir à l'empereur et l'instruisit de tous les détails ci-dessus racontés. Quelque temps après le roi appela tous les évêques et les grands du royaume à une assemblée ; après qu'un grand nombre d'affaires urgentes furent terminées, ce prince fit apporter tout l'argent dont il s'agit au milieu du palais, puis dit : « Évêques, vous les pères et les pour-« voyeurs des pauvres, vous devez les secourir et Jé-« sus-Christ lui-même en leur personne, et ne point « vous montrer avides de vaines frivolités ; mais « maintenant, faisant tout le contraire, vous vous « adonnez plus que tous les autres mortels à l'avarice « ou aux vaines frivolités. Un de vous, ajouta-t-il, a « donné à un Juif toute cette somme d'argent pour un « de ces rats qui se trouvent d'ordinaire dans nos mai-« sons et qu'on avait embaumé à l'aide de certains « aromates. » Le prélat, qui s'était si honteusement laissé tromper, courut aux pieds du roi implorer le pardon de sa faute, et ce prince, après l'avoir vertement réprimandé, le renvoya couvert de confusion.

Pendant que le vaillant Charles était occupé à la guerre contre les Huns, ce même évêque fut chargé de la garde de la très-auguste Hildegarde. Commençant à s'enfler de la bonté familière avec laquelle cette princesse le traitait, il poussa l'insolence au point de demander impudemment, afin de s'en servir en guise de canne et au lieu de crosse épiscopale dans les jours de fête, la baguette d'or que l'incomparable empereur avait fait faire comme une marque de sa dignité. La reine, se moquant finement de cette prétention, lui dit qu'elle n'osait confier cette baguette à personne, mais se rendrait fidèlement l'interprète de ses vœux auprès du roi. Au retour de ce monarque elle lui exposa en plaisantant la demande de l'évêque. Charles l'accueillit en riant et promit de faire plus que ne sollicitait le prélat. Toute l'Europe s'était, pour ainsi dire, réunie afin de célébrer le triomphe de l'empereur sur la redoutable nation des Huns. Ce prince dit alors en présence des grands et des hommes de rang inférieur : « Les évêques devraient mépriser les choses
« de ce monde et animer par leur exemple les autres
« hommes à ne desirer que les biens célestes. Mais
« maintenant ils se sont, plus que tous les autres mor-
« tels, tellement laissés corrompre par l'ambition que
« l'un d'eux, non content du premier siége épiscopal
« de la Germanie, aurait voulu s'approprier, à notre
« insu et en échange du bâton d'évêque, le sceptre
« d'or que nous portons comme marque de notre

« commandement. » Le coupable reconnut sa faute, en obtint le pardon et se retira.

Je crains bien, ô mon empereur et seigneur Charles [1], quand je ne songe qu'à remplir vos ordres, d'encourir l'animadversion des prêtres de tous rangs, et surtout des évêques; mais je m'inquiète peu de la haine de tous les grands, pourvu que je ne perde pas votre appui.

Le très-pieux monarque Charles ordonna que, dans toute l'étendue de son vaste royaume, tous les évêques prêcheraient dans leur cathédrale avant un certain jour que lui-même aurait fixé, et que ceux qui ne le feraient point seraient dépouillés de leur évêché. L'apôtre a dit en effet : « Si quelqu'un souhaite l'épiscopat, il « desire une fonction et une œuvre sainte [2]. » Mais, sérénissime prince, je vous l'avoue en secret, on recherche des honneurs dans les évêchés, et on ne s'inquiète point s'ils exigent un grand et utile travail. L'évêque dont on a déjà parlé fut vivement effrayé de cet ordre; il ne savait autre chose que se plonger dans les délices, et s'abandonner à son vain orgueil. Craignant cependant, s'il était privé de son siége, de se voir forcé de renoncer à sa vie toute de luxe, il invita deux des principaux officiers de la cour le jour de fête fixé par l'ordonnance, et, après la lecture de l'Évangile, il monta en chaire, comme pour prêcher les assistans. Tout le monde accourut, saisi d'étonnement, à un spectacle si fort inattendu. Le seul qui ne remuât pas fut un pauvre très-roux qui, n'ayant point de bonnet, et honteux de la couleur de ses cheveux,

---

[1] Charles-le-Gros, à qui le livre est dédié.
[2] Ire Épît. de S. Paul à Timothée, ch. 3, v. 1.

se couvrait la tête de sa robe. L'homme dont nous parlons, et qu'on ne peut appeler réellement un évêque, dit à son bedeau, homme dont les fonctions et la dignité répondaient à celles de ce que les anciens Romains nommaient édile : « Fais venir vers « moi cet homme qui a la tête couverte, et se tient « près de la porte. » L'autre, se hâtant de remplir les ordres de son maître, saisit le pauvre malheureux, et se mit à le traîner vers l'évêque. Le pauvre, craignant d'être sévèrement puni pour avoir osé se tenir la tête couverte dans le temple du Seigneur, se défendit de toutes ses forces de se laisser mener au tribunal d'un juge rigoureux. Le prélat, voyant d'en haut ce qui se passait, dit à haute voix, tantôt s'adressant à son serviteur : « Amène cet homme, prends « garde qu'il ne s'échappe ; » et tantôt interpellant le pauvre : « Que tu le veuilles ou non, il faut venir ici. » Comme celui-ci, vaincu par la violence ou la terreur, commençait à s'avancer : « Arrive plus près, » s'écrie l'évêque; « approche encore. » Prenant ensuite le pan de robe qui couvrait la tête de ce misérable, il l'arrache et dit aux assistans : « Regardez, peuple, ce roux est « un misérable. » Se retournant ensuite vers l'autel, il fit la consécration, ou du moins feignit de la faire. Cette messe si exemplaire terminée, on se rendit dans une salle ornée de tapisseries, de tentures et de tapis de tous genres, et l'on y trouva un festin magnifique servi dans des vases d'or ou d'argent, enrichis de pierres précieuses, et dont les jouissances purent, au gré de leurs desirs, dédommager les convives de l'ennui qui les avait péniblement fatigués. Le prélat, assis sur de moelleux coussins de plume, vêtu de la soie la plus précieuse, couvert de la pourpre impériale, n'ayant rien qui lui manquât que le sceptre et le nom de roi, était entouré de compagnies de soldats si richement équipés qu'en comparaison d'eux les palatins, c'est-à-dire, les grands de l'invincible Charles, se trouvèrent bien misérables. Quand ceux-ci demandèrent la permission de quitter ce festin d'un luxe inconnu même aux Sarrasins, l'évêque, pour étaler plus pompeusement encore sa magnificence et sa gloire, fit venir les chanteurs les plus habiles et des joueurs de toutes sortes d'instrumens, dont les accens et les sons auraient amolli les cœurs les plus fermes, et durci les flots les plus liquides du Rhin. Cependant les convives dont les estomacs commençaient à se fatiguer, tenaient dans leurs mains des coupes de toutes les formes, remplies de drogues et de parfums divers, et couronnées d'herbes et de fleurs qui avaient tout le brillant des pierres précieuses et l'éclat de l'or, et répandaient un vif incarnat. De leur côté, les pâtissiers, les bouchers, les cuisiniers, les charcutiers préparaient tout ce qui peut irriter la gourmandise de ventres déjà rassasiés, et y mettaient un art qu'on n'employait jamais dans les repas du grand Charles. Sur le matin, le prélat, revenu à des pensées plus sobres, et commençant à rougir du luxe qu'il avait étalé la veille devant les officiers de l'empereur, se les fit amener, les combla de présens vraiment royaux, et les conjura de rendre de lui un bon et honorable témoignage auprès du terrible monarque, et de dire comment il avait, en leur présence même, prêché publiquement dans sa cathédrale. A leur retour, Charles leur demanda pourquoi l'évêque les avait invités à venir chez lui. Ceux-ci, tombant aux pieds du roi, lui répondirent : « Ce fut, seigneur, pour honorer en « nous votre nom, plus qu'il n'était dû à notre faible « mérite. Cet excellent prélat, ajoutèrent-ils, est « d'une fidélité parfaite à vous et aux vôtres, et très- « digne de la plus haute charge ecclésiastique. Si, « en effet, vous daignez en croire notre misérable té- « moignage, nous dirons à votre Sublimité que nous « l'avons entendu prêcher avec une véritable élo- « quence. » Mais l'empereur, qui connaissait l'incapacité du prélat, s'enquit avec plus de détail du sermon qu'il avait fait; et les autres, n'osant pas le tromper, lui racontèrent tout ce qui s'était passé. Il comprit alors que l'évêque, craignant de désobéir à ses ordres, s'était efforcé de dire au moins quelques paroles, par la frayeur qu'il avait de lui, et le laissa dans son siége, tout indigne qu'il en était.

Peu de temps après, un jeune clerc, parent de l'empereur, ayant chanté parfaitement *l'alleluia* dans une grande solennité : « Notre clerc a bien chanté « tout-à-l'heure, » dit Charles au même évêque. Celui-ci prenant, avec sa sottise accoutumée, ces paroles pour une plaisanterie, et ignorant que le clerc appartenait au roi par les liens du sang, répondit : « Les « laboureurs en font autant pour exciter leurs bœufs « au travail. » A cette impertinente réplique le monarque jeta sur lui des regards foudroyans qui le firent rentrer tout étonné jusqu'en terre.

Un autre prélat, d'un fort petit endroit, ne se contentait pas, pendant sa vie même, de passer, comme les apôtres et les martyrs, pour intercesseur en faveur des hommes auprès de Dieu, mais prétendait qu'on lui rendît les honneurs divins. Il s'étudiait cependant à cacher cet orgueil sous les dehors de la sainteté, de peur d'être haï de tous et rangé parmi les idoles du paganisme. Il avait parmi ses vassaux un homme d'une naissance au-dessus du vulgaire, brave et industrieux; jamais toutefois celui-ci ne reçut de l'évêque, je ne dirai pas un bienfait, mais un seul propos bienveillant. Ne sachant que faire pour adoucir l'ame implacable du prélat, il pensa que, s'il pouvait prouver qu'il avait fait, par la puissance de son nom, quelque chose de miraculeux, il parviendrait à obtenir ses bonnes grâces. Un jour donc qu'il partait de chez lui pour se rendre chez son évêque, il prit avec lui deux petites chiennes de la race qu'on nomme en gaulois *lévriers*, qui, en raison de leur extrême agilité, prenaient facilement les renards et les autres bêtes fauves de petite espèce, et qui même, par la vitesse de leur course, surprenaient souvent des oiseaux [1]. Notre homme ayant aperçu dans son chemin un renard qui guettait des rats, lance ses chiens sans bruit et à l'improviste. Ceux-ci se lancent à toute course sur le renard et le saisissent à la portée d'une flèche; le maître, qui les avait suivis avec la plus grande vitesse, parvient à arracher l'animal sain et sauf de leurs dents et de leurs griffes. Cachant ensuite comme il put ses chiens et ne se sentant pas de joie, il entra chez son seigneur avec son présent et lui dit humblement : « Voici, sei-« gneur, l'offrande que ma pauvreté me permet de « vous présenter. » L'évêque, souriant, lui demanda comment il avait réussi à prendre un renard vivant.

[1] *Caras et alia volatilia*; nous n'avons pu découvrir quel oiseau est désigné sous le nom de *Cara*.

L'autre, jurant par le salut de son seigneur qu'il ne lui cacherait pas la vérité, répliqua : « Comme je tra-
« versais à cheval le champ que voici, j'aperçus ce
« renard à peu de distance, et, lâchant les rênes, je
« me mis à courir après; mais l'animal, fuyant avec
« une malheureuse vitesse, je ne pouvais presque
« plus l'apercevoir; élevant alors la main, je l'ai con-
« juré en disant : *Au nom de mon seigneur Réchon,*
« *arrête-toi et ne remue pas davantage.* Voilà que,
« tout à coup, il est demeuré coi comme si des chaînes
« l'eussent attaché à la terre, et je l'ai pris aussi faci-
« lement que j'aurais fait une brebis abandonnée. »
Le prélat, gonflé de vaine gloire, dit devant tout le
monde : « C'est maintenant que ma sainteté se montre
« clairement; je sens ce que je suis et je sais ce que je
« serai un jour. » Depuis ce moment il aima plus que
tous les autres gens de son intimité cet homme qui
jusqu'alors lui avait été si odieux.

Puisque j'ai inséré ici cette histoire parce que l'occasion s'en est présentée, il ne me paraît pas hors de propos de conserver, par le secours de l'écriture, les autres faits dignes de mémoire qui se sont passés vers le même temps.

Dans la nouvelle France était un certain évêque d'une admirable tempérance et sainteté, dont la générosité et la charité n'avaient rien d'égal. L'antique ennemi de toute justice, irrité de tant de perfections, lui inspira un tel desir de manger de la viande pendant le carême, qu'il se croyait menacé de la mort la plus prochaine s'il ne satisfaisait son besoin d'une telle nourriture. Plusieurs saints et vénérables prêtres le fortifièrent dans cette idée par leurs conseils et l'engagèrent à consentir qu'on lui donnât de la viande pour rétablir sa santé, sauf ensuite à se mortifier, selon son habitude, tout le reste de l'année. Ne voulant point se montrer désobéissant à leur avis et traître à sa propre vie, il céda à leur autorité, et, réduit à la dernière extrémité, mit dans sa bouche un morceau de la chair d'un quadrupède; mais à peine eut-il commencé à mâcher, à peine son palais eut-il senti même légèrement le goût sensuel de la viande, qu'il fut saisi d'éloignement, de dégoût, de haine, non seulement pour la chair et pour toute autre nourriture, mais même pour la lumière du jour et la vie, désespéra de son propre salut, ne voulut plus ni boire ni manger, et refusa de mettre sa confiance et son espoir dans le Sauveur des pécheurs. Les premières semaines du carême passées, ces mêmes pères lui conseillèrent, puisqu'il reconnaissait avoir été trompé par les illusions du démon, de tâcher d'adoucir, effacer et laver ce péché d'un moment par des jeûnes plus sévères, la contrition du cœur et d'abondantes aumônes. L'évêque, homme bien formé à la piété, cédant à cet avis, se condamna, pour confondre la malice du démon et obtenir du restaurateur de toute innocence le pardon de sa faute, à des jeûnes de deux et trois jours, se priva du repos du sommeil, servit lui-même les pauvres et les voyageurs, leur lavant les pieds et leur donnant des habits et de l'argent autant que le lui permettaient ses facultés. Voulant faire plus encore, il réunit, le samedi saint, de tous les coins de la ville un grand nombre de cuves, y fit préparer des bains chauds où il admit les indigens depuis le matin jusqu'à la nuit, rasa de sa propre main ces malheureux, arracha de ses ongles les boutons pestilentiels et les aspérités galeuses qui couvraient leurs corps velus, les frotta de pommades, et les revêtit, ainsi régénérés pour ainsi dire, de robes blanches. Au moment où le soleil se couchait et comme il ne restait plus personne qui eût besoin de ses soins, l'évêque se mit dans le bain, et, en sortant la conscience bien lavée, il se couvrit d'ornemens d'une éclatante blancheur et se prépara, d'après le jugement des évêques, à célébrer les offices solennels devant le peuple. Comme il marchait vers l'église, l'ennemi rusé du genre humain, desirant renverser les projets du prélat, et le forcer, malgré le vœu qu'il avait fait, à renvoyer un pauvre sans le laver, prit la forme du lépreux le plus dégoûtant et le plus livide, couvert d'ulcères en suppuration, revêtu d'une robe toute roide de taches d'un pus sanglant, marchant d'un pas chancelant, et ne faisant entendre que des sons rauques; dans cet état il se présente sur le seuil de l'église au devant de l'évêque. Le saint pontife, éclairé par l'inspiration divine qui lui fit connaître sous quel ennemi il était menacé de succomber, retourna sur ses pas, ôta ses ornemens blancs, fit chauffer de l'eau sur-le-champ, y plongea le misérable lépreux, et prenant un rasoir se mit à lui raser sa tête hideuse. Déjà il avait rasé l'un des côtés depuis l'une des oreilles jusqu'au milieu du cou, et commençait à en faire autant de l'autre côté; mais, arrivé au bout, il vit, ô prodige étonnant! se reformer des poils plus longs que ceux qu'il avait coupés. Comme ce miracle ne cessait de se renouveler, et que l'évêque ne cessait pas de raser, voici tout à coup, je frémis en le racontant, qu'un œil d'une grandeur extraordinaire paraît au milieu de la poitrine du pauvre et sous la main du prélat. Celui-ci, saisi d'effroi à la vue d'un tel prodige, saute en arrière, et se signe au nom du Christ à très-haute voix. A l'invocation de ce saint nom, le perfide ennemi du salut, ne pouvant cacher ses artifices, s'évanouit sous la forme de fumée, et dit en partant : « Cet œil te surveillait avec « vigilance quand tu as mangé de la viande en ca- « rême. »

Dans le même pays était un autre prélat d'une incomparable sainteté, qui par une imprudente sécurité, et pour ainsi dire dans une complète ignorance du sexe des femmes, permettait aussi facilement à de jeunes religieuses qu'à de vieux prêtres de loger sous le même toit que lui, pour s'instruire par ses leçons. Dans les fêtes même de Pâques, et après l'office divin qui s'était prolongé au-delà du milieu de la nuit, où il but plus qu'il ne fallait du vin du Rhin, il se laissa trop subjuguer, hélas, par la force de cette liqueur, ainsi que par les charmes du visage et les grâces voluptueuses d'une très-belle religieuse, fit entrer cette femme dans son lit, quand tout le reste de la société se fut retiré, et s'abandonna avec elle aux plaisirs d'une sale débauche. Quand le jour parut, se levant promptement, et, comme les Gentils, effaçant avec de l'eau la souillure de la nuit, il se présenta, la conscience chargée d'une faute honteuse, devant les yeux de ce vrai Dieu à qui rien n'échappe. Mais les premiers chants finis, comme son ministère l'appelait à entonner l'hymne angélique, saisi d'effroi il se tait, pose sur l'autel les ornemens destinés à célébrer les saints mystères, et se tournant vers le peuple confesse son crime, court se jeter aux pieds de l'autel, et lave son péché dans un torrent de larmes, précieux gage du repentir. Le peuple cependant qui, dans ce jour le plus grand de l'année, ne voulait pas que les solennités de la messe fussent célébrées par un autre que son pasteur lui-même, le presse de se relever, et de s'acquitter des terribles mystères. Mais celui-ci ne pouvait se remuer, et ce débat dura près de trois heures. A la fin, Dieu, dans sa clémence, touché des supplications du peuple et du repentir de l'évêque, revêtit de ses ornemens sacerdotaux le prélat encore étendu sur le pavé, lui donna le courage de célébrer les mystères redoutables, même aux puissances célestes, le traita dans sa miséricorde comme un exemple d'une sincère pénitence, et le mit, pour l'avenir, en garde contre une sécurité qui, vaine toujours et en toutes choses, n'est jamais et nulle part solide dans ce monde.

Dans la France qu'on appelle antique, était aussi un autre évêque d'une avarice qui passait toute mesure. Une certaine année où tous les biens de la terre avaient été généralement frappés d'une stérilité sans exemple, cet avide spéculateur sur les besoins de tous les vivans et même des mourans, enchanté de l'extrême nécessité à laquelle le peuple était réduit, avait rempli ses magasins, dans l'espoir de vendre ses denrées au plus haut prix. Alors un démon, de ceux qu'on nomme fantômes, dont l'occupation est de tromper les hommes par des illusions fantastiques, prit l'habitude de se rendre dans la demeure d'un forgeron, et de s'y amuser à faire entendre toutes les nuits le bruit des marteaux et des enclumes. Ce malheureux père de famille s'efforçant de garantir, lui et ses outils, de la griffe du démon, par le signe de la croix, gage du salut, l'esprit velu lui dit : « Compère, si tu consens à ne pas m'empêcher de « me jouer dans ta boutique, apporte ici ton petit « poinçon, et chaque jour tu le trouveras plein. » Le pauvre homme qui craignait plus la misère pour son corps que l'éternelle perdition de son ame, se laissa persuader par le tentateur. Celui-ci ayant pris un très-grand vase, courut le remplir au cellier de Bromius, le riche prélat en question, et son vol fait il laissa couler le reste du vin sur le pavé. Déjà plusieurs cuves en avaient été vidées ainsi ; l'évêque soupçonnant que c'était un tour du démon, aspergea la cave d'eau bénite, et la mit sous la garantie du signe invincible de la croix. La nuit venue, le rusé soldat de l'antique larron du monde arrive avec son vase ; mais il n'ose mettre la main aux cuves remplies de vin que la sainte croix avait touchées ; d'un autre côté, il ne peut s'en aller ; découvert sous la forme humaine qu'il avait prise, et chargé de liens par le gardien de la maison, il est traîné devant tout le peuple comme un voleur, attaché à un poteau et décapité ; au moment de tomber, il s'écria seulement : « Mal« heur à moi, malheur à moi ! j'ai perdu le poinçon « du compère. » Encore que cette histoire soit vraie, je ne l'ai rapportée que pour faire connaître combien profitent peu les biens mal acquis et amoncelés dans les temps de malheur, et combien est puissante l'invocation du nom de Dieu, même quand ce sont les méchans qui y recourent.

En fixant mes regards uniquement sur le chef des Francs, et passant en revue les diverses parties de son vaste empire, j'ai laissé derrière moi les grands et les hommes de rang inférieur des autres nations. Il faut en venir cependant aux Italiens nos voisins, qu'une simple muraille sépare de nous. Dans ce pays était un certain évêque fort avide des vaines curiosités de ce monde. Le diable s'en étant aperçu, prit une forme humaine, alla trouver un certain pauvre qui n'était pas exempt d'avarice, et lui promit de le combler de richesses, s'il voulait faire avec lui un pacte à tout jamais. Ce malheureux ayant souscrit à ce traité, le perfide ennemi des hommes lui dit : « Je « vais me changer en un superbe mulet ; monte sur « moi, et rends-toi à la cour de l'évêque. Dès qu'il « commencera à desirer le mulet, défends-toi de le « vendre, traîne en longueur, refuse, exagère le prix, « feins de la colère, fais mine de te retirer ; alors il « enverra certainement après toi et te promettra de « grosses sommes. Comblé d'argent, et comme vaincu « par ses prières, livre enfin le mulet, non de bonne « grâce, mais à regret, et cherche partout sans perdre « un instant une retraite obscure où te cacher. » La chose se fit ainsi ; le prélat ne pouvant supporter d'attendre jusqu'au lendemain à jouir de son acquisition, monte le mulet dans la pleine chaleur de midi, traverse la ville en se promenant, gagne la campagne d'une course rapide, et s'avance sur les bords du fleuve pour y goûter la fraîcheur. Vieux et jeunes suivaient par honneur la promenade de ce noble personnage et ses pas précipités, et s'empressaient de voir fendre l'eau à cet homme bouffi comme un dauphin. Mais voilà tout à coup que Bélial, l'ancien ennemi du genre humain, comme s'il était impatient de la bride et du frein, et se sentait brûlé des vrais feux de l'enfer, se met à s'enfoncer dans les profondeurs du fleuve, et à entraîner l'évêque avec lui. Il fit si bien qu'à peine le secours des soldats et l'adresse de pêcheurs, qui naviguaient près de là, purent tirer le prélat des eaux.

L'ennemi si fertile en embûches, qui, dans la route que nous parcourons, a l'habitude de nous cacher les piéges qu'il nous tend, ne cesse de tromper celui-ci par un artifice et celui-là par un autre. Un certain évêque, dont il est à propos de supprimer le nom dans un fait pareil, s'était rendu coupable de fornication ; déjà la chose s'était tellement répandue parmi le peuple que plusieurs rapports en avaient instruit Charles, le pieux surveillant des évêques ; ce sage prince dissimulant pendant quelque temps, refusait d'ajouter foi à de frivoles propos ; mais la renommée, qu'aucun mal n'égale en rapidité, faible d'abord comme la plus petite mouche, surpasse bientôt l'aigle même en grandeur. Cacher ce fait n'était donc plus possible. Charles, qui recherchait toujours la justice avec la plus exacte sévérité, envoya deux de ses officiers avec ordre de s'arrêter le soir, dans quelque endroit proche de la ville ; de se rendre de grand matin et à l'improviste chez l'évêque, de lui demander de leur dire la messe ; et s'il refusait, de l'en presser en son nom, jusqu'à ce qu'il consentît à célébrer lui-même les saints mystères. Le prélat ne sut que faire ; la nuit même il avait péché aux yeux de l'éternel surveillant, et n'osait cependant offenser les envoyés du monarque. Craignant toutefois plus les hommes que Dieu, il plongea dans une source très-froide ses membres brûlans, et se mit en devoir d'accomplir les terribles sacrifices. Tout à coup, soit que sa conscience le tourmentât, soit que l'eau eût pénétré ses veines, il fut saisi d'un tel refroidissement que tous les soins de la médecine ne lui furent d'aucun secours ; bientôt une fièvre cruelle le conduisit au tombeau, et la volonté du juge éternel le força de rendre son ame.

Au milieu de ces tentations au surplus, et dans toutes celles de ce genre par lesquelles le démon et ses satellites abusent les mortels, il est bon d'avoir devant les yeux cette sentence de Jésus-Christ qui, pour récompenser l'admirable courage avec lequel saint Pierre confessait son saint nom, lui dit : « Vous « êtes Pierre, et sur cette pierre je bâtirai mon Église, « et les portes de l'enfer ne prévaudront pas contre « elle[1]. » Ainsi Dieu a daigné accorder à son Église de demeurer immobile et inébranlable dans ces temps les plus fertiles en dangers et en crimes ; et en effet, comme les rivaux sont toujours tourmentés des fureurs de l'envie, ce fut chez les Romains une habitude remarquable de voir tous les hommes de quelque importance perpétuellement jaloux, ou plutôt ennemis de tous les saints personnages appelés pour un temps au siége apostolique. Il arriva donc que quelques-uns de ces hommes aveuglés par l'envie accusèrent d'un crime digne de mort le pape Léon, de sainte mémoire, dont nous avons parlé ci-dessus, et tentèrent de le faire priver de la vue ; mais, effrayés et confon-

---

[1] Év. sel. S. Math. chap. 16, v. 18.

dus par quelque signe de la volonté divine, ils n'osèrent arracher les yeux au pontife, et se contentèrent de les lui couper par le milieu avec des rasoirs. Léon le fit savoir secrètement par quelques-uns de ses amis à Michel, empereur de Constantinople[1]. Celui-ci refusa son secours en disant : « Ce pape possède un « royaume plus considérable même que le nôtre ; qu'il « se venge donc de ses ennemis avec ses propres « forces. » Alors le saint pontife, obéissant à l'inspiration de Dieu, qui voulait que celui qui, de fait, était déjà le chef et l'empereur d'une foule de nations, obtînt glorieusement, et par l'autorité apostolique, les titres d'Empereur, de César et d'Auguste, sollicita l'invincible Charles de venir à Rome. Ce prince avait toujours toutes prêtes les forces nécessaires à des expéditions guerrières ; et, quoiqu'il ignorât complétement pour quel motif on recourait à lui, ce chef du monde se rendit en toute hâte, avec une suite pompeuse et l'élite de ses soldats, dans l'ancienne capitale de l'univers. Dès que les auteurs détestables du crime apprirent sa venue, ainsi que de vils pourceaux habitués à fuir l'aspect de leur maître, ils coururent se cacher dans des antres, des cavernes, et autres asiles secrets ; mais échapper sur cette terre à l'adroite sagacité de Charles, leur était impossible, et on les amena bientôt après, chargés de chaînes, dans la basilique de Saint-Pierre. Là, le vénérable père Léon prit d'une main ferme l'Évangile de Notre-Seigneur Jésus-Christ, le posa sur sa tête, et devant Charles

[1] L'empereur Michel Curopalate ne monta sur le trône qu'en 811 ; aussi ne fut-ce point à lui, mais à l'impératrice, Irène qu'en 799 le pape Léon demanda vainement du secours contre les Romains.

et son armée, en face même de ses persécuteurs, prononça le serment suivant : « Comme j'espère, au jour « du jugement dernier, participer aux bienfaits du « saint Évangile, je suis innocent du crime qu'on m'a « faussement imputé. » Sur-le-champ Charles cria d'une voix terrible aux siens : « Veillez à ce qu'aucun « de ces hommes ne s'échappe. » Tous furent saisis et condamnés à divers genres de mort ou à un exil sans retour.

Le roi étant resté quelques jours à Rome pour faire reposer son armée, le pontife apostolique convoqua autant de gens des environs qu'il put, et, en leur présence, ainsi qu'en celle des invincibles comtes du très-glorieux Charles, il proclama ce prince, qui n'en soupçonnait rien, empereur et défenseur de l'Église romaine. Ce titre, Charles ne put le refuser, parce qu'il le regardait comme lui étant conféré par la volonté de Dieu; mais il le reçut à regret, persuadé que les Grecs, enflammés par l'envie, machineraient quelque projet funeste contre le royaume des Francs, et même, dans leur inquiète prudence, se persuaderaient que Charles, comme déjà le publiait la renommée, voulait tomber à l'improviste sur leurs États pour les soumettre à sa domination. Ce bruit s'était surtout répandu parce qu'autrefois des envoyés du monarque de Byzance étant venus assurer Charles, au nom de leur maître, que celui-ci voulait être son ami fidèle, le traiterait comme un fils, et l'aiderait dans sa pauvreté s'ils étaient plus proches voisins, ce prince magnanime, ne pouvant dissimuler le feu de sa colère, éclata en ces mots : « Plût à Dieu que nous ne « fussions pas séparés par ce petit bras de mer! peut-

« être que nous prendrions notre part des richesses « de l'Orient, ou du moins nous en jouirions en com- « mun avec vous : » mot que les gens qui ne savent pas quelle est la pauvreté de l'Afrique, font dire à Charles sur les rois de ce pays. Au surplus, celui qui donne et rétablit la santé fit éclater si complétement l'innocence du bienheureux pape Léon, qu'après la cruelle et coupable incision de ses yeux, il recouvra la vue plus brillante qu'auparavant ; il lui resta seulement, comme signe de ses vertus, une très-belle cicatrice qui, comme un fil très-fin d'une blancheur de neige, relevait la douceur de ses regards.

Je ne veux cependant pas être accusé d'ignorance par les ignorans eux-mêmes, pour avoir répété, d'après Charles, que la mer que ce grand empereur appelait un petit détroit, nous séparait seule des Grecs. Qu'on sache bien, si on le veut, que les Huns, les Bulgares et plusieurs nations féroces, encore tout entières, et que la guerre n'avait pas même entamées, fermaient par terre le chemin de la Grèce. Dans la suite, le belliqueux Charles courba jusqu'à terre le front de ces peuples, comme les Esclavons et les Bulgares, ou les extirpa complétement du sol, comme les descendans non des Huns, mais d'hommes qui avaient la dureté du fer ou du diamant. J'en parlerai bientôt ; mais je dirai d'abord quelques mots des édifices que l'auguste César Charles, à l'exemple du très-sage Salomon, construisit avec magnificence à Aix-la-Chapelle, soit en l'honneur de Dieu, soit pour lui-même et tous les évêques, abbés, comtes et étrangers qui se rendaient dans cette ville de tous les points de l'univers.

Dès que le vaillant empereur put jouir de quelque

repos, ce ne fut pas pour languir dans l'oisiveté, mais pour s'occuper avec zèle de tout ce qui intéressait le service de Dieu. Son ardeur à bâtir, d'après ses propres plans et dans son pays natal, une basilique beaucoup plus belle que les ouvrages des anciens Romains, fut telle qu'il eut bientôt le plaisir de jouir de l'accomplissement de ses vœux. Pour élever ce monument, il appela de tous les pays en deçà des mers, des maîtres et des ouvriers dans les arts de tout genre, mit à leur tête et préposa à l'exécution de l'ouvrage un abbé, le plus habile d'entre eux, mais dont il ignorait la friponnerie. A peine l'empereur était-il absent, que cet homme renvoyait chez eux, et de sa propre autorité, les ouvriers qui se rachetaient à prix d'argent; quant à ceux qui ne le pouvaient, ou pour qui leurs maîtres ne le faisaient pas, l'abbé, comme autrefois les Égyptiens accablaient le peuple de Dieu d'ouvrages iniques, surchargeait ces malheureux de travaux immenses, et ne leur laissait jamais le moindre repos. Il avait amassé par cette fraude une quantité incalculable d'or et d'argent et de vêtemens de soie; les objets de peu de valeur étaient suspendus dans sa chambre; les plus précieux, il les avait cachés dans des coffres et des écrins. Voilà que tout à coup on lui annonce que sa maison est en feu; il y court en toute hâte, et se précipite à travers les flammes dans son cabinet qui renfermait ses caisses remplies d'or. Ne voulant pas se contenter d'en emporter une seule, il en charge plusieurs sur ses épaules, et se met en devoir de sortir; mais une poutre immense, minée par le feu, tombe sur lui, détruit son corps par les flammes terrestres, et livre son ame à celles qui ne s'éteignent jamais. Ainsi la justice divine veillait pour le religieux Charles, quand lui-même, tout entier aux grands intérêts de son royaume, ne pouvait en prendre le soin.

Dans ces mêmes constructions, était employé un ouvrier qui surpassait tous les autres pour les ouvrages d'airain et de verre. Tanchon, moine de Saint-Gall, ayant fondu une excellente cloche dont l'empereur admirait beaucoup le son, ce maître passé dans l'art de travailler l'airain lui dit : « Seigneur roi, ordon- « nez qu'on m'apporte beaucoup de cuivre; et pour « que je puisse le purifier parfaitement à la fonte, « faites-moi donner, au lieu d'étain, autant d'argent « qu'il est nécessaire, mais au moins cent livres pe- « sant, et je vous ferai une cloche telle que l'autre sera « muette en comparaison. » Ce prince, le plus géné- reux des rois, qui n'attachait pas son cœur aux ri- chesses, quoiqu'il en possédât d'immenses, com- manda de fournir à cet homme tout ce qu'il deman- dait. Ce misérable, l'ayant reçu, s'en alla tout joyeux, nettoya le cuivre avec soin, y mêla de l'étain parfaite- ment purifié, au lieu d'argent, fabriqua en peu de temps une cloche bien supérieure à l'autre avec ce métal altéré, en fit l'épreuve, et la présenta au mo- narque. Celui-ci, satisfait de l'excellente forme de cette cloche, ordonna d'y attacher le battant, et de la suspendre dans le clocher. On le fit sur-le-champ. Le gardien de l'église, tous les chapelains, les hommes de service même, se remplaçant les uns les autres, s'efforcèrent de tirer quelque son de cette cloche, mais ne purent y parvenir. L'homme qui l'avait fon- due, et s'était rendu coupable de cette fourberie sans exemple, se saisit tout à coup de la corde, et tire la cloche ; le fer qui la traversait par le milieu se détache, tombe sur sa tête déjà chargée d'iniquités, et perçant son corps déjà privé de vie, vient jusqu'à terre avec les intestins de cet homme. On retrouva tout l'argent en question, et l'équitable Charles le fit distribuer entre les plus pauvres de ses officiers.

C'était un usage dans ces temps-là que partout où quelques travaux devaient s'exécuter d'après les ordres de l'empereur, comme des ponts, des vaisseaux, des passages, ou le nettoiement, le cailloutis et le comblement des chemins locaux, les comtes les faisaient faire par l'intermédiaire de leurs vicaires et de leurs officiers, avec aussi peu de travail qu'il était possible, et y employaient les gens de basse classe ; mais quand il s'agissait d'ouvrages plus considérables, et surtout de constructions nouvelles, ni duc, ni comte, ni évêque, ni abbé n'était, sous aucun prétexte, dispensé d'y contribuer. On peut en citer comme preuve les arches du pont de Mayence qui furent faites par le concours général, et régulièrement ordonné, de toute l'Europe. Ce monument, au surplus, périt par la fraude de quelques malintentionnés qui voulaient piller des marchandises de contrebande déchargées des vaisseaux. Étaient-ce des églises dépendantes du domaine national dont on prescrivait de peindre les plafonds ou les murailles ? cette charge regardait les évêques ou les abbés voisins ; mais s'il fallait en bâtir de nouvelles, tous les évêques, ducs, comtes, abbés, chefs des églises royales, sous quelque dénomination que ce fût, et généralement ceux qui avaient obtenu des bénéfices publics, étaient tenus, par un travail non interrompu, de les élever depuis les fondations jusqu'au faîte. C'est ce qu'attestent non seulement la basilique construite à Aix-la-Chapelle en l'honneur de Dieu, mais encore les travaux faits dans cette ville pour l'utilité des hommes, et les demeures de tous les gens revêtus de quelque dignité, construites d'après les plans de l'habile Charles, autour du palais, et de telle manière que l'empereur pouvait, des fenêtres de son cabinet, voir tout ce que ceux qui entraient ou sortaient faisaient, pour ainsi dire, de plus caché. Les habitations des grands étaient de plus suspendues, pour ainsi dire, au-dessus de la terre. Non seulement les officiers et leurs serviteurs, mais toute espèce de gens, trouvaient sous ces maisons un abri contre les injures de l'air, la neige et la pluie, et même des fourneaux pour se défendre de la gelée, sans que toutefois ils pussent se soustraire aux regards du vigilant Charles. La description de ces édifices, je me borne à l'abandonner entièrement aux gardes de vos archives, et je reviens à ce qui, lors de leur construction, arriva par la volonté de Dieu.

Le prévoyant empereur avait ordonné aux grands établis dans le voisinage de mettre tous leurs soins à nourrir les ouvriers qu'ils envoyaient et d'être attentifs à leur fournir les approvisionnemens nécessaires à leurs travaux. Quant aux ouvriers venus des parties les plus éloignées de l'Empire, il fut prescrit à Luitfried, préfet du palais, de les vêtir et nourrir sur les fonds publics et de leur procurer constamment et avec vigilance les matériaux indispensables pour les bâtisses qu'ils avaient à faire. Pendant les courts séjours que fit le monarque sur les lieux, la chose s'exécutait ; dès qu'il s'éloignait, elle cessait totalement.

Le surintendant retira, des souffrances de ces malheureux, de si énormes sommes d'argent, que Pluton, ou Plutus même, ne put transporter tant de richesses aux enfers qu'avec le secours d'un chameau; c'est ce que les mortels surent bientôt de science certaine. Et en effet le glorieux Charles se servait, pendant les offices de la nuit, d'un manteau très-ample et qui tombait fort bas, dont le nom et l'usage sont passés de mode. Les chants du matin terminés, il retournait dans sa chambre et prenait des vêtemens impériaux conformes à la saison; tous les clercs, revêtus de leurs ornemens, venaient aux offices qui précédaient le jour et veillaient, soit dans l'église, soit sous le portique qu'on appelait alors petite cour, pour attendre le roi quand il se rendrait à la messe; si quelqu'un d'eux se sentait pressé par le sommeil, il penchait sa tête sur la poitrine de son compagnon. Un des plus pauvres de ces clercs qui allait fréquemment dans la maison de ce Luitfried pour y laver et raccommoder ses vêtemens ou plutôt ses haillons, comme ont besoin de le faire les officiers du dernier rang, s'endormit sur les genoux d'un de ses compagnons, et vit un géant plus grand que le démon qui luttait contre saint Antoine, s'avancer du palais du roi à la demeure de Luitfried par un ponceau jeté sur un petit ruisseau, et traîner après lui un énorme chameau qui pliait sous le faix d'une charge immense. Saisi d'étonnement, quoique tout endormi, le clerc demanda au géant de quel pays il venait et où il allait. « Je passe, répondit « l'autre, de l'habitation du roi à celle de Luitfried, « pour mettre celui-ci sur ces bagages et les plonger « eux et lui dans les enfers. » Le clerc, réveillé par cette vision et tremblant de peur que le terrible Charles ne le trouvât endormi, lève la tête, excite ses compagnons à se défendre du sommeil, et leur dit : « Écoutez, s'il vous plaît, le rêve que je viens de « faire. J'ai cru voir Polyphême qui foule la terre de « ses pieds, frappe les astres de son front, et dont la « mer Ionienne ne baigne pas même les flancs élevés ; « il s'avançait du palais de l'empereur à la maison de « Luitfried avec un chameau pesamment chargé ; quand « je lui ai demandé le but de cette course, il m'a ré- « pondu : Je vais placer Luitfried sur ce que porte « mon chameau et le conduire ainsi aux enfers. » Ce récit était à peine terminé, qu'une jeune fille de la maison de Luitfried, et bien connue d'eux tous, accourt se prosterner à leurs pieds et les supplie de prier pour la mémoire de son ami Luitfried. Ils demandèrent ce qui lui était arrivé. « Seigneurs, répon- « dit-elle, il est allé bien portant aux latrines, et, « comme il tardait beaucoup trop à en sortir, nous « y sommes accourus et l'avons trouvé sans vie. » Ayant appris cette mort subite et que déjà les ouvriers ainsi que les domestiques ne se gênaient pas pour mettre au grand jour l'avarice et la cupidité de cet homme, Charles ordonna de s'emparer de ses trésors ; ils étaient incalculables, et le roi, le plus équitable de tous les juges après Dieu, sachant par quelles iniquités ces richesses avaient été amassées, prononça publiquement cette sentence : « Aucune « partie de ces biens, fruits de l'injustice et de la « fraude, ne peut être employée à la délivrance de « l'âme de ce malheureux ; qu'on les partage donc « entre les ouvriers occupés à la construction de

« ces bâtimens et les plus pauvres de nos officiers. »

Je vais rapporter encore deux événemens arrivés dans le même lieu. Un certain diacre qui, suivant l'habitude des Cisalpins, se livrait au péché contre nature, entra dans le bain, se fit raser de très-près, nettoya sa peau, coupa ses ongles, fit tailler ses cheveux en rond et fort courts, et revêtit une chemise de fin lin et d'une éclatante blancheur ; puis, ne pouvant s'en dispenser, ou plutôt voulant paraître dans toute sa pompe, il eut l'audace d'aller, avec une conscience souillée, comme la suite le prouve, lire l'Évangile en présence du Dieu suprême, de ses saints anges, du sévère monarque et de tous les grands de sa cour. Pendant qu'il lisait, une araignée, descendant le long de son fil du haut du plafond, frappa la tête de ce malheureux et remonta promptement à la voûte. Le rigoureux Charles vit la même chose se répéter deux ou trois fois, dissimula et laissa faire ; le clerc, de son côté, n'osait, par crainte de l'empereur, se défendre, et croyait d'ailleurs que ce n'était pas une araignée qui l'attaquait, mais des mouches qui le tourmentaient. La lecture de l'Évangile finie, cet homme resta jusqu'à la fin de l'office ; mais à peine était-il sorti de la basilique qu'il commença de s'effrayer, et, en moins d'une heure, il mourut. Le pieux roi, se regardant comme coupable d'homicide pour n'avoir pas empêché les attaques de l'araignée dont il avait été le témoin, se condamna lui-même à une pénitence publique.

Le glorieux Charles avait un clerc avec lequel tous les autres ne pouvaient entrer en comparaison ; on disait de lui ce qu'on n'a jamais dit d'aucun mortel, qu'il surpassait tout le monde dans la science des lettres divines et humaines, les chants d'église et du monde, la composition et la déclamation de poèmes nouveaux, et surtout par la plénitude et le charme inestimable de sa voix. Mais, dans son orgueil, il oubliait que celui que l'inspiration divine avait rendu le plus sage des législateurs reconnaissait lui-même la faiblesse de sa voix et l'embarras de langue qui rendait sa parole trop lente [1]; il oubliait que le même Moïse envoyait son disciple [2], qui cependant commandait aux corps célestes par la vertu de la bonté de Dieu qui résidait en lui, consulter Éléazar [3]; il oubliait que Jésus-Christ notre Seigneur n'accorda pas la faculté de faire des miracles, durant sa vie, à celui même dont il avait dit qu'il ne s'était élevé personne de plus grand parmi les enfans des hommes [4]; que Notre-Seigneur voulut que celui qui l'avait connu par l'inspiration de son père [5] et à qui il confia les clefs du ciel, rendît hommage à la sagesse de Paul [6], et permit que son disciple bien-aimé parmi tous les autres fût saisi d'une telle frayeur qu'il n'osa entrer dans le tombeau de son maître, comme le faisaient fréquemment de faibles femmes [7]. Mais il est écrit : « On don-« nera à tous ceux qui ont déjà [8], » et ces saints personnages obtinrent ce qui leur manquait, parce qu'ils

---

[1] Moïse; voy. Exode, chap. 4, v. 10.
[2] Josué.
[3] Nombres, chap. 27, v. 21.
[4] S. Jean Baptiste; Évang. sel. S. Math. chap. 11, v. 11.
[5] S. Pierre; Évang. sel. S. Math. chap. 16, v. 17.
[6] Épît. de S. Paul aux Galates, chap. 2, v. 9.
[7] S. Jean; Évang. sel. S. Jean, chap. 20, v. 1—8.
[8] Év. sel. S. Math. chap. 25, v. 29.

savaient de qui ils tenaient leur don. Ce clerc, au contraire, ne reconnaissait pas d'où lui venaient ses talens, ou, s'il le savait, il ne montrait pas assez de gratitude envers leur auteur ; aussi les perdit-il ; un jour en effet qu'il se tenait près de l'auguste empereur qui lui montrait une bonté familière, il devint tout à coup invisible ; l'invincible prince fut frappé d'étonnement à la vue de ce prodige inouï et incroyable ; revenant enfin à lui-même, il fit le signe de la croix de Notre-Seigneur, et ne trouva plus, au lieu où était son clerc, qu'un charbon très-noir et presque éteint.

Avant de m'occuper des guerres de Charles, j'ai encore à parler du manteau long et pendant, que l'empereur portait la nuit. Les ornemens des anciens Francs, quand ils se paraient, étaient des brodequins dorés par dehors, arrangés avec des courroies longues de trois coudées, des bandelettes de plusieurs morceaux qui couvraient les jambes, par-dessous des chaussettes ou haut-de-chausses de lin d'une même couleur, mais d'un travail précieux et varié ; pardessus ces dernières et les bandelettes, de très-longues courroies étaient serrées en dedans et en forme de croix, tant par devant que par derrière ; enfin, venait une chemise d'une toile très-fine ; de plus, un baudrier soutenait une épée, et celle-ci, bien enveloppée, premièrement, par un fourreau, secondement, par une courroie quelconque, troisièmement, par une toile très-blanche et rendue plus forte avec de la cire très-brillante, était encore endurcie vers le milieu par de petites croix saillantes, afin de donner plus sûrement la mort aux Gentils. Le vêtement que les Francs mettaient en dernier par-dessus tous les autres, était un manteau blanc ou bleu de saphir, à quatre coins, double, et tellement taillé que, quand on le mettait sur ses épaules, il tombait par devant et par derrière jusqu'aux pieds, tandis que des côtés il venait à peine aux genoux. Dans la main droite se portait un bâton de pommier, remarquable par des nœuds symétriques, droit, terrible, avec une pomme d'or ou d'argent, enrichie de belles ciselures. Pour moi, naturellement paresseux, et plus lent qu'une tortue, comme je ne venais jamais en France, ce fut dans le monastère de Saint-Gall que je vis le chef des Francs revêtu de cet habit éclatant. Deux rameaux de fleurs d'or partaient de ses cuisses; le premier égalait en hauteur celle du héros, le second croissant peu à peu décorait glorieusement le sommet du tronc, et s'élevant au dessus le couvrait tout entier. Mais, lorsque cédant au penchant de l'esprit humain, quand les Francs qui vivaient au milieu des Gaulois, virent ceux-ci revêtus de saies brillantes et de diverses couleurs, épris de l'amour de la nouveauté, ils quittèrent leur vêtement habituel et commencèrent à prendre celui de ces peuples. Le sévère empereur qui trouvait ce dernier habit plus commode pour la guerre, ne s'opposa point à ce changement. Cependant dès qu'il vit les Frisons, abusant de cette facilité, vendre ces petits manteaux écourtés aussi cher qu'autrefois on vendait les grands, il ordonna de ne leur acheter, au prix ordinaire, que de très-longs et larges manteaux. « A quoi peuvent servir, « disait-il, ces petits manteaux? Au lit, je ne puis « m'en couvrir ; à cheval, ils ne me défendent ni de « la pluie ni du vent, et quand je satisfais aux be- « soins de la nature, j'ai les jambes gelées. »

PRÉFACE

DU LIVRE SECOND.

Dans la préface de ce petit ouvrage, j'ai déclaré que je ne suivrais que trois auteurs. Mais comme le principal d'entre eux, Wernbert, est mort depuis sept jours [1], et que nous, ses enfans et ses disciples, nous devons célébrer aujourd'hui, 3 des calendes de juin [2], la commémoration de sa perte, ici se terminera le livre qui traite *de la piété et de l'administration ecclésiastique du roi Charles*, et qui a été recueilli de la bouche même de ce prêtre. Le livre suivant, qui comprend *les actions guerrières de ce vaillant empereur*, est tiré du récit d'Adalbert, père de ce même Wernbert. Il

---

[1] Wernbert ou Werembert, moine de Saint-Gall, où il acquit une si grande réputation qu'on lui donnait, de son temps, les « noms de philosophe, de poëte, de théologien, d'historiographe « et d'homme versé en toutes sortes de connaissances; » il était né à Coire, et avait étudié à Fulde, sous le célèbre Raban. Il paraît qu'il s'était occupé des lettres profanes avec autant de zèle que des lettres sacrées, et il avait écrit un grand nombre d'ouvrages, parmi lesquels figuraient des poésies; il mourut dans l'abbaye de Saint-Gall, le 24 mai 884.

[2] 30 mai 884.

avait suivi son seigneur Gérold dans les guerres contre les Huns, les Saxons et les Esclavons; et déjà vieux il m'éleva quand j'étais encore très-petit, et souvent, malgré ma résistance et mes efforts pour lui échapper, il me ramenait presque de force, et me racontait les faits dont il s'agit ici.

LIVRE SECOND.

Des actions guerrières de Charles-le-Grand.

Appelé à écrire d'après les récits d'un séculier peu instruit dans les lettres, je ne crois pas hors de propos de rappeler quelques faits anciens sur la foi d'autres auteurs.

Après que Julien, si odieux au Très-Haut, eut péri, par la volonté du ciel, dans une guerre contre les Perses, non seulement les provinces au-delà des mers, mais encore les provinces plus voisines, le Norique, la Rhétie ou Germanie, et les Francs ou Gaulois secouèrent le joug des Romains. Bientôt les rois des Francs ou Gaulois commencèrent eux-mêmes à décheoir de leur puissance en punition du meurtre de saint Didier, évêque de Vienne, et de l'expulsion des saints étrangers Colomban et Gall. Alors les Huns, accoutumés anciennement à désoler de leurs brigandages la France et l'Aquitaine, c'est-à-dire, la Gaule et l'Espagne, sortirent tous en masse de leur pays, dévastant tout comme un vaste incendie, et transportèrent dans leurs profonds repaires les restes des nations qui n'avaient pas disparu. Ces repaires étaient tels que je vais le rapporter, d'après ce qu'Adalbert m'a raconté souvent.

« Le pays des Huns, disait-il, était entouré de neuf cercles. » Pour moi qui ne pouvais en imaginer d'autres que des cercles d'osier, je lui demandai : « Quel était donc ce miracle, Seigneur ? » « Il était entouré, me répondit-il, de neuf haies¹. » Ne sachant pas davantage ce qu'étaient ces haies d'une autre espèce, et ne connaissant que celles dont on entoure les moissons, je le questionnai de nouveau, et il me dit : « Un de ces cercles avait une telle étendue qu'il renfermait un espace aussi grand que la distance de Tours à Constance²; il était de plus tellement construit en troncs de chênes, de hêtres et de sapins, que d'un bord à l'autre cette palissade avait vingt pieds de largeur et autant de hauteur. L'intervalle était rempli de pierres très-dures et d'une craie fort compacte, et la surface supérieure de ce rempart était couverte de buissons non taillés ; entre les divers cercles étaient plantés des arbustes, qui, comme nous le vîmes souvent, quoique coupés et abattus, poussaient des branches et des feuilles ; là aussi étaient placés les bourgs et les villes, tellement rapprochés qu'on pouvait s'entendre de l'un à l'autre. En face de ces bâtimens et dans ces murs inexpugnables étaient ouvertes des portes étroites par lesquelles les Huns, non seulement du cercle extérieur, mais de tous les autres, sortaient pour piller. Il en était de même du second cercle, construit comme le premier; vingt milles d'Allemagne, qui en font quarante d'Italie, le

---

¹ *Novem* hegin *muniebatur*. Ce mot *hegin*, inséré dans un texte latin, est le vieux mot germanique *hag*, *hæg*, *hege*, qui signifiait un *rempart*, et d'où sont venus en anglais *hedge*, en français *haie*, et beaucoup d'autres mots.

² Assertion incroyable ; il faut lire, je crois, *de castro Tigurino*, au lieu de : *de castro Turonico*, et alors il s'agit de la distance de Zurich à Constance, comparaison naturelle dans la bouche d'un habitant de Saint-Gall.

séparaient du troisième, et ainsi de suite jusqu'au neuvième, quoique ces cercles fussent beaucoup plus étroits les uns que les autres. D'un cercle à l'autre, les propriétés et les habitations étaient partout disposées de telle manière que, de chacune d'elles, on pouvait entendre les signaux donnés par le son des trompettes. Tandis que les Goths et les Vandales portaient partout la terreur, les Huns entassèrent, durant deux cents ans et plus, dans leurs asiles ainsi fortifiés, toutes les richesses de l'Occident, et abandonnèrent cette contrée presque entièrement dévastée. Mais l'invincible Charles écrasa si complétement cette nation en huit années, qu'à peine en laissa-t-il subsister quelques misérables vestiges. Quant aux Bulgares, il cessa d'appesantir sa main sur eux, les regardant comme incapables de nuire à l'empire des Francs, après la destruction des Huns. Pour le butin fait en Pannonie, ce monarque le partagea libéralement entre les évêchés et les monastères.

Dans la guerre contre les Saxons, que ce prince fit quelquefois par lui-même, des hommes d'une condition privée, que je nommerais bien si je ne craignais d'être accusé d'orgueil [1], formèrent la tortue et renversèrent vaillamment les murs d'une ville défendue par d'excellens remparts. L'équitable Charles, témoin de cette action, institua, de l'aveu de leur seigneur Gérold, le premier d'entre eux préfet du pays entre le Rhin et les Alpes italiennes.

Dans cette même guerre, deux fils de ducs chargés de monter la garde aux tentes du roi, s'étaient telle-

---

[1] Sans doute Adalbert lui-même était du nombre, car la phrase suivante attribue cet exploit aux hommes du comte Gérold.

ment gorgés de vin qu'ils gisaient comme morts sur la terre. Le monarque, dont l'habitude était de s'éveiller souvent, et de faire la ronde du camp, rentra doucement dans sa tente, et sans être aperçu de personne. Quand le jour parut, il convoqua tous les grands du royaume, et leur demanda quelle peine mériterait l'homme qui aurait livré à l'ennemi le chef des Francs. Les ducs dont il s'agit, ignorant complétement ce qui s'était passé, opinèrent à la mort d'un homme capable d'un tel crime ; mais Charles, sans faire aux coupables aucun mal, se contenta de les renvoyer avec une dure réprimande.

Là étaient aussi deux bâtards nés dans une maison de prostitution ; ils combattirent avec une grande bravoure. L'empereur demanda d'où ils sortaient. L'ayant appris, il les fit appeler dans sa tente vers l'heure de midi, et leur dit : « Braves jeunes gens, je veux dé-
« sormais que vous ne serviez que moi et aucun autre. » Ceux-ci déclarèrent qu'ils n'étaient pas venus avec d'autre projet que d'être les derniers de ses sujets. « Eh bien, reprit le roi, vous serez attachés au ser-
« vice de ma chambre. » Ces jeunes gens, dissimulant leur chagrin, parurent disposés à obéir ; mais, saisissant l'instant où le monarque commençait à s'endormir, ils allèrent au camp des ennemis, y mirent le trouble, et lavèrent dans leur propre sang et dans celui des Saxons la tache de leur naissance servile.

Au milieu de ces occupations guerrières, le magnanime empereur ne négligeait pas d'adresser, aux divers souverains des pays les plus éloignés, des messagers chargés de lettres et de présens, et qui lui rappor-
« taient d'honorables hommages de toutes les parties

de l'univers. Pendant la guerre contre les Saxons, il envoya donc des députés à l'empereur de Constantinople. Celui-ci demanda si les États de son fils Charles étaient en paix ou troublés par les nations voisines. Le chef de l'ambassade répondit que tout était en paix, à l'exception d'un certain peuple appelé les Saxons, qui infestait de ses brigandages les frontières de France. « Hélas ! » répliqua ce prince qui croupissait dans le repos et n'était nullement propre à la guerre, « pourquoi mon cher fils se fatigue-t-il à combattre « des ennemis si peu nombreux, sans renom ni cou-« rage ? je te donne à toi cette nation et tout ce qui « lui appartient. » A son retour, l'autre raconta ce propos à Charles. « Cet empereur, répondit le roi « guerrier, aurait fait beaucoup plus pour toi s'il t'eût « donné un bon haut-de-chausses pour faire une route « si longue. »

Je ne dois pas taire la sagesse que ce même envoyé fit voir à la savante Grèce. Il arriva pendant l'automne, dans une certaine ville impériale, avec ses compagnons. Tous logèrent séparément ; quant à lui, on le plaça chez un certain évêque. Celui-ci, sans cesse en oraison et en jeûne, laissa presque mourir de faim son hôte. Quand le printemps eut commencé de sourire à la terre, le prélat présenta notre député à l'empereur qui lui demanda que lui semblait de l'évêque : « Il est, répondit l'autre en soupirant pro-« fondément, aussi parfaitement saint qu'on peut « l'être sans connaître Dieu. — Comment donc, re-« prit le monarque étonné, quelqu'un peut-il être « saint sans le secours de Dieu ? — Il est écrit, répliqua « cet ambassadeur : Dieu est charité, et ce prélat n'en

« a aucune. » L'empereur l'invita pour lors à dîner avec lui, et le plaça au milieu de tous les grands de sa cour. C'était une loi établie parmi eux qu'à la table du prince, nul ne devait retourner le corps d'aucun des animaux qu'on y servait; il fallait manger la partie supérieure, telle qu'elle était placée. Un poisson de rivière, garni de divers assaisonnemens, fut apporté dans un plat. L'envoyé, qui ne savait rien de l'usage du pays, retourna ce poisson sur le côté inférieur. Tous les courtisans, se levant à cette vue, dirent à leur maître : « Ainsi donc, seigneur, on vous
« traite aujourd'hui avec une irrévérence qu'on n'a ja-
« mais montrée à aucun de vos ancêtres. » Le monarque dit alors en gémissant à l'ambassadeur : « Je
« ne puis refuser à mes grands de te livrer sur-le-
« champ à la mort; mais demande-moi autre chose,
« et je le ferai. » L'autre réfléchit un moment, et tout le monde prêtant une oreille attentive, il répondit :
« Je vous conjure, seigneur, de m'accorder, suivant
« votre promesse, une légère faveur. — Demande,
« répliqua le prince, ce que tu voudras, et tu l'ob-
« tiendras, à l'exception cependant de la vie, que je
« ne puis te donner contre la loi formelle des Grecs. —
« Prêt à mourir, reprit l'envoyé, je ne requiers qu'une
« seule grâce, c'est que tous ceux qui m'ont vu retour-
« ner le poisson soient privés de la vue. » L'empereur, frappé d'étonnement à cette prière, jura par le Christ qu'il n'avait pas vu le fait, et avait prononcé d'après le rapport des autres. La reine, à son tour, attesta la bienheureuse Vierge Marie, mère de Dieu, qu'elle non plus n'avait rien vu ; ensuite les grands, les uns après les autres, s'efforçant de se sous-

traire au péril qui les menaçait, prirent à témoin, celui-ci le porte-clefs du ciel, celui-là le docteur des nations, les autres toutes les puissances angéliques et la foule des Saints, et firent la même déclaration avec les plus terribles sermens. Le sage Franc ayant ainsi humilié l'orgueilleuse Grèce sur son propre terrain, revint dans sa patrie sain et sauf et triomphant.

Quelques années après[1] l'infatigable Charles envoya dans le même pays un évêque, homme excellent de corps et d'esprit, et lui adjoignit un duc d'une haute naissance. Après avoir été long-temps remis de jour en jour, ils obtinrent enfin de paraître en présence de l'empereur, furent mal reçus et placés dans des lieux différens. Renvoyés ensuite un beau jour, ils revinrent après avoir fait une grande dépense pour leur traversée et usé tous leurs effets de voyage.

Peu après l'empereur grec à son tour adressa des ambassadeurs au glorieux Charles. Le hasard voulut alors que ce même évêque et le duc dont on a parlé fussent auprès du roi. Ceux-ci, quand on annonça la venue de ces députés, conseillèrent au sage monarque de les faire conduire à travers les Alpes par des chemins impraticables jusqu'à ce que tout ce qu'ils avaient emporté avec eux fût usé et consommé complétement, et de les forcer ensuite à paraître devant lui quand ils seraient ainsi réduits à un dénuement absolu. A leur arrivée ce même évêque et son compagnon firent asseoir le connétable au milieu de tous ses subalternes et sur un trône élevé. De cette manière on ne pouvait manquer de prendre cet officier pour l'empereur; aussi les ambassadeurs, dès qu'ils le virent, se pros-

[1] En 811.

ternèrent-ils à terre pour l'adorer; mais les serviteurs de Charles les repoussèrent et les contraignirent de passer dans des appartemens plus reculés. Quand ils y furent, ils aperçurent le comte du palais qui parlait aux grands réunis autour de lui; ils crurent que c'était le monarque et se précipitèrent à terre de nouveau. Chassés plus loin et souffletés par les assistans qui leur disaient : « Celui-ci n'est pas l'empereur, » ils allèrent encore plus avant et trouvèrent le surintendant de la table royale entouré de tous les gens de son service, couverts de magnifiques habits; ne doutant pas que ce ne fût le roi, les voilà derechef à terre. Repoussés encore de ce lieu, ils virent dans une grande salle les hommes du service de la chambre royale autour de leur chef, et ne mirent pas en doute que, pour le coup, celui-ci ne fût réellement le premier des mortels. Mais cet officier s'en défendit et leur promit d'unir ses efforts à ceux des premiers du palais pour leur obtenir, s'il y avait possibilité, la faveur de paraître en présence de l'auguste empereur. Quelques uns de ceux qui se trouvaient près de ce prince furent alors chargés de les introduire honorablement. Charles, le plus illustre des rois, radieux comme le soleil à son lever, et tout brillant d'or et de pierreries, était assis auprès d'une fenêtre qui répandait un grand jour, et appuyé sur Hetton; ainsi se nommait l'évêque envoyé autrefois à Constantinople; autour de l'empereur étaient rangés en cercle, à l'instar de la milice céleste, ses trois fils déjà associés au pouvoir, ses filles et leur mère, non moins resplendissantes de sagesse et de beauté que de parure; des prélats d'une tournure et d'une vertu sans égales;

des abbés aussi distingués par leur noblesse que par leur sainteté; des ducs tels que ne parut pas autrefois Josué dans le camp de Galgala. Cette troupe, ainsi que le fit celle qui chassa loin des murs de Samarie Cyrus et ses Assyriens, comme si elle eût eu David au milieu d'elle, aurait pu justement chanter : « Que les rois de la terre et tous les peuples, que les « princes et tous les juges de la terre, que les jeunes « hommes et les jeunes filles, les vieillards et les en- « fans louent le nom du Seigneur[1]. » Les ambassadeurs grecs, frappés de stupeur, se sentirent défaillir, perdirent la tête et tombèrent muets et évanouis sur le carreau. L'empereur, plein de bonté, les fit relever et s'efforça de leur rendre quelque courage par des paroles de consolation. Mais quand enfin ils virent comblé de tant d'honneurs cet Hetton, traité par les Grecs avec tant de haine et de mépris, saisis d'un nouvel effroi ils retombèrent à terre jusqu'à ce que le monarque leur eût juré par le roi des cieux qu'il ne leur serait fait aucun mal. Rassurés par cette promesse, ils commencèrent à montrer plus de confiance; mais, une fois de retour dans leur patrie, ils ne mirent plus le pied dans notre pays.

C'est ici le lieu de dire combien l'illustre Charles eut autour de lui d'hommes savans dans tous les genres Après la célébration des Matines devant l'empereur, ces Grecs, le jour de l'octave de Noël, chantèrent en secret et dans leur langue des psaumes en l'honneur de Dieu; le roi, caché dans une chambre voisine, fut ravi de la douceur de leur poésie, et défendit à ses clercs de goûter d'aucune nourriture avant de lui

[1] Psaum. 148, v. 11, 12.

avoir apporté ces antiennes traduites en latin ; de là vient que toutes sont du même style et que dans l'une d'elles on trouve écrit *contervit* au lieu de *contrivit*. Ces mêmes ambassadeurs avaient apporté avec eux des instrumens de toute espèce ; les ouvriers de l'habile Charles les virent à la dérobée ainsi que les autres choses rares qu'avaient ces Grecs, et les imitèrent avec un soin intelligent. Ils excellèrent principalement à faire un orgue, cet admirable instrument qui, à l'aide de cuves d'airain et de soufflets de peaux de taureau, chassant l'air comme par enchantement dans des tuyaux aussi d'airain, égale par ses rugissemens le bruit du tonnerre, et par sa douceur les sons légers de la lyre et de la cymbale. Où fut placé cet orgue, combien il dura, et comment il périt, ainsi qu'une foule d'autres choses précieuses que perdit l'État, ce n'est ni le lieu ni le temps de le raconter.

Vers la même époque des ambassadeurs furent envoyés de Perse à l'empereur ; ignorant la position de la France, ils crurent faire beaucoup que d'atteindre les côtes d'Italie, en raison de la célébrité de Rome qu'ils savaient soumise à l'empire de Charles. Mais les évêques de la Campanie et de la Toscane, de la Romagne et de la Ligurie, de la Bourgogne et de la Gaule, ainsi que les abbés et les comtes auxquels ils firent connaître le motif de leur voyage, les reçurent avec défiance et même les repoussèrent ; enfin, après une année révolue, ces malheureux, fatigués et affaiblis par leur immense voyage, joignirent à Aix-la-Chapelle cet empereur si fameux par ses vertus. Mais, comme ils arrivèrent et furent annoncés à ce prince dans la semaine la plus solennelle du carême, on différa de les admettre en sa présence jusqu'à la veille de Pâques. Comme dans cette fête, la plus grande de l'année, ce monarque incomparable était revêtu d'ornemens qui n'avaient rien d'égal, il fit introduire devant lui les députés de cette nation autrefois la terreur de l'univers. Le très-grand Charles leur parut tellement plus imposant que tout autre mortel, qu'ils crurent n'avoir vu avant lui ni roi ni empereur. Il les accueillit avec douceur et leur accorda la faveur insigne de pouvoir, comme un de ses propres fils, aller partout où ils voudraient, voir toutes choses, faire des questions et prendre des renseignemens sur quoi que ce fût. Transportés et sautant de plaisir ils préférèrent, à toutes les richesses de l'Orient, le bonheur de ne pas quitter l'empereur, de le contempler et de l'admirer sans cesse. Montant donc dans la tribune qui règne autour de la basilique, regardant de là soit le clergé, soit les troupes, mais reportant à chaque instant les yeux sur le monarque, et ne pouvant, dans l'excès de leur joie, retenir leurs éclats de rire, ils frappaient dans leurs mains et s'écriaient : « Jusqu'à présent nous n'avions vu que des « hommes de terre, mais aujourd'hui nous en voyons « d'or. » S'approchant ensuite de chacun des grands ils admiraient la nouveauté de leurs vêtemens ou de leurs armes et en revenaient encore à l'empereur, comme plus digne de leur hommage. Après avoir ainsi passé la nuit du samedi saint et le dimanche suivant à tout voir dans l'église, ils furent invités, dans ce très-saint jour, au somptueux dîner de l'opulent Charles avec les grands de la France et de l'Europe ; mais, saisis d'étonnement de tout ce qu'ils voyaient, ils se levèrent de

table presque à jeûn. Le lendemain au moment où l'aurore, quittant le lit de Titon, répandait sur la terre la lumière du soleil, voilà que Charles, impatient d'un oisif repos, va dans la forêt chasser le buffle et l'aurochs, et emmène avec lui ces envoyés; mais, à la vue de ces immenses animaux, les Persans, saisis d'une horrible frayeur, prennent la fuite. Cependant le héros Charles, qui ne connaît pas la crainte et monte un cheval plein de vitesse, joint une de ces bêtes sauvages, tire son épée et s'efforce de lui abattre la tête; le coup manqué, le féroce animal brise la chaussure du roi avec les bandelettes qui l'attachent, froisse, mais seulement de l'extrémité de ses cornes, la partie antérieure de la jambe de ce prince de manière à le faire boiter un peu, et rendu furieux par sa profonde blessure, s'enfuit dans un fourré très-épais de bois et de rochers. Tous les chasseurs, empressés de servir leur seigneur, veulent se dépouiller de leur chaussure; mais lui le leur défend en disant: « Il faut que je me montre en cet état à Hildegarde. » Cependant Isambart, fils de Warin, le persécuteur de votre patron Otmar, avait poursuivi l'animal; n'osant l'approcher de trop près, il lui lança son javelot, l'atteignit au cœur entre la jointure de l'épaule et la gorge, et le présenta encore palpitant à l'empereur. Le monarque, sans avoir l'air de s'en apercevoir et laissant à ses compagnons de chasse le corps de l'animal, retourna dans son palais, fit appeler la reine et lui montra ses bottines déchirées: « Que mérite, dit-il, celui
« qui m'a délivré de l'ennemi dont j'ai reçu cette bles-
« sure? — Toutes sortes de bienfaits, » répondit la princesse. L'empereur alors lui raconta comment les

choses s'étaient passées, fit apporter en preuve les terribles cornes de l'animal, et on vit la reine fondre en larmes, pousser de profonds soupirs et se meurtrir la poitrine de ses poings. Quand elle eut appris qu'Isambart, alors dans la disgrâce et dépouillé de tous ses honneurs, était celui dont le bras avait délivré l'empereur d'un si redoutable adversaire, elle se précipita aux pieds de son mari et en obtint de rendre à Isambart tout ce qu'on lui avait ôté; ne s'en tenant pas là, elle-même lui prodigua les présens.

Les Persans au surplus offrirent à l'empereur un éléphant, des singes, du baume, du nard, des essences diverses, des épices, des parfums, et des drogues médicinales de toute espèce; il semblait qu'ils en eussent épuisé l'Orient pour en remplir l'Occident. Commençant à se trouver fort à l'aise avec l'empereur, un certain jour qu'ils étaient plus gais que d'ordinaire et échauffés par un vin généreux, ils adressèrent en plaisantant ces paroles à Charles, toujours fort de sa tempérance et de sa sérénité : « Certes, empereur, « votre puissance est grande, mais elle est bien moin- « dre cependant que ce que la renommée en a publié « dans les royaumes d'Orient. » A ce propos, Charles, dissimulant sa profonde indignation, leur dit en riant : « Pourquoi, mes enfans, parlez-vous ainsi ? D'où « vous vient une pareille pensée ? » Eux alors, remontant aux premiers temps de leur voyage, lui racontèrent dans le plus grand détail tout ce qui leur était arrivé dans les contrées d'en deçà des mers, disant : « Nous autres Persans, Mèdes, Arméniens, Indiens et « Élamites, nous vous craignons plus que notre propre « maître Haroun. Que dirons-nous des Macédoniens et

« des Grecs qui redoutent votre grandeur comme plus
« capable de les accabler que les flots de la mer d'Io-
« nie? Quant à tous les insulaires chez lesquels nous
« avons passé, ils se montrent tellement empressés et
« dévoués pour votre service qu'on les croirait nour-
« ris dans votre palais et comblés de vos plus magni-
« fiques et plus honorables bienfaits. Mais les grands
« de ce pays ne nous semblent pas assez soigneux de
« vous plaire, si ce n'est en votre présence; et en effet
« quand, comme voyageurs, nous les avons suppliés
« de daigner faire quelque chose en notre faveur par
« respect pour vous que nous venions chercher de si
« loin, ils nous ont renvoyés sans nous écouter et les
« mains vides. » L'empereur alors priva de toutes leurs
charges et honneurs les comtes et les abbés auxquels
les ambassadeurs s'étaient présentés; quant aux évé-
ques, il les condamna à de fortes amendes, et ordonna
ensuite que les députés fussent reconduits avec les
plus grands honneurs et les soins les plus attentifs
jusqu'aux frontières de leur propre pays.

Il vint aussi des envoyés du roi d'Afrique qui offrirent en présent un lion de Libye, un ours de Nu-
midie, du fer d'Ibérie, de la pourpre de Tyr, et
d'autres productions rares de ces contrées. Le généreux Charles, non seulement alors, mais pendant tout
le temps de sa vie, fit don, à son tour, aux Libiens
très-pauvres en terres labourables, des richesses que
fournit l'Europe, le blé, le vin et l'huile; il les nourrit
ainsi d'une main libérale, se les conserva éternellement soumis et fidèles, et n'eut pas besoin de les as-
sujétir à de vils tributs.

Lui-même cependant envoya au roi de Perse des

ambassadeurs qui lui présentèrent des chevaux et des mulets d'Espagne, des draps de Frise blancs, unis ou travaillés, et bleu saphir, les plus rares et les plus chers qu'on pût trouver dans ce pays; on y joignit des chiens remarquables par leur agilité et leur courage, et tels que le monarque persan les avait demandés précédemment pour chasser et prendre les lions et les tigres. Ce prince, donnant à peine un coup-d'œil aux autres présens, demanda aux envoyés quelles bêtes fauves ces chiens étaient dressés à combattre. Les députés ayant répondu qu'ils mettraient en pièces sur-le-champ tous les animaux contre lesquels on les lâcherait, « C'est, répliqua le roi, ce que prouvera « l'événement. » Voilà que le lendemain des bergers, fuyant devant un lion, poussent de grands cris; on les entendit du palais du roi, et celui-ci dit aux ambassadeurs : « Amis Francs, montez vos chevaux, et sui-« vez-moi. » Ceux-ci, comme s'ils n'eussent éprouvé ni fatigue ni lassitude, marchèrent gaîment à la suite du monarque. Quand on fut arrivé en vue du lion, quoique encore loin, le chef des satrapes dit à nos gens : « Lancez vos chiens contre le lion. » Obéissant à cet ordre, et courant avec la plus grande vitesse, les Francs égorgèrent avec leurs épées d'un acier du Nord, et encore endurcies par le sang des Saxons, le lion saisi par les chiens de Germanie. A cette vue, Haroun, le héros le plus brave des princes de son nom, frappé de la supériorité de Charles, même dans les plus petites choses, lui prodigua les plus grands éloges en ces termes : « Je reconnais maintenant combien est « vrai tout ce que j'entends raconter de mon frère « Charles; je le vois par son assiduité à la chasse, et

« son soin infatigable d'exercer sans cesse son corps
« et son esprit; il s'est accoutumé à vaincre tout ce
« qui existe sous le ciel. Que puis-je donc faire qui
« soit digne de ce roi qui m'a co~ ~ue de si hono-
« rables soins? Quand je lui donnerais la terre pro-
« mise à Abraham et qu'a vue Josué, il ne pourrait,
« à cause de l'éloignement, la défendre des attaques
« des barbares; ou si son magnanime courage le portait
« à la protéger contre eux, je craindrais que les pays
« qui confinent à celui des Francs ne tâchassent de se
« soustraire à sa domination. Je chercherai cependant
« les moyens de lui faire ce présent; je lui céderai la su-
« prême puissance sur ce pays, et je le gouvernerai
« comme son lieutenant. Que toutes les fois qu'il le
« voudra ou le jugera convenable, il m'envoie des
« commissaires, et il me trouvera administrateur
« fidèle des revenus de cette contrée. » La chose se
fit ainsi. Ce que le poète représentait comme impossible, en disant : « Alors le Parthe boira dans l'Arar,
« ou le Germain dans le Tigre [1], » parut non seulement possible, mais très-facile, aux jeunes gens, aux
enfans et aux vieillards, par l'habileté du victorieux
Charles, ainsi que par l'aller et le retour de ses envoyés et de ceux d'Haroun de la Parthie dans la Germanie et de la Germanie dans la Parthie; et il importe peu que les commentateurs veuillent entendre
par *Arar* celui des fleuves de ce nom qui se précipite dans le Rhin [2], ou celui qui se jette dans le
Rhône, car on les a souvent confondus par ignorance

---

[1] *Aut Ararim Parthus bibet, aut Germania Tigrim.*
         Virg. Egl. 1.

[2] L'Aar qui traverse la Suisse.

des lieux. En témoignage de ce fait, j'appellerai toute la Germanie qui, du temps de votre glorieux père Louis [1], fut contrainte de payer un denier par chaque tête de bœuf, et par chaque manoir dépendant du domaine royal, pour le rachat des Chrétiens qui habitaient la Terre-Sainte, et, dans leur misère, imploraient leur délivrance de votre père, comme anciens sujets de votre bisaïeul Charles et de votre aïeul Louis.

Puisqu'il s'offre une occasion de faire une honorable mention de votre père, dont on ne peut dire trop de bien, qu'il me soit permis de rapporter le pronostic qu'il est certain que le sage Charles porta de lui. Né et élevé avec le plus grand soin, pendant les six premières années, dans la maison de son père [2], déjà il passait à juste titre pour plus sage que les hommes sexagénaires. Son père, plein de tendresse, n'avait attendu qu'à grand'peine jusque-là, pour le présenter à son aïeul; prenant donc des bras de sa mère cet enfant qu'elle entourait des attentions les plus délicates, il se mit à lui apprendre quel maintien sérieux et timide il devait avoir devant l'empereur; comment, si par hasard ce prince l'interrogeait, il fallait répondre, et de quelle manière encore il avait à se conduire avec lui-même. Après ces instructions, il le mena au palais. Le premier ou le second jour, Charles l'ayant remarqué parmi la foule des spectateurs, et considéré d'un œil curieux, demande à son fils : « A qui appartient cet enfant ? » « A moi et à vous, répond celui-ci, si vous daignez

---

[1] Louis-le-Germanique, père de Charles-le-Gros.
[2] Louis-le-Débonnaire.

« y consentir. — Apportez-le-moi donc, répondit le « roi. » Cet ordre s'exécute ; le sérénissime Auguste embrasse le petit garçon, et le remet à la place où il était d'abord. Celui-ci, connaissant sur-le-champ la grandeur de son rang, et ne voulant pas souffrir que qui que ce fût le précédât à la suite de l'empereur, rassemble ses forces, compose sa figure et sa démarche, et vient se placer auprès de son père et sur la même ligne. Le sage Charles s'en étant aperçu, appela son fils, et lui dit de demander à son enfant pourquoi il en agissait ainsi, et quelle audace lui donnait la présomption de s'égaler à son père. Le petit garçon fit cette réponse fondée en raison : « Quand j'étais votre « vassal, je me tenais, comme il convenait, derrière « vous, et au milieu de mes compagnons d'armes ; « mais maintenant que je suis votre compagnon, votre « camarade d'armes, ce n'est pas à tort que je m'égale « à vous. » Louis rapporta ces paroles à l'empereur qui prononça cet oracle : « Si cet enfant vit, il aura « quelque chose de grand. » Ces mots, nous les avons empruntés de la vie d'Ambroise. Ceux dont se servit Charles peuvent se traduire exactement en latin ; et certes c'est à bien juste titre que j'ai appliqué au grand Louis la prophétie faite à l'égard de saint Ambroise. Si en effet on excepte les liens et les choses sans lesquelles les empires terrestres ne peuvent subsister, c'est-à-dire, le mariage et l'usage des armes, dans tout le reste, ce prince égala Ambroise, et même, s'il est permis de le dire, le surpassa, en quelque manière, autant par son amour pour la religion qu'il le faisait par la puissance de son royaume. Vrai catholique par sa foi, très-pieux adorateur de Dieu, il se montra toujours l'ami, le protecteur et le défenseur infatigable des serviteurs du Christ. Cela est si vrai que quand son fidèle, notre abbé Hartmut, maintenant simple religieux sous vos ordres [1], lui eut exposé que les minces possessions de Saint-Gall, provenant non de libéralités royales, mais de petites donations particulières, ne jouissaient d'aucun des priviléges accordés aux autres monastères, ni même du bénéfice des lois communes à tous les sujets, et ne pouvaient par conséquent trouver ni défenseur, ni avocat, ce prince, s'opposant lui-même à tous nos adversaires, ne rougit pas de se déclarer, en présence de tous ses grands, le protecteur de notre pauvreté. Dans ce temps aussi, il recourut à votre bonté par une lettre, afin que, par votre autorité, et après vous avoir prêté serment, nous pussions librement chercher à nous procurer tout ce dont nous aurions besoin. Mais, hélas! que je suis insensé! Me laissant entraîner au plaisir personnel de parler de la bienveillance spéciale qu'il nous a témoignée, je néglige à tort de dire combien sa bienfaisance, sa grandeur et sa magnanimité ont été générales et au-dessus de tout éloge.

Cet aimable roi ou empereur de toute la Germanie, de la Rhétie, de l'ancienne France, de la Saxe, de la Thuringe, du Norique, de la Pannonie, et de toutes les nations septentrionales, était d'une haute stature

---

[1] Hartmut, abbé de Saint-Gall, élu en 872 à la place de l'abbé Grimald, dont notre anonyme a parlé plus haut, avait étudié à l'école de Fulde, sous le célèbre Raban, et acquit une grande réputation tant par sa piété que par ses ouvrages de théologie, maintenant perdus. En 883, pendant le séjour que fit Charles-le-Gros à St.-Gall, l'abbé Hartmut en obtint la permission de se démettre de sa charge, et vécut en reclus dans le monastère, où il mourut le 23 ou le 31 janvier 885.

et parfaitement bien fait ; ses yeux étincelaient comme les astres ; il avait la voix sonore et tout-à-fait mâle ; doué d'une sagesse remarquable et d'un esprit très-pénétrant, il ne cessait de les fortifier et de les enrichir par une étude assidue des Écritures. Aussi déployait-il une énergique et incomparable vivacité pour prévenir et surmonter toutes les embûches que lui tendaient ses ennemis, terminer les querelles de ses sujets, et assurer à ses fidèles toutes sortes d'avantages. Dans la suite des temps, il se montra de plus en plus redoutable à toutes les nations abattues par ses ancêtres, et ce fut à bon droit, puisque jamais il ne souilla sa langue par la condamnation des chrétiens, ni sa main par l'effusion de leur sang, à moins d'y être contraint par la nécessité la plus absolue. En quelle occasion il le fit [1], je ne veux pas le raconter avant d'avoir vu près de vous un jeune Louis, ou un petit Charles. Mais, après le meurtre dont il s'agit, rien au monde ne put le déterminer à condamner à mort qui que ce fût. Cependant les hommes accusés de trahison ou d'infidélité, il les comprimait et les empêchait de nuire en les dépouillant de leurs honneurs, ne se laissant jamais fléchir à leur égard, ni par aucune circonstance, ni par le laps du temps, et ne souffrant pas qu'ils remontassent à leur ancien rang ; il surpassait si fort tous les autres hommes par son zèle pour

---

[1] Je suppose que ceci se rapporte au jugement de Hérold ou Hériold, chef Normand, que Louis-le-Germanique condamna à mort en 852. C'est en effet, dans l'histoire de ce prince, la seule condamnation de ce genre qui paraisse avoir eu une grande importance. Du reste, les allusions du moine de S.-Gall sont quelquefois si obscures et si éloignées qu'il est difficile de les saisir.

la prière, sa rigoureuse observance des jeûnes, et ses soins pour le service divin, qu'à l'exemple de saint Martin, quelque étranger que fût à la religion ce qu'il faisait, il semblait toujours avoir le Seigneur devant les yeux et le prier. Il s'abstenait, aux jours fixés, de viande et de tous mets recherchés. Au temps des Rogations, s'il se trouvait à Ratisbonne, il allait pieds nus du palais à l'église épiscopale, ou au monastère de Saint-Emmeram, et suivait ainsi la croix. Dans les autres villes il se conformait aux usages des habitans. Il construisit à Francfort et à Ratisbonne, des oratoires, chapelles et églises neuves et d'un admirable travail. Les pierres qu'on avait amassées ne suffisant pas en raison de l'immensité des bâtimens, il fit abattre les murs de ces villes, et trouva dans leurs cavités, autour des cadavres des anciens, une si grande quantité d'or que non seulement il en orna les basiliques de ces cités, mais qu'il enferma des livres écrits dans des coffres de même métal de l'épaisseur d'un doigt. Aucun clerc, s'il n'était habile dans la lecture ou le chant, n'avait la présomption, je ne dis pas de rester auprès de lui, mais de se présenter à ses yeux. Autant il méprisa les moines qui violaient leurs vœux, autant il combla de toute son affection ceux qui les gardaient fidèlement. Il se montrait toujours si rempli de douceur et de gaieté que, si l'on arrivait triste auprès de lui, sa seule vue ou quelques mots suffisaient pour vous renvoyer tout réjoui. Si quelque chose de mauvais ou d'inepte échappait en sa présence, ou s'il en était informé d'ailleurs, le seul mécontentement de ses regards en punissait si bien que ce qui est écrit du juge éternel

du for intérieur de l'homme : « Le roi, assis sur le trône
« de son empire, dissipe tout mal par la seule vue de
« sa face, » se trouvait vérifié sans aucun doute en lui,
et par-delà ce que le destin accorde aux mortels. Je ne
dis tout ceci que bien en raccourci et par digression;
mais si ma vie me le permet, et que Dieu me soit favorable, je fais vœu d'en écrire bien davantage sur
ce prince. Maintenant il faut revenir à mon sujet.

Comme le grand concours de gens arrivant de toutes
parts, les dévastations des Saxons, les plus indomptés
des hommes, les brigandages et les pirateries des
Normands et des Sarrasins avaient forcé l'empereur
Charles de prolonger un peu trop son séjour à Aix-la-Chapelle, et que, dans le même temps, son fils
Pepin dirigeait la guerre contre les Huns, des nations
barbares sorties du Nord ravagèrent le Norique, et
une grande partie de la France orientale. Charles
l'ayant appris marcha lui-même contre ces peuples,
et les écrasa tous, à tel point qu'il ordonna de toiser
les jeunes garçons et les enfans même avec les épées,
et de décapiter tous ceux qui excéderaient en hauteur cette mesure. De ce fait en naquit un autre
beaucoup plus grand et plus fameux. Quand votre
très-saint aïeul eut quitté ce monde, certains géans,
tels que ceux dont l'Écriture raconte qu'ils vinrent
des fils de Seth et des filles de Caïn [1], par un effet de
la colère de Dieu, enflés de l'esprit d'orgueil et tout-à-fait semblables à ceux qui dirent : « Qu'avons-nous
« de commun avec David? Quel héritage avons-nous
« à espérer du fils de David [2] ? » méprisant la race de

---

[1] Genèse, chap. 6, v. 4.
[2] Rois, liv. 3, chap. 12, v. 16.

Charles quoique d'une bonne nature, s'efforcèrent de se partager l'autorité dans le royaume et de ceindre le diadème. Alors quelques gens de condition moyenne, inspirés de Dieu, protestèrent que, puisque le célèbre Charles avait autrefois mesuré à son épée les ennemis des chrétiens, tant qu'il se trouverait quelqu'un de sa famille aussi haut qu'une épée, celui-là seul commanderait aux Francs et même aux Germains : cette faction diabolique, frappée de ces paroles comme d'un coup de foudre, fut partout détruite.

Vainqueur des étrangers, Charles se vit enveloppé, par les siens mêmes, dans un piége étonnant, mais grossier. Comme en effet il revenait de l'Esclavonie dans son royaume, un fils qu'il avait eu d'une concubine, et que sa mère, pour lui présager sa grandeur, avait honoré du nom du glorieux Pepin, s'empara presque de lui, et le dévoua à la mort, autant du moins qu'il fut en son pouvoir de le faire. Voici de quelle manière la chose se découvrit. Quelques grands s'étant réunis dans l'église de Saint-Pierre, on délibéra sur la mort de l'empereur. Le parti une fois arrêté, Pepin, qui craignait qu'on eût pu les entendre de quelque endroit secret, ordonna de chercher si quelqu'un ne se serait pas caché dans les coins de l'église ou sous les autels. Voilà que, comme ces hommes le redoutaient, ils trouvent un clerc tapi sous un autel; ils le prennent, et le contraignent à jurer qu'il ne trahira pas leur projet. L'autre, pour sauver sa vie, fait le serment qu'on lui dicte, mais à peine les conjurés sont-ils retirés, que, tenant peu de compte de ce serment sacrilége, il court au palais. Ce n'est qu'avec une extrême difficulté qu'il franchit sept passages et autant de portes, et parvient jusqu'à la chambre à coucher de l'empereur. Il frappe. Charles, toujours alerte, s'éveille, tout étonné que quelqu'un ose venir le troubler à une pareille heure; il ordonne cependant aux femmes qui se tenaient d'ordinaire près de lui pour le service de la reine et de ses filles, d'aller voir qui était à la porte, et ce qu'on demandait. Celles-ci sortent donc, et voyant un homme de la condition la plus inférieure, referment la porte, se cachent dans les coins de la chambre, et pressent leur robe sur leur bouche pour étouffer les éclats de leur rire moqueur. Mais l'empereur, à la sagacité duquel rien sous le ciel ne pouvait échapper, demande à ces femmes ce qu'elles ont, et qui frappait à la porte. Comme on lui répondit que c'était un misérable marchand sans barbe, sot et insensé, n'ayant pour tout vêtement qu'une chemise de toile et des haut-de-chausses, et qui sollicitait la permission de lui parler sur-le-champ, le monarque ordonna de l'introduire. Le clerc, courant se jeter à ses pieds, lui dévoila dans le plus grand détail tout le complot. Avant la troisième heure du jour, tous les conjurés, ne soupçonnant rien du sort qui les menaçait très-justement, furent ou exilés ou punis d'autres peines. Quant au nain et bossu Pepin, battu sans pitié et tondu, il fut envoyé pour un certain temps, et par correction, au monastère de Saint-Gall, regardé comme l'endroit le plus pauvre, et le plus mesquin séjour de ce vaste Empire.

Peu de temps après, quelques-uns des principaux d'entre les Francs formèrent le projet de mettre la main sur leur roi. Ce prince en fut complétement instruit; mais, répugnant à perdre ces hommes qui, s'ils eussent voulu le bien, auraient pu être d'un grand secours aux Chrétiens, il envoya des messagers demander à ce même Pepin ce qu'il fallait faire des coupables. Les députés le trouvèrent dans le jardin avec les moines les plus âgés, occupé, pendant que les plus jeunes vaquaient à des travaux plus rudes, à arracher avec une bêche les orties et les mauvaises herbes, afin que les plantes utiles pussent croître avec plus de force. Ils lui exposèrent le sujet de leur arrivée; mais lui, poussant de profonds soupirs, à la manière des gens infirmes, toujours plus rancuneux que les hommes bien portans, répondit : « Si Charles « attachait le moindre prix à mes avis, il ne me tien- « drait pas ici pour être si indignement traité; je ne « lui demande rien, dites-lui seulement ce que vous « m'avez vu faire. » Mais ceux-ci, craignant de retourner vers le formidable empereur sans réponse positive, pressèrent Pepin à plusieurs reprises de leur dire ce qu'ils devaient rapporter à leur maître. L'autre leur répliqua tout en colère : « Je n'ai rien à lui « mander, sinon ce que je fais; je nettoie les or- « dures pour que les bons légumes puissent croître « plus librement. » Les envoyés se retirèrent donc tout affligés, et comme des hommes qui ne rapportaient aucune réponse raisonnable. De retour auprès de Charles, et interrogés sur le résultat de leur mission, ils se plaignirent de s'être fatigués à faire un si long chemin, et d'avoir pris tant de peine sans pouvoir lui rapporter même une réponse précise. Le monarque, plein de sagacité, leur demanda de point en point où ils avaient trouvé Pepin, ce qu'il faisait et

leur avait dit. « Nous l'avons vu, répondirent-ils, assis
« sur un escabeau rustique, nettoyant avec une bêche
« une planche de légumes; lui ayant expliqué la cause
« de notre voyage, nous n'avons pu tirer de lui, après
« force instances, que ces seuls mots : Je n'ai rien à
« mander à l'empereur, sinon ce que je fais; je nettoie
« les ordures pour que les bons légumes puissent
« croître plus librement. » A ces paroles, l'empereur,
qui ne manquait pas de finesse et était plein de sagesse, se frottant les oreilles et enflant ses narines,
leur dit : « Fidèles vassaux, vous me rapportez une
« réponse remplie de sens. » Pendant que tous les
conspirateurs tremblaient pour leurs jours, lui, passant de la menace à l'effet, les fit tous disparaître du
milieu des vivans, et, pour étendre et fortifier sa puissance, gratifia ses fidèles des terres occupées par ces
hommes inutiles à son service. Un de ces conjurés
s'était mis en possession de la colline la plus élevée
de France, pour voir de là tout ce qui l'entourait. Le
roi le fit attacher à une très-haute potence sur cette
même colline. Quant à Pepin, son bâtard, il lui permit de choisir le lieu où il desirait passer sa vie. D'a-
près l'option qu'on lui laissait, celui-ci se décida pour
un monastère alors fort célèbre, actuellement détruit.
On sait avec certitude le motif de sa ruine; mais je ne
le dirai que quand je verrai le flanc de votre petit
Bernard ceint d'une épée.

Le magnanime Charles s'indignait cependant de se
voir contraint de marcher en personne contre ces nations barbares, tandis que le premier venu de ses
ducs eût pu suffire pour de telles expéditions; qu'il
en fût ainsi, je vais le prouver par un fait particulier à

l'un de mes compatriotes. Il était un certain guerrier, appelé Cisher[1], et qui valait à lui seul une grande et terrible partie de l'armée ; il avait une taille si haute qu'on eût pu le croire sorti de la race d'Énachim, s'il n'y eût pas eu entre elle et lui un si grand intervalle de temps et de lieu. Chaque fois qu'il se trouvait près du fleuve de la Doire enflé et débordé par les torrens des Alpes, et qu'il ne pouvait forcer son énorme cheval à entrer, je ne dirai pas dans les flots agités, mais même dans les eaux tranquilles de cette rivière, prenant alors les rênes il le traînait flottant derrière lui en disant : « Par mon seigneur Gall, que tu le veuilles « ou non, tu me suivras. » Ce guerrier donc avait, à la suite de l'empereur, abattu des Bohémiens, des Wiltzes et des Avares comme on ferait l'herbe d'une prairie, et les avait tenus suspendus au bois de sa lance ainsi qu'on porte des oisons. Quand il fut revenu vainqueur dans ses foyers, et que ses voisins, qui avaient croupi dans un honteux repos, lui demandaient s'il s'était plu dans le pays des Wénèdes : « Que « m'importent, répondait-il, ces petites grenouilles ? « J'en portais çà et là sept, huit, et même neuf enfilés « sur ma lance et murmurant je ne sais quoi ; c'est « bien à tort que notre seigneur roi et nous nous « fatiguons contre de pareils vermisseaux. »

Vers le même temps comme l'empereur venait de mettre la dernière main à la guerre contre les Huns et de réduire les nations dont il a été parlé, une irrup-

---

[1] Le texte ajoute : *de Durgonum*. Je n'ai pu découvrir quel lieu est désigné par ce mot ; quelques érudits veulent y voir un fleuve ou une ville du midi de la Gaule ; mais il me paraît beaucoup plus probable qu'il s'agit ici de quelque lieu situé non loin de l'abbaye de Saint-Gall.

tion des Normands causa de vives inquiétudes aux Francs et aux Gaulois. L'invincible Charles, revenant dans ses États par la route de terre, quoique fort étroite et impraticable, forma le projet de les attaquer dans leur propre pays. Mais, soit que la providence divine ne fût pas pour nous, afin d'éprouver Israël par le bras de ces hommes, suivant l'expression de l'Écriture [1], soit que nos péchés s'élevassent contre nous, toutes les tentatives de Charles demeurèrent sans succès; et ce qui suffit pour prouver combien toute l'armée eut à souffrir, on compta, dans les troupes d'un seul abbé, cinquante paires de bœufs enlevées en une seule nuit par la peste. Charles, le plus sage des hommes, ne voulant pas désobéir à l'Écriture et lutter contre le cours du fleuve [2], abandonna son entreprise. Mais tandis qu'il employait un long temps à parcourir son vaste empire, encouragé par son éloignement, Godefroi, roi des Normands, attaqua les frontières des Francs et fixa son séjour à Mussel-Gau; mais un jour qu'il voulait détourner son faucon d'une cigogne, un de ses fils dont il venait tout récemment de quitter la mère pour prendre une autre femme, le suivit et le fendit en deux d'un coup d'épée. Alors, comme autrefois quand Holopherne fut tué [3], aucun des Normands n'osa se confier à son courage et à ses armes, et tous cherchèrent leur sûreté dans la fuite. C'est ainsi que la France, de peur qu'à l'exemple de l'ingrat Israël elle ne se glorifiât contre Dieu, fut délivrée sans qu'elle eût fait le moindre effort. Mais Charles, qui

---

[1] Juges, chap. 2, v. 22.
[2] Ecclésiastique, chap. 4, v. 32.
[3] Judith, chap. 15, v. 1.

n'avait jamais été vaincu et ne devait jamais l'être, tout en rendant gloire au Seigneur de ce bienfait, se plaignit souvent que son absence eût permis qu'il échappât un seul de ces Normands : « Hélas ! ô dou-« leur! disait-il; pourquoi n'ai-je pas mérité de voir « comment mon bras chrétien aurait joué sur ces « singes ? »

Charles, qui toujours était en course, arriva par hasard et inopinément dans une certaine ville maritime de la Gaule narbonnaise. Pendant qu'il dînait et n'était encore connu de personne, des corsaires normands vinrent pour exercer leurs pirateries jusque dans le port. Quand on aperçut les vaisseaux on prétendit que c'étaient des marchands juifs selon ceux-ci, africains suivant ceux-là, bretons au sentiment d'autres; mais l'habile monarque, reconnaissant, à la construction et à l'agilité des bâtimens, qu'ils portaient, non des marchands, mais des ennemis, dit aux siens : « Ces « vaisseaux ne sont point chargés de marchandises, mais « remplis de cruels ennemis. » A ces mots, tous ses Francs à l'envi les uns des autres, courent à leurs navires, mais inutilement. Les Normands, en effet, apprenant que là était celui qu'ils avaient coutume d'appeler Charles-le-Marteau, craignirent que toute leur flotte ne fût prise dans ce port, ou ne pérît réduite en débris, et ils évitèrent par une fuite d'une inconcevable rapidité, non seulement les glaives, mais même les yeux de ceux qui les poursuivaient. Le religieux Charles cependant, saisi d'une juste crainte, se levant de table, se mit à la fenêtre qui regardait l'Orient, et demeura très-long-temps le visage inondé de pleurs. Personne n'osant l'interroger, ce prince belliqueux, expliquant aux grands qui l'entouraient la cause de son action et de ses larmes, leur dit : « Savez-vous, mes fidèles, « pourquoi je pleure si amèrement? Certes, je ne crains « pas que ces hommes réussissent à me nuire par « leurs misérables pirateries; mais je m'afflige profon- « dément que, moi vivant, ils aient été près de toucher « ce rivage, et je suis tourmenté d'une violente dou- « leur quand je prévois de quels maux ils écraseront « mes neveux et leurs peuples. » Que la bonté tuté- laire de Notre-Seigneur Jésus-Christ empêche qu'un tel malheur arrive, et que votre épée trempée dans le sang des Normands nous en préserve et se joigne à celle de votre frère Carloman teinte du sang de ces mêmes hommes! Dans ce moment, il est vrai, votre glaive est couvert de rouille, non par lâcheté, mais à cause de la pauvreté et du peu d'étendue des pro- priétés d'Arnoul, si distingué parmi vos fidèles; or- donnez, et votre puissante volonté rendra facilement à ce glaive son tranchant et son éclat. Et en effet, ce seul petit rameau est, avec le faible rejeton de Benno- lin, tout ce qui, par votre protection spéciale, a pul- lulé de la féconde souche de Louis; il convient donc d'insérer dans l'histoire du prince de même nom que vous, et sur votre grand aïeul Pepin[1], quelque chose qu'avec le secours de la clémence divine votre petit Charles à venir et votre jeune Louis puissent imiter.

Les Romains tourmentés par les dévastations des Lombards ou d'autres peuples, envoyèrent des dé- putés à ce même Pepin le supplier de daigner, pour l'amour de saint Pierre, venir au plus vite à leur se- cours. Ce prince ayant subjugué rapidement les enne-

[1] Pepin-le-Bref.

mis, entra vainqueur à Rome, mais uniquement pour y rendre grâces à Dieu, et fut accueilli des Romains avec ce chant de louanges : « Les compagnons des « apôtres et les serviteurs du Seigneur sont arrivés « aujourd'hui portant la paix et éclairant la patrie; et « ils ont donné la paix aux nations et délivré le « peuple de Dieu. » De là certains hommes ignorant la force et l'origine de ces paroles, ont pris l'habitude de les chanter le jour de la nativité des saints apôtres. Quant à Pepin, craignant d'exciter l'inquiétude de Rome, et surtout, pour parler plus vrai, de Constantinople, il revint bientôt en France. Instruit que les principaux de son armée ne manquaient aucune occasion de le déchirer en secret avec mépris, il ordonna d'amener un taureau d'une grandeur à inspirer l'effroi, et d'un courage indomptable, et de lâcher contre lui un lion d'une extrême férocité. Celui-ci, fondant sur le taureau avec la plus violente rapidité, le saisit au cou, et le jeta par terre. « Allez, « dit le roi, à ceux qui l'entouraient; allez arracher « le lion de dessus le taureau, ou tuez-le sur le « corps de son adversaire. » Ceux-ci se regardant les uns les autres, et le cœur glacé de frayeur, purent à peine articuler en sanglotant ce peu de mots : « Sei-« gneur, il n'est point d'homme sous le ciel qui ose « tenter une telle entreprise. » Le roi plus hardi se lève alors de son trône, tire son épée, sépare des épaules la tête du lion et celle du taureau, remet son glaive dans le fourreau, et se rasseoit en disant : « Vous semble-t-il que je puisse être votre seigneur? « N'avez-vous donc jamais entendu dire comment « David enfant a vaincu le géant Goliath, et com-

« ment Alexandre, malgré sa petite taille, a traité
« ses généraux de la plus haute stature? » Tous alors
tombèrent à terre comme frappés de la foudre, en
s'écriant : « Qui, à moins d'être fou, refuserait de
« reconnaître que vous êtes fait pour commander aux
« mortels ? »

Ce n'est pas seulement contre les bêtes féroces et les
hommes que Pepin se montrait si courageux ; il livra
encore, aux iniquités du démon, un combat jusqu'alors
inouï. Des thermes avaient été construits tout récemment à Aix-la-Chapelle, et on voyait bouillir des eaux
chaudes et très-salutaires ; le roi enjoignit à son camérier de pourvoir à ce que les sources fussent bien nettoyées, et qu'on n'y admît personne d'inconnu. Cet
ordre exécuté, Pepin prend son épée, et se rend au
bain pieds nus et couvert d'une simple toile. L'antique
ennemi du genre humain l'attaque tout à coup, et se
met en devoir de le tuer. Le monarque se fortifie par
le signe de la croix, tire son glaive, et prenant une
ombre pour un être humain, enfonce en terre son invincible fer, si profondément qu'il ne put le retirer
qu'après de longs et pénibles efforts. Cette ombre était
cependant d'une telle épaisseur que toutes les fontaines furent souillées de pus, de sang et d'une horrible graisse. Mais inaccessible à toute crainte, Pepin
dit à son serviteur : « Ne prends aucun souci de tout
« cela, et fais écouler cette eau infecte, afin que je
« puisse me laver dans celle qui restera pure. »

Je m'étais proposé, auguste empereur, de vous
retracer en peu de mots l'histoire de votre bisaïeul
Charles, dont toutes les actions vous sont si bien
connues ; mais de même que l'occasion s'est offerte à

moi de parler de votre très-glorieux père Louis, surnommé Illustre ; de même aussi j'aurais regardé comme un crime de ne rien dire de tout ce qu'a fait votre religieux ancêtre Pepin-le-Jeune, sur lequel les modernes gardent par incurie un silence absolu. Car, pour Pepin-l'Ancien, le savant Bède, dans son Histoire ecclésiastique, lui a consacré un livre presque entier. Ayant donc rapporté ces choses par une digression de mon sujet, il est temps qu'après m'être amusé comme fait le cygne qui s'ébat dans l'eau, je revienne à Charles, cet illustre prince de même nom que vous. Mais si nous n'omettions rien de tout ce qu'il fit dans la guerre, jamais nous n'arriverions à pouvoir parler de sa vie journalière et privée. Je vais donc raconter aussi brièvement que je le pourrai ce qui se rapporte à mon sujet actuel.

Après la mort du victorieux Pepin, les Lombards inquiétèrent Rome de nouveau. L'invincible Charles, quoique fort occupé dans les pays en deçà des Alpes, prit rapidement la route d'Italie, et asservit les Lombards humiliés, soit en leur livrant de sanglans combats, soit en les contraignant à se rendre d'eux-mêmes à discrétion ; et pour s'assurer que jamais ils ne secoueraient le joug des Francs, et ne se permettraient de nouvelles attaques contre le domaine de saint Pierre, il épousa la fille de Didier, leur prince. Peu de temps après, et par l'avis des plus saints prêtres, il abandonna, comme si elle fût déjà morte, cette princesse toujours malade et inhabile à lui donner des enfans. Le père irrité, liant à sa cause ses compatriotes sous la foi du serment, s'enferma dans les murs de Pavie, et leva l'étendard de la révolte contre l'invincible Charles. Ce prince l'ayant su d'une manière certaine, marcha en toute hâte vers l'Italie. Quelques années auparavant un des grands du royaume, nommé Ogger, ayant encouru la colère du terrible Charles, s'était réfugié près de ce même Didier. Quand tous deux apprirent que le redoutable monarque venait, ils montèrent sur une tour très-élevée, d'où ils pouvaient le voir arriver de loin et de tous côtés. Ils aperçurent d'abord des machines de guerre, telles qu'il en aurait fallu aux armées de Darius ou de Jules[1]; « Charles, demanda Didier à Ogger, n'est-il pas avec « cette grande armée ? » Non, répondit celui-ci. Le Lombard voyant ensuite une troupe immense de simples soldats assemblés de tous les points de notre vaste empire, finit par dire à Ogger : « Certes, Charles « s'avance triomphant au milieu de cette foule. » « Non, pas encore, et il ne paraîtra pas de sitôt, » répliqua l'autre : « Que pourrons-nous donc faire, reprit « Didier, qui commençait à s'inquiéter, s'il vient ac- « compagné d'un plus grand nombre de guerriers ?— « Vous le verrez tel qu'il est quand il arrivera, répondit « Ogger ; mais, pour ce qui sera de nous, je l'ignore. » Pendant qu'ils discouraient ainsi parut le corps des gardes qui jamais ne connaît de repos. A cette vue, le Lombard, saisi d'effroi, s'écrie : « Pour le coup c'est « Charles. — Non, reprit Ogger, pas encore. » A la suite viennent les évêques, les abbés, les clercs de la chapelle royale et les comtes ; alors Didier ne pouvant plus supporter la lumière du jour ni braver la mort, crie en sanglotant : « Descendons et cachons- « nous dans les entrailles de la terre, loin de la face

---

[1] Probablement Jules César.

« et de la fureur d'un si terrible ennemi. » Ogger tout tremblant, qui savait par expérience ce qu'étaient la puissance et les forces de Charles, et l'avait appris par une longue habitude dans un meilleur temps, dit alors : « Quand vous verrez les moissons « s'agiter d'horreur dans les champs, le sombre Pô « et le Tésin inonder les murs de la ville de leurs « flots noircis par le fer, alors vous pourrez croire à « l'arrivée de Charles. » Il n'avait pas fini ces paroles qu'on commença de voir au couchant comme un nuage ténébreux soulevé par le vent de nord ouest ou Borée, qui convertit le jour le plus clair en ombres horribles. Mais l'empereur approchant un peu plus, l'éclat des armes fit luire pour les gens enfermés dans la ville un jour plus sombre que toute espèce de nuit. Alors parut Charles lui-même, cet homme de fer, la tête couverte d'un casque de fer, les mains garnies de gantelets de fer, sa poitrine de fer et ses épaules de marbre défendues par une cuirasse de fer, la main gauche armée d'une lance de fer qu'il soutenait élevée en l'air, car sa main droite, il la tenait toujours étendue sur son invincible épée. L'extérieur des cuisses que les autres, pour avoir plus de facilité à monter à cheval, dégarnissaient même de courroies, il l'avait entouré de lames de fer. Que dirai-je de ses bottines ? toute l'armée était accoutumée à les porter constamment de fer ; sur son bouclier on ne voyait que du fer. Son cheval avait la couleur et la force du fer. Tous ceux qui précédaient le monarque, tous ceux qui marchaient à ses côtés, tous ceux qui le suivaient, tout le gros même de l'armée, avaient des armures semblables, autant que les moyens de chacun le permettaient. Le fer couvrait les champs et les grands chemins. Les pointes du fer réfléchissaient les rayons du soleil. Ce fer si dur était porté par un peuple d'un cœur plus dur encore. L'éclat du fer répandit la terreur dans les rues de la cité : « Que de « fer ! hélas, que de fer ! » tels furent les cris confus que poussèrent les citoyens. La fermeté des murs et des jeunes gens s'ébranla de frayeur à la vue du fer, et le fer paralysa la sagesse des vieillards. Ce que, moi pauvre écrivain bégayant et édenté, j'ai tenté de peindre dans une traînante description, Ogger l'aperçut d'un coup d'œil rapide, et dit à Didier : « Voici celui « que vous cherchez avec tant de peine, » et en proférant ces paroles, il tomba presque sans vie. Comme ce même jour les citoyens, soit par folie, soit par quelque espérance de pouvoir résister, ne voulurent pas recevoir Charles dans leur ville, ce prince fertile en artifices dit aux siens : « Faisons aujourd'hui « quelque chose de mémorable pour qu'on ne nous « accuse pas d'avoir passé ce jour dans l'oisiveté. Hâ« tons-nous de construire une chapelle où, si l'on ne « nous ouvre bientôt les portes, nous puissions assis« ter au service divin. » A peine eut-il achevé ces mots que ses ouvriers qui, toujours l'accompagnaient, courant les uns d'un côté, les autres d'un autre, amassèrent et apportèrent, ceux-ci de la chaux et des pierres, ceux-là du bois et d'autres approvisionnemens. Depuis la quatrième heure du jour, et avant que la douzième fût terminée, ils construisirent, avec l'aide des apprentis et des soldats, une église dont les murs, les toits, les lambris et les peintures étaient tels que quiconque l'eût vue aurait pensé qu'elle n'avait pu être achevée en moins d'une année tout entière. Dès le lendemain, quelques-uns des citoyens voulaient se rendre, tandis que d'autres persistaient, quoiqu'en vain, à se défendre, ou, pour parler plus vrai, à se tenir enfermés dans leurs murs; mais Charles soumit et prit la ville sans effusion de sang, et par sa seule adresse; je laisse ce fait à raconter à ceux qui suivent votre Grandeur, non par un sentiment d'amour, mais dans la vue de faire quelque profit.

Marchant ensuite vers d'autres lieux, le pieux Charles arriva dans la ville du Frioul[1], que ceux qui se croient savans appellent *forum Julii*. Dans ce même temps, l'évêque, ou, pour me servir du langage nouveau, le patriarche de cette cité touchait par hasard au terme de sa vie; le religieux empereur s'étant hâté de venir le voir, afin qu'il pût lui désigner le nom de son successeur, le prélat soupira profondément et avec une grande piété, disant : « Seigneur, cet évê- « ché que j'ai occupé long-temps sans en retirer au- « cun avantage ou profit spirituel, je l'abandonne à « la volonté de Dieu et à votre disposition, dans la « crainte d'être accusé devant l'inévitable et incor- « ruptible juge d'avoir, même après ma mort, ajouté « quelque chose à l'immense mesure de mes péchés « que je n'ai que trop grossie pendant ma vie. » Le sage monarque fut si charmé de ces paroles qu'il jugea cet évêque comparable, à juste titre, aux anciens Pères de l'Église. Charles, le plus actif de tous les Francs les plus infatigables, s'arrêta quelque temps dans ce pays, afin de donner un successeur au digne

[1] Aquilée.

prélat mourant. Un certain jour de fête, après la célébration de la messe, il dit aux siens : « Ne nous « laissons pas engourdir dans un repos qui nous menerait à la paresse ; allons chasser jusqu'à ce que nous « ayons pris quelque animal, et partons tous vêtus « comme nous le sommes. » La journée était froide et pluvieuse. Charles portait un habit de peau de brebis qui n'avait pas plus de valeur que le rochet dont la sagesse divine approuva que saint Martin se couvrît la poitrine pour offrir, les bras nus, le saint sacrifice. Les autres Grands, arrivant de Pavie, où les Vénitiens avaient apporté tout récemment, des contrées au-delà de la mer, toutes les richesses de l'Orient, étaient vêtus, comme dans les jours fériés, d'habits surchargés de peau d'oiseaux de Phénicie entourées de soie, de plumes naissantes du cou, du dos et de la queue des paons enrichies de pourpre de Tyr et de franges d'écorce de cèdre. Sur quelques-uns brillaient des étoffes piquées ; sur quelques autres, des fourrures de loir. C'est dans cet équipage qu'ils parcoururent les bois ; aussi revinrent-ils déchirés par les branches d'arbres, les épines et les ronces, percés par la pluie, et tachés par le sang des bêtes fauves ou les ordures de leurs peaux. « Qu'aucun de nous, dit alors le malin Charles, « ne change d'habits jusqu'à l'heure où on ira se coucher ; nos vêtemens se sécheront mieux sur nous. » A cet ordre, chacun, plus occupé de son corps que de sa parure, se mit à chercher partout du feu pour se réchauffer. A peine de retour, et après être demeurés à la suite du roi jusqu'à la nuit noire, ils furent renvoyés à leurs demeures. Quand ils se mirent à ôter ces minces fourrures et ces fines étoffes qui s'étaient plissées et retirées au feu, elles se rompirent, et firent entendre un bruit pareil à celui de baguettes sèches qui se brisent. Ces pauvres gens gémissaient, soupiraient, et se plaignaient d'avoir perdu tant d'argent dans une seule journée. Il leur avait auparavant été enjoint par l'empereur de se présenter le lendemain avec les mêmes vêtemens. Ils obéirent ; mais tous alors, loin de briller dans de beaux habits neufs, faisaient horreur avec leurs chiffons infects et sans couleur. Charles, plein de finesse, dit au serviteur de sa chambre : « Frotte un peu notre habit dans tes mains, « et rapporte-nous-le. » Prenant ensuite dans ses mains et montrant à tous les assistans ce vêtement qu'on lui avait rendu bien entier et bien propre, il s'écria : « O les plus fous des hommes ! quel est « maintenant le plus précieux et le plus utile de nos « habits ? Est-ce le mien que je n'ai acheté qu'un sou, « ou les vôtres qui vous ont coûté non seulement « des livres pesant d'argent, mais plusieurs talens ? » Se précipitant la face contre terre, ils ne purent soutenir sa terrible colère. Cet exemple, votre religieux père l'a imité si bien, non pas une fois seulement, mais pendant tout le cours de sa vie, qu'aucun de ceux qu'il jugea dignes d'être admis à le connaître et à recevoir ses instructions, n'osa jamais porter à l'armée et contre l'ennemi autre chose que ses armes, des vêtemens de laine et du linge. Si quelqu'un d'un rang inférieur, et ignorant cette règle, se présentait à ses yeux avec des habits de soie, ou enrichis d'or et d'argent, il le gourmandait fortement, et le renvoyait corrigé et rendu même plus sage par ces paroles : « O toi, homme tout d'or ! ô toi, homme tout

« d'argent ! ô toi tout vêtu d'écarlate ! pauvre infor-
« tuné, ne te suffit-il pas de périr seul par le sort des
« batailles ? Ces richesses dont il eût mieux valu ra-
« cheter ton ame, veux-tu les livrer aux mains des
« ennemis pour qu'ils en parent les idoles des Gen-
« tils ? »

Mais combien l'invincible Louis aima le fer depuis son plus jeune âge jusqu'à sa soixante-dixième année, et comment, avec le fer, il donna un étonnant spectacle aux députés des Normands, je le redirai, quoique vous le sachiez mieux que moi. Chacun des rois des Normands lui avait envoyé de l'or et de l'argent comme témoignage de leur dévoûment, et leurs épées en signe de leur éternelle soumission et obéissance. Le roi ordonna que l'argent fût jeté sur le pavé, que nul n'y portât les yeux sans indignation, et que tous le foulassent aux pieds comme de la boue. Quant aux glaives, assis sur son trône élevé, il commanda qu'on les lui apportât pour les essayer. Les envoyés, craignant que quelque soupçon fâcheux ne pût s'élever contre eux, présentèrent à l'empereur, et à leur propre péril, les épées par la pointe, comme les serviteurs ont coutume de donner les couteaux à leur maître. Ce prince, en ayant pris une par la garde, s'efforça de la ployer de la pointe jusqu'en haut ; mais elle se rompit entre ses mains plus fortes que le fer même. Alors un des députés, tirant la sienne du fourreau, et la lui offrant avec respect, comme font les serviteurs, lui dit : « Seigneur, vous
« trouverez celle-ci, j'espère, aussi forte et aussi
« flexible qu'il convient à votre bras invincible. »
César la prit, et vraiment César selon la prophétie

d'Isaïe : « Rappelez dans votre esprit cette roche « dont vous avez été taillé[1], » ce prince, chef-d'œuvre de Dieu, qui surpassait en force de corps et en courage les hommes qui peuplaient autrefois la Germanie, plia ce glaive de la pointe à la poignée, comme il aurait fait de l'osier, et lui permit ensuite de revenir peu à peu à son premier état. Les ambassadeurs, saisis d'étonnement, et se regardant l'un l'autre, s'écrièrent : « Plût à Dieu que l'or parût aussi « vil à nos princes, et que le fer leur fût aussi pré- « cieux ! »

Puisque l'occasion se présente de parler des Normands, je montrerai en peu de mots, par le récit de choses qui se sont passées du temps de votre aïeul Charles, quel prix ils attachaient à la foi et au baptême.

Long-temps après la mort du belliqueux David, les nations voisines, soumises à son empire par la force de son bras, acquittèrent les tributs au pacifique Salomon son fils ; de même, par suite de sa crainte pour le très-auguste empereur Charles et des impôts qu'elle lui payait, la féroce nation des Normands continua d'honorer du même respect son fils Louis. Un jour l'empereur, touché de compassion pour ces peuples, demanda à leurs envoyés s'ils voulaient recevoir la religion chrétienne. Ceux-ci ayant répondu qu'ils étaient prêts à lui obéir en tous lieux et en toutes choses, il ordonna qu'on les baptisât au nom de celui dont saint Augustin a dit : « S'il n'y avait pas de Tri- « nité, celui qui est toute vérité n'aurait pas dit :

---

[1] Isaïe, chap. 51, v. 1.

« Allez, et instruisez toutes les nations en les bapti-
« sant au nom du Père, du Fils et du Saint-Esprit. »
Traités par les principaux officiers du palais comme
des enfans d'adoption, ces Normands reçurent par les
mains de leurs parrains, et de la garde-robe même
de César, en habits précieux et autres ornemens, un
costume de Franc entièrement blanc. Cela se répéta
souvent et pendant long-temps; des Normands en très-
grand nombre, et par amour, non de Jésus-Christ,
mais des biens terrestres, se hâtèrent de venir, d'année en année, offrir leurs respects à l'empereur,
le saint jour de Pâques, non plus comme députés,
mais comme vassaux très-dévoués. Un certain jour
plusieurs arrivèrent par hasard jusqu'à Louis; l'empereur leur demanda s'ils desiraient être baptisés, et,
sur leur déclaration affirmative, il enjoignit de répandre sur eux l'eau sainte sans tarder davantage.
Comme on n'avait pas assez d'habits de lin tout prêts,
il prescrivit de couper des surplis et de les coudre en
forme de linceul ou de les arranger par bandes. Un
de ces vêtemens fut mis tout à coup à un des vieillards
normands; il le considéra quelque temps d'un œil
curieux; puis, saisi d'une violente colère, il dit à l'empereur : « J'ai déjà été lavé ici vingt fois; toujours on
« m'a revêtu d'excellens habits très-blancs; le sac que
« voici ne convient pas à des guerriers mais à des gar-
« deurs de cochons; dépouillé de mes vêtemens et
« point couvert avec ceux que tu me donnes, si je ne
« rougissais de ma nudité, je te laisserais ton manteau
« et ton Christ. » Voilà comme les ennemis du Christ
apprécient ce que dit l'apôtre : « Vous tous qui avez
« été baptisés en Jésus-Christ, vous avez été revêtus

« de Jésus-Christ[1] ; » et ceci : « Nous tous qui avons
« été baptisés en Jésus-Christ, nous avons été baptisés
« en sa mort[2] ; » et ce qui surtout s'élève contre les
contempteurs de la foi et les violateurs des sacremens :
« Autant qu'il est en eux, ils crucifient de nouveau le
« Fils de Dieu et l'exposent à l'ignominie[3] ; » et cela,
plût à Dieu qu'on ne le vît que chez les Gentils et non
pas plus souvent encore parmi ceux qui sont appelés
du nom de chrétiens !

Il convient de parler aussi de la bonté du premier
Louis et d'en revenir ainsi à Charles. Le très-pacifique
empereur Louis, délivré de toute incursion des nations ennemies, s'appliquait sans relâche aux œuvres
pieuses, la prière, l'aumône, le soin d'entendre
discuter les procès et de les terminer avec la plus
grande équité. En ce genre son esprit et l'habitude
lui avaient donné une telle perspicacité qu'un certain
homme, que tout le monde regardait comme un ange,
avait, à l'exemple d'Achitophel, tenté de le tromper ;
le monarque, l'esprit un peu ému, mais d'un air affable
et d'un ton de voix fort doux, le paya de cette réponse : « Très-sage Anselme, si la justice le permet-
« tait, j'oserais dire que vous ne marchez pas dans le
« droit chemin. » De ce moment cet homme, qui passait pour si juste, ne fut plus compté pour rien par
personne.

Le charitable Louis se livrait avec un tel zèle à l'aumône qu'il ne se contentait pas qu'on la distribuât
en sa présence, et préférait la faire de ses propres

---

[1] Épît. de S. Paul aux Galates, chap. 3, v. 27.
[2] Épît. de S. Paul aux Romains, chap. 6, v. 3.
[3] Épît. de S. Paul aux Hébreux, chap. 6, v. 6.

mains. De plus, et se trouvant absent, il voulut que les procès des pauvres fussent réglés de manière que l'un d'eux qui, quoique totalement infirme, paraissait doué de plus d'énergie et d'intelligence que les autres, connût de leurs délits, prescrivît les restitutions de vols, la peine du talion pour les injures et les voies de fait, et prononçât même, dans les cas plus graves, l'amputation des membres, la perte de la tête, et jusqu'au supplice de la potence. Cet homme établit des ducs, des tribuns et des centurions, leur donna des vicaires, et remplit avec fermeté la tâche qui lui était confiée. Quant au clément empereur, respectant le Seigneur Christ dans tous les pauvres, jamais il ne cessait de leur distribuer des alimens et des habits pour se couvrir; il le faisait principalement le jour où le Christ, dépouillant sa robe mortelle, se prépara à en revêtir une incorruptible. Ce jour-là Louis répandait ses dons, suivant la qualité de chacun, sur tous ceux qui occupaient quelque charge dans le palais ou servaient dans la maison royale. Aux plus nobles il faisait donner des baudriers, des bandelettes, et des vêtemens précieux apportés de tous les coins de son très-vaste empire; aux hommes d'un rang inférieur, on distribuait des draps de Frise de toutes couleurs; les gardiens des chevaux, les boulangers et les cuisiniers recevaient des vêtemens de toile, de laine et des couteaux de chasse. Comme il n'y avait plus de pauvres parmi eux, pour se servir des paroles des Actes des Apôtres[1], tous étaient pénétrés de reconnaissance, et les pauvres même, venus couverts de haillons, et charmés d'être vêtus d'habits propres, chantaient dans la grande

[1] Actes des apôt. chap. 1, v. 34.

cour du palais d'Aix-la-Chapelle et sous les arcades que les Latins appellent communément portiques, « Sei-« gneur, faites miséricorde au bienheureux Louis ! » et élevaient leurs voix jusqu'au ciel. Pendant que ceux des soldats qui le pouvaient baisaient les pieds de l'empereur, et que les autres l'adoraient de loin, un certain bouffon dit en plaisantant à César qui se rendait à l'église : « O bienheureux Louis qui, dans un seul « jour, a pu habiller tant de gens, par le Christ, nul « en Europe n'en a vêtu davantage, si ce n'est Atton. » Le monarque demandant comment celui-ci avait pu donner des vêtemens à un plus grand nombre d'hommes, le mime, enchanté d'avoir excité l'étonnement de l'empereur, répondit en riant : « Aujourd'hui il a « fourni beaucoup d'habits neufs[1]. » Cette innocente plaisanterie, le prince la prenant doucement et comme un jeu, et s'apercevant au visage de cet homme qu'il était fou, entra dans l'église avec une humble dévotion, et s'y montra si pénétré d'une pieuse crainte qu'il paraissait avoir le Seigneur Jésus-Christ lui-même devant les yeux de son corps. En tout temps, non par nécessité, mais pour avoir une occasion de faire une largesse, Louis avait coutume de se baigner le samedi et d'abandonner aux gens de sa suite tous les vêtemens qu'il avait quittés, à l'exception de son épée et de son baudrier. Sa générosité s'étendait à un tel point sur les hommes même du plus bas étage, qu'il enjoignit de donner tous les habits qu'il portait à un certain Stracholt, serf, vitrier de Saint-Gall, qui le servait dans ce temps-là. Quelques vassaux, vrais va-

[1] Il est impossible de comprendre quelle allusion faisait le sel de cette plaisanterie.

gabonds, l'ayant appris, dressèrent des embûches à ce pauvre homme sur sa route, dans le dessein de le dépouiller, et comme il leur dit : « A quoi pensez-vous de faire violence au vitrier de César ? » ils lui répondirent : « Nous te permettons de garder ton « office. . . . .

(Ici s'arrête le manuscrit ; on ignore quelle était l'étendue du fragment perdu ; mais il est peu probable qu'il fût très-long.)

DE LA VIE ET DES ACTIONS

DE

LOUIS-LE-DÉBONNAIRE,

PAR THÉGAN.

NOTICE
SUR THÉGAN.

La *Vie de Louis-le-Débonnaire* est le seul ouvrage de Thégan qui soit parvenu jusqu'à nous; mais, à en juger par le langage des contemporains, l'auteur jouissait, au neuvième siècle, d'une grande renommée. Franc d'origine, il se fit remarquer de bonne heure par sa beauté, ses vertus, sa science et son éloquence en prose et en vers : « Nous admirons en toi, dit Walafried Strabon dans un petit poème, tous les dons de l'esprit « du sage, ta doctrine, tes mœurs, tes vers, tes « discours, ton caractère; nous admirons aussi « tous les dons extérieurs de ton corps, ta taille, « ta force, tes mains, tes traits. » Tous ces avantages ne conduisirent pas Thégan à une plus haute fortune que celle de chorévêque de Trèves[1], dignité qu'il reçut de l'archevêque Hetti[2], qui, ne

[1] On appelait *chorévêques* les vicaires chargés de suppléer l'évêque dans l'administration et la surveillance des églises et monastères du diocèse, τυ χωρυ επισκοπει, *villani episcopi*. En l'absence de l'évêque, ils le suppléaient aussi souvent dans la ville épiscopale.

[2] Archevêque de Trèves, de 814 à 851.

résidant pas habituellement dans son diocèse, voulut du moins y être remplacé par un homme distingué. Thégan ne s'occupa que des devoirs de sa charge, de la réforme des mœurs du diocèse de Trèves, et des relations qu'il entretenait avec les savans de son temps. Au milieu des guerres civiles de Louis-le-Débonnaire avec ses fils, il demeura constamment fidèle au parti de l'Empereur, et peut-être même fut-ce pour défendre sa cause qu'il écrivit son histoire. On ne saurait en assigner la date précise; mais il est hors de doute qu'il la composa du vivant de ce prince, puisqu'elle s'arrête à l'an 835, et finit par des vœux pour la prospérité de Louis. Bien que le petit appendice qui s'y trouve joint dans un manuscrit soit de la même main que le corps de l'ouvrage, rien ne prouve qu'on doive l'attribuer à Thégan, qui mourut, à ce qu'il paraît, vers l'an 845 [1].

Nous n'avons son histoire de Louis-le-Débonnaire que dans la forme que lui donna, peu après sa mort, son ami Walafried Strabon, abbé de Reichenau, en la faisant précéder de la petite

---

[1] « On ne doute point, dit dom Rivet, que notre chorévêque ne soit ce Thégambert, qualifié évêque, qui fit, le 25 octobre 844, à l'abbaye de Pruim, la cérémonie de la translation des reliques de saint Chrysanthe et sainte Darie, martyrs, apportées de Rome par l'abbé Markward. » (*Hist. littér. de la France*, tom. 5, p. 46.)

préface qu'on lit à la suite de cette Notice. Bien que la narration de Thégan soit fort courte, elle a toujours été regardée comme un des principaux monumens de cette époque, et elle mérite cette estime, moins par le nombre des faits qu'on y apprend que par quelques réflexions qui nous éclairent sur l'état de la société, et sur quelques-unes des causes secrètes des désordres qui agitèrent le règne de Louis. Le passage où l'auteur se plaint de voir des hommes de basse condition élevés aux premières dignités de l'Église, est écrit avec une verve aristocratique qui semble indiquer le courroux d'un Franc indigné de la haute fortune que font, à la cour, de serviles vaincus. Thégan nous donne aussi, sur le caractère et la vie privée de Louis-le-Débonnaire, quelques détails qu'on ne rencontre point ailleurs.

Cet ouvrage fut publié pour la première fois par Pithou en 1588. Il a été réimprimé dans presque toutes les grandes collections de nos historiens. Le président Cousin en a donné une traduction, souvent fautive, dans son *Histoire de l'Empire d'Occident*.

F. G.

PRÉFACE

DE WALAFRIED STRABON.

Trégan, Franc de nation, chorévêque de l'Église de Trèves, a composé ce petit ouvrage en guise d'Annales, et plutôt briévement et avec sincérité qu'avec élégance. Si, dans quelques réflexions, il parle avec plus d'abondance et de chaleur, comme il convient à un homme d'un cœur vif et noble, c'est qu'il n'a pu taire ce que lui inspirait sa douleur à la vue de l'indignité de certaines personnes de vile condition. Son trop d'amour pour la justice et son affection bien naturelle pour son protecteur, l'Empereur très-chrétien, ont encore redoublé sa douleur. Tel qu'il est et qu'il lui a plu de l'écrire, son ouvrage ne doit point être rebuté pour un peu de rusticité. Nous avons connu nous-même cet homme instruit par d'abondantes lectures, mais livré aux travaux de la prédication et de la réforme des mœurs. Moi, Strabon, j'ai divisé cet opuscule en chapitres, dont je joins ici la liste, afin d'en faciliter la lecture, car je desire de répandre les louanges et l'histoire des actions de l'empereur Louis de sainte mémoire.

(Suit la liste des chapitres qu'il nous a paru inutile de conserver.)

DE LA VIE ET DES ACTIONS
DE L'EMPEREUR
LOUIS-LE-PIEUX[1],
PAR THÉGAN.

Cet ouvrage commence sous l'empire de Notre-Seigneur Jésus-Christ, l'an 813 de son incarnation, et la quarante-cinquième année du règne de cet empereur glorieux et orthodoxe Charles, qui naquit de la race de saint Arnoul, pontife du Christ, comme nous l'avons appris par les traditions de nos pères et comme l'attestent une foule d'historiens.

Saint Arnoul était duc dans sa jeunesse. Il eut un fils, le duc Ansegise. D'Ansegise naquit le duc Pepin l'ancien; de Pepin l'ancien, le duc Charles l'ancien; de Charles l'ancien, Pepin, que le pontife Étienne sacra roi; le roi Pepin donna le jour à Charles, que le pape Léon sacra empereur le jour de la nativité de Notre-Seigneur Jésus-Christ, dans l'église où repose le bienheureux corps du prince des apôtres, saint Pierre.

Dans sa jeunesse l'empereur Charles épousa une jeune fille de la très-noble race des Suèves, nommée

---

[1] C'est le surnom qu'on lui donna de son temps et qui a été remplacé, dans les temps modernes, par celui de *Débonnaire*.

Hildegarde. Elle descendait de Godefroi, duc des Allemands. Le duc Godefroi avait eu pour fils Houtching; de Houtching naquit Nebi; et de Nebi, Emma, qui donna le jour à Hildegarde cette reine bienheureuse. Charles la prit en mariage, et eut d'elle trois fils, dont l'un s'appela Charles du nom de son père; le second, Pepin, fut roi d'Italie, et le troisième, nommé Louis, fut roi d'Aquitaine. Tandis que leur père vivait avec eux, il leur enseignait avec autant de bonheur que de fruit les arts libéraux et les lois humaines.

Mais celui qui était le plus jeune avait toujours appris, dès son enfance, à craindre et à aimer Dieu; tout ce qu'il avait sur lui il le distribuait aux pauvres, au nom de Dieu; car il était le meilleur des fils de l'empereur, de même que, dans les premiers âges du monde, le jeune frère surpassait souvent en mérite son frère aîné. Cette vérité se montre d'abord dans les fils du premier père du genre humain. Le Seigneur, dans son évangile, appela Abel, le Juste. Abraham eut deux fils; mais le second fut meilleur que l'aîné. Jessé eut un grand nombre de fils; mais le dernier, qui était berger, fut, par l'ordre du Seigneur, élu et sacré roi pour gouverner tout Israël; et ce fut dans sa postérité que Christ, promis dès les temps anciens, daigna prendre un corps. Mais il serait trop long d'énumérer tous les exemples semblables.

Louis, dont nous avons parlé plus haut, étant parvenu à l'âge de se marier, épousa la fille d'un noble duc, Ingorramm, neveu du pontife saint Ruthgaud. Elle se nommait Hermengarde. D'après le conseil et le consentement de son père, Louis la fit proclamer reine, et eut d'elle trois fils du vivant même de son père. L'un s'appelait Lothaire, l'autre Pepin, et le troisième Louis, comme son père.

Or l'empereur Charlemagne chérissait ses sujets et les gouvernait avec sagesse. L'an quarante-deux de son règne [1], son second fils Pepin mourut à l'âge de trente-trois ans. L'année suivante [2] il vit encore mourir Charles son premier-né et la reine Hildegarde. Louis resta seul pour succéder à la couronne.

Charlemagne, sentant approcher sa fin (il était en effet très-vieux), fit venir auprès de lui son fils Louis, et convoquant tous les évêques, les abbés, les ducs, les comtes, les vicomtes, eut avec eux une conférence solennelle dans le palais d'Aix-la-Chapelle. Il les exhorta avec douceur et bienveillance à se montrer fidèles envers son fils; puis il demanda à tous les membres de l'assemblée, depuis le plus grand jusqu'au plus petit, s'ils consentaient à ce qu'il laissât son titre, c'est-à-dire le titre d'empereur, à son fils. Tous lui répondirent que c'était l'ordre de Dieu. Cela fait, le dimanche suivant, il se couvrit des ornemens impériaux, mit une couronne sur sa tête, et, s'avançant environné d'une pompe éclatante, comme il convenait à un empereur, il se rendit à l'église qu'il avait lui-même fondée et fait construire. Parvenu au pied d'un autel élevé dans un lieu qui dominait tous les autres autels et consacré à Notre-Seigneur Jésus-Christ, il y fit déposer une couronne d'or, mais non celle qu'il portait sur sa tête. Après avoir long-temps prié avec son fils, il lui adressa la parole en présence de toute la multitude, des pontifes et de ses grands. Il l'exhorta avant tout à craindre et à aimer le

[1] En 813. — [2] En 814.

Dieu tout-puissant, à observer en tout ses préceptes, à bien gouverner l'église de Dieu et à la protéger contre les hommes pervers. Il lui recommanda de montrer une clémence inépuisable envers ses frères et sœurs plus jeunes que lui, envers ses neveux et tous ses proches; ensuite d'honorer les prêtres comme des pères, d'aimer les peuples comme ses enfans, de forcer les hommes superbes et corrompus à marcher dans la voie du salut, enfin d'être le consolateur des religieux et des pauvres. Il lui conseilla de ne choisir que des ministres fidèles et remplis de la crainte de Dieu, qui eussent en horreur les faveurs injustes; de ne dépouiller aucun homme de ses honneurs et bénéfices sans une juste cause, et de se montrer lui-même en tout temps irréprochable aux yeux de Dieu et de tout son peuple. Après avoir ainsi parlé à son fils en présence de la multitude, et ajouté encore bien des paroles, il lui demanda s'il consentait à obéir à ses préceptes. Louis répondit qu'il lui obéirait volontiers, et qu'avec l'aide de Dieu il observerait tous les préceptes que lui avait donnés son père. Alors Charlemagne lui ordonna de soulever de ses propres mains la couronne qui se trouvait sur l'autel et de la placer sur sa tête en mémoire des conseils qu'il venait de lui donner. Louis exécuta l'ordre de son père. Après cette cérémonie, ils entendirent la solennité de la messe et retournèrent au palais. Louis soutint son père en allant et en revenant, tout le temps qu'il se trouva avec lui. Quelques jours après, Charlemagne l'honora de présens magnifiques, et lui permit de retourner en Aquitaine. Avant de se séparer, ils se serrèrent mutuellement dans leurs bras et s'embrassèrent, commençant à pleurer à cause de leur tendre amour. Louis partit pour l'Aquitaine, et le seigneur empereur maintint la gloire de son trône et de son nom d'une manière digne de lui.

Après leur séparation, le seigneur empereur ne fit plus que s'occuper de prières et d'aumônes, et corriger des livres. En effet, l'année qui précéda sa mort, il avait soigneusement corrigé, avec des Grecs et des Syriens, les quatre Évangiles de Jésus-Christ, intitulés *Évangiles selon saint Mathieu, selon saint Marc, selon saint Luc et selon saint Jean*. Mais l'année suivante [1], qui était la quarante-sixième de son règne, il fut saisi par la fièvre au sortir du bain. Chaque jour, la fièvre devenait plus forte; il ne mangeait ni ne buvait rien, si ce n'est quelque peu d'eau pour soutenir son corps. Enfin, le septième jour de sa maladie, il fit venir auprès de lui Hildibald, celui de tous les évêques qui était le plus familier auprès de lui, pour qu'il lui donnât le sacrement du corps et du sang de Notre-Seigneur, et le fortifiât au sortir de la vie. Cela fait, le jour et la nuit qui suivirent, il tomba dans une grande faiblesse. Le lendemain, à la pointe du jour, sachant quel acte il allait faire, il recueillit ses forces, étendit la main droite, et imprima sur son front le signe sacré de la croix, puis se signa sur la poitrine et sur tout le corps. Enfin, rapprochant ses pieds, il étendit ses bras et ses mains sur son corps, et ferma les yeux en chantant à voix basse ce vers : « Seigneur, je recommande et je remets mon ame « entre vos mains [2]. » Aussitôt après il expira en paix,

[1] En 814.
[2] Psaum. 39, v. 6.

plein de jours et après une vieillesse heureuse. Son corps fut enterré le même jour dans l'église qu'il avait bâtie à Aix-la-Chapelle. Il avait vécu soixante-douze ans.

Après la mort du glorieux empereur Charlemagne, Louis quitta l'Aquitaine, se rendit à Aix-la-Chapelle, et prit sans aucune contradiction tous les royaumes que Dieu avait accordés à son père : ce fut la huit cent quatorzième année de l'incarnation de Notre-Seigneur, et la première de son règne. Après son père, il demeura dans le palais d'Aix-la-Chapelle; mais avant tout il se fit montrer tous les trésors de son père, soit en or, soit en argent, soit en pierres les plus précieuses, soit en toute espèce de richesses. Il donna à ses sœurs la portion que leur assignaient les lois, et tout ce qui restait il l'employa pour le repos de l'ame de son père. La plus grande partie du trésor, il l'envoya à Rome, où régnait alors le bienheureux pape Léon, et le reste il le distribua tout entier aux prêtres, aux pauvres, aux étrangers, aux veuves, aux orphelins, ne se réservant rien pour lui-même, si ce n'est une seule table d'argent, dont le milieu avait une triple forme, ce qui la faisait paraître l'assemblage de trois boucliers réunis ensemble ; il ne la conserva que par amour pour son père ; encore la racheta-t-il, en en distribuant la valeur pour le salut de son ame.

Des ambassadeurs vinrent ensuite le trouver de tous les royaumes et provinces, et de chez tous les autres peuples. Tous ceux qui avaient reconnu l'empire de son père lui jurèrent la fidélité et la paix, et, de leur propre mouvement, lui offrirent une soumission volontaire. Parmi eux l'on remarqua les députés des Grecs, avec Amalhaire, évêque de Trèves, qui était ambassadeur de l'empereur Charlemagne, de pieuse mémoire, auprès du prince de Constantinople, dont je n'ai point le nom présent à l'esprit '. A leur arrivée, ils trouvèrent l'empereur Louis assis sur le trône de son père, car Dieu en ordonnait ainsi. Il les accueillit avec bienveillance, reçut leurs présens en leur rendant des actions de grâces, et tant qu'ils restèrent avec lui, il les entretint familièrement. Quelques jours après, il leur fit de grands présens, et leur permit de retourner dans leurs divers pays; mais auparavant il envoya des députés pour leur faire préparer tout ce qu'ils pourraient desirer pour leur usage tant qu'ils se trouveraient dans ses États.

La même année, ce prince ordonna de renouveler tous les décrets qui avaient été rendus du temps de ses ancêtres pour les églises de Dieu, et lui-même les confirma en les signant de sa propre main.

Pendant ce temps-là ², il reçut les ambassadeurs des Bénéventins, qui remirent en son pouvoir tout le territoire de Bénévent, et promirent de payer chaque année plusieurs milliers de pièces d'or comme tribut : ils ont en effet rempli cet engagement jusqu'à ce jour.

Vint en même temps Bernard, fils de Pepin, son frère, qui se livra à lui comme à son seigneur, et lui jura fidélité. Louis le reçut avec bonté, l'honora de présens glorieux et magnifiques, et lui permit de retourner en Italie.

A la même époque, l'empereur envoya des commissaires dans toutes les parties de ses États pour s'informer si quelqu'un se plaignait de quelque in-

' Léon l'Arménien.
² En 814.

justice, ordonnant que quiconque formerait une plainte, et pourrait la prouver par la déposition de témoins véridiques, se présentât aussitôt devant lui avec ses témoins. Dans leur mission, les commissaires trouvèrent une foule d'opprimés dépouillés de leur patrimoine, ou privés de leur liberté; oppressions qu'exerçaient par méchanceté d'injustes gouverneurs, comtes ou vicomtes. L'empereur fit annuler tous les actes que la méchanceté avait suggérés aux gouverneurs injustes pendant la vie de son père. Il rendit aux opprimés leur patrimoine, délivra ceux qui avaient été réduits à une servitude inique, et fit rendre pour toutes ces choses des décrets qu'il confirma en les signant de sa main. Cela dura pendant long-temps.

La seconde année de son règne [1], il tint son plaid général dans le pays des Saxons, où il fit une foule de bonnes choses. Une ambassade des Danois vint l'y trouver pour lui demander la paix. Il reçut aussi les députés de toutes les nations payennes qui sont dans ce voisinage. Bernard, dont nous avons déjà parlé, vint aussi auprès de lui, et il lui permit de retourner une seconde fois en Italie. Enfin, le seigneur Louis, après avoir assuré dans ces contrées les frontières de ses États, revint à Aix, sa demeure, où il passa l'hiver.

L'année suivante [2] il envoya son armée contre les Esclavons établis à l'Orient; elle demeura victorieuse par la grâce de Dieu et accabla entièrement les ennemis. Après cette guerre chacun rentra chez soi.

La même année mourut le pape Léon. Il eut pour successeur Étienne. Celui-ci, en recevant le pontifi-

---

[1] En 815. — [2] En 816.

cat, ordonna au peuple romain de prêter serment de fidélité à Louis. Envoyant ensuite des députés à ce prince, il lui annonça qu'il le verrait avec plaisir dans le lieu qu'il lui plairait d'assigner. A cette nouvelle, Louis ressentit une grande joie, et, rempli d'un vif empressement, il ordonna aussitôt à ses messagers d'aller au devant du saint pontife, de lui rendre les plus grands hommages, et de préparer toutes choses pour son service. Après ses officiers, Louis marcha au devant du pontife et le rencontra dans la vaste campagne de Rheims. Tous deux descendirent de leur cheval. Trois fois le prince se prosterna tout entier aux pieds du pape, et, se relevant à la troisième fois, il le salua par ces paroles : « Bénissons celui qui « vient au nom du Seigneur. Le Seigneur est le vrai « Dieu, et il a fait paraître sa lumière devant nous[1]. » Le pape répondit : « Béni soit le Seigneur notre Dieu, « qui a accordé à nos yeux de voir un second roi Da- « vid. » Ils s'embrassèrent, se baisèrent, et se rendirent amicalement à l'église, où ils firent de longues prières ; à la fin le pape se leva et chanta à haute voix avec son clergé les louanges de l'empereur.

Ensuite le pontife lui fit beaucoup de grands présens ainsi qu'à la reine Hermengarde, à tous ses seigneurs et ses ministres. Le dimanche suivant, avant la solennité de la messe, il le sacra empereur en présence du clergé et de tout le peuple, lui donna l'onction, et plaça sur sa tête une couronne d'or d'une beauté admirable, enrichie des pierres les plus précieuses qu'il avait apportées avec lui. Il donna à la reine Hermengarde le titre d'Auguste, et lui mit aussi

[1] Psaum. 118, v. 24. 25.

sur la tête une couronne d'or. Tant que le bienheureux pape demeura auprès de l'empereur, il s'entretint chaque jour avec lui sur les intérêts de la sainte église de Dieu. A la fin de son séjour, le seigneur empereur l'honora de présens innombrables et magnifiques, trois fois plus grands au moins que ceux qu'il avait reçus de lui; car telle était toujours sa maxime de donner plus qu'il ne recevait. Enfin il le laissa retourner à Rome, le faisant accompagner de députés auxquels il ordonna de le traiter avec distinction pendant toute la route.

Quelques jours après le retour du pape Étienne à Rome, Dieu, par plusieurs miracles, fit voir d'une manière éclatante qu'il était le véritable adorateur du Dieu vivant. Après lui régna le pape Pascal.

En quittant le pape le seigneur empereur retourna à Aix-la-Chapelle, son séjour ordinaire. De jour en jour on voyait briller en lui des vertus sacrées qu'il serait trop long d'énumérer. Il était d'une taille ordinaire; il avait les yeux grands et brillans, le visage ouvert, le nez long et droit, des lèvres ni trop épaisses, ni trop minces, une poitrine vigoureuse, des épaules larges, les bras robustes; aussi pour manier l'arc et lancer un javelot personne ne pouvait-il lui être comparé. Ses mains étaient longues, ses doigts bien conformés; il avait les jambes longues et grêles pour leur longueur; il avait aussi les pieds longs, et la voix mâle. Très-versé dans les langues grecque et latine, il comprenait cependant le grec mieux qu'il ne le parlait. Quant au latin, il pouvait le parler aussi bien que sa langue naturelle. Il connaissait très-bien le sens spirituel et moral des Écritures saintes ainsi que leur sens mystique. Il méprisait les poètes profanes qu'il avait appris dans sa jeunesse, et ne voulait ni les lire, ni les entendre, ni les écouter. Il était d'une constitution vigoureuse, agile, infatigable, lent à la colère, facile à la compassion. Toutes les fois que les jours ordinaires il se rendait à l'église pour prier, il fléchissait les genoux et touchait le pavé de son front; il priait humblement et long-temps, quelquefois avec larmes; toujours orné de toutes les pieuses vertus, il était d'une générosité dont on n'avait jamais ouï parler dans les livres anciens ni dans les temps modernes, tellement qu'il donnait à ses fidèles serviteurs, et à titre de possession perpétuelle, les domaines royaux qu'il tenait de son aïeul et de son bisaïeul. Il fit dresser, pour ces donations, des décrets qu'il confirma en y apposant son sceau et en les signant de sa propre main. Il fit cela pendant long-temps. Il était sobre dans son boire et son manger, simple dans ses vêtemens; jamais on ne voyait briller l'or sur ses habits, si ce n'est dans les fêtes solennelles, selon l'usage de ses ancêtres. Dans ces jours, il ne portait qu'une chemise et des haut-de-chausses brodés en or, avec des franges d'or, un baudrier et une épée tout brillans d'or, des bottes et un manteau couverts d'or; enfin il avait sur la tête une couronne resplendissante d'or, et tenait dans sa main un sceptre d'or. Jamais il ne riait aux éclats, pas même lorsque dans les fêtes, et pour l'amusement du peuple, les baladins, les bouffons, les mimes défilaient auprès de sa table suivis de chanteurs et de joueurs d'instrumens; alors le peuple même en sa présence ne riait qu'avec mesure; et pour lui il ne montra jamais en riant ses dents blanches. Chaque jour avant ses repas il faisait distribuer des aumônes, et partout où il allait il avait avec lui des hôpitaux. Au mois d'août, époque où les cerfs sont le plus gras, il s'occupait à les chasser jusqu'à ce que le temps des sangliers arrivât.

Agissant toujours avec prudence et circonspection, il ne faisait rien sans discernement, si ce n'est qu'il se fiait trop à ses conseillers; ce qui avait pour cause son extrême assiduité à psalmodier ou à lire, et aussi un autre mal dont il n'était pas le premier auteur. Depuis long-temps existait la détestable coutume d'élever les plus vils serviteurs au rang d'évêques; il eut le tort de ne point la faire cesser. C'est pourtant un des plus grands maux qui puissent affliger un peuple chrétien, comme l'atteste le livre des Rois au sujet de Jéroboam, fils de Nabath, qui était serviteur du roi Salomon, et régna après lui sur dix des tribus d'Israël. En effet l'Écriture parle de lui en ces termes : « Jéroboam ne revint point du déréglement de sa « voie toute corrompue; mais il prit au contraire des « derniers du peuple pour les faire les prêtres des « hauts lieux..... Ce fut là le péché de la maison de « Jéroboam, et c'est pour cela qu'elle a été détruite « et exterminée de dessus la terre [1]. » Après que de tels hommes ont atteint le faîte, ils ne sont jamais, comme auparavant, assez doux ni assez familiers pour ne point devenir aussitôt colères, querelleurs, médisans, obstinés, orgueilleux, prodigues de menaces envers tous les sujets; et c'est par de tels moyens qu'ils cherchent à se faire craindre et louer des hommes. Ils s'efforcent d'arracher leurs ignobles parens

---

[1] Rois. liv. 3, chap. 13, v. 33, 34.

au joug d'une servitude faite pour eux, et de leur assurer la liberté. Ils font instruire les uns dans les sciences libérales; ils donnent aux autres des épouses d'une naissance illustre, et forcent les fils des nobles à recevoir la main de leurs parentes. Personne ne peut vivre en paix avec eux, si ce n'est ceux qui ont contracté de pareilles alliances. Les autres passent leurs jours dans la plus grande tristesse, dans les gémissemens et les pleurs. Les parens de ces hommes, aussitôt qu'ils savent quelque chose, se jouent des vieillards nobles et les méprisent; ils sont hautains, légers, sans pudeur; cependant il reste bien peu de bon à l'homme lorsqu'il a dépouillé toute pudeur. Les seigneurs de ces gens-là ne veulent point se conformer à l'Écriture canonique, appelée Concile des Apôtres, car elle donne ce précepte : « Si un évêque « a des parens pauvres, qu'il leur soit donné comme « à des pauvres, pour que les biens de l'Église ne « périssent pas. » Ils ne veulent pas non plus écouter le livre de saint Grégoire, intitulé le *Pastoral*[1]. Personne ne peut savoir comment ces hommes se conduisent, si ce n'est ceux qui souffrent sans relâche de ce triste mal. Aussitôt que ces parens ont appris quelque chose, on les traîne dans les ordres sacrés; ce qui est le péril le plus grand pour l'ame de ceux qui reçoivent ou donnent ainsi cet honneur. Quelques uns, il est vrai, sont instruits; mais la multitude de leurs crimes surpasse encore leur instruction; aussi il arrive la plupart du temps que le pasteur d'une église n'ose poursuivre, selon la justice des ca-

---

[1] Traité des devoirs d'un évêque, composé par saint Grégoire à son avénement à la papauté.

nons, beaucoup de coupables, à cause des crimes de ses parens ; et ce saint ministère devient l'objet d'un mépris presque général, parce qu'il est exercé par de tels hommes. Daigne donc le Dieu tout-puissant, ainsi que les rois et les princes, déraciner et étouffer, maintenant et dans la suite, cet abus funeste, pour qu'il n'exerce plus son influence parmi les chrétiens! Amen!

L'empereur Louis désigna son fils Lothaire pour succéder, après sa mort, à toutes les couronnes que Dieu lui avait accordées par les mains de son père [1], et pour porter le nom d'empereur. A cause de cela, ses autres fils entrèrent en courroux.

La même année Bernard, fils de Pepin, né d'une concubine, écoutant les exhortations d'hommes pervers, se révolta contre son oncle, et voulut le détrôner. De tous côtés, il était entouré de conseillers impies. A cette nouvelle, l'empereur partit d'Aix-la-Chapelle, et arriva à Châlons. Là, vint au devant de lui Bernard avec tous ses coupables conseillers, et ils se recommandèrent à sa bonté. Dans cette même ville, l'empereur célébra la fête de Noël, et de là il retourna à Aix. Après Pâques, il tint une assemblée générale de ses peuples, et rechercha toutes les menées perfides des traîtres dans cette conspiration. On trouva que, parmi les Francs comme parmi les Lombards, plusieurs s'étaient laissés entraîner à la séduction. Ils furent tous jugés et condamnés à mort, à l'exception des évêques, qui plus tard furent déposés sur leurs propres aveux. De ce nombre fut Anselme, évêque de Milan, Wolvod de Crémone, et Théodulf d'Or-

---

[1] En 817.

léans[1]. L'empereur ne voulut point faire exécuter lui-même la sentence capitale portée contre les criminels. Mais ses conseillers firent crever les yeux à Bernard[2], et de même à ceux qui l'avaient exhorté à la rébellion, Eggidéon, Reginhard et Reginhaire. Celui-ci était fils de la fille de Hardrad, duc d'Austrasie, perfide qui long-temps avant avait déjà voulu se révolter contre son souverain Charlemagne, et qui subit le même supplice que son petit-fils et ses partisans.

Bernard mourut trois jours après avoir perdu les yeux. A cette nouvelle l'empereur s'abandonna à une vive douleur, pleura pendant long-temps, se confessa en présence de tous les évêques, et, d'après leur jugement, s'imposa une pénitence pour la seule faute de n'avoir point empêché ses conseillers de commettre cette cruauté. C'est pourquoi il donna beaucoup aux pauvres pour le salut de son ame.

A la même époque, il fit tonsurer ses frères, Drogon, Hugues et Théodoric, afin de prévenir la discorde, et les fit instruire dans les sciences libérales. Dans la suite il les établit d'une manière honorable. Il donna à Drogon un évêché, et à Hugues un monastère.

Le seigneur empereur se porta alors dans le pays des Bretons à la tête d'une armée. Leur duc Morman fut tué, et toute sa terre fut soumise au pouvoir de l'empereur. A son retour il trouva la reine Her-

---

[1] L'évêque Théodulf soutint toujours qu'il était innocent; en vain Modoin, évêque d'Autun, dans des vers qui nous ont été conservés, lui promit le pardon s'il voulait s'avouer coupable; il persista dans sa dénégation.
[2] En 818.

mengarde, malade de la fièvre, et peu de jours après elle mourut en paix.

L'année suivante [1], il épousa la fille du duc Guelf, de la plus illustre race des Bavarois. Elle se nommait Judith, et sortait par sa mère d'une famille très-noble parmi les Saxons. Louis la couronna reine : elle était très-belle. La même année, il tint son plaid général à Ingelsheim, maison royale.

L'année suivante [2], il envoya son armée contre les Esclavons qui habitaient à l'Orient. Leur duc nommé Liudewit fut réduit à fuir, et son territoire fut dévasté. L'armée rentra ensuite dans ses foyers.

L'année suivante [3], il tint son plaid général. Là, Lothaire, son fils, premier né de la reine Hermengarde, épousa la fille du comte Hugues, de la race d'un certain duc nommé Edith, qui était timide par-dessus tous les hommes. En effet, ses domestiques l'avaient tellement effrayé par leurs discours qu'il n'osait quelquefois mettre le pied hors de l'enceinte de sa maison. Déjà se préparait pour Lothaire la rébellion où il devait se laisser entraîner contre son père, par les suggestions de son beau-père et de plusieurs hommes pervers. A cette époque, il se rendit à Worms avec sa femme.

L'année suivante [4], Louis tint son plaid général à Attigni. De là il fit partir pour l'Italie son fils Lothaire avec sa femme Hermengarde. L'empereur quitta aussi Attigni, et vint à Francfort, où il célébra la fête de Noël.

Ensuite il envoya à Rome ses ambassadeurs [5], Adalung, vénérable abbé, et Hunfried, duc de Rhétie, à

---

[1] En 819. — [2] En 820. — [3] En 821. — [4] En 822. — [5] En 823.

cause d'une insulte que le peuple romain avait faite au pape Pascal, en l'accusant d'avoir fait périr plusieurs personnes. Pascal se purifia par le serment dans l'église patriarchale de Saint-Jean-de-Latran, en présence des envoyés de l'empereur et du peuple romain, et accompagné de trente-trois évêques ou prêtres, et de cinq diacres. Aussitôt après le départ des ambassadeurs, Pascal mourut [1]. Le peuple romain ne voulut pas célébrer ses funérailles dans l'église du bienheureux apôtre Saint-Pierre. Enfin le pape Eugène, qui lui succéda, ordonna lui-même d'ensevelir son corps dans le monument qu'il avait fait élever de son vivant.

L'année suivante, l'empereur se porta une seconde fois en Bretagne, et la mit toute entière à feu et à sang, à cause de l'infidélité de ses habitans.

L'année d'après [2], il se trouvait à Aix-la-Chapelle avec une puissante armée ; des députés des Bulgares vinrent lui apporter des présens. Il les accueillit avec bienveillance, et les renvoya dans leur patrie.

L'année suivante [3], il était au château d'Ingelsheim. Le danois Hériold vint l'y trouver. L'empereur le tint sur les fonts baptismaux ; l'auguste impératrice Judith y tint également sa femme. Alors l'empereur lui donna une partie du territoire des Frisons, le gratifia de présens honorables, et le renvoya en paix, suivi de ses députés.

L'année d'après [4], il fit marcher son armée contre les Sarrasins. L'année suivante, il partit d'Ingelsheim, et, après la tenue du plaid général, il se rendit à Commercy.

[1] En 824. — [2] En 825. — [3] En 826. — [4] En 827 et 828.

L'année d'après [1], il alla à Worms, où, en présence de ses deux fils, Lothaire et Louis, il fit donation à son fils Charles, né de l'impératrice Judith, du territoire des Allemands, de la Rhétie et d'une partie de la Bourgogne. Ses deux premiers fils s'irritèrent de ce don, ainsi que Pepin, leur frère.

L'année suivante [2], l'empereur se rendit d'Aix-la-Chapelle à Compiègne. Là, Pepin, son fils, marcha contre lui avec les premiers seigneurs de la cour de son père, Hilduin, archichapelain, Jessé, évêque d'Amiens, Hugues, Mathfrid et une foule d'autres traîtres. Ils voulaient détrôner l'empereur ; mais son fils chéri, qui avait le même nom que lui, déjoua leur conspiration. Ces rebelles impies répandirent contre l'empereur beaucoup de mauvais bruits : ils dirent que la reine Judith avait été violée par un certain duc Bernard, de la famille impériale, et filleul de l'empereur ; mais toutes leurs assertions étaient des impostures. Ils s'emparèrent de la reine Judith, la contraignirent à prendre le voile, l'enfermèrent dans un cloître, et, faisant tonsurer ses frères Conrad et Rodolphe, ils les enfermèrent aussi dans un cloître [3].....

La même année, l'empereur se rendit à Nimègue, ville située sur le fleuve appelé Wahal ; une multitude de personnages de tous ses États vint l'y trouver. Parmi eux étaient ses ennemis ; il les surmonta tous, les renvoya et leur pardonna. Son fils Lothaire lui jura fidélité, et s'engagea à ne plus commettre jamais de telles choses. Dans cette même ville, Jessé fut déposé par le juste jugement des évêques. Le fils de

---

[1] En 829. — [2] En 830.
[3] Il manque ici quelques phrases.

l'empereur, celui qui portait le même nom que lui, y était aussi, et il fut toujours le soutien de son père dans tous ses malheurs. De Nimègue, l'empereur revint à Aix. Son épouse Judith vint au devant de lui; il la reçut avec honneur [1], conformément aux instructions du pape Grégoire et au jugement des autres évêques.

L'année suivante [2], il se rendit à Thionville avec ses fils Lothaire et Louis. Là, le duc Bernard se purgea de l'accusation d'adultère, personne ne s'étant présenté pour soutenir par les armes cette imputation.

L'année suivante [3], après Pâques, l'empereur apprit que son fils Louis avait voulu, par le conseil de Lothaire, venir le voir en ennemi. Il vint en effet jusqu'à l'abbaye de Saint-Nazaire, et y resta quelque temps, jusqu'à ce que son père, venant à Mayence, rassemblât son armée et le poursuivît. Alors il retourna dans son palais, et y attendit l'arrivée de son père, résolu de se défendre. Son père, lorsqu'il fut arrivé, le fit venir auprès de lui, le reçut avec bonté, et eut avec lui un entretien pacifique. Quelques jours après, ils se séparèrent pleins de joie et de tendresse. Le fils resta chez lui; le père retourna en France.

Lorsqu'il fut arrivé à Francfort, son fils Lothaire vint au devant de lui, lui demandant d'être admis à se justifier, et affirmant que ce n'était ni par sa volonté ni par ses conseils, que son frère avait tour-

---

[1] En 831.
[2] Ce fut la même année.
[3] En 832.

menté son père ; mais plusieurs personnes ont su à quel point ceci était vrai.

Tandis que le roi demeurait à Francfort, il apprit que son fils Pepin voulait faire un soulèvement contre lui ; aussitôt il marcha contre Pepin, et, arrivé à Limoges, il lui ordonna de se rendre en France avec sa femme et ses enfans. En recevant l'ordre de son père, Pepin se rendit d'abord jusqu'au palais de Théotwad; mais de cette ville il retourna en Aquitaine. L'empereur quitta Limoges, et retourna à Aix, sa demeure ordinaire; il y demeura peu de temps, et se rendit à Worms avant le saint temps de Carême.

Après Pâques[1], il apprit de nouveau que ses fils voulaient venir à lui avec des intentions peu pacifiques. Il assembla une armée, et marcha contre eux jusqu'à cette vaste plaine qui se trouve entre Bâle et Strasbourg, et qui jusqu'à ce jour a été appelée le Champ-du-Mensonge, parce que là périt la fidélité de bien des sujets. Les fils de l'empereur allèrent au devant de lui avec le pontife Grégoire; mais Louis ne voulut consentir à aucune demande de ses fils. Quelques jours après, le pape et l'empereur en vinrent à une entrevue. Elle ne dura pas long-temps. Le pontife fit à Louis des présens innombrables et magnifiques. Lorsque l'un et l'autre fut retourné dans sa tente, l'empereur envoya au pontife de riches présens par le vénérable abbé Adalung. Alors quelques-uns des serviteurs de l'empereur formèrent le dessein de l'abandonner, et de passer du côté de ses fils, d'abord ceux qui l'avaient déjà offensé, ensuite les autres. Une certaine nuit, la plupart d'entre eux quit-

[1] En 833.

tèrent le père, et, abandonnant leurs tentes, ils se rendirent auprès des fils. Le lendemain, le petit nombre de ceux qui étaient restés auprès de l'empereur allèrent le trouver, et il leur dit : « Allez à mes « fils ; je ne veux pas que personne perde pour moi « la vie ni même un membre. » Ceux-ci le quittèrent en versant un torrent de larmes. Déjà ses fils l'avaient séparé de sa femme, et la retenaient, protestant que ce n'était ni pour la mettre à mort, ni pour lui faire aucun mal. Ils envoyèrent aussitôt Judith en Italie, dans la ville de Tortone, et l'y firent garder. Peu de temps après, ils s'emparèrent de la personne de leur père, et l'emmenèrent avec eux ; ensuite ils se séparèrent : Pepin se rendit en Aquitaine, Louis en Bavière.

Lothaire conduisit son père au palais de Compiègne, et là, réuni aux évêques et à plusieurs autres seigneurs, il le persécuta cruellement. En effet, les évêques lui ordonnèrent de s'enfermer dans un monastère, et d'y passer le reste de ses jours. Il s'y refusa et résista à leur volonté. Tous les évêques lui furent ennemis, et surtout ceux qu'il avait tirés d'une condition servile pour les élever aux honneurs, ainsi que ceux qui, nés de nations barbares, étaient parvenus à cette haute dignité.

Alors ils choisirent un homme aussi impudent que cruel, nommé Ebbon, évêque de Rheims, sorti d'une famille de serfs, pour affliger cruellement le malheureux empereur par les calomnies des autres rebelles. Ils dirent des paroles, ils firent des choses inouies ; chaque jour ils l'accablaient de reproches. Ils lui enlevèrent du côté son épée, (par le jugement de ceux qui étaient ses serviteurs, le couvrirent d'un cilice. Ce fut alors que s'accomplit la parole du prophète Jérémie qui dit : « Des esclaves nous ont dominés [1]. » Oh! de quelle manière, Ebbon, tu récompensas ton empereur! il t'a donné la liberté, non la noblesse, car cela est impossible pour qui a reçu la liberté; il t'a revêtu de la pourpre et du manteau épiscopal, et tu le revêts du cilice; il t'a élevé au faîte des honneurs pontificaux, et tu veux, par un inique jugement, le faire descendre du trône de ses pères! Cruel, que n'as-tu connu le précepte du Seigneur! « L'es« clave n'est point au dessus de son seigneur [2]. » Pourquoi as-tu méprisé les préceptes de cet apôtre qui fut ravi au troisième ciel pour apprendre parmi les anges ce qu'il devait ordonner aux hommes, en ces termes : « Que tout le monde soit soumis aux « puissances supérieures, car il n'y a point de puis« sance qui ne vienne de Dieu [3]? » Un autre apôtre dit aussi : « Craignez Dieu, honorez le roi; serviteurs, « soyez soumis à vos maîtres avec toute sorte de res« pect, non seulement à ceux qui sont bons et doux, « mais même à ceux qui sont rudes et fâcheux, car « cela est agréable à Dieu [4]. » Mais toi, tu n'as point craint Dieu, tu n'as point honoré ton roi. Si, en observant ces préceptes, on acquiert la grâce de Dieu, assurément on s'attirera sa colère en les méprisant. Cruel, quel fut ton conseiller ou ton guide? N'était-ce point celui qui est le roi de tous les enfans de

---

[1] Jérémie, *Lamentations*, ch. 5, vers. 8.
[2] Év. sel. S. Matth. chap. 10, v. 24.
[3] Épît. de S. Paul aux Rom. ch. 13, v. 1.
[4] Ire Épît. de S. Pierre, ch. 2, v. 17, 18.

l'orgueil, celui qui dit à son Créateur : « Je vous
« donnerai toutes ces choses si, en vous prosternant
« devant moi, vous m'adorez ¹ ? » O Seigneur Jésus,
où était ton ange exterminateur qui, dans une seule
nuit, fit périr tous les premiers nés de l'Égypte, ou
celui qui, d'après le témoignage du prophète Isaïe,
extermina cent quatre-vingt-cinq mille infidèles dans
le camp des Assyriens, commandés par l'impie Sennachérib ; ou celui qui frappa le jeune Hérode au milieu de son discours, et fit aussitôt fourmiller la vermine dans son corps ? Et toi terre qui portais le traître
à cette époque, que n'as-tu entr'ouvert tes gouffres
pour l'engloutir, comme tu l'avais fait jadis pour Dathan et Abiron ? Tu n'as point connu la loi de ta propre
Église, qui dit : « Le fourrage, le bâton et la charge
« à l'âne ; le pain, la correction et le travail à l'es-
« clave ². » Le prophète Zacharie t'a fait une prédiction en disant : « Vous mourrez, parce que vous vous
« êtes servis du nom du Seigneur pour proférer des
« mensonges ³. » Dieu a fait voir ta méchanceté, et a
conservé à l'empereur son trône et sa gloire. Cruel,
ton jugement canonique est encore imparfait ; il devait être plus rigoureux pour augmenter ton ignominie. Des chevriers furent tes parens, et non des conseillers de roi. Par ton jugement conforme à celui
des autres, tu avais déposé Jessé du sacerdoce ; tu le
rappelles maintenant à son ancien rang. Ou ton jugement était faux alors, ou il l'est maintenant ; tu as
imité celui dont le poète dit au sixième livre de l'Énéide :

---

¹ Év. sel. S. Math. ch. 4, v. 9.
² Ecclésiastique, chap. 33, v. 25.
³ Zacharie, chap. 13, v. 3.

« Phlégyas, le plus malheureux de tous, avertit
« ces hommes, et au milieu des ténèbres, répète ce
« précepte à haute voix : Apprenez par mon exem-
« ple à respecter la justice et les dieux : celui-ci a
« vendu sa patrie, et fait peser sur elle le joug d'un
« tyran ; celui-là fit et abrogea les lois, au prix de
« l'or. »

Que puis-je te dire de plus? Eussé-je une langue de
fer ou des lèvres d'airain, je ne pourrais encore
exposer ni dénombrer tes méchancetés. Quiconque
entreprendrait de chanter tes crimes dans ses vers,
pourrait peut-être surpasser le chantre de Smyrne,
l'antique Homère, ou le poète du Mincio, Virgile,
ainsi qu'Ovide. Mais les épreuves que ce pieux monarque eut à subir de la part des plus pervers des
hommes, semblent n'avoir eu pour objet que de
prouver sa bonté, comme jadis la patience de Job. Il
y avait pourtant une grande différence entre les persécuteurs de l'un et de l'autre. Ceux qui insultaient
à Job étaient des rois, comme on le lit au livre de
Tobie ; mais ceux qui affligèrent l'empereur étaient,
d'après les lois, ses serviteurs, et l'avaient été de ses
pères.

De Compiègne, ils conduisirent ce prince si pieux
à Aix-la-Chapelle. A cette nouvelle, son fils qui portait le même nom que lui, quitta la Bavière, vivement indigné des affronts faits à son père. A son arrivée à Francfort, il envoya aussitôt des députés,
l'abbé Gombaud et le comte palatin Murhard, pour
demander et ordonner que l'on rendit envers son
père une sentence plus humaine. Son frère Lothaire
n'accueillit point sa députation avec bienveillance,

Au retour de ses députés, Louis aussitôt en envoya d'autres à son père ; mais il leur fut défendu de le voir.

Lothaire partit ensuite d'Aix-la-Chapelle et se rendit à Mayence, où son frère vint le trouver. Ils eurent ensemble un entretien, où régna bien peu d'accord, parce que tous ceux que Lothaire avait à sa suite étaient rebelles à l'empereur ; au contraire, ceux qui étaient avec Louis étaient aussi fidèles à son père qu'à lui-même. De Mayence, Lothaire retourna à Aix-la-Chapelle, et y célébra la fête de Noël en retenant toujours son père prisonnier.

Après le saint jour de l'Épiphanie [1], Louis envoya de nouveau des députés à son père : c'étaient le vénérable Grimoald, abbé et prêtre ; et Gebhard, duc aussi illustre que fidèle. Ils se rendirent à Aix. Lothaire consentit à leur laisser voir son père, mais en présence d'espions, dont l'un s'appelait l'évêque Otgar ; l'autre était le perfide Richard. En présence de l'empereur, les députés se prosternèrent humblement à ses pieds, et le saluèrent au nom de son fils Louis. Ils ne voulurent point lui dire les choses secrètes dont ils étaient chargés, à cause de la présence des espions ; mais par quelques signes ils lui firent comprendre que son fils ne consentirait jamais au supplice de son père.

Aussitôt après le départ de ces envoyés, Lothaire força son père à l'accompagner à Compiègne. Celui-ci se conformant à la volonté de son fils le suivit. En apprenant cette violence Louis rassembla une armée et les poursuit. Il les avait presque atteints, lorsque

[1] En 834.

Lothaire rendit la liberté à son père, et s'éloigna de lui avec ses conseillers impies. Louis se rendit alors auprès de l'empereur, le traita avec distinction, le ramena à Aix dans son palais, et, par la volonté de Dieu, le rétablit sur son trône et dans son pouvoir. Ils célébrèrent ensemble la sainte fête de Pâques. A cette nouvelle, Ebbon prit aussitôt la fuite ; mais il fut arrêté et amené de force en présence de l'empereur qui le fit mettre en prison.

La même année, qui était la vingt-unième de son règne, l'empereur accorda son pardon à tous ceux qui avaient été forcés de l'abandonner. Et il l'accorda sans peine ni chagrin, lui qui était le plus pieux des empereurs ; car, en pardonnant à ses ennemis, il accomplit ce précepte de l'Évangile, qui dit : « Pardonnez, et on vous pardonnera. » Dieu prépare de grandes et glorieuses récompenses à celui qui obéit à ce précepte. En effet, il châtie ceux qu'il aime, et envoie des afflictions à celui qu'il veut recevoir comme son fils ; et quiconque ne supporte point avec patience ses châtimens, ne peut devenir son fils.

Mais ce que l'empereur doit surtout empêcher, c'est que des esclaves ne deviennent ses conseillers. S'ils y parviennent, toutes leurs manœuvres ont pour but d'abaisser les nobles, tous leurs efforts de s'élever eux-mêmes avec leurs vils parens. Cet abus ne convient point à la sainte dignité impériale ; aussi du temps de son auguste père, arrivait-il rarement qu'un homme de cette sorte parvînt aux honneurs : qui plus est, ce prince déployait la plus grande sévérité pour comprimer leur orgueil. Et il faut maintenant imiter son exemple, d'autant que l'empereur s'est montré le plus doux des princes. Si ces hommes l'ont persécuté ainsi, lui qui leur avait prodigué toute sa bonté, lorsqu'ils en étaient indignes, est-il besoin de demander quelle doit être leur conduite envers leurs inférieurs ?

Louis, après son rétablissement, envoya des députés fidèles en Italie pour lui ramener sa femme, si souvent opprimée par des calomnies. Ils allèrent la trouver, la traitèrent avec honneur, et, au milieu des fêtes et de la joie, la ramenèrent auprès de l'empereur qui était alors dans le palais d'Aix-la-Chapelle.

Cependant Lothaire demeurait dans la ville de Châlons. Là, il commettait toute sorte de crimes, dépouillant les églises de Dieu, arrêtant partout où il pouvait les sujets fidèles de son père, excepté les ambassadeurs, et les faisant conduire au supplice. Qui plus est, il fit enfermer dans un tonneau une religieuse nommé Gerbich, sœur du duc Bernard, et la fit jeter dans la Saône; fleuve dont Virgile dit : « le Parthe boira les eaux de la Saône, ou le Ger- « main celles du Tigre. » Après avoir fait long-temps subir de mauvais traitemens à cette femme, il la fit périr d'après le jugement de ses conseillers impies ; accomplissant cette prophétie des psaumes : « Vous serez saint avec celui qui est saint, et per- « vers avec celui qui est pervers [1]. »

L'empereur envoya ensuite comme députés à Lo-

[1] Thégan fait ici une fausse application de ce passage où le psalmiste dit, en parlant de Dieu : « Vous serez, Seigneur, saint avec celui qui est saint, et innocent avec l'homme qui est innocent ; vous serez pur et sincère avec celui qui est pur et sincère ; et à l'égard de celui dont la conduite n'est pas droite, vous userez d'une espèce de dissimulation et de détour. » Psaum. 17, v. 28, 29.

thaire, le vénérable abbé Markward et d'autres fidèles, porteurs de lettres d'exhortation, dans lesquelles il l'avertissait de se souvenir surtout du Dieu tout-puissant et de ses préceptes, afin de se détourner de la voie de perdition où il marchait, et de comprendre combien il est insensé de mépriser les préceptes de Dieu ; car, entre autres commandemens, Dieu donne celui-ci : « Honorez votre père et votre mère [1] ; et « celui qui aura maudit son père ou sa mère sera puni « de mort [2]. » Et il ne nous a pas donné ce commandement par les prophètes ou les apôtres ; mais en l'écrivant lui-même, il a ordonné de l'observer, et il montre dans le livre du Deutéronome combien il est grave de le négliger. « Si un homme a un fils rebelle « ou insolent, qui ne se rende au commandement ni « de son père ni de sa mère, et qui, en ayant été repris, « refuse avec mépris de leur obéir, ils le prendront, « le mèneront aux anciens de la ville et à la porte « où se rendent les jugemens ; et ils leur diront : Voici « notre fils qui est un rebelle et un insolent ; il mé- « prise et refuse d'écouter nos remontrances, et il « passe sa vie dans les débauches, dans la dissolution « et dans la bonne chère : alors le peuple de cette « ville le lapidera, et il sera puni de mort, afin que « vous ôtiez le mal du milieu de vous [3]. »

Lothaire après avoir parlé à ces envoyés, accueillit leur députation avec dureté et les menaça ; mais l'effet de ses menaces ne s'est pas encore accompli et ne s'accomplira pas. Les députés le quittèrent et revinrent

[1] Exode, chap. 20, v. 12.
[2] *Ibid.* chap. 21, v. 17.
[3] Deutéron. chap. 21, v. 18—21.

vers l'empereur lui annonçant ce qu'ils avaient vu et entendu. Alors son père, gémissant sur lui, rassembla une suite nombreuse, et se dirigea vers le lieu qu'il connaissait comme sa demeure. Ses autres fils vinrent au devant de lui, Pepin de l'Occident, Louis de l'Orient, l'un et l'autre suivis d'une troupe nombreuse, par égard pour leur père. Louis s'approcha de la ville d'Orléans où était Lothaire avec ses séducteurs impies, dont nous avons parlé plus haut; celui-ci ne voulut point se rendre aux exhortations de son père, et pendant la nuit il s'éloigna comme en prenant la fuite. L'empereur envoya des députés après lui, Baradad évêque saxon, Gebhard noble duc, et Béranger, homme sage, son proche parent. Ils allèrent le trouver; et aussitôt l'évêque Baradad lui ordonna, au nom de Dieu et des saints, de renoncer à la société de ses séducteurs, pour qu'il fût permis aux fidèles de l'empereur de lui montrer quelle était, au sujet de ces discordes, la volonté de Dieu. Lorsque l'évêque eut accompli sa mission, les ducs signifièrent à Lothaire les ordres dont ils étaient chargés. Lothaire les pria de sortir un moment, mais les rappela aussitôt, leur demandant leurs conseils sur toute sa conduite. Ils l'engagèrent à se rendre avec ses séducteurs en présence de son père, lui garantissant la paix. Lothaire leur promit de s'y rendre avec eux. Les députés revinrent ensuite vers l'empereur et lui annoncèrent ce qui s'était passé.

Lothaire se rendit au lieu où l'empereur son père était assis dans son pavillon, qui s'élevait dans une vaste plaine, à la vue de toute l'armée; ses fils qui lui étaient restés fidèles étaient assis à côté de lui. Il se prosterna aux pieds de Louis, et après lui ainsi fit son beau-père Hugues-le-Peureux. Alors Mathfried et tous les autres chefs de la rébellion imitèrent leur exemple, et en se relevant ils avouèrent qu'ils étaient grandement coupables. Lothaire jura ensuite fidélité à son père, s'engageant à obéir à tous ses ordres, à se rendre en Italie, à y demeurer, et à ne point en sortir sans la permission de son père. Tous les autres répétèrent son serment; et Louis, le plus pieux des hommes, leur accorda un pardon entier, s'ils voulaient l'observer. Il leur permit de posséder leur patrimoine et tout ce qu'ils avaient, excepté ce qu'il leur avait donné de sa propre main. Ils se séparèrent alors, et Lothaire se rendit en Italie avec ses partisans; aussitôt Mathfried, qui avait attisé le feu de ces discordes, mourut ainsi que plusieurs autres; ceux qui survécurent furent attaqués de la fièvre.

L'empereur s'en retourna ensuite, et vint à Thionville où il passa tout l'hiver. L'année suivante[1], après la fête de Noël, il tint une assemblée générale des peuples. L'on y vit venir Ebbon, le plus grossier des paysans, que les autres évêques n'osèrent écarter avec fermeté, craignant qu'il ne les trahît. Ils lui conseillèrent de convenir qu'il était absolument incapable du ministère sacerdotal. Il le fit, et fut simplement renvoyé. Il est nécessaire de blâmer cette conduite, parce qu'il valait mieux exécuter sur cet homme le juste jugement des saints pères, que de montrer une fausse piété sous le voile de la religion.

La même année l'empereur se rendit à Lyon où ses

[1] * En 835.

deux plus jeunes fils, Pepin et Louis, vinrent au devant de lui. Il y demeura avec ses fils jusqu'à ce que ses envoyés se fussent rendus en Italie auprès de Lothaire. L'empereur revint ensuite de Lyon à Aix-la-Chapelle, Pepin retourna en Aquitaine, Louis se rendit du côté de l'Austrasie.

La même année Bérenger, ce duc aussi fidèle que sage, mourut en voyage. L'empereur le pleura long-temps avec ses fils. Cette année est la vingt-troisième du règne du puissant empereur Louis-le-Pieux. Daigne le Dieu dont le nom est béni dans tous les siècles, le conserver et le protéger long-temps dans cette vie où il restera pour le bonheur du monde, et l'admettre dans les temps suivans à la société de tous ses saints! Ainsi soit-il![1]

La vingt-troisième année de son règne l'empereur eut, au mois de mai, une conférence avec ses fidèles dans le château royal de Thionville. On y vit venir d'Italie les députés de Lothaire, l'abbé Wala, le perfide Richard et le fidèle Eberhard avec plusieurs autres, pour lui annoncer que son fils viendrait avec plaisir auprès de lui, s'il pouvait le faire en sûreté. Alors quelques évêques et d'autres seigneurs lui promirent sécurité, sous la foi du serment, si ses fautes n'y mettaient obstacle. L'empereur annonça une assemblée générale qui devait avoir lieu dans la ville de Worms, et ordonna à Lothaire de s'y rendre au milieu du mois de septembre. Lorsqu'au jour marqué, l'empereur arriva à Worms avec une cour nombreuse et suivi de

---

[1] Ce qui suit est un appendice qui se trouve à la fin d'un manuscrit de l'ouvrage de Thégan, écrit de la même main.

ses deux fils, Pepin et Louis, avec leur armée, les députés de Lothaire vinrent de nouveau le trouver, pour lui annoncer que, dans l'intervalle, leur maître avait été violemment attaqué de la fièvre, et qu'il lui avait été impossible de venir. La même année Wala mourut ainsi que plusieurs traîtres. La même année aussi, Hetti, le bienheureux archevêque de Trèves, inspiré par un ordre divin, transporta le corps de saint Castor du lieu où il reposait auparavant, et qui se nommait Caradona, vers un nouveau lieu appelé Conflans[1], où la Moselle se jette dans le Rhin, et le déposa dans un monastère qu'il y avait fondé d'après l'ordre que saint Materne lui en avait donné dans un songe. Ce fut le jour de la Saint-Martin que le corps arriva en grande cérémonie à Conflans. Le lendemain, qui était un dimanche, l'archevêque consacra l'église en l'honneur de saint Castor et de tous les saints confesseurs. Après la consécration, il prit le saint corps et le plaça dans l'église avec tous les honneurs qu'il méritait. Le huitième jour après la consécration, qui était le 19 novembre, et aussi un dimanche, l'empereur vint au monastère avec sa femme et ses enfans, et, après la solennité de la messe, y fit de riches offrandes en or et en argent. Il y resta deux jours et deux nuits. L'archevêque l'honora lui, sa femme, ses enfans et toute sa suite, de présens innombrables. Le seigneur Louis retourna à Aix-la-Chapelle et y resta tout l'hiver.

La vingt-quatrième année de son règne, l'empereur annonça qu'il voulait se rendre en Italie, à la tête de toute son armée, avec ses fils Pepin et Louis,

---

[1] Coblentz.

et il plaça en plusieurs endroits des garnisons contre les Danois. Mais ces mêmes Danois s'avancèrent sur une flotte contre une des garnisons, et massacrèrent une foule innombrable de chrétiens. Là périrent Hemming, duc très-chrétien, issu du sang Danois, Ecchard, autre duc, et une foule de seigneurs de l'Empire. Quelques uns furent aussi faits prisonniers, mais rachetés plus tard. A la nouvelle de ce désastre, l'empereur renonça au voyage qu'il avait annoncé, et retournant au château de Gondolf, il se rendit avec toute son armée à Nimègue, ville située sur le Wahal.

FIN DE LA VIE DE LOUIS-LE-DÉBONNAIRE.

VIE

DE

LOUIS-LE-DÉBONNAIRE,

PAR

L'ANONYME DIT *L'ASTRONOME.*

NOTICE

SUR

L'ANONYME DIT *L'ASTRONOME*,

AUTEUR DE LA VIE DE LOUIS-LE-DÉBONNAIRE.

Il n'y a rien à dire sur cet écrivain, car il ne reste de lui aucun souvenir, si ce n'est son ouvrage, le récit le plus complet que nous possédions du règne de Louis-le-Débonnaire. Quoique l'un des manuscrits de cette histoire, peut-être même le plus ancien, ne contienne pas la phrase où l'auteur dit qu'il fut l'un des deux astronomes consultés par Louis-le-Débonnaire sur la comète qui apparut en 837, sa qualité de contemporain n'est pas douteuse; elle est attestée par sa préface, par plusieurs passages de son livre, et par l'affection très-décidée qu'il porte à Louis, comme à un patron dont il connaissait bien le caractère et avait ressenti la bonté. Au dire de Pierre Delalande, dans ses *Supplémens aux Conciles des Gaules*, un manuscrit du monastère de Saint-Tron lui donne le nom de Luitwolf; mais aucun autre témoignage ne confirme cette assertion. On ne sait d'ailleurs aucun détail sur sa vie, ni le lieu ou l'époque de sa mort.

Malgré la confusion de sa chronologie, dans ce qui se rapporte au règne de Louis en Aquitaine, et quelques erreurs qui se rencontrent dans le récit même des faits auxquels l'Anonyme avait assisté, son ouvrage fait mieux connaître qu'aucun autre, non seulement les événemens de ce règne, mais le caractère de Louis, bon de nature, moral d'intention, et dont les torts comme les malheurs vinrent uniquement de ce qu'il était roi et fils d'un grand roi. Les historiens modernes, qui ont traité le monarque avec un mépris bien légitime, ont rarement accordé à l'homme assez d'estime et de pitié.

Reuber publia le premier, en 1584, un fragment de cet ouvrage, à partir de l'an 829. Il parut en entier, en 1588, par les soins de Pithou, et a été réimprimé depuis dans toutes les grandes collections d'historiens publiées en Allemagne ou en France. Le président Cousin en a donné une traduction dans son *Histoire de l'Empire d'occident*.

F. G.

PRÉFACE DE L'AUTEUR.

Lorsque les actions bonnes ou mauvaises des anciens, et surtout des princes, sont mises en récit, elles offrent à ceux qui les lisent une double utilité; les unes servent à leur édification et à leur réforme, les autres les dressent à la prudence. En effet, les grands, qui dominent comme des rochers élevés, ne peuvent, à cause de cela, rester cachés; leur renommée se répand d'autant plus loin qu'elle est, dans une plus grande étendue, l'objet des regards; et le nombre de ceux qui sont entraînés par leurs bons exemples est d'autant plus grand que chacun se fait gloire d'imiter ceux qui sont plus élevés. C'est une chose que nous apprennent les monumens que nous ont laissés ceux qui se sont appliqués, avant nous et par leurs récits, à instruire la postérité du chemin que chaque prince s'est frayé dans la vie. En imitant leur dessein, nous ne voulons ni déplaire aux vivans ni porter envie à ceux qui viendront après nous; mais nous voulons, quoiqu'en style moins savant, raconter les actions et la vie du très-aimé de Dieu et très-orthodoxe empereur Louis. J'avoue, en effet, et je le dis sans artifice et sans flatterie, que le talent, je ne dis pas le mien qui est bien peu de chose, mais celui des grands auteurs, succombe en une telle matière. L'autorité divine nous apprend que la Sainte Sagesse enseigne et la sobriété, et la sagesse, et la justice, et le courage, lesquelles choses sont tout ce qu'il y a de plus doux pour l'homme dans la vie. Or ce prince s'entoura si constamment du cortége de toutes ces vertus, qu'on ne saurait dire celle qu'il faut le plus admirer en lui. Car quoi de plus sobre que sa sobriété, laquelle se nomme autrement frugalité ou tempérance ? Il la pratiqua si constamment qu'il avait toujours à la bouche ce proverbe ancien et connu en tous lieux : *Rien de trop.* Il se plaisait aussi dans cette sagesse que lui avait enseignée l'Écriture en disant : « La crainte du Seigneur, c'est la sagesse même[1]. » Ils peuvent attester son amour pour la justice ceux qui ont vu le zèle dont il s'enflammait pour obtenir que chaque homme satisfît aux devoirs de sa condition, aimât Dieu pardessus toutes choses et son prochain comme soimême. Enfin le courage lui était tellement naturel, qu'au milieu des injustices aussi bien domestiques qu'étrangères dont il fut assailli, jamais son ame, invincible sous la protection divine, ne put être brisée par le poids de ses maux. La seule faute où ses envieux lui reprochent

---

[1] Job, chap. 28, v. 28.

d'être tombé, est un excès de clémence. Nous cependant nous leur dirons avec l'apôtre : « Pardonnez-lui ce tort¹. » Au reste, celui qui lira ceci pourra reconnaître si ce reproche est ou non mérité.

Ce que j'ai écrit pour arriver jusqu'aux temps de l'Empire, je l'ai appris du récit du très-noble et très-dévot moine Adhémar, qui vécut contemporain de ce prince, et fut élevé avec lui². Pour le temps qui suit, ayant assisté aux événemens arrivés dans le palais, j'ai rapporté ici tout ce que j'ai vu ou pu apprendre.

---

¹ II⁰ Épît. de S. Paul aux Corinth. chap. 12, v. 13.
² C'est très-probablement d'Éginhard qu'il veut parler ; le nom aura été corrompu par quelque copiste ; il y a beaucoup d'exemples de corruptions semblables.

VIE

DE

LOUIS-LE-DÉBONNAIRE,

PAR

L'ANONYME DIT *L'ASTRONOME*.

Le plus renommé des rois, Charles, qu'on ne peut mettre au dessous d'aucun prince de son temps, ayant, après la mort de son père et la fin malheureuse de son frère Carloman, pris seul le gouvernement du peuple et du royaume des Francs, pensa qu'il s'ouvrirait une source intarissable de salut et de prospérité, si, fortifiant la paix et la concorde de l'Église, il resserrait parmi les fidèles les liens de l'union fraternelle, exerçait sur les rebelles une sévère justice, portait en même temps ses secours à ceux qu'opprimaient les payens, et réduisait enfin, quelque effort qu'il en coûtât, les ennemis mêmes du nom chrétien à reconnaître et confesser la vérité. Consacrant donc à l'exécution de ces desseins le commencement de son règne, et les mettant sous la protection de Jésus-Christ pour qu'il les affermît, Charles, après avoir établi en France, avec le secours de Dieu, l'ordre qu'il crut utile d'y laisser, passa dans l'Aquitaine qui méditait de nouvelles guerres, soulevée par le tyran Hunold prêt à marcher en armes [1]. Mais la terreur qu'il inspira força ce même Hunold à lui abandonner l'Aquitaine, et à fuir de retraite en retraite pour sauver sa vie.

Cette expédition terminée, et les affaires publiques et privées mises en ordre, selon l'occurrence, Charles laissa la très-noble et très pieuse reine Hildegarde, enceinte de deux jumeaux, dans un château royal, appelé Chasseneuil, et traversa la Garonne qui coule et sert de limite entre l'Aquitaine et la Gascogne, contrées qui étaient passées sous sa puissance quand le prince Loup se donna à lui avec tout ce qui lui appartenait. Là, ayant encore exécuté tout ce que lui dictèrent l'occasion et l'utilité du moment, il résolut de franchir le passage difficile du mont Pyrénée, et d'aller en Espagne secourir l'Église affligée sous le joug barbare des Sarrasins. Or ce mont qui atteint presque le ciel par sa hauteur, qui est hérissé de rochers à pic, de forêts épaisses et sombres, dont la route ou plutôt le sentier est si resserré qu'à peine est-il possible, non seulement à une armée, mais même à un très-petit nombre de voyageurs d'y trouver passage, fut cependant, avec le secours de Jésus-Christ, franchi heureusement par le roi. En effet, ce prince dont le cœur était agrandi par les desseins que Dieu lui inspirait, ne pouvait rester au dessous de Pompée, ni montrer moins d'ardeur qu'Annibal, qui tous deux, à travers les fatigues et les périls qu'ils partagèrent avec leurs soldats, surent jadis triompher des difficultés du passage. Mais ce premier bonheur, s'il est permis de le dire, fut souillé par un retour perfide et inattendu de l'inconstante fortune. Car, après qu'on eut fait en

[1] En 769.

Espagne tout ce qu'on y put faire, la retraite fut d'abord heureuse; mais le malheur vint bientôt à l'encontre, et les derniers corps de l'armée royale furent massacrés sur ce même mont Pyrénée[1]. Les noms de ceux qui périrent étant connus, je me suis dispensé de les dire.

Le roi Charles revint donc et trouva la reine Hildegarde mère de deux fils, dont l'un frappé d'une mort prématurée mourut pour ainsi dire avant d'avoir vu la lumière[2]; l'autre, sorti heureusement du sein de sa mère, fut élevé avec les soins qui conviennent à l'enfance. Ils naquirent l'an 778 de Notre-Seigneur Jésus-Christ. Celui qui promettait une constitution robuste, après avoir reçu dans le sacrement du baptême une nouvelle vie, fut appelé par son père du nom de Louis, et ce prince lui fit don du royaume d'Aquitaine, dont l'enfant avait pris en quelque sorte possession, en y naissant. Or, le sage et judicieux roi Charles, sachant qu'un royaume ressemble au corps humain et qu'il est attaqué tantôt par un mal, tantôt par un autre, si la prudence et le courage ne veillent comme des médecins pour lui conserver la santé, s'attacha les évêques par tous les moyens possibles. Il établit aussi dans toute l'Aquitaine des comtes, des abbés, et ce qu'on appelle communément des vassaux, tous choisis parmi les Francs, et d'un courage et d'une prudence qu'aucune ruse, aucune force n'attaquait impunément. Il leur commit le soin du royaume en tout ce qu'il crut utile de leur confier, comme la défense des frontières et l'intendance des

[1] En 778.
[2] Il s'appelait Lothaire, et mourut à l'âge de deux ans.

domaines royaux. Il établit comtes dans la cité de Bourges, d'abord Humbert, et peu après Sturbie; dans la cité de Poitiers, Abbon; à Périgueux, Widbod; en Auvergne, Itier; dans le Velay, Bulle; à Toulouse, Corson; à Bordeaux, Siegwin; à Albi, Haimon; à Limoges, Roger.

Ces choses ainsi mises en ordre, le roi Charles traversa la Loire avec le reste de son armée[1], et se retira à Lutèce qu'on appelle aussi Paris. Peu de temps après il eut le desir de voir Rome[2], cette ville autrefois la maîtresse du monde, d'aller visiter la demeure du prince des Apôtres et du docteur des Gentils, et de se placer, lui et sa famille, sous leur protection sainte, afin qu'aidé du secours de ceux à qui est attribuée la puissance dans le ciel et sur la terre, il pût veiller au bien de ses sujets, et terrasser les crimes s'ils osaient lever la tête : persuadé aussi que ce ne serait pas pour lui un médiocre avantage si lui-même et ses fils recevaient, du vicaire des apôtres, les insignes de la royauté consacrées par sa bénédiction sacerdotale. Son dessein s'accomplit, avec la grâce de Dieu, selon son desir; et dans cette même ville de Rome, le jeune Louis son fils, encore au berceau, vint recevoir, des mains du vénérable pontife Adrien, une bénédiction digne d'un prince appelé à régner un jour, ainsi que le diadême royal[3].

Ayant donc rempli l'objet pour lequel il était venu à Rome, le roi Charles revint paisiblement en France avec ses fils et son armée, et envoya le jeune roi Louis prendre possession de son royaume d'Aquitaine, lui donnant pour gouverneur Arnold, et choisissant avec

[1] En 779. — [2] En 780. — [3] En 781.

sagesse et discernement d'autres ministres capables de lui servir de tuteurs. Ceux-ci le portèrent jusqu'à la cité d'Orléans dans son berceau. Mais là, revêtu d'armes convenables à son âge, il fut placé sur un cheval et conduit ainsi en Aquitaine, avec la grâce de Dieu. Pendant le peu de temps qu'il y demeura, c'est-à-dire pendant quatre années, le glorieux roi Charles livra et gagna, chez les Saxons, de continuels et rudes combats. Mais au milieu de ces victoires, craignant ou que le peuple d'Aquitaine ne devînt insolent en le sachant si éloigné, ou que son fils, encore dans ses plus jeunes années, ne contractât quelques mauvaises habitudes étrangères, dont l'enfance une fois imbue ne se défait que difficilement, il manda et fit venir auprès de lui ce prince qui déjà montait avec grâce à cheval, et voulut qu'il fût accompagné de toute son armée; les comtes des Marches [1] furent seuls laissés pour protéger les frontières du royaume et les garantir de toute incursion ennemie.

Le jeune Louis obéissant aux ordres de son père [2] de tout son cœur et de tout son pouvoir, vint le trouver à Paderborn, suivi d'une troupe de jeunes gens de son âge, et revêtu de l'habit gascon, c'est-à-dire portant le petit surtout rond, la chemise à manches longues et pendantes jusqu'au genou, les éperons lacés sur les bottines, et le javelot à la main : tel avait été le plaisir et la volonté du roi. Louis demeura donc auprès de son père et l'accompagna à Ehrésbourg, jusqu'au temps où le soleil ayant décliné du sommet de l'équateur, sa chaleur est tempérée par

---

[1] *Marchiones*, les marquis.
[2] En 785.

l'approche de l'automne. Ce fut à la fin de cette saison qu'il revint avec la permission de son père passer l'hiver en Aquitaine.

Dans ce même temps [1] un Gascon, du nom d'Adalric [2], s'empara, à l'aide d'une ruse, de Corson, duc de Toulouse, se l'attacha par les liens du serment, et puis après lui rendit la liberté. Pour punir cette insolence, le roi et les grands, par le conseil desquels la chose publique du royaume d'Aquitaine était administrée, convoquèrent une assemblée générale dans un lieu de la Septimanie appelé la *Mort-des-Goths*. Adalric y fut cité; mais, connaissant sa faute, il refusa d'y venir jusqu'à ce que, rassuré par des otages mutuels, il s'y rendit enfin. A cause du péril que couraient ces otages, on n'osa rien lui faire; il reçut même des présens, rendit nos otages, reprit les siens, et se retira de la sorte.

L'été suivant [3], mandé par son père, le roi Louis se rendit à Worms, simplement et sans suite; il y passa l'hiver auprès de son père. Adalric reçut alors l'ordre de venir plaider sa cause devant les deux rois; il vint se défendre et tâcha de se laver du crime qu'on lui imputait; mais, ne l'ayant pu, il fut proscrit et condamné à un exil perpétuel. Pour le duc Corson, dont la négligence avait attiré sur le roi et sur les Francs un tel affront, il fut déposé du duché de Toulouse [4], et Guillaume fut mis à sa place. Celui-ci trouva la nation gasconne, qui de sa nature est turbulente, soulevée

---

[1] En 787.
[2] Fils du duc Loup, et à qui Charlemagne, après la mort de son père, avait donné une partie de la Gascogne.
[3] En 789. — [4] En 790.

par l'événement dont je viens de parler, et fort exaspérée à cause du châtiment d'Adalric. Toutefois, tant par adresse que par force, il la subjugua bientôt et lui imposa la paix. Le roi Louis tint dans la même année un plaid général à Toulouse, pendant lequel Abithaur, général des Sarrasins, lui envoya, de concert avec les autres peuples voisins de l'Aquitaine, des députés chargés de demander la paix et de lui offrir des présens d'une magnificence royale. Le roi les ayant acceptés, les députés retournèrent chez eux.

L'année suivante [1] le jeune Louis vint trouver le roi son père à Ingelheim, et le suivit de là jusqu'à Ratisbonne; et, comme il touchait déjà à l'adolescence, il ceignit l'épée en cette ville; puis, ayant suivi son père qui conduisait son armée contre les Avares, jusqu'à Chuneberg, il eut ordre en ce lieu de rétrograder et d'attendre le retour de son père auprès de la reine Fastrade. C'est pourquoi il passa avec elle l'hiver qui suivit, son père ayant persisté tout ce temps dans son expédition. Aussitôt que ce prince l'eut terminée, il fut ordonné à Louis de retourner en Aquitaine et d'aller en Italie secourir son frère Pepin avec toutes les troupes qu'il pourrait réunir [2]. En conséquence il revint en Aquitaine pendant l'automne, mit ordre à tout ce qu'exigeait la sûreté du royaume; et, après avoir traversé les défilés rocailleux et contournés du Mont-Cénis, il vint trouver son frère à Ravenne, où il célébra le saint jour de Noël.

Les deux princes, ayant réuni leurs forces, entrent ensemble dans le pays de Bénévent [3], ravagent tout

[1] En 791. — [2] En 792. — [3] En 793.

ce qui se trouve sur leur passage, et se rendent maîtres d'un fort. L'hiver écoulé, ils retournent tous deux pleins de joie vers leur père; mais une nouvelle troubla leur bonheur, car ils apprirent que, leur frère naturel Pepin méditant une révolte contre leur père, plusieurs nobles, complices de son crime, avaient été pris et condamnés. S'empressant donc de se rendre auprès du roi qui se trouvait en Bavière, ils parvinrent jusqu'en un lieu nommé Salz, où ils furent très-gracieusement accueillis par lui [1]. Durant le reste de l'été et tout l'automne et l'hiver suivans, le roi Louis demeura auprès du roi son père; car ce prince veillait avec le plus grand soin à ce que son fils n'eût jamais sous les yeux que de bons exemples et ne fût point corrompu par des mœurs étrangères.

Lorsqu'au printemps le jeune Louis fut congédié par son père [2], ce prince lui demanda comment il arrivait qu'étant roi il fût si parcimonieux dans son intérieur, qu'il ne donnât rien, pas même sa bénédiction, à moins qu'on ne la lui demandât. Il apprit de lui à cette occasion que les grands ne s'occupant que de leurs intérêts privés et négligeant les intérêts publics, les biens de l'État avaient été convertis en propriétés particulières, d'où il arrivait que le prince, seigneur seulement de nom, manquait presque de tout. Voulant donc remédier à cette pénurie, mais craignant que l'attachement des nobles envers son fils ne souffrît quelque atteinte s'il leur enlevait, par mesure de prudence, ce qu'ils avaient obtenu de son imprévoyance, Charles envoya auprès de lui ses commissaires, savoir, Willebert, qui fut dans la suite ar-

[1] En 794. — [2] En 795.

chevêque de Rouen, et le comte Richard, intendant de ses domaines, avec l'ordre de faire retourner au service public tous les domaines ruraux précédemment consacrés à l'usage du roi : ce qui fut exécuté.

Cette restitution faite, le roi Louis donna aussitôt une preuve de sa sagesse et mit au jour toute l'humanité qui lui était naturelle. Il décida qu'il passerait ses hivers dans quatre habitations différentes; de telle façon qu'au bout de trois années écoulées il choisirait successivement pour séjourner durant l'hiver de la quatrième l'une de ces quatre habitations, savoir, Doué [1], Chasseneuil [2], Audiac [3], et Ebreuil [4]. Ainsi chacun de ces domaines, quand son année arrivait, avait de quoi suffire à la dépense royale. Ces choses ainsi sagement établies, il défendit qu'à l'avenir les approvisionnemens militaires, qu'on appelait vulgairement *fourrages* [5], fussent fournis par le peuple. Et bien que les hommes d'armes se soumissent avec peine à un tel ordre de choses, ce prince miséricordieux, considérant et la pauvreté de ceux qui payaient cette taxe, et la cruauté de ceux qui l'exigeaient, et en même temps la perdition des uns et des autres, aima mieux fournir aux besoins de ses hommes sur ses propres domaines, que de mettre, en laissant subsister cette taxe, ses sujets en quelque péril. Dans le même temps il déchargea les Albigeois d'un tribut qu'ils payaient en vin et en farine. Il avait alors au-

---

[1] Sur les confins de l'Anjou et du Poitou.
[2] Dans l'Agénois.
[3] En Saintonge.
[4] En Auvergne.
[5] *Foderum*.

près de lui Méginhaire, que son père lui avait envoyé; homme sage, courageux, et qui savait apprécier ce qui est utile et convient à un roi. Ces règlemens du roi Louis furent, dit-on, tellement approuvés par son père, qu'à son exemple ce prince défendit en France qu'on fournît ces approvisionnemens militaires, et fit encore plusieurs autres changemens utiles, ne cessant de féliciter son fils de ses heureux progrès.

En l'année qui suivit [1], le roi vint à Toulouse, et y tint une assemblée générale. Les députés qui vinrent de la part d'Alphonse, prince de Galice, lui offrir des présens et solliciter la continuation de son amitié, furent accueillis et congédiés avec des assurances pacifiques. Il accueillit et congédia de la même façon d'autres députés que Bahaluc, duc des Sarrasins, qui commandait aux contrées montueuses voisines de l'Aquitaine, chargea de lui offrir des présens et de lui demander la paix. A cette même époque, craignant que la force naturelle de son tempérament ne l'entraînât à de dangereux désordres de mœurs, il épousa, par le conseil des siens, Hermengarde, issue d'un sang noble, car elle était fille du comte Ingéram. Il prit soin en même temps que toute les frontières de l'Aquitaine fussent mises en un bon état de défense. La cité d'Ausone, les châteaux de Cardonne, de Castreserre et les autres places fortes, auparavant désertes, furent réparées, habitées et confiées au commandement du comte Burrel avec les troupes nécessaires à leur défense.

Après que l'hiver fut écoulé [2], le roi Charles marchant contre les Saxons, ordonna à son fils de le

---

[1] En 798. — [2] En 799.

venir joindre avec toutes les troupes qu'il pourrait rassembler : Louis, sans différer, le joignit à Aix-la-Chapelle, et le suivit jusqu'à Fremersheim sur le Rhin, où ce prince tint un plaid général. Il demeura auprès de lui jusqu'à la fête de saint Martin; puis quittant la Saxe en même temps que son père, il revint en Aquitaine, l'hiver étant déjà plus d'à moitié passé.

L'été suivant [1], le roi Charles lui manda de le suivre en Italie; mais changeant ensuite de dessein, il lui ordonna de demeurer dans ses États. Or, pendant que Charles se rendait à Rome et recevait dans cette ville les insignes impériales, le roi Louis vint pour la seconde fois à Toulouse et de là se dirigea vers l'Espagne. Comme il approchait de Barcelonne, Zaddon [2], duc de cette ville, se reconnaissant déjà son sujet, vint au devant de lui, mais toutefois sans lui rendre la ville. Le roi passa outre, et se jetant sur Lerida, la prit et la ruina. Après avoir détruit cette ville, dévasté et incendié plusieurs autres places fortes, il s'avança jusqu'à Huesca dont les champs couverts de blé furent moissonnés par la main du soldat, qui les incendia et les dévasta : tout ce qu'on put trouver hors de la ville fut consumé et dévoré par les flammes. Cette expédition terminée, il revint à l'approche de l'hiver en Aquitaine.

Au retour de l'été [3], le glorieux empereur Charles passa en Saxe, et ordonna à son fils de le suivre et de se préparer à demeurer l'hiver en ce pays. Le roi

---

[1] En 800.

[2] Ou Zate.

[3] En 804; il y a, dans tout ce récit des faits antérieurs à l'avénement de Louis à l'Empire, une grande confusion de dates et d'événemens.

Louis, se hâtant de lui obéir, vint jusqu'à Nuitz, traversa le Rhin en ce lieu, et continua sans retard sa marche : mais, avant qu'il eût atteint son père, il rencontra dans le lieu nommé l'Ostphalie, un courrier qui lui commanda, de sa part, de ne pas avancer plus loin, de choisir au contraire un endroit propre à établir un camp, et d'y attendre son arrivée; car la nation des Saxons étant subjuguée toute entière, l'empereur revenait déjà vainqueur. Quand son fils vint à sa rencontre, il l'embrassa avec tendresse, lui adressa beaucoup de remercîmens et de louanges, vantant à plusieurs reprises l'utilité de son obéissance, et s'estimant heureux d'être le père d'un tel fils. Comme cette longue et sanglante guerre contre les Saxons, qui consuma, selon ce qu'on rapporte, trente-trois années entières, était enfin terminée, le roi Louis, congédié par son père, revint avec son armée passer l'hiver dans ses États.

Quand il fut écoulé [1], l'empereur Charles trouvant l'occasion favorable (car il n'était inquiété par aucune guerre extérieure), entreprit de parcourir les provinces maritimes de son royaume. Ce que le roi Louis ayant appris, il lui envoya à Rouen Adhémar, pour le supplier de passer par l'Aquitaine, afin de visiter le royaume qu'il lui avait donné, et de venir jusqu'à Chasseneuil. L'empereur reçut cette demande avec bonté, en remercia son fils, mais refusa d'y souscrire, et lui ordonna même de venir le trouver à Tours. Son fils obéit, en fut accueilli avec les plus grandes félicitations et le suivit dans son retour en France

---

[1] En 800.

jusqu'à Vernon, où il s'en sépara pour retourner en Aquitaine.

L'été suivant [1], Zaddon, duc de Barcelonne, cédant aux conseils d'un homme qu'il croyait son ami, s'avança jusqu'à Narbonne. Arrêté dans cette ville, il fut d'abord amené au roi Louis, et puis conduit devant l'empereur Charles. En ce même temps, le roi Louis ayant convoqué une assemblée générale de la nation, y délibéra sur l'état présent des choses. En effet, Bourguignon étant mort, le comté de Fezensac fut donné à Luitard. Les Gascons mécontens de cette nomination, se livrèrent à un tel désordre qu'ils firent périr par le fer une partie des hommes d'armes du nouveau comte, et firent mourir le reste dans les flammes. Appelés en jugement ils refusèrent d'abord d'obéir; mais, contraints enfin à venir se défendre, ils subirent la peine que méritait une telle audace, et quelques-uns mêmes, condamnés d'après la loi du talion, périrent par le feu.

Ces choses terminées, le roi Louis et ses conseillers jugèrent à propos d'aller assiéger Barcelonne : l'armée fut divisée en trois corps; Louis demeura avec le premier dans le Roussillon; il chargea l'autre du siége de la ville, sous le commandement de Rostagne, comte de Gironne; enfin, dans la crainte que les assiégeans ne fussent attaqués à l'improviste, il ordonna au troisième d'aller s'établir de l'autre côté de la ville. Les assiégés cependant envoyèrent à Cordoue solliciter des secours, et aussitôt le roi des Sarrasins se mit en marche avec une armée. Or, la troisième

---

[1] En 801.

colonne de celle de Louis, parvenue à Saragosse, fut informée que les ennemis s'avançaient. Il y avait dans cette colonne Wilhelm premier enseigne, Adhémar et d'excellentes troupes. A cette nouvelle ils se jetèrent dans les Asturies et firent en deux attaques imprévues, et surtout dans la seconde, un très-grand carnage. Puis, ayant mis les ennemis en fuite, ils revinrent se joindre à ceux qui assiégeaient Barcelonne, et la cernant de concert, ne permirent à personne d'entrer ou de sortir de cette ville, qui fut réduite en un tel état, que les habitans se virent contraints par la famine d'arracher de leurs portes les cuirs même les plus desséchés pour les convertir en une affreuse nourriture. Quelques-uns de ces malheureux, préférant la mort à une si misérable vie, se précipitaient du haut des murailles; d'autres se berçaient d'une vaine espérance et croyaient que les Francs seraient forcés par la rigueur de l'hiver à lever le siége. Mais cette espérance fut trompée par la sagesse et la prudence des nôtres. En effet, ayant rassemblé des matériaux de toutes parts, ils se mirent à construire des cabanes, comme étant résolus à passer l'hiver en ce lieu. A cette vue, les habitans déchus de leur espoir, et réduits à la dernière extrémité, livrèrent leur prince, parent de Zaddon, qu'ils avaient établi à sa place et qu'on nommait Hamur [1]; ils ne se réservèrent, en rendant leurs personnes et leur ville, que la faculté de se retirer.

Pendant que les nôtres cernaient encore cette ville fatiguée d'un long siége, ils prévirent qu'elle serait bientôt ou prise ou livrée. Prenant donc une résolu-

---

[1] L'émir de Barcelonne.

tion sage et convenable, ils demandèrent que le roi vint, afin que cette ville d'un si grand nom pût valoir à ce prince un nom glorieux, en succombant en sa présence. Le roi se rendit à cette sage demande. Il vint donc au milieu de l'armée qui cernait la place, et y demeura pendant six semaines d'un siége continuel, au bout desquelles la ville soumise se donna au vainqueur. Après qu'elle eut ouvert ses portes, le roi la fit occuper le premier jour par ses gardes ; quant à lui, il ne voulut point entrer avant d'avoir réglé par quelles actions de grâces dignes du Seigneur il consacrerait à son saint nom cette victoire qui comblait ses vœux. Le lendemain donc, précédé, ainsi que son armée, des prêtres et de tout le clergé, environné d'une pompe solennelle, il entra dans la ville au milieu des hymnes de louanges; et se rendit à l'église de la sainte et victorieuse croix pour rendre à Dieu des actions de grâces à l'occasion de la victoire qu'il lui avait accordée ; puis, laissant dans Barcelonne le comte Béra avec une garnison composée de Goths, il revint passer l'hiver dans ses États. Son père, qui avait appris le péril dont il semblait menacé du côté des Sarrasins, avait envoyé à son secours son frère Charles ; mais ce prince rencontra à Lyon un courrier du roi Louis, qui lui annonça que Barcelonne était prise, et l'empêcha de continuer sa marche. Charles revint auprès de son père.

Pendant que le roi Louis passait l'hiver en Aquitaine [1], le roi son père lui envoya l'ordre de venir à Aix-la-Chapelle conférer avec lui vers le temps de la Purification de sainte Marie, mère de Dieu. Louis s'y

[1] En 809.

rendit, demeura auprès de son père tout le temps qu'il plut à ce prince, et revint au carême dans son royaume. L'été suivant, il marche en Espagne avec toutes les forces qu'il peut rassembler, et, traversant Barcelonne, pousse jusqu'à Tarragone, et fait prisonniers ou met en fuite tous ceux qu'il rencontre. Les habitations, les châteaux, les villes fortes, depuis Tarragone jusqu'à Tortose, furent dévastés par la rage du soldat, ou consumés par celle des flammes. Cependant, arrivé dans un lieu nommé Sainte-Colombe, le roi divisa son armée en deux corps, conduisit lui-même le plus nombreux contre Tortose, et ordonna que l'autre marchât sans retard vers la haute Espagne, sous le commandement d'Isambart, d'Adhémar, de Béra et de Burrel; qu'il traversât l'Èbre, et, tombant à l'improviste sur les ennemis, tandis qu'ils se croiraient en sûreté, portât l'épouvante parmi eux. Le roi se dirigea donc vers Tortose, et les généraux que je viens de nommer marchant pendant la nuit, et pénétrant le jour dans l'intérieur des forêts, s'avancèrent vers la partie supérieure de l'Èbre, jusqu'à ce qu'ils le traversèrent à la nage, ainsi qu'un autre fleuve nommé la Cinca. Ayant consumé six jours dans cette marche, ils opérèrent leur passage le septième, sans éprouver aucun échec; après quoi ils portèrent le ravage bien avant dans les terres, et parvinrent jusqu'à Rubec, la ville la plus considérable de la contrée. Ils y trouvèrent un butin immense, car l'ennemi avait été surpris lorsqu'il s'y attendait le moins. Tous ceux qui purent échapper à cette attaque allèrent de tous côtés en répandre la nouvelle. Une multitude considérable de Sarrasins et de Maures se rassembla, et vint attendre les nôtres à l'issue de la vallée d'Ibana. Cette vallée très-profonde est formée, des deux côtés, par des montagnes hautes et escarpées; et si la Providence divine n'eût empêché les nôtres d'y pénétrer, l'ennemi les eût, presque sans aucune peine, écrasés à coups de pierres, ou forcés à se livrer prisonniers. Mais, tandis qu'il les attendait au passage, les nôtres gagnèrent d'un autre côté, à travers une route plus découverte et plus unie. Les Maures, s'imaginant alors qu'ils se détournaient plutôt par crainte que par prudence, se mirent à les poursuivre; mais les nôtres, se déchargeant de leur butin, firent face à l'ennemi, combattirent avec acharnement, et, Dieu aidant, le contraignirent lui-même à la fuite. Ils mirent à mort tous ceux qu'ils firent prisonniers, et vinrent ensuite reprendre avec joie le butin dont ils s'étaient pour un moment déchargés. Enfin, après avoir consumé vingt jours dans cette excursion, ils se réunirent au roi, sans avoir éprouvé d'échec ni perdu beaucoup de monde. Ce prince eut un grand contentement de leur retour, et, laissant partout un pays ravagé, revint dans ses États.

L'année suivante [1], il prépara une nouvelle expédition contre l'Espagne; mais son père empêcha qu'il ne la dirigeât lui-même; car il avait résolu à cette époque de faire construire, pour s'opposer aux excursions des Normands, des navires dans tous les fleuves qui se rendent à la mer. Il ordonna à son fils d'imiter cet exemple sur le Rhône, la Garonne et d'autres fleuves. Cependant il fit partir son commis-

---

[1] En 810.

saire Ingobert pour aller représenter la personne de son fils, et conduire l'armée contre l'ennemi à la place de tous deux.

Or, tandis que le roi Louis demeurait en Aquitaine pour ce que j'ai dit, son armée, après une heureuse marche, parvint jusqu'à Barcelonne, et dans un conseil tenu pour examiner par quel moyen on pourrait surprendre l'ennemi, il fut convenu qu'on fabriquerait à Barcelonne des bâtimens de transport, qu'ils seraient construits de telle façon qu'on pourrait diviser chacun d'eux en quatre compartimens, capables d'être traînés chacun par deux mules ou deux chevaux, et aisés à réunir à l'aide de clous et de marteaux dont on se pourvoirait à l'avance ; qu'on emporterait aussi de la poix, de la cire, de l'étoupe, afin de pouvoir, aussitôt qu'on arriverait sur un fleuve, boucher exactement les jointures des différentes pièces des navires. Ainsi préparés, la plus grande partie des nôtres marchèrent vers Tortose. Pour ceux qui furent particulièrement chargés d'exécuter le projet arrêté ci-dessus, c'est-à-dire, Adhémar, Béra, et plusieurs autres, après une marche de trois jours (ils étaient sans bagages), pendant laquelle ils n'eurent d'autre tente que le ciel, se privèrent de feu pour n'être point trahis par la fumée, se cachèrent le jour au milieu des forêts, et marchèrent la nuit aussi vite qu'ils purent, ils traversèrent l'Èbre le quatrième jour, à l'aide de leurs navires ; les chevaux suivirent à la nage. Le succès eût entièrement répondu à leurs vœux, si leur ruse n'eût été adroitement découverte. En effet, tandis qu'Abaïd, duc de Tortose, gardait sur un point les rives de l'Èbre, pour empêcher les nôtres de le traverser, et que ceux-ci le franchissaient au dessus, un Maure qui était entré dans l'eau pour se baigner, vit passer près de lui un excrément de cheval : aussitôt (les Maures sont doués d'une grande finesse) il se met à la nage, saisit ce qui surnageait, le flaire, et s'écrie : « Voyez, compagnons, et tenez-« vous sur vos gardes : ceci ne vient ni d'un âne, ni « d'aucun animal qui se nourrisse d'herbe : c'est un « excrément de cheval, car il est composé d'orge, qui « est la nourriture des chevaux ou des mulets. C'est « pourquoi il faut redoubler de précaution ; du « côté supérieur de ce fleuve, on nous prépare, je le « vois, des embûches. » Aussitôt deux Maures montent à cheval et vont à la découverte ; et, dès qu'ils aperçoivent les nôtres, ils reviennent l'annoncer à Abaïd. Celui-ci et tous les siens, frappés de terreur, abandonnent tout ce que renferme leur camp et prennent la fuite ; les nôtres s'emparent de ce qu'ils trouvent, et passent la nuit sous les tentes des Maures.

Cependant Abaïd ayant réuni une grande multitude de troupes, vint le jour suivant leur présenter le combat. Les nôtres, forts du secours divin, contraignirent, quoique inférieurs en nombre, l'ennemi à prendre la fuite, jonchèrent le chemin de morts par le carnage qu'ils firent des fuyards, et ne cessèrent de tuer jusqu'à ce que le jour leur manquât, et que l'obscurité se répandant sur la terre, la clarté des étoiles vînt égayer la nuit. A la suite de cette victoire, les nôtres vinrent rejoindre leurs compagnons avec un grand contentement et un riche butin ; puis, après avoir long-temps assiégé inutilement Tortose, ils rentrèrent tous dans leurs foyers.

En l'année qui suivit[1], le roi Louis résolut de retourner lui-même devant Tortose, et d'emmener avec lui Héribert, Luitard, Isambart, et une vaillante troupe de Francs. Arrivé sous les murs de la ville, on se mit à les battre avec tant de madriers, de béliers, et d'autres instrumens de siége, que les habitans perdirent toute espérance, et, se voyant terrassés par un sort contraire, rendirent les clefs de la ville. Le roi Louis les prit et les porta à son père, qui en conçut une grande joie. Cette expédition remplit de terreur les Sarrasins et les Maures, qui craignirent qu'un sort pareil ne frappât chacune de leurs cités. Le roi donc quitta Tortose quarante jours après en avoir commencé le siége, et retourna dans ses États.

Quand l'année fut écoulée[2], Louis rassembla son armée, et résolut de l'envoyer contre la ville de Huesca, sous les ordres d'Héribert, que son père lui avait envoyé. Arrivé devant cette ville, Héribert en fit le siége, et prit ou mit en fuite tout ce qu'il trouva sur son passage. Mais ensuite, lorsque campés autour de Huesca, les nôtres laissaient leur zèle trop inactif, quelques jeunes imprudens s'étant avancés plus près que de coutume des remparts de la ville, commencèrent par adresser des propos insultans aux soldats de la garnison, et finirent par leur lancer des traits. Les assiégés enhardis par le petit nombre de ces insolens, et comptant qu'on ne pouvait les secourir de long-temps, s'élancèrent tout à coup hors des portes : on combattit, et le carnage fut grand de part et d'autre : enfin, les uns rentrèrent dans leurs remparts, les autres retournèrent au camp. Cependant, comme

[1] En 811. — [2] En 812.

le siège traînait en longueur, que le pays était dévasté et qu'on avait fait aux ennemis tout le mal qu'on avait pu, l'armée revint auprès du roi, qui se livrait alors à son goût pour la chasse, car on était à la fin de l'automne. Tous ceux qui avaient pris part à cette expédition étant donc de retour, le roi passa l'hiver suivant dans ses États et en pleine paix.

L'été suivant, ayant convoqué une assemblée générale, il y annonça la nouvelle qu'il avait reçue de la révolte d'une partie de la Gascogne, réunie depuis long-temps à ses États, et qui voulait s'en séparer : l'intérêt public demandait qu'on châtiât cet esprit de rébellion. Chacun applaudit au dessein du roi, et affirma que, loin de mépriser une telle audace chez des sujets, il fallait couper le mal à sa racine. L'armée étant donc rassemblée, et disposée comme il convenait, le roi s'avança jusqu'à Dax, et demanda que les auteurs de la révolte lui fussent livrés. Comme ils n'obéirent point, il entra sur leurs terres, et permit au soldat de tout dévaster. Enfin, quand tout ce que les coupables possédaient eut été ravagé, ils vinrent implorer leur pardon, et l'obtinrent au prix de la ruine de leurs domaines. Après cela le roi, ayant franchi le difficile passage des Pyrénées, descendit à Pampelune, et pendant le séjour qu'il fit en cette ville, il mit ordre à tout ce qui importait à l'utilité générale et particulière. Mais quand il fallut repasser les défilés de ces mêmes Pyrénées, les Gascons tentèrent d'exercer leur perfidie accoutumée ; heureusement ils furent eux-mêmes surpris et déjoués par la prudence et l'adresse des nôtres. En effet, un des leurs s'étant avancé pour nous provoquer, il fut pris et pendu : presque tous les autres furent séparés de leurs femmes et de leurs enfans qu'on leur enleva. Enfin, on fit si bien que la perfidie de ces Gascons ne fut d'aucun préjudice, ni au roi ni à l'armée.

Ces choses terminées, le roi et ses troupes revinrent, avec la grâce de Dieu, dans leurs foyers. Depuis cette époque l'esprit de ce prince, qui avait été religieux dès son enfance, s'occupa plus que jamais du culte divin et de l'élévation de la sainte église ; tellement que ses œuvres lui méritent non seulement le titre de roi, mais encore, et à plus juste titre, celui de pontife. Car, avant que l'Aquitaine fût commise à ses soins, tout le clergé de ce royaume, accoutumé à vivre sous un gouvernement tyrannique, avait appris à s'appliquer plutôt au maniement des chevaux, aux évolutions militaires et à l'exercice des armes, qu'au culte divin. Or le roi Louis fit venir des maîtres de toutes parts, et bientôt la coutume de lire et de chanter, l'intelligence des livres saints et des livres profanes firent des progrès plus rapides qu'on ne saurait le croire. Louis était surtout excité à cette œuvre par l'affection qu'il portait à ceux qui oubliaient tous leurs intérêts terrestres par amour pour le Seigneur, et qui n'aspiraient qu'à la vie contemplative. Avant que l'Aquitaine fût gouvernée par ses soins, cette classe d'hommes sages s'était pour ainsi dire fondue ; mais, sous son gouvernement, elle reprit une existence nouvelle, et le roi lui-même fut tenté d'imiter l'exemple mémorable du frère de son aïeul, et s'efforça d'atteindre à l'élévation de la vie spéculative. Mais à l'accomplissement d'un pareil desir vint heureusement mettre obstacle le refus du roi son père, ou plutôt la volonté divine, qui ne permit pas qu'un homme d'une piété si grande l'ensevelît dans le soin de son unique salut, et voulut au contraire que le salut d'un grand nombre fût son ouvrage. C'est pourquoi une grande quantité d'anciens monastères furent, comme on sait, réparés par ses soins dans toute l'étendue de sa domination, et de nouveaux furent même construits. Tels furent les monastères de Sainte-Marie et de Saint-Pierre anciennement appelé Bethléem, dans l'enceinte duquel son père Pepin avait tué le lion, et où lui-même avait été consacré roi par le pape Romain Étienne; les monastères de Saint-Philibert, de Saint-Florent de Charroux, de Conques, de Saint-Maixent, de Ménat, de Manlieu, de Moissac, de Savigni, de Massay, de Nouaillé, de Saint-Chafre, de Saint-Pascent, de Donzère, de Solignac, de Sainte-Marie, de Sainte-Radegonde, de Vera, de Utera, de Valade, d'Anien, de Saint-Guillem, de Saint-Laurent, de Sainte-Marie-sur-l'Orbieu, de Caunas, et beaucoup d'autres encore qui semblent s'élever comme des flambeaux pour éclairer tout le royaume d'Aquitaine. Cet exemple fut suivi par une multitude d'évêques; et même beaucoup de laïcs, frappés d'émulation, réparaient les monastères en ruine, ou bien en construisaient de nouveaux à l'envi les uns des autres : c'est ce qu'on peut voir de ses propres yeux. Enfin la chose publique du royaume d'Aquitaine s'améliorait au point qu'on ne voyait jamais, soit en l'absence du roi, soit quand il habitait dans son palais, personne se plaindre d'avoir éprouvé aucune injustice. En effet, pendant trois jours de chaque semaine, le roi distribuait la justice au peuple.

Or il arriva qu'Archambaud, secrétaire de l'empereur, ayant été chargé par ce prince de porter au roi Louis quelques ordres et de revenir en rendre compte, fit à son retour le détail de l'ordre admirable qu'il avait vu régner en Aquitaine. On rapporte qu'en l'entendant le vieil empereur versa des larmes de joie et dit à ceux qui l'entouraient : « O mes amis ! réjouis-« sons-nous, car nous sommes vaincus par la sagesse « de ce jeune homme ; et comme il s'acquitte fidèle-« ment de la fonction dont l'a chargé le maître, et « qu'il augmente avec sagesse le bien qui lui est confié, « il est établi avec la toute-puissance dans la maison « du père de famille. » Vers ce même temps, Pepin, roi d'Italie, étant mort depuis quelques années, et Charles venant aussi d'être enlevé au monde, l'espérance s'ouvrit pour Louis de posséder toute la puissance de son père.

Le roi Louis avait envoyé vers Charles, Herric, son grand fauconnier, pour le consulter sur différentes choses[1]. Pendant le séjour que celui-ci fit dans le palais en attendant une réponse à sa mission, les seigneurs Francs et les seigneurs Germains lui dirent que le roi Louis ferait bien de venir auprès de son père et de ne le point quitter ; qu'ils prévoyaient que le roi, parvenu à une grande vieillesse et très-affecté de la triste mort de ses enfans, succomberait bientôt à ces chagrins qui annonçaient sa fin prochaine. Herric rapporta ces paroles au roi Louis, et ce prince les redit à ses conseillers qui jugèrent presque tous que l'avis était utile. Mais le roi, qui avait de plus nobles pensées et craignait peut-être de se rendre suspect à son père par une telle conduite, ne déféra point à leur

[1] En 813.

conseil. Cependant Dieu, en crainte de qui il avait refusé de le suivre, et qui a pour coutume d'élever ceux qui le chérissent plus haut qu'on ne peut l'imaginer, en ordonna plus prudemment. Le roi venait d'accorder généreusement aux peuples qu'il avait coutume de fatiguer par une guerre continuelle une trêve de deux ans, quand l'empereur Charles, considérant que sa vie penchait vers son déclin, et craignant que, lorsqu'il serait enlevé aux choses de ce monde, ce royaume où il avait établi un si bel ordre ne tombât dans la confusion et ne fût assailli par des orages du dehors ou déchiré par des divisions intérieures, envoya vers son fils pour le rappeler d'Aquitaine. Quand ce prince arriva, l'empereur l'accueillit avec bonté, le retint près de lui durant tout l'été, et lui donna les instructions dont il jugea qu'il avait besoin; il lui enseigna quelle règle de vie il devait s'imposer, comment il fallait établir l'ordre dans un royaume et l'y maintenir une fois établi; enfin il lui ceignit le front du diadème impérial, et proclama que le pouvoir souverain appartiendrait, par la grâce divine, à ce prince. Cette cérémonie achevée, il lui permit de retourner dans ses États. Louis quitta son père au mois de novembre et revint en Aquitaine. Son père cependant, comme déjà voisin de la mort, fut dès lors tourmenté par des incommodités fréquentes et nouvelles; car la mort se servait de tels avertissemens comme de courriers pour annoncer qu'elle n'était plus éloignée. C'est pourquoi, sous la malignité des maux qui se combattaient entre eux et assiégeaient sa santé, la faiblesse de la nature fut enfin contrainte à céder, et l'empereur tomba malade : au dernier jour et aux derniers instans de sa vie, il disposa, par un testament, de tous ses biens, après quoi il rendit le dernier soupir, et laissa dans tout le royaume des Francs une douleur pour ainsi dire inconsolable. Toutefois son successeur montra bien la vérité de l'Écriture qui, dans un malheur semblable, console les ames de ceux qui sont affligés, par ces paroles : « L'homme juste est mort, et « cependant c'est comme s'il n'était pas mort; car il a « laissé son héritage à un fils semblable à lui. » Or ce fut le 28 janvier, en l'année 814 de Notre-Seigneur Jésus-Christ, que mourut le très-pieux empereur Charles. Environ ce temps, l'empereur Louis, comme poussé par quelque pressentiment, avait indiqué une assemblée générale pour le jour de la purification de Sainte-Marie mère de Dieu, dans un lieu nommé Doué.

Dès que l'empereur, de pieuse mémoire, eut expiré, ceux qui veillèrent à ses obsèques, c'est-à-dire, ses enfans et les seigneurs du palais, députèrent Rampon vers l'empereur Louis pour qu'il apprît aussitôt la mort de son père, et qu'il ne retardât son arrivée pour aucun motif. Quand ce Rampon passa à Orléans, Théodulf, évêque de cette cité, homme d'un grand savoir en toutes choses, pressentit la cause de son arrivée, et s'empressa de se faire connaître à l'empereur, en lui dépêchant avec la plus grande promptitude un courrier pour demander seulement à ce prince s'il voulait que Théodulf l'attendît à Orléans, ou sortît de la ville, et allât au devant de lui avec quelques personnes. L'empereur eut bientôt compris le motif de cette ambassade, et ordonna que l'évêque vînt le trouver. Un second et un troisième courrier vinrent lui confirmer la triste nouvelle, et le cinquième jour après qu'il en eut été informé, il partit et se mit en marche accompagné d'autant de monde que ce peu de temps lui avait permis d'en rassembler ; car on craignait particulièrement que Wala qui avait occupé auprès de l'empereur Charles un poste très-élevé, ne machinât quelque entreprise funeste contre le nouvel empereur. Mais au contraire il se rendit auprès de lui avec diligence, et protestant de son obéissance, selon la coutume des Francs, il se soumit humblement à ses ordres. Après lui, tous les seigneurs Francs s'empressèrent de venir en foule à la rencontre de l'empereur. Enfin, il arriva sans accident à Herstall, et trente jours après son départ d'Aquitaine, il mit heureusement le pied dans le palais d'Aix-la-Chapelle.

Or, son cœur, quoique débonnaire par sa nature, était depuis long-temps indigné de la conduite que ses sœurs tenaient dans la maison paternelle, seule tache dont elle fût souillée. Voulant donc y porter remède, et empêcher en même temps que le scandale autrefois donné par Odilon et Hiltrude ne se renouvelât, il avait envoyé devant lui Wala, Warnaire, Lambert et Ingobert, avec ordre, aussitôt qu'ils arriveraient à Aix-la-Chapelle, de veiller prudemment à ce que rien de scandaleux ne se commît de nouveau, et d'arrêter et mettre sous une étroite garde tous ceux qui pourraient avoir offensé la majesté impériale par un commerce criminel ou par un orgueil insolent. Quelques-uns, coupables de ces crimes, vinrent au devant de l'empereur pour implorer en suppliant leur grâce, et l'obtinrent. Ce prince ordonna aussi que le peuple demeurât tranquille, et attendît sans crainte son arrivée. Cependant le comte Warnaire, à l'insu de Wala et d'Ingobert, ayant appelé seulement auprès de lui son neveu Lambert, ordonna à Audoin, coupable d'un des crimes dont j'ai parlé, de venir en sa présence. Son dessein était de le faire arrêter, et de le livrer à la justice royale; mais celui-ci, que sa conscience déchirait sans doute violemment, pressentit le piége, et en voulant s'en préserver, mérita lui-même d'y périr, puisqu'il donna le coup mortel à Warnaire; car, se présentant à lui comme il en avait reçu l'ordre, il le tua, et, d'un coup qu'il porta à Lambert sur la cuisse, le rendit pour toujours impotent. Lui-même enfin, percé d'un coup d'épée, mourut. Lorsque l'empereur apprit ces choses, la mort funeste de son ami détourna son cœur de la clémence; et un certain Tullius qui semblait en quelque sorte digne de pardon, fut condamné à perdre les yeux.

L'empereur arriva donc dans son palais d'Aix-la-Chapelle, où il fut accueilli par tous ses proches et par une multitude de Francs avec de grandes démonstrations de joie, et déclaré une seconde fois empereur: après quoi il rendit grâces à ceux qui avaient pris soin des funérailles de son père, et offrit à ses parens accablés de tristesse des consolations salutaires; il s'empressa aussi de suppléer à ce qui manquait aux devoirs à remplir envers les restes de l'empereur. Il fit lire son testament, et tous ses biens furent répartis d'après le partage qu'il en avait fait lui-même, car l'empereur Charles n'avait rien oublié dans son testament. Tout ce qu'il avait voulu qu'on distribuât aux églises métropolitaines fut divisé en autant de parts qu'il y avait de noms écrits : il s'en trouva vingt et une. Quant aux ornemens de la couronne, il les avait laissés à l'usage de ses successeurs; il avait réglé aussi ce qu'il fallait donner, selon la coutume des Chrétiens, à ses fils, aux fils et aux filles de ses fils, aux hommes et aux femmes qui l'avaient servi, enfin à tous les pauvres en commun. Toutes ces choses furent exécutées par l'empereur Louis, comme elles étaient écrites dans le testament.

Quand cela fut terminé, l'empereur résolut de faire sortir du palais toute cette multitude de femmes qui le remplissaient, à l'exception d'un petit nombre qu'il jugea nécessaires au service royal. Quant à ses sœurs, chacune d'elles se retira dans le domaine qu'elle tenait de son père. Celles qui n'avaient point encore reçu un tel bienfait, l'obtinrent de l'empereur, et se montrèrent dociles à ses ordres. Ensuite Louis reçut les ambassadeurs qui avaient été envoyés vers son père, et vinrent se présenter à lui : il leur fit un accueil plein de bonté, les traita magnifiquement, et les renvoya comblés des plus riches présens. Parmi ces ambassadeurs les plus remarquables furent ceux de l'empereur de Constantinople, Michel : Charles lui avait député Amalhaire, évêque de Trèves, et Pierre, abbé de Nonantola, pour affermir la paix qui était entre eux. Ceux-ci à leur retour amenèrent Christophore, protospathaire, et Grégoire, diacre, qui vinrent porter à l'empereur Charles la réponse de Michel. Lorsque l'empereur Louis les congédia, il fit partir avec eux en qualité de députés, auprès du nouvel empereur Léon, Norbert, évêque de Reggio, et Richwin, comte de Poitiers, pour demander son alliance et son amitié, ainsi que le renouvellement et la confirmation de l'ancien traité. Dans cette même année, il tint à Aix-la-Chapelle une assemblée générale [1], et fit partir pour toutes les parties de son royaume des hommes fidèles et sûrs, afin que, sévères observateurs de l'équité, ils corrigeassent les abus et dispensassent la justice à tous avec une balance égale. Bernard, son neveu, depuis long-temps roi d'Italie, qu'il avait appelé près de lui, et qui s'était empressé de lui obéir, fut comblé de présens et renvoyé dans ses États. Grimoald, prince de Bénévent, ne vint point lui-même; mais il envoya des députés, et s'engagea par un traité, et sous serment, à verser chaque année dans le trésor public sept mille sous d'or.

Ce fut encore dans la même année que l'empereur envoya ses deux fils Lothaire et Pepin, l'un en Bavière, l'autre en Aquitaine : le troisième, Louis, très-jeune encore, resta près de lui.

Environ ce temps, Hériold à qui paraissait appartenir le gouvernement du royaume des Danois, et qui avait été chassé du trône par les fils de Godefroi, chercha un refuge auprès de l'empereur Louis, et se reconnut son sujet, à la manière des Francs. Le roi l'accueillit, et lui ordonna de se rendre en Saxe, et d'attendre là qu'il pût aller l'aider à recouvrer son royaume. Toujours dans la même année, la clémence royale rendit aux Saxons et aux Frisons leur droit sur les héritages paternels, dont l'empereur Charles les avait justement privés à cause de leur perfidie. Les uns attribuèrent cet acte à la générosité, les autres à l'imprévoyance; d'autant que ces nations, d'un naturel féroce, semblaient avoir besoin d'un tel frein pour ne pas s'abandonner librement aux crimes. Mais

[1] Le 1er août 814.

l'empereur, persuadé qu'il se les attacherait d'autant plus étroitement qu'il répandrait sur elles plus de bienfaits, ne fut point trompé dans son espérance; car, dans la suite, il les trouva toujours entièrement dévouées à sa personne.

Pendant le cours de l'année suivante[1], on annonça à l'empereur que quelques Romains puissans étaient entrés dans une détestable conspiration contre le pape Léon, et que découverts, et convaincus, ils avaient été livrés au dernier supplice par l'ordre de ce pontife, ce qu'autorisait une loi des Romains. Or, l'empereur n'entendit qu'avec chagrin le récit de cette conspiration, qui lui parut bien sévèrement punie par le souverain pontife. C'est pourquoi il envoya à Rome Bernard, roi d'Italie, afin que, s'informant par lui-même de ce que la renommée avait répandu de véritable ou de faux sur cette affaire, il le lui fît savoir par Gérold. Le roi Bernard vint en effet à Rome, et manda à l'empereur, par le messager que je viens de nommer, tout ce qu'il apprit. Mais des messagers du pape Léon, savoir : Jean, évêque; Théodore, nomenclateur, et le duc Serge, vinrent presque aussitôt que celui de Bernard, et justifièrent le pape des crimes qu'on lui imputait.

Cependant l'empereur avait ordonné que les comtes Saxons et Obotrites, autrefois sujets de Charles, prêtassent le secours de leurs armes à Hériold, et le rétablissent dans ses propres États; Balderic fut envoyé à ce dessein. Ces comtes, après avoir passé le fleuve de l'Eyder, arrivèrent dans le pays des Normands, en un lieu nommé Sinland. Les fils de Godefroi, bien

[1] En 815.

qu'ils eussent une grande multitude de troupes et deux cents navires, ne voulurent point en venir aux mains, ni courir le hasard d'un combat, et chacun des deux partis se retira après avoir saccagé et brûlé tout ce qui se trouva sur le passage. Les Danois donnèrent cinquante otages. Après cette expédition, les nôtres revinrent auprès de l'empereur alors à Paderborn, où il avait convoqué une assemblée générale. Tous les nobles et les grands de l'Esclavonie orientale s'y étaient rendus. En ce temps, Abulaz, roi des Sarrasins[1], demanda la paix pour trois ans, et l'obtint d'abord ; mais bientôt elle fut rompue comme nuisible, et la guerre déclarée. L'évêque Norbert et le comte Richwin revinrent de Constantinople, avec un traité avantageux conclu entre les Grecs et les Francs. Les Romains profitant d'un moment où le pape Léon fut attaqué d'une maladie grave, se jetèrent sur des métairies récemment établies par lui, et sur tous les domaines dont ils l'accusaient de les avoir injustement dépouillés, et tâchèrent de se remettre, sans le secours d'aucun juge, en possession de ce qui leur appartenait. Le roi Bernard envoya Winégise, duc de Spolète, pour s'opposer à cette entreprise, et fit parvenir à l'empereur des nouvelles certaines sur l'état des choses.

L'empereur ayant passé l'hiver dans une heureuse santé, et dans une situation tranquille[2], dès que les jours plus doux du printemps parurent, envoya les Francs Orientaux, ainsi que les comtes de la nation

---

[1] Aboulasi-al-Haccan, émir de Cordoue, dont il est souvent question dans les *Annales* d'Éginhard et tous les historiens du temps.
[2] En 816.

Saxonne contre les Esclavons Sorabes, qu'on disait s'être révoltés; leur entreprise fut, avec l'aide du Christ, bien promptement et bien facilement réprimée. Mais d'un autre côté, les Gascons citérieurs, qui habitent aux pieds des Pyrénées, toujours emportés par leur naturel inconstant, se détachèrent entièrement de nous. Or, la cause de leur rébellion, fut le châtiment que Siegwin, leur comte, s'attira pour ses mœurs dépravées : l'empereur qui le haïssait à cause de cela, lui avait ôté ce comté. Il fallut pour les dompter deux expéditions successives. Ils se repentirent alors de leur entreprise, et desirèrent ardemment qu'on acceptât leur soumission.

Pendant que ces choses se passaient, l'empereur apprit la mort du pape Léon, qui arriva le 25 mai, la vingt-unième année de son épiscopat[1] : il apprit aussi le choix qu'on avait fait à sa place du diacre Étienne, qui, sitôt après son exaltation, se rendit sans retard auprès de l'empereur. Deux mois en effet étaient à peine écoulés depuis qu'il était nommé, quand il vint le trouver. Toutefois il se fit précéder par des légats, chargés de satisfaire l'empereur sur le fait de sa nomination. L'empereur en apprenant l'arrivée du pape, enjoignit à son neveu Bernard de l'accompagner. De plus, il envoya au devant de lui des députés, qui le reçurent avec les honneurs convenables. Pour lui il résolut de l'attendre à Rheims. Mais il ordonna à Hildebald, archi-chapelain de son palais, à Théodulf, évêque d'Orléans, à Jean d'Arles, et à tous les autres ministres de l'Église, de sortir au devant du pape, revêtus des ornemens sacerdotaux. Enfin, l'em-

[1] Le 11 juin 816.

pereur s'avança lui-même à un mille du monastère du saint confesseur Remi, reçut avec vénération le vicaire du bienheureux saint Pierre, le soutint, quand il descendit de cheval, et lui donna la main pour entrer dans l'église, pendant que tous les assistans transportés de joie entonnaient le *Te Deum*. Quand ce chant eut cessé, le clergé romain fit entendre les louanges de l'empereur, lesquelles furent terminées par un discours que prononça le pape lui-même. Cette cérémonie achevée, on entra dans l'intérieur de l'abbaye, où le pape expliqua à l'empereur le motif de son voyage : ce prince, après avoir participé à la consécration du pain et du vin, retourna dans la ville, et le pape resta dans l'abbaye. Le lendemain, il fut convié par l'empereur à un repas splendide, après lequel il reçut de magnifiques présens. Le troisième jour, ce fut lui qui invita à son tour l'empereur, et qui lui fit don de choses précieuses. Le jour suivant, qui fut un dimanche, l'empereur fut ceint du diadême impérial, et reçut la bénédiction du pape pendant la célébration de la sainte messe. Enfin, quand toutes ces choses furent terminées, le pontife, satisfait dans toutes ses demandes, partit pour Rome. L'empereur s'en vint à Compiègne, où il reçut et entendit les envoyés d'Abdérame [1], fils du roi Abulaz. Après s'être arrêté vingt jours au plus en ce lieu, il alla passer l'hiver à Aix-la-Chapelle.

Il avait ordonné que les envoyés du roi des Sarrasins vinssent l'attendre dans cette ville [2]. Ils y demeurèrent environ trois mois, au bout desquels en-

---

[1] Al Moumenim, émir de Cordoue.
[2] En 817.

nuyés d'un si long séjour, ils obtinrent la permission de s'en retourner. Louis reçut dans ce palais Nicéphore, que lui avait envoyé l'empereur de Constantinople, Léon, moins pour resserrer les liens de paix et d'amitié qui existaient entre eux, que pour traiter des frontières entre les Dalmates romains et les Dalmates esclavons. Mais comme ni ceux-ci, ni Cadolach, préfet des frontières, n'étaient présens, et que rien ne pouvait se terminer sans eux, Albigaire fut envoyé pour résoudre avec Cadolach, et faire cesser tout différend.

En cette année, les fils de Godefroi, autrefois roi des Normands, pressés par Hériold, envoyèrent des députés à l'empereur pour demander la paix. Louis ne voulut point recevoir cette ambassade, qu'il regarda comme aussi peu utile que peu sincère, et accorda des secours à Hériold contre eux. La lune s'éclipsa le 5 de février, à la deuxième heure de la nuit, et une comète, ce précurseur de quelque grand événement, apparut sous le signe du Cocher. Le pape Étienne, trois mois après être revenu de France, rendit le dernier soupir. Pascal monta sur le siége pontifical en sa place. Dès qu'il fut solennellement consacré, il envoya vers l'empereur des légats chargés de lui remettre de magnifiques présens et une lettre apologétique où il faisait entendre que ce n'était ni par ambition ni par choix, mais seulement pour obéir à l'élection du clergé et à la volonté du peuple, qu'il avait accepté le poids plutôt que l'honneur de cette dignité. Le porteur de cette lettre fut Théodore le nomenclateur, lequel, après avoir terminé sa négociation et obtenu ce qu'il demandait, c'est-à-dire, la confirmation du pacte et de l'alliance, comme l'avaient pratiqué les autres papes, retourna à Rome.

Dans le cours de la même année, vers la fin du Carême, le cinquième jour de la dernière semaine, jour où l'on célèbre la Cène, après que tout ce qu'exige cette solennité fut consommé, il arriva qu'au moment où l'empereur sortait de l'église et se rendait dans son palais, une galerie de bois qu'il traversait, et que la pourriture, le temps et l'humidité continuelle avaient ruinée et dégradée, s'affaissant sur sa base, s'écroula sous les pieds de l'empereur et de toute sa suite ; le bruit de cette chute répandit une grande épouvante dans tout le palais, où chacun craignit qu'un tel accident n'eût été funeste à l'empereur. Mais Dieu qui l'aimait le protégea dans ce péril, car, tandis que plus de vingt personnes qui étaient avec lui coururent toutes de graves dangers, l'empereur seul n'éprouva d'autre mal qu'une contusion vers le bas de la poitrine, à l'endroit où le pommeau de son épée se brisa, avec une légère égratignure au bout de l'oreille ; sa jambe fut aussi atteinte au dessous du genou par une pièce de bois sous laquelle elle se trouva prise ; mais elle fut presque aussitôt dégagée. Les soins des médecins le rendirent en peu de temps à la santé ; et, vingt jours après cet accident, il alla chasser à Nimègue. Revenu ensuite à Aix-la-Chapelle, il tint un plaid général, où il fit éclater tout le zèle qu'il nourrissait dans son cœur pour le culte divin [1] ; car, ayant rassemblé les évêques et la

---

[1] L'historien confond ici en une seule deux assemblées tenues l'une et l'autre à Aix-la-Chapelle, et dont la première, en 816, régla ce qui se rapportait aux chanoines, et la seconde, en 817, ce qui se rapportait aux moines.

partie la plus puissante du clergé de la sainte Église, il fit composer un livre contenant les règles de la vie monastique, où se trouve la perfection de cette manière de vivre, comme l'attestent les reclus qui la suivent. Il voulut aussi qu'on fixât en ce livre quelle quantité de boisson, de nourriture et de toutes autres choses utiles, était nécessaire, afin que les religieux et les religieuses qui se dévouent à servir le Seigneur sous cette règle ne manquent d'aucune chose, et se souviennent que, serviteurs du Seigneur, ils n'ont point d'autre maître. Il commit ensuite à de sages hommes le soin de porter ce livre dans toutes les villes et dans tous les monastères de son Empire, de le faire copier dans tous ces lieux, et d'exiger les tributs qu'on y avait marqués. Cette chose fut pour l'Église un grand motif de joie, et pour le pieux empereur un juste sujet d'éloges et un monument éternel de sa sagesse.

Cet empereur, aimable devant Dieu, chargea en même temps l'abbé Benoît et plusieurs autres moines d'une vie austère en toutes choses, de parcourir tous les monastères, et de faire naître parmi les religieux et les religieuses l'habitude de vivre uniformément selon la règle de saint Benoît. Considérant aussi que les ministres de Jésus-Christ ne doivent être sujets à aucune servitude humaine, que l'avarice portait une foule d'hommes à faire indignement servir le ministère ecclésiastique à leur intérêt privé, il établit que quiconque né dans une condition servile serait, à cause de son savoir et de la pureté de ses mœurs, admis au ministère des autels, devrait être d'abord affranchi par ses maîtres, soit laïques, soit ecclésiastiques, et qu'il ne pourrait qu'après cet affranchissement être élevé aux dignités de l'Église. Voulant enfin que chaque église eût ses revenus particuliers, afin que la pauvreté ne fît point négliger le culte divin, il ordonna par ce même édit qu'une métairie avec un revenu déterminé, et deux serfs, l'un homme, l'autre femme, seraient attribués à chaque église [1].

Tels étaient les exercices de ce saint empereur; tel était son plaisir de chaque jour, et le noble champ où brillait avec plus d'éclat devant le Seigneur, et au milieu d'une sainte sagesse et de saints travaux, la vie de cet homme qui, placé au faîte des grandeurs, s'élevait d'autant plus qu'il s'humiliait davantage, à l'exemple du Christ. Dès ce moment, les évêques et les clercs commencèrent à quitter ces baudriers, ces ceintures dorées et chargées de couteaux à manche précieux, ces habits d'un travail recherché, ces éperons dont était embarrassée leur chaussure. L'empereur, en effet, regardait comme un monstre tout homme qui, membre de la famille ecclésiastique, convoitait les ornemens et la gloire du siècle.

Mais l'ennemi du genre humain ne put souffrir chez l'empereur cette dévotion sainte et digne de la Divinité, qui l'attaquait de toutes parts, et lui déclarait dans tous les rangs de l'Église une guerre mortelle. Il entreprit de repousser cette attaque avec toutes ses forces réunies, et d'employer l'audace et la ruse pour dompter cet infatigable défenseur du Christ. En effet, l'empereur avait terminé les sages réglemens dont

[1] Il ne s'agissait point, dans cet édit, de donner une métairie à chaque église, mais d'affranchir, pour chaque église, une de ses métairies, de toute charge, redevance ou service onéreux.

nous avons parlé, et déclaré dans la même assemblée que son fils aîné Lothaire prendrait le titre et le pouvoir d'empereur ; il venait d'envoyer Pepin et Louis, deux autres de ses fils, l'un en Aquitaine, et l'autre en Bavière, afin que le peuple apprît à quelle autorité il devait obéir, quand on vint lui annoncer la défection des Obotrites qui, s'unissant par traité avec les fils de Godefroi, ravageaient la Saxe transalbine. L'empereur envoya contre eux des troupes suffisantes qui, Dieu aidant, les repoussèrent. Pendant ce temps, il alla courir et chasser dans la forêt des Vosges. La chasse terminée, il revenait passer l'hiver à Aix-la-Chapelle, lorsqu'il apprit que son neveu Bernard, roi d'Italie, que son influence sur l'empereur Charlemagne, son père, avait, plus que toute autre cause, fait nommer roi, cédant follement aux conseils d'hommes pervers, s'était révolté; que déjà tous les princes et toutes les cités de l'Italie lui avaient prêté serment; qu'enfin tous les passages par où l'on peut pénétrer dans ce royaume étaient fermés et défendus. Cette triste nouvelle étant confirmée par de fidèles témoins, et surtout par l'évêque Rathal et par Suppon, l'empereur tira des troupes de la Gaule, de la Germanie, de tous côtés, et vint jusqu'à Châlons avec une armée très-nombreuse. Bernard, se reconnaissant trop faible contre de telles forces, et incapable de poursuivre son entreprise, car chaque jour quelqu'un de ses partisans se séparait de lui, perdit toute espérance, vint se remettre entre les mains de l'empereur, déposa ses armes, et se prosterna à ses pieds, où il confessa toute sa faute. Son exemple fut suivi par tous les scigneurs de son royaume, qui déposèrent également les armes, et se soumirent au pouvoir et au jugement de l'empereur. De plus, ils déclarèrent, la première fois qu'on les interrogea, quels préparatifs avaient précédé la révolte, pour quel objet ils l'avaient tramée, jusqu'où ils prétendaient la conduire, quels complices enfin ils s'étaient attachés. Or, les auteurs de cette conspiration étaient Eggidéon, le plus intime des amis du roi Bernard, Réginhaire, autrefois comte du palais de l'empereur, fils du comte Méginhaire, et Réginhard, chambellan du roi; une foule de clercs et de laïcs avaient aussi trempé dans ce crime; ceux que la tempête enveloppa furent les évêques Anselme de Milan, Wolfold de Crémone, et Théodulf d'Orléans.

Quand les chefs de la conjuration furent découverts et arrêtés[1], l'empereur revint, comme il l'avait d'abord résolu, passer l'hiver à Aix-la-Chapelle, où il demeura jusqu'après la célébration de la sainte solennité de Pâques. Après cette fête, l'empereur, faisant grâce à Bernard et aux fauteurs du crime que nous venons de raconter, de la peine capitale qui devait les frapper selon la loi et la justice des Francs, leur fit arracher les yeux, bien que beaucoup s'y opposassent et eussent mieux aimé qu'on sévît contre eux avec toute la sévérité de la loi. Mais, malgré cet acte d'indulgence de l'empereur, il arriva que plusieurs ne voulurent point profiter de la diminution du châtiment. En effet, Bernard et Reginhaire, ne pouvant supporter la perte de leurs yeux, se donnèrent la

---

[1] En 818.

mort[1]. Les évêques, réprimés par la crainte seule d'un semblable châtiment, furent déposés et renfermés dans des monastères. Pour le reste des coupables, l'empereur ordonna que nul ne fût privé ni de la vie, ni d'aucun membre; mais que, selon la gravité de leur faute, ils fussent ou bannis ou rasés.

Après ces choses on annonça à l'empereur la révolte des Bretons qui avaient poussé l'audace jusqu'à nommer roi un certain Morman, homme de leur nation, et à refuser de se soumettre sous aucune espèce de conditions. Pour punir une telle insolence, l'empereur, ayant rassemblé des troupes de tous côtés, marcha vers leurs frontières, et, après avoir tenu à Vannes une assemblée générale, il entra sur leur territoire, dévasta sans peine tout ce qu'il rencontra, jusqu'à ce que Morman ayant été tué au milieu des bagages du camp par un écuyer du roi, nommé Choslon, toute la Bretagne vaincue succomba avec lui, et, rendant les armes aux conditions que dicta l'empereur, reprit de nouveau le joug. En effet, ils livrèrent autant d'otages nobles qu'on leur en demanda, et laissèrent l'empereur ordonner à son gré de leur province.

Cette expédition terminée, l'empereur quitta les frontières de la Bretagne et vint dans la ville d'Angers, où la reine Hermengarde, épuisée par une longue maladie, ne survécut que deux jours au retour de Louis, et mourut le troisième jour, c'est-à-dire le 3 octobre. En cette année, une éclipse de soleil eut lieu le 8 juillet. Après avoir donné ses soins aux funérailles de la reine, l'empereur se rendit par Rouen et par

---

[1] Il est plus probable que Bernard et Réginhaire moururent des suites de cette cruelle opération.

Amieus, sans s'arrêter, à Aix-la-Chapelle pour y passer l'hiver. A son retour, comme il entrait dans le palais de Herstall, il rencontra les envoyés de Siggon, duc de Bénévent, lesquels venaient lui offrir les présens les plus magnifiques et disculper leur maître de la mort de Grimoald. Il trouva en outre les envoyés de diverses autres nations, des Obotrites, des Goduscans et des Timotians, qui avaient abandonné l'alliance des Bulgares et s'étaient récemment unis avec nous. Là se trouvaient encore les envoyés de Liudewit, gouverneur de la Pannonie inférieure, lesquels accusaient (faussement comme il parut par la suite) Cadolach d'exercer envers ce prince une inhumanité insupportable. Après avoir entendu, satisfait, et congédié ces envoyés, l'empereur se transporta dans le palais où il avait résolu de passer l'hiver. Pendant son séjour en ce lieu, les ducs saxons lui amenèrent Sclaomir, roi des Obotrites, qui, accusé de rébellion, fut condamné au bannissement, n'ayant pu se laver du crime dont on le chargeait. Son royaume fut donné à Céadrag, fils de Thrasicon.

Environ ce temps[1], le Gascon Loup, surnommé Centulle, se mettant en révolte, attaqua Warin, comte d'Auvergne, et Bérenger, comte de Toulouse. Il perdit dans le combat son frère Gersan et beaucoup des siens, et n'échappa que par la fuite. Mais, dans la suite, amené devant l'empereur et obligé de justifier sa conduite, il ne put le faire, et fut condamné à l'exil. Durant ce même hiver et dans le même palais, l'empereur tint une assemblée générale ; il entendit les rapports que lui firent, sur toutes les parties

[1] En 819.

de son empire, les commissaires qu'il avait envoyés pour rétablir partout les églises détruites ou réparer celles qui existaient déjà : guidé par sa sainte dévotion, il ajouta tous les réglemens qu'il jugea utiles, et ne laissa imparfait rien qui parût importer à la gloire de la sainte Église ; il compléta par de nouveaux capitulaires les lois relatives aux procès, et ces capitulaires sont encore observés.

A cette époque, l'empereur, par le conseil des siens, songea à subir une seconde fois le joug du mariage ; un grand nombre de seigneurs craignaient que ce prince n'eût le projet d'abandonner le gouvernement de l'empire. L'empereur, cédant à leur desir, choisit entre toutes les filles des seigneurs de son empire réunies de tous côtés, et épousa Judith, fille du noble comte Guelfe.

L'été suivant, l'assemblée générale fut convoquée à Ingelheim, où l'empereur reçut des nouvelles de l'armée qu'il avait envoyée pour étouffer la révolte de Liudewit. Mais ce but fut manqué. Enflé d'un vain orgueil par ce léger avantage, Liudewit envoya offrir à l'empereur des conditions de paix, au prix desquelles il consentait à reconnaître l'autorité de ce prince. Mais Louis méprisa de semblables conditions comme dérisoires. Cependant Liudewit, persuadé qu'il pourrait poursuivre ses perfides desseins, cherchait à s'associer tous ceux qu'il pouvait séduire. Après que l'armée fut revenue des frontières de la Pannonie, tandis que Liudewit se maintenait, Cadolach, duc de Frioul, fut attaqué de la fièvre et mourut. Balderic lui succéda. Quand il fut arrivé dans le pays et entré en Carinthie suivi d'un petit nombre de ses hommes, il mit en fuite, près de la Drave, l'armée de Liudewit, et, en poursuivant les débris, le contraignit à sortir entièrement du pays. Battu par Balderic, Liudewit se jeta sur Borna, duc de Dalmatie, lequel campait alors près de la Kulpe. Borna, abandonné par la perfidie ou peut-être par la lâcheté des Goduscans, n'échappa au danger qui le menaçait que par le secours de sa propre garde; peu de temps après cependant, il remit sous son joug ceux qui l'avaient secoué. L'hiver suivant Liudewit fit une nouvelle invasion dans la Dalmatie, où il porta la dévastation, faisant périr par le fer tout ce qui avait vie, et livrant au feu tout le reste. Comme Borna ne pouvait arrêter le mal ouvertement, il chercha le moyen de nuire à son ennemi en secret. En effet, sans lui faire une guerre ouverte, il sut fatiguer par tant d'attaques soudaines Liudewit et son armée qu'il le fit bientôt repentir de sa folle entreprise. Trois mille hommes de Liudewit furent massacrés, ses chevaux et la plus grande partie de son butin enlevés, et le reste de son armée contraint à sortir de la Dalmatie. L'empereur, qui se trouvait à Aix-la-Chapelle, apprit avec joie ces nouvelles.

Dans ce même temps les Gascons, poussés à la révolte par cette maladie de sédition qui leur était naturelle, furent si bien subjugués par Pepin, fils de l'empereur, qu'aucun n'osa plus remuer. Enfin l'empereur congédia l'assemblée, et profita de la saison favorable pour chasser dans la forêt des Ardennes, après quoi il vint passer l'hiver dans son palais d'Aix-la-Chapelle.

A l'approche de l'hiver [1], l'empereur convoqua dans

[1] En 820.

ce lieu une assemblée de la nation. Borna, s'étant plaint des ravages de Liudewit, reçut de Louis un secours de troupes assez grand pour pouvoir à son tour dévaster les domaines de Liudewit. Ces troupes, divisées en trois parties, vinrent au commencement du printemps mettre tout son pays à feu et à sang pendant que Liudewit se tenait renfermé dans un château-fort, d'où il ne sortait ni pour combattre, ni pour négocier. Quand les troupes furent rentrées dans leurs foyers, ceux de la Carniole et la partie des Carinthiens qui s'était attachée à Liudewit se donnèrent à notre duc Balderic. Dans ce plaid tenu à Aix-la-Chapelle, Béra, comte de Barcelonne, accusé d'infidélité par un certain Sanila, se battit avec lui à cheval, comme le voulait la loi de leur nation (ils étaient tous deux Goths), et fut vaincu. Or, dans ce cas, la loi condamnait Béra à subir la peine capitale, comme coupable de lèze-majesté; mais l'empereur, usant de clémence, lui accorda la vie, en lui prescrivant de se retirer à Rouen.

A cette époque, on annonça à l'empereur que treize vaisseaux de pirates avaient mis à la voile des ports des Normands, et venaient piller nos côtes. Comme ce prince ordonna qu'on se tînt en garde contre eux, et qu'on prît des moyens de défense, ces pirates, repoussés des rivages de la Flandre et des bouches de la Seine, se jetèrent sur l'Aquitaine, pillèrent un bourg appelé Buin, et s'en retournèrent chargés de butin.

L'empereur passa tout l'hiver de cette année [1] à Aix-la-Chapelle, et tint au mois de février une assemblée

[1] En 821.

générale en ce palais. Trois corps de troupes furent envoyés pour ravager de nouveau les terres de Liudewit. La paix qu'on avait faite avec Abulaz, roi des Sarrasins, fut rompue, et la guerre déclarée à ce prince. Au commencement du mois de mai, l'empereur tint à Nimègue une nouvelle assemblée, dans laquelle il fit lire publiquement et confirmer par tous les seigneurs présens le partage qu'il avait déjà fait entre ses fils ; il reçut aussi, entendit et congédia Pierre, évêque de Civita-Vecchia, et Léon, nomenclateur, envoyés tous deux par le pape Pascal. Ensuite, quittant Nimègue, il se rendit à Aix-la-Chapelle, d'où, pénétrant dans la forêt des Ardennes jusqu'au château de Remiremont et la vaste forêt des Vosges, il passa le reste de l'été et l'automne même en ces lieux. Pendant ce temps, Borna perdit la vie, et l'empereur lui donna pour successeur son neveu Ladislas. Il apprit à cette époque que Léon, empereur de Constantinople, avait été assassiné par ses domestiques, et surtout par Michel, que ses complices et les gardes prétoriennes mirent sur le trône. Vers le milieu d'octobre, une assemblée générale fut convoquée à Thionville. Perdant sa durée, l'empereur fit épouser à son fils aîné Lothaire, avec une pompe solennelle, Hermengarde, fille du comte Hugues. Théodore, primicier de l'Église, et Florus, tous deux légats du pontife romain, se présentèrent dans cette assemblée avec de magnifiques présens. Ici la clémence de l'empereur, qui se montra toujours d'une manière admirable, fit éclater plus qu'en toute autre occasion la bonté de son cœur ; car, ayant ordonné le rappel de tous ceux qui avaient conspiré contre sa vie et sa puissance, non seulement il leur fit don de la vie et des membres de leur corps, mais il leur rendit aussi, comme un témoignage de sa libéralité, les biens considérables dont ils avaient été légitimement privés. Il rétablit dans son ancien ministère Adalhard qui avait été abbé de Corbie, et qui vivait à cette époque retiré dans le monastère de Saint-Philibert ; il rappela du monastère de Saint-Benoît Bernard, frère d'Adalhard, lui rendit son amitié, et le rétablit dans son titre. Ces choses et beaucoup d'autres relatives aux intérêts publics étant terminées, l'empereur envoya son fils Lothaire passer l'hiver à Worms, et retourna lui-même à Aix-la-Chapelle.

L'année suivante [1], il convoqua une assemblée générale en un lieu nommé Attigny. Ayant appelé dans cette assemblée les évêques, les abbés, les ecclésiastiques, les grands de son royaume, son premier soin fut de se réconcilier d'abord avec ses frères qu'il avait fait raser malgré eux, ensuite avec tous ceux auxquels il crut avoir fait quelque offense. Après quoi il fit une confession publique de ses fautes, et, imitant l'exemple de l'empereur Théodose, il subit de son gré une pénitence pour tout ce qu'il avait fait tant envers son neveu Bernard qu'envers les autres; puis, réparant ce qui avait pu être fait de mal par lui-même ou par son père, il s'efforça d'apaiser la Divinité par de si abondantes aumônes, par les prières ardentes que firent pour lui les serviteurs de Jésus-Christ, et par une telle exactitude dans ses devoirs, qu'on eût cru que toutes les peines qui avaient légitimement frappé chaque coupable, avaient été l'œuvre de sa cruauté.

[1] En 822.

Vers cette époque, il envoya d'Italie une armée dans la Pannonie contre Liudewit qui, n'étant pas assez fort pour résister, abandonna sa propre cité, et, se réfugiant auprès d'un prince de Dalmatie, fut accueilli par lui dans sa ville. En retour de cet accueil, il fit périr dans un piége son bienfaiteur, et se rendit maître de la ville; et, quoiqu'il n'y eût eu entre lui et les nôtres ni combat ni conférences, cependant, ayant envoyé des députés, il avoua qu'il était coupable, et promit de se rendre auprès de l'empereur, son seigneur.

On annonça dans le même temps à ce prince que les gardiens des Marches d'Espagne avaient franchi la Sègre, et pénétré dans l'intérieur de l'Espagne, d'où ils étaient revenus chargés d'un butin considérable, après avoir dévasté et mis en feu tout ce qu'ils avaient trouvé. De la même manière, ceux qui gardaient les Marches de Bretagne se jetèrent sur cette province, et la ravagèrent avec le fer et le feu, en punition de la révolte d'un Breton appelé Wihomarch; après quoi ils firent une retraite heureuse. Quand l'assemblée fut séparée, l'empereur envoya son fils Lothaire en Italie, et avec lui le moine Wala qui était son parent, et le chef des portiers du palais, Géronge, afin que leurs conseils aidassent son fils à mettre en ordre, rétablir et diriger les affaires publiques ou privées de son royaume. Ayant résolu d'envoyer aussi son fils Pepin en Aquitaine, il l'unit auparavant à la fille du comte Théodebert [1], et aussitôt après il l'envoya prendre le gouvernement de sa province. Ayant pourvu à toutes choses, l'empereur passa, selon la coutume des Francs,

---

[1] Ingiltrude.

tout l'automne à la chasse, et vint fixer son séjour pour l'hiver en un lieu au-delà du Rhin, appelé Francfort. Là, il convoqua une assemblée de toutes les provinces voisines, c'est-à-dire, de tous les Francs qui obéissaient, au-delà du Rhin, à sa domination. Il traita dans cette assemblée de tout ce qui lui parut importer à l'utilité publique, et pourvut convenablement à chaque chose. Une députation des Avares vint lui offrir des présens, et il reçut aussi des envoyés des Normands qui demandaient le renouvellement et la confirmation de la paix. Après avoir renvoyé comme il convenait tous ces députés, il passa l'hiver en ces lieux, dans les logemens qu'on avait préparés pour le recevoir.

Au mois de mai de l'année suivante [1], il convoqua toujours à Francfort une assemblée générale des Francs Austrasiens, des Saxons et des autres nations circonvoisines; là, il mit fin aux débats de deux frères qui se disputaient la couronne avec un grand acharnement : ces deux princes étaient de la nation des Wiltzes et fils de Liuba leur dernier roi; l'un se nommait Méligast et l'autre Céleadrag. Leur père périt dans une invasion qu'il fit chez les Obotrites, et laissa son trône à l'aîné de ses enfans. Mais comme celui-ci ne sut pas déployer toute l'activité que demandaient les circonstances, la faveur du peuple se déclara pour son jeune frère. Étant venus soutenir tous deux leur prétention devant l'empereur, ce prince, après avoir consulté et reconnu la volonté du peuple, déclara le plus jeune roi : toutefois il les combla l'un et l'autre de

---

[1] En 823.

présens, reçut leurs hommages, et les renvoya satisfaits de lui et contens l'un de l'autre.

Lothaire cependant avait été, comme nous l'avons dit plus haut, envoyé en Italie par son père. Après avoir, avec les conseils de ceux qui l'accompagnaient, pourvu aux affaires du moment, avoir terminé quelques travaux, et en avoir seulement préparé quelques autres, il se disposa à instruire l'empereur de toutes ces choses et à revenir auprès de lui; mais sur les instances du pape Pascal, il se rendit d'abord à Rome, vers le temps de la solennité de Pâques. Accueilli par le pontife avec de grands honneurs, il reçut de sa main le jour même de Pâques[1], et au pied de l'autel de Saint-Pierre, le diadême impérial avec le surnom d'Auguste. Il se rendit ensuite à Pavie, où il fut retenu quelque temps pour quelques affaires qu'il ne pouvait retarder, et ce ne fut que dans le mois de juin qu'il vint annoncer à son père tout ce qu'il avait fait, et le consulter sur ce qui restait à faire. Or, pour achever ce qu'il avait laissé imparfait, l'empereur fit partir Adalhard, comte du palais, auquel il adjoignit Mauring.

Gondulf, évêque de Metz, mourut en ce temps-là; tout le clergé et le peuple de cette église, animés d'un même esprit, demandèrent de concert que Drogon, frère de l'empereur, et qui vivait saintement sous la discipline canonique, leur fût donné pour évêque; et par un concours de volonté bien admirable, l'empereur, les grands et le peuple lui-même, se réunirent en un sentiment unique, tellement que toutes les voix s'élevèrent pour Drogon; aucune ne s'éleva contre lui.

[1] Le 5 avril 823.

L'empereur donc consentit avec joie à la demande de l'église de Metz, et lui donna le pontife qu'elle desirait.

La mort de Liudewit, qui avait péri par une trahison, fut annoncée à l'empereur durant cette assemblée. En la congédiant, ce prince en indiqua une autre à Compiègne pour l'automne suivant.

Environ ce temps, il apprit que Théodore primicier de la sainte Église, et Léon nomenclateur avaient eu les yeux arrachés et la tête tranchée dans le palais épiscopal de Latran. Or, l'on s'efforçait de rendre odieux ceux qui avaient commis ce meurtre en répandant que ces deux prélats n'avaient subi un tel châtiment qu'à cause de leur attachement pour Lothaire. Le pontife lui-même était attaqué par ce bruit, puisqu'on prétendait que tout avait été fait avec son consentement. L'empereur, voulant avoir des nouvelles certaines sur cette affaire, se préparait à envoyer à Rome Adalung, abbé de Saint-Waast, et le comte Honfroi, lorsque l'évêque Jean et Benoît, archidiacre de la sainte Église romaine, vinrent au nom du pape Pascal repousser le crime qu'on lui imputait, et offrir à l'empereur d'examiner toute cette affaire. Ce prince, après les avoir entendus et congédiés avec une réponse convenable, ordonna que les commissaires qu'il avait nommés pour aller éclaircir les doutes et démêler la vérité, se rendissent à Rome. Pour lui, après avoir séjourné quelque temps en plusieurs lieux, il se rendit à Compiègne au commencement de novembre, comme il l'avait arrêté. Dans l'assemblée qui s'y tint, les députés envoyés à Rome revinrent et annoncèrent que le pape Pascal, ainsi qu'un grand nombre de ses évêques, s'étaient purgés par serment du meurtre qu'on leur imputait, mais sans pouvoir aucunement livrer les vrais coupables, et que le pape avait au reste assuré que ces prélats ne s'étaient que trop attiré ce traitement. Les envoyés du souverain pontife, qui étaient venus avec les nôtres, confirmèrent ce rapport. C'étaient l'évêque Jean, Serge bibliothécaire, Quirinus sous-diacre et Léon maître de la milice. L'empereur, dont le naturel était tout miséricordieux, ne pouvant obtenir, malgré son ardent désir, vengeance du massacre des prélats, crut devoir cesser ses recherches, et congédia les députés romains avec des réponses convenables à la circonstance.

A cette époque, il arriva divers prodiges qui inquiétèrent l'esprit de l'empereur; un tremblement de terre ébranla le palais d'Aix-la-Chapelle; des bruits étranges furent entendus pendant la nuit; une jeune fille s'abstint durant douze mois entiers de toute nourriture; on vit des éclairs multipliés, on entendit des coups de tonnerre fréquens; une pluie de pierres et de grêle tomba du ciel; une maladie contagieuse attaqua les hommes et les animaux; tant de choses prodigieuses remplirent d'épouvante l'ame de Louis. Ce pieux empereur commanda partout des jeûnes fréquens, des prières continuelles, de nombreuses aumônes, afin d'apaiser la divinité par le ministère du sacerdoce, certain qu'il était que de tels phénomènes menaçaient le genre humain de quelque grande calamité.

Ce fut environ ce temps que naquit au mois de juin, de la reine Judith, un fils qui reçut au baptême le nom de Charles[1].

[1] Le 13 juin 823.

Cependant les comtes Èble et Asinaire eurent ordre de passer le mont Pyrénée : ils s'avancèrent avec des troupes nombreuses jusqu'à Pampelune ; mais, lorsqu'après avoir atteint le but de leur invasion, ils voulurent revenir, ils firent une funeste épreuve de la perfidie innée en ces lieux, et de la mauvaise foi naturelle à ceux qui les habitent [1]. En effet, environnés par eux, ils perdirent toutes leurs troupes et tombèrent eux-mêmes au pouvoir des ennemis. Èble fut envoyé à Cordoue, au roi des Sarrasins; Asinaire, dont la famille n'était pas étrangère à ces lieux, fut épargné.

Cependant Lothaire qui avait été, comme nous l'avons dit, envoyé à Rome par son père, reçut du pape Eugène l'accueil le plus distingué, et lorsqu'il lui adressa ses plaintes sur tout ce qui s'était passé, sur le meurtre de quelques-uns de ceux qui étaient dévoués à l'empereur et aux Francs, sur le mépris avec lequel étaient traités ceux qui n'avaient point péri, sur les murmures qui s'élevaient de tous côtés contre les prêtres et les juges des Romains, Lothaire reconnut que l'ignorance ou la négligence de quelques prêtres, et aussi l'aveugle et insatiable cupidité des juges avaient occasionné une foule de confiscations injustes. C'est pourquoi ce prince, en rendant tout ce qui avait été iniquement ravi, causa une grande joie parmi le peuple Romain. Il fut aussi établi, selon l'ancienne coutume, que l'empereur enverrait, quand il le jugerait nécessaire, des officiers chargés de rendre avec impartialité la justice à tout le peuple Romain. Lorsque Lothaire de retour rendit compte à

[1] En 824.

l'empereur de ces réglemens, ce prince qui aimait la justice et vénérait la vérité, fut rempli d'une grande joie en voyant que le secours de la piété n'avait point manqué aux malheureux injustement opprimés.

L'année suivante[1], l'empereur ordonna qu'une assemblée générale se réunît à Aix-la-Chapelle, au mois de mai. Tandis qu'il la présidait, la députation des Bulgares qui avait long-temps demeuré, selon ses ordres, en Bavière, lui fut amenée et présentée. Son objet principal après la confirmation de la paix, était le maintien des frontières entre les Bulgares et les Francs. Un assez grand nombre de seigneurs bretons assistèrent aussi à cette assemblée, où ils protestèrent longuement de leur soumission et de leur obéissance : parmi eux était ce Wihomarch, qui semblait avoir une autorité supérieure, et dont l'aveugle audace et les desseins téméraires avaient poussé l'empereur à faire, comme nous l'avons vu, une expédition en Bretagne; mais comme, en cette occasion, il témoigna se repentir de son méfait, et s'abandonna à la discrétion de l'empereur, ce prince n'obéissant qu'au penchant qui l'entraînait à la clémence, l'accueillit avec bonté, le combla de présens ainsi que tous les autres Bretons, et lui permit de retourner dans sa patrie. Toutefois Wihomarch ne s'étant point désaccoutumé de sa déloyauté naturelle, et oubliant tout ce qu'il avait promis comme tout ce qu'il avait reçu, ne cessa de tourmenter et de fatiguer par des injustices continuelles tous ses voisins fidèles à l'empereur, jusqu'à ce qu'enfin, accablé par les hommes de Lambert, il finît sa

[1] En 825.

vie dans son propre château de la façon dont la terminent tous les méchans.

Après avoir congédié les envoyés des Bulgares et ceux des Bretons, l'empereur se livra à son goût pour la chasse dans les endroits les plus enfoncés de la forêt des Vosges, comptant y demeurer jusqu'à ce qu'il revînt à Aix-la-Chapelle pour tenir l'assemblée qu'il y avait convoquée pour le mois d'août. A ladite époque, l'empereur ordonna que la paix sollicitée par les Normands leur fût confirmée au mois d'octobre. Quand il eut terminé toutes les affaires importantes, il se retira avec son fils Lothaire à Nimègue, tandis que le jeune Louis allait par son ordre en Bavière; dès que la chasse d'automne fut achevée, l'empereur revint au commencement de l'hiver à Aix-la-Chapelle. Cependant les envoyés Bulgares étaient retournés dans leur patrie avec les lettres de l'empereur. Mais leur roi, bien moins touché du contenu de ces lettres que de n'avoir pas obtenu ce qu'il demandait, députa de nouveau les mêmes envoyés pour signifier à l'empereur que, si une limite commune n'était pas tracée entre les Francs et les Bulgares, chacun des deux peuples pouvait se préparer à défendre ses frontières de son mieux. Or, le bruit s'étant répandu alors que le roi qui faisait cette demande avait perdu son royaume, l'empereur retint les députés jusqu'à ce qu'il fût assuré par Bertric, comte du palais, qu'il envoya sur les lieux, qu'un tel bruit était faux. En apprenant la vérité, l'empereur congédia les députés, mais sans conclure la négociation.

Au commencement de février de cette année[1],

---

[1] En 826.

Pepin, fils de l'empereur, vint trouver son père à Aix-la-Chapelle, où ce prince attendait la fin de l'hiver. L'empereur lui recommanda de se tenir prêt, en cas de quelque chose de nouveau du côté de l'Espagne, à repousser toute attaque; après quoi ce jeune prince se retira. Au commencement de juin, l'empereur vint à Ingelheim, où se réunit d'après son ordre une assemblée générale. Selon sa coutume, l'empereur y conseilla ou y décida grand nombre de choses utiles au bien de l'Église. Il y reçut, entendit et congédia les envoyés du saint-siége, et ceux qui lui étaient adressés du mont des Oliviers, par l'abbé Dominique. Céadrag, duc des Obotrites, et Tunglon, duc des Sorabes, étant accusés, et leur crime se trouvant prouvé d'une manière évidente, l'empereur les fit punir, puis les renvoya chez eux. Hériold, arrivé de la Normandie avec sa femme et une multitude de Danois, reçut à Mayence, dans l'église de Saint-Alban, l'eau sacrée du baptême, et fut comblé de présens par l'empereur. En outre, ce prince craignant que la conversion d'Hériold ne lui fermât l'entrée de son propre pays, lui donna dans la Frise le comté de Riustri, afin qu'il pût, si la nécessité le commandait, y trouver pour lui et pour les siens une retraite assurée. En ce temps, Balderic et Gérold, et les autres comtes des Marches de Pannonie se présentèrent devant l'empereur. Balderic lui amena un prêtre nommé Grégoire, homme d'une sainte vie, et qui promit de composer un orgue à la manière des Grecs. L'empereur l'accueillit avec plaisir, lui rendit grâce de ce qu'il apportait en France un art jusqu'alors inconnu, et le recommanda à Tanculf, son trésorier, ordonnant de prendre soin de lui aux dépens du trésor public, et de lui fournir tout ce qui serait nécessaire à ses travaux. L'empereur indiqua pour le milieu d'octobre de la même année, une assemblée générale de la nation Germaine, qui devait se tenir au-delà du Rhin, dans un lieu appelé Seltz. Pendant son séjour en cette ville, on lui apprit la perfidie et la défection d'Aizon, qui, fuyant du palais de l'empereur, se réfugia dans la ville d'Ausone, y fut accueilli, et de là se porta sur Roda qu'il détruisit ; il causa de grands dommages à ceux qui tentèrent de lui résister, plaça de fortes garnisons dans tous les châteaux dont il put s'emparer, envoya son frère vers le roi des Sarrasins Abdiraman, et reçut de lui un secours considérable de troupes. Ces nouvelles indignèrent l'empereur et l'animèrent à la vengeance. Ne voulant rien faire cependant avec trop de hâte, il résolut d'attendre l'avis de ses conseillers pour résoudre ce qui convenait.

Environ ce temps, Hilduin, abbé du monastère de Saint-Denis, fit partir pour Rome plusieurs de ses moines demander au pape Étienne que les ossemens de saint Sébastien martyr lui fussent envoyés. Le pontife, accédant à ce desir, remit aux députés les dépouilles de ce bienheureux soldat de Jésus-Christ. L'abbé Hilduin les reçut avec le plus religieux respect, et les plaça, avec la cassette qui les contenait, près du corps du bienheureux saint Médard, où Dieu permit qu'elles fissent un si grand nombre de miracles qu'on n'en sait pas le nombre. Telle est la grandeur de ces miracles, qu'on ne saurait les croire, à moins de les entendre avec la persuasion que rien ne résiste à la volonté divine et que tout est possible aux yeux de celui qui croit.

Cependant Aizon, attaquant ceux qui défendaient nos frontières[1], dévasta la Cerdagne et le Valais espagnol, et poussa si loin ses effrayans ravages qu'aidé du secours des Maures et des Sarrasins, il contraignit un grand nombre des nôtres à déserter les châteaux et les villes fortes qu'ils avaient jusque-là défendus; plusieurs de nos alliés même nous abandonnèrent et contractèrent alliance avec nos ennemis. De ce nombre fut Willemond, fils de Béra, qui s'adjoignit, avec plusieurs autres, à leur criminel attentat. Pour repousser ces attaques et soutenir les nôtres, l'empereur ordonna qu'une armée fût envoyée de ce côté; en attendant il fit partir l'abbé Hélisachar, le comte Hildebrand et Donat. Ces trois seigneurs ayant pris avec eux des troupes de Goths et d'Espagnols, s'opposèrent avec opiniâtreté aux attaques audacieuses d'Aizon. Bernard, comte de Barcelonne, sut rendre vains tous ses efforts. Ce que voyant, Aizon alla demander aux Sarrasins le secours de leur armée royale; l'ayant obtenu et s'unissant au duc Abumarvan qui les commandait, il marcha jusqu'à Saragosse et de là jusqu'à Barcelonne. L'empereur envoya contre ces troupes Pepin son fils, roi d'Aquitaine, et deux comtes du palais, Hugues et Mathfried; mais la marche de ces derniers, trop lents et trop peu hardis, laissa aux Maures tout le loisir de ravager les environs de Barcelonne et de Gironne, et de se venir renfermer ensuite dans Saragosse.

Peu de temps avant cette défaite, on avait cru voir au milieu de la nuit deux armées couvertes de sang

[1] En 827.

humain se livrer un combat qu'éclairait la pâle clarté des flammes.

Cependant l'empereur, ayant reçu à Compiègne les dons annuels, résolut, en apprenant de si tristes nouvelles, d'envoyer des secours pour défendre ce pays ; puis il continua jusqu'à l'hiver de chasser dans les forêts contiguës de Compiègne et de Quiersi. Au mois d'août de la même année, le pape Eugène avait terminé ses jours, et Valentin, diacre, lui avait succédé. A peine lui survécut-il un mois. Grégoire, prêtre de Saint-Marc, fut élu à sa place, mais sa consécration fut différée jusqu'à ce qu'on eût obtenu l'approbation de l'empereur. Ce prince ayant donné son assentiment à l'élection du clergé et du peuple, Grégoire fut sacré pape. Au mois de septembre les députés de l'empereur Michel vinrent à Compiègne avec des présens : honorablement accueillis, traités avec magnificence, ils reçurent de riches présens et furent congédiés. Eginhard, le plus savant homme de son temps, animé par l'ardeur d'une sainte dévotion, fit transporter de Rome en France, avec le consentement du pape, les corps de saint Marcellin et de saint Pierre, et les fit déposer dans son domaine et à ses dépens. Le Seigneur, en vertu des mérites de ces deux saints, opère encore aujourd'hui, dans le lieu où reposent leurs restes, de fréquens miracles.

Pendant le mois de février de l'hiver suivant[1] une assemblée générale fut tenue à Aix-la-Chapelle ; il y fut surtout question de la honteuse et funeste expédition des Marches espagnoles. Quand cette affaire eut été débattue et suffisamment éclaircie, on recon-

[1] En 828.

nut que les auteurs de ce malheur étaient ceux que l'empereur avait nommés généraux. Or la seule punition que ce prince leur infligea pour cette faute fut de les priver de leurs honneurs. Balderic, duc de Frioul, fut en butte à la même accusation, et, comme on prouva que, si notre territoire avait été ravagé par les Bulgares, sa lâcheté et son incurie en étaient cause, il fut chassé de son duché et son pouvoir partagé entre quatre comtes. L'empereur, d'une ame toute miséricordieuse, s'empressait toujours de faire éprouver sa clémence aux coupables; mais cette fois ceux qu'il ne punit que par un si léger châtiment tournèrent cruellement sa clémence contre lui-même; en effet, pour prix de la vie qu'il leur accorda, ces méchans firent tous leurs efforts pour lui causer quelque grand mal. Environ ce temps, Halitcaire, évêque de Cambrai, et Ansfried, abbé du monastère de Nonentola, revinrent des contrées au-delà des mers et racontèrent qu'ils avaient été reçus par l'empereur Michel avec la plus grande bonté. Pendant l'été suivant l'empereur tint à Ingelheim une assemblée générale, dans laquelle il reçut et congédia Quirinus, primicier de l'église, et Théophylacte, nomenclateur, qui venaient lui offrir de la part du pontife romain de magnifiques présens. L'empereur s'étant rendu à Thionville, le bruit se répandit que les Sarrasins se préparaient à envahir nos frontières; ce prince fit partir aussitôt pour la Marche menacée son fils Lothaire avec un grand nombre de Francs d'un courage éprouvé. Lothaire s'étant donc rendu à Lyon conformément aux ordres de son père, attendait en cette ville un courrier d'Espagne, lorsque Pepin, son frère, vint le joindre. Tandis qu'ils séjournaient tous deux à Lyon on vint leur annoncer que les Sarrasins et les Maures avaient bien mis sur pied une armée nombreuse, mais qu'ils ne s'étaient point encore avancés et n'avaient pas jusqu'alors attaqué nos frontières. En cet état de choses, Pepin retourna en Aquitaine et Lothaire auprès de l'empereur.

Cependant les fils de Godefroi, ancien roi des Danois, chassèrent Hériold du royaume. Mais l'empereur, qui voulait être utile à ce prince, et qui avait cependant un traité d'alliance avec les fils de Godefroi, ordonna aux comtes saxons qu'il envoya sur les lieux, ainsi qu'à Hériold lui-même, de négocier avec les fils de Godefroi et d'obtenir qu'ils admissent comme auparavant Hériold dans leur alliance. Mais celui-ci, impatient de tant de délais, se jeta à l'insu des nôtres sur plusieurs domaines qui appartenaient aux fils de Godefroi, les incendia et en rapporta un grand butin. Ces princes, croyant d'abord que cela n'avait point été fait sans le consentement des nôtres, les attaquèrent tout à coup avant qu'ils pussent s'y attendre, traversèrent le fleuve de l'Eyder, les chassèrent de leur camp, s'en emparèrent, et rentrèrent dans le leur chargés de nos dépouilles. Mais instruits bientôt après de la vérité du fait, et redoutant le châtiment qu'ils venaient de s'attirer, ils députèrent d'abord vers les nôtres pour leur donner ces éclaircissemens, et ensuite vers l'empereur pour confesser leur erreur : ils offrirent d'en donner une satisfaction convenable, laissant à l'empereur le soin de leur prescrire celle qu'il exigeait, et ne demandant en retour de leur obéissance que le maintien de la paix. L'empereur répondit à leur demande selon leurs vœux.

Cependant le comte Boniface, à qui l'empereur avait donné le commandement de l'île de Corse, s'embarquant sur une flotte avec son frère Bérard et plusieurs autres seigneurs, se mit à la recherche des pirates; mais, ne pouvant les atteindre, il vint aborder à l'île de Sardaigne, où il avait des alliés ; et repartant de là avec des guides, il alla débarquer sur les côtes d'Afrique entre Utique et Carthage. Les Africains coururent en foule à sa rencontre, l'attaquèrent cinq fois, furent cinq fois vaincus, et perdirent une multitude innombrable des leurs : parmi les morts se trouvèrent aussi quelques Francs qu'une bouillante ardeur ou une vivacité imprudente avait rendus trop audacieux. Boniface ayant rassemblé ses hommes, les ramena sur ses vaisseaux, et revint dans sa patrie, après avoir jeté parmi les Africains une terreur inouie, et qu'ils conservèrent long-temps.

Il y eut durant cette année deux éclipses de lune, la première au commencement de juillet, et l'autre dans la nuit de Noël. De plus, on apporta de Gascogne à l'empereur des grains semblables à ceux du froment, quoique plus petits et d'une forme moins cylindrique : ils étaient, disait-on, tombés du ciel. L'empereur passa l'hiver à Aix-la-Chapelle.

L'hiver écoulé, pendant les saints jours du carême, et peu avant la solennité de Pâques[1], un tremblement de terre se fit violemment sentir au milieu de la nuit la plus calme, et menaça tous les édifices de leur ruine. Il s'éleva ensuite un vent si violent qu'il ébranla tous les monumens, et même le palais d'Aix-la-Chapelle, au point qu'il enleva presque toutes les pièces

---

[1] En 829.

de plomb qui couvraient la basilique de Sainte-Marie mère de Dieu. L'empereur s'arrêta plusieurs jours dans ce palais pour régler quelques affaires importantes et d'utilité publique. Il résolut d'en partir au commencement de juillet, et d'aller tenir à Worms une assemblée générale. Il fut cependant un peu ébranlé dans cette résolution par le bruit que les Normands se préparaient, en violation des traités établis, à franchir leur frontière et à ravager la Saxe transalbine. Ce bruit n'ayant point été confirmé, l'empereur se rendit à Worms à l'époque qu'il avait fixée, s'occupa de tout ce qui lui sembla important, reçut les dons annuels, et envoya son fils Lothaire en Italie.

Ayant à cette époque découvert qu'une sourde intrigue dirigée contre lui par ceux-là même auxquels il avait laissé la vie, s'étendait insensiblement et venait déjà, comme par des canaux secrets, corrompre un grand nombre de seigneurs, l'empereur résolut de lui opposer une barrière. En effet, il éleva à la dignité de camérier, Bernard, jusqu'alors comte des Marches Espagnoles. Mais, au lieu d'étouffer les semences de la discorde, ce choix ne servit qu'à les développer. Cependant, comme ceux qui étaient attaqués par cette contagion ne pouvaient encore découvrir leur plan, attendu qu'ils manquaient de toutes les choses nécessaires à l'exécution de leurs desseins, ils le remirent à un autre moment. L'empereur, après avoir, autant qu'il le pouvait alors, éclairci cette affaire, traversa le Rhin, se rendit au château de Francfort, et se livra, aussi long-temps que l'approche des froids lui permit, au plaisir de la chasse. Ensuite il retourna vers la fête de saint Martin à Aix-la-Chapelle, et y célébra dignement cette fête ainsi que celle de saint André et de la nativité de Notre-Seigneur.

Environ le temps du carême [1], pendant que l'empereur parcourait les provinces maritimes de son empire, les chefs de la faction, ne pouvant tenir plus long-temps leurs desseins secrets, les découvrirent. Ils entraînent d'abord dans leur conjuration les principaux seigneurs, puis ils gagnent et s'adjoignent les seigneurs moins puissans. La plupart de ceux-ci, toujours avides de changement, comme les chiens et les oiseaux rapaces, travaillent à faire du malheur d'autrui un moyen d'élévation pour eux-mêmes. Ainsi donc, soutenus par la multitude et par l'assentiment d'un grand nombre de seigneurs, les conjurés vont trouver Pepin, fils de l'empereur, et lui représentent le mépris où ils sont tombés, l'insolence de Bernard, le dédain des autres seigneurs; ils affirment même, ce qu'il est un crime de dire, que Bernard souille la couche de l'empereur, que ce prince a les yeux fascinés de tels prestiges que, bien loin de vouloir punir cet outrage, il ne s'en aperçoit même pas. Ils ajoutaient qu'un bon fils ne pouvait supporter qu'avec indignation le déshonneur de son père, et devait s'efforcer de le rendre à sa raison et à sa dignité; qu'en se conduisant ainsi il obtiendrait une grande renommée de vertu, et l'accroissement de son royaume. C'est ainsi qu'ils coloraient leur crime. Le jeune homme séduit par ces insinuations se rendit avec eux et une grande quantité de troupes à Orléans, en chassa Odon, mit à sa place Mathfried, et poussa jusqu'à Verberie.

[1] En 830.

Dès que l'empereur apprit la conspiration fatale, tramée contre lui-même, son épouse et Bernard, il laissa ce dernier libre de chercher son salut dans la fuite, envoya sa femme à Laon dans le monastère de Sainte-Marie, et se rendit lui-même à Compiègne. Ceux qui accompagnaient Pepin à Verberie, envoyèrent Warin, Lambert et plusieurs autres des leurs, pour tirer la reine de la ville de Laon et du monastère, et la leur amener. Quand elle fut arrivée, ils la réduisirent, en la menaçant de mille genres de mort, à promettre qu'elle persuaderait à l'empereur, s'il lui était permis d'avoir un entretien avec lui, de mettre les armes bas, de se faire raser, et de se renfermer dans un monastère, promettant pour elle-même de prendre le voile, et de faire ce qu'elle allait conseiller à l'empereur. Comme ils desiraient ardemment qu'une telle chose arrivât, ils en conçurent facilement l'espérance : ils firent donc accompagner la reine par un petit nombre des leurs, qui la conduisirent auprès de Louis. Ayant obtenu la liberté de l'entretenir en secret, ce prince consentit bien à ce qu'elle acceptât le voile pour échapper à la mort, mais il demanda que, pour sa propre réclusion, on lui laissât le loisir de délibérer. Or, l'empereur qui se montrait si humain envers chacun, était en cette occasion victime d'une haine si peu méritée, qu'ils n'osèrent faire mourir celui sans le bienfait duquel ils eussent été légitimement privés de la vie. La reine étant donc revenue vers eux, ils s'abstinrent de tout autre attentat, se bornant, pour céder aux clameurs du vulgaire, à ordonner qu'elle fût bannie et renfermée dans le monastère de Sainte-Radegonde.

Vers le mois de mai Lothaire, fils de l'empereur, revint d'Italie et se rendit auprès de son père à Compiègne. A son arrivée toute la faction ennemie de l'empereur se porta sur ses pas. Il paraît cependant qu'à cette époque ce prince n'entreprit rien contre l'honneur de son père; mais il approuva tout ce qui avait été fait. Enfin Héribert, frère de Bernard, fut condamné, malgré l'empereur, à perdre les yeux; d'un autre côté, Odon, son cousin, ayant été désarmé, fut exilé; on les considérait l'un et l'autre comme complices et fauteurs de ceux qui suivaient le parti de la reine et de Bernard. C'est ainsi que Louis passa tout l'été n'ayant plus d'un empereur que le nom. A l'approche de l'automne la faction des conjurés voulait qu'une assemblée générale fût convoquée en quelque lieu de la France; mais l'empereur s'y opposa en secret, se confiant moins aux Francs qu'aux Germains. Craignant en outre que la multitude de ses ennemis ne l'emportât dans cette assemblée sur le petit nombre de ceux qui lui demeuraient fidèles, il ordonna que tous ceux qui s'y rendraient y vinssent avec le plus simple équipage. Il recommanda d'un autre côté au comte Lambert de veiller à la défense des frontières qui lui étaient confiées, et même il lui envoya l'abbé Hélisachar pour l'aider à rendre la justice. Enfin l'assemblée se réunit à Nimègue, et toute la Germanie y afflua pour prêter son secours à l'empereur. Ce prince, voulant diminuer encore plus les forces de ses adversaires, adressa de vives réprimandes à l'abbé Hilduin, et lui demanda pourquoi, malgré l'ordre qu'il avait reçu de ne se rendre à l'assemblée qu'avec un simple équipage, il y venait au milieu de cet appareil hostile. L'abbé, ne pouvant nier la chose, fut contraint de sortir aussitôt du palais et d'aller avec un très-petit nombre d'hommes passer l'hiver auprès de Paderborn dans un pavillon construit à la hâte. L'abbé Wala reçut l'ordre de se retirer au monastère de Corbie et de n'en point sortir conformément à la règle. A la vue de semblables mesures, ceux qui étaient venus avec des desseins hostiles contre l'empereur, voyant leurs forces détruites, perdirent toute espérance. Enfin ils s'entretinrent toute la nuit, et, se réunissant dans l'appartement de Lothaire, fils de l'empereur, ils l'exhortèrent ou à combattre, ou à se retirer sans le consentement de ce prince. Toute la nuit ayant été consumée dans cette délibération, l'empereur envoya dès le matin recommander à son fils de n'accorder aucune créance à leurs ennemis communs, et de venir plutôt vers lui comme un fils vers un père qui l'aime. Cédant à ces exhortations le prince se rendit, malgré les conseils de ceux qui l'entouraient, auprès de l'empereur qui, ne lui adressant aucune réprimande sévère, se contenta de lui faire avec douceur quelques reproches. Cependant le peuple, qui avait vu Lothaire entrer dans l'intérieur de l'appartement royal, excité par l'esprit infernal, s'était pris de fureur, et sa rage l'eût porté à massacrer les deux princes, si l'empereur ne l'eût calmée. En effet, tandis que tout le peuple s'agitant en tumulte était près de s'abandonner à son aveugle fureur, Louis et son fils vinrent s'offrir à son aspect. A l'instant toute cette tourmente s'apaisa, et les paroles que dit l'empereur achevèrent de dissiper l'émeute. Alors ce prince commanda que les chefs de cette criminelle conspiration fussent mis sous une garde spéciale. Ayant été ensuite traduits en jugement, tous les docteurs en droit, ainsi que les fils de l'empereur, les condamnèrent par une juste sentence à subir la peine capitale ; mais Louis ne permit pas qu'on en fît mourir un seul, et, les traitant encore avec une pitié trop indulgente, il se laissa aller à sa bonté naturelle, fit raser les laïcs qu'il relégua ensuite en des lieux convenables, et fit renfermer de même les clercs dans des monastères.

Toutes ces choses terminées, l'empereur alla passer l'hiver à Aix-la-Chapelle, retenant auprès de lui son fils Lothaire[1]. Pendant ce temps il fit venir d'Aquitaine la reine avec Conrad et Rodolphe, deux frères de cette princesse, lesquels étaient depuis long-temps rasés. Toutefois il ne voulut point rendre à la reine le titre d'épouse avant qu'elle ne se fût purgée, d'une manière conforme à la loi, du crime qu'on lui imputait, ce qu'elle fit. Au jour de la purification de la Vierge, l'empereur accorda la vie à tous ceux qui avaient été condamnés à mort. Il permit ensuite à Lothaire de retourner en Italie, à Pepin, en Aquitaine, à Louis, en Bavière ; pour lui, il resta dans ces lieux pour célébrer le temps du carême et la solennité de Pâques. Dès qu'elle fut passée, il se rendit à Ingelheim ; là, cédant encore à sa bonté naturelle, qui avait grandi avec lui, comme le dit Jacob de lui-même, et semblait être sortie en même temps que lui du sein maternel, il rétablit dans leurs biens ceux qu'il avait auparavant exilés dans divers lieux ; les autres coupables qu'il avait fait raser eurent la liberté de demeurer dans les monastères, ou de reprendre

[1] En 831.

leur ancien état. D'Ingelheim il se rendit à Remiremont en traversant la forêt des Vosges, et se livra quelque temps en ces lieux au plaisir de la pêche et de la chasse ; son fils Lothaire partit pour l'Italie, et une assemblée fut indiquée pour l'automne à Thionville.

Là, trois députés des Sarrasins vinrent des contrées au delà des mers ; deux étaient Sarrasins, le troisième de la religion chrétienne ; ils apportaient en présens des produits de leur pays, c'est-à-dire, plusieurs espèces d'encens et des étoffes de laine. Ils obtinrent la paix qu'ils étaient venus demander, et furent congédiés. Bernard qui avait sauvé sa vie par la fuite, et s'était long-temps caché dans la Marche espagnole, vint en ce lieu se présenter à l'empereur, et lui demanda à se justifier selon la coutume des Francs, s'offrant à combattre corps à corps celui qui l'accusait, et à se purger par les armes ; mais l'accusateur ne se présentant point, quoiqu'il eût été appelé, Bernard, sans recourir à l'entremise des armes, se purgea par serment. L'empereur avait aussi ordonné à son fils Pepin d'assister à cette assemblée ; mais ce prince, au contraire, se tint éloigné tout le temps qu'elle dura, et ne reparut qu'après sa dissolution. L'empereur, voulant châtier cette désobéissance, mais plus encore le désordre de ses mœurs, lui ordonna de demeurer auprès de lui, et le retint à Aix-la-Chapelle jusqu'au jour de Noël. Pepin, impatient qu'on prétendît le retenir malgré lui, se retira, à l'insu de son père, dans l'Aquitaine. L'empereur finit l'hiver à Aix-la-Chapelle.

Quand les froids eurent cessé, et que le printemps

reparut [1], l'empereur fut averti que quelques mouvemens avaient eu lieu en Bavière : il partit aussitôt pour les comprimer, vint jusqu'à Augsbourg, apaisa le soulèvement, repartit sur-le-champ, et convoqua à Orléans une assemblée générale, où il commanda à son fils Pepin de le venir trouver. Ce prince obéit, bien qu'avec répugnance. Cependant l'empereur, réfléchissant sur les desseins de quelques méchans qui s'efforçaient, par leurs menaces ou leurs promesses, d'entraîner ses fils au mal, et redoutant surtout Bernard dont Pepin, disait-on, suivait les conseils, car ce prince était alors en Aquitaine; l'empereur, dis-je, traversa la Loire avec toute sa suite, et vint s'établir au château de Joac dans le Limousin. Là fut débattue la cause de Bernard et de Pepin. Le premier, accusé d'infidélité, et refusant, pour prouver son innocence, d'en venir au combat, fut privé de ses dignités. Quant à Pepin, l'empereur, pour corriger ses mœurs dépravées, le fit conduire à Trèves sous une garde particulière; mais, gardé trop négligemment durant ce voyage, il fut enlevé de nuit par les siens, et, jusqu'au moment où l'empereur revint d'Aquitaine, il erra de tous côtés.

A cette époque, l'empereur fit un nouveau partage du royaume entre Lothaire et Charles; mais, par des obstacles qui survinrent, et que nous expliquerons, ce partage ne réussit aucunement selon ses vœux. Le moment paraissant opportun, il résolut d'abord de quitter l'Aquitaine; mais peu de temps après, c'est-à-dire, vers la Saint-Martin, il convoqua une assemblée générale, et voulut, avant de partir, tenter de

[1] En 832.

rappeler par quelque moyen son fils Pepin auprès de lui ; mais ce prince persista à se tenir éloigné. La rigueur de l'hiver devint bientôt insupportable, d'abord par l'abondance des pluies, ensuite à cause des froids violens qui glacèrent l'eau sur la terre; ce qui fut si funeste aux chevaux, qu'on ne voyait presque personne qui allât à cheval. L'empereur, voyant l'armée fatiguée par tant d'incommodités, et harcelée sans cesse par les attaques soudaines des Aquitains, résolut de se retirer vers le château de Rest [1], de traverser la Loire en ce lieu, et d'aller passer en France le reste de l'hiver. Il l'exécuta en effet, mais d'une manière moins honorable qu'il ne lui convenait.

Le diable, ennemi du genre humain et de la paix, ne s'abstenait aucun jour de tourmenter l'empereur [2]; il pressait par toutes les ruses de ses satellites les fils de ce prince, et leur persuadait que leur père ne voulait que les perdre, les aveuglant assez pour qu'ils oubliassent que celui qui était le plus clément des hommes envers les étrangers ne pouvait devenir inhumain à l'égard de sa famille. Mais les discours des méchans corrompent les mœurs des bons de la même manière que l'eau, tombant en gouttes légères, perce enfin les pierres même les plus dures. C'est pourquoi on en vint au point d'exciter les fils de l'empereur à se réunir avec toutes les troupes qu'ils purent rassembler, et à faire venir auprès d'eux le pape Grégoire, sous l'honorable prétexte que lui seul devait réconcilier des fils avec leur père : or, le véritable motif de cette démarche éclata bientôt. L'empereur, de son

---

[1] Sur la Loire, dans le pays d'Angers.
[2] En 833.

côté, se rendit à Worms pendant le mois de mai, suivi de troupes nombreuses, et délibéra long-temps en ce lieu sur le parti qu'il devait prendre. Enfin, il envoya l'évêque Bernard et plusieurs autres seigneurs pour exhorter ses fils à revenir auprès de lui ; il les chargea aussi de demander au pape pour quel motif il tardait tant à le venir trouver, si son intention était véritablement d'imiter l'exemple de ses prédécesseurs. Cependant le bruit se répandait de toutes parts que le pape n'était venu que dans l'intention de tenir sous le coup de l'excommunication l'empereur et les évêques, s'ils voulaient résister à la volonté des fils de ce prince ou à la sienne propre. Cette audace présomptueuse ne diminua rien de la fermeté des évêques de l'empereur, qui protestèrent qu'ils ne voulaient en aucune façon fléchir sous l'autorité du pape ; que s'il était venu pour excommunier, il s'en retournerait excommunié ; et que les anciens canons lui étaient entièrement contraires. Enfin, l'on arriva le jour de la fête de la Saint-Jean en un lieu qui a conservé, de l'action qui s'y fit, un nom à jamais ignominieux, puisqu'il fut appelé le Champ-du-Mensonge [1]. En effet, ceux qui avaient juré fidélité à l'empereur, ayant menti à leurs sermens, les lieux qui furent témoins de cette trahison en conservèrent le nom. Les deux armées étaient placées à peu de distance l'une de l'autre ; et l'on croyait qu'on en viendrait bientôt aux mains, quand on annonça à l'empereur l'arrivée du pontife. A son approche, l'empereur s'arrêta pour le recevoir, quoique moins convenablement qu'il ne

---

[1] *Lugenfeld* ; ce lieu, situé près de Colmar, s'appelait auparavant *Rothenfeld*, Champ-Rouge.

devait le faire, lui disant qu'il s'était préparé lui-même une telle réception en se présentant devant lui d'une façon si étrange. Le pape, conduit dans la tente de l'empereur, lui affirma qu'il n'avait entrepris un si long voyage que parce qu'il avait appris qu'il conservait contre ses fils un ressentiment implacable; qu'ainsi il venait pour rétablir la paix entre eux. L'empereur défendit sa cause, et le pape demeura plusieurs jours auprès de lui. Renvoyé par ce prince vers ses fils pour qu'il les engageât à cesser cette guerre, il ne lui fut plus permis de revenir, comme il en avait l'ordre; car l'armée de l'empereur, détachée de lui par des présens, ou gagnée par des promesses, ou effrayée enfin par des menaces, s'était jetée comme un torrent dans le camp de ses fils, et unie à leur armée[1]. Lorsque tant de troupes enlevées à l'empereur se trouvèrent ainsi rassemblées, la défection augmenta de jour en jour, au point qu'à la fête de Saint-Paul le bas peuple menaça de courir sur l'empereur, voulant faire sa cour à ses enfans. Ce prince, ne pouvant lutter contre de telles forces, manda à ses fils qu'ils ne l'exposassent point aux insultes de la multitude. Ceux-ci lui répondirent qu'il n'avait qu'à abandonner son camp et à venir auprès d'eux. Quand les trois princes réunis descendirent de cheval pour recevoir leur père, celui-ci leur demanda de ne rien oublier de tout ce qu'ils avaient autrefois promis à l'égard de sa femme, de son fils Charles et de lui-même. Les princes lui ayant fait une réponse satisfaisante, il les embrassa, et les suivit jusque dans leur camp; mais à peine est-il ar-

[1] Dans la nuit du 24 juin 833.

rivé que son épouse est enlevée, et conduite dans le camp particulier de Louis [1]. Quant à lui, il suivit Lothaire, qui l'emmena, ainsi que son fils Charles encore bien jeune, dans son propre camp, et le fit mettre dans un pavillon destiné à le recevoir avec un petit nombre de personnes. Après cela, comme le peuple était déjà délié de ses sermens, les trois frères se partagèrent l'Empire. L'épouse de leur père, retenue par Louis, fut pour la seconde fois exilée à Tortone, ville d'Italie. Le pape Grégoire, témoin d'un tel spectacle, revint à Rome navré de douleur. Pepin retourna en Aquitaine et Louis en Bavière. Lothaire ayant avec lui son père qui marchait et demeurait séparément, accompagné de gens d'armes destinés à le surveiller, arriva à Marley. Après s'y être arrêté quelque temps, et avoir donné les ordres qu'il jugea nécessaires, congédié l'armée, et indiqué une assemblée générale à Compiègne, il traversa la forêt des Vosges, et vint à Metz ; de là il continua sa route jusqu'à Verdun, et enfin jusqu'à Soissons. Après avoir ordonné que son père fût étroitement gardé dans le monastère de Saint-Médard de cette ville, et déposé le jeune Charles dans celui de Pruim, mais sans le faire raser, Lothaire partit pour la chasse, où il demeura jusqu'à l'automne, c'est-à-dire, jusqu'au commencement d'octobre, époque où il se rendit à Compiègne, comme il l'avait résolu, conduisant son père avec lui.

Pendant son séjour dans cette ville, arrivèrent l'archevêque d'Ephèse, Marc, et le protospathaire de l'empereur de Constantinople, députés par ce prince

[1] Louis-le-Germanique.

auprès de l'empereur Louis. Lothaire donna les présens qui lui étaient destinés, et garda pour lui ceux qui étaient envoyés à son père ; et, quoique ces députés fussent venus vers ce prince, il les reçut lui-même, les entendit et les congédia, après les avoir rendus témoins d'une tragédie presque inouie. En effet, un grand nombre de seigneurs ayant été accusés de conserver leur amitié à l'empereur, et de vouloir abandonner son fils, se purgèrent dans cette assemblée de l'accusation ; les uns, en prostestant simplement de leur fidélité, les autres, en affirmant avec serment. Il faut dire cependant qu'excepté les auteurs du nouvel état des choses, chacun voyait avec regret les événemens qui l'avaient amené. C'est pourquoi ceux qui avaient tramé ce crime, craignant que, par un juste retour, tout ce qu'ils avaient fait ne fût renversé, imaginèrent de concert avec quelques évêques, comme un excellent moyen, de condamner l'empereur à donner par une seconde pénitence publique, et d'une manière irrévocable, une nouvelle satisfaction à l'Église pour les mêmes crimes dont il avait déjà fait une fois pénitence. Cependant les lois étrangères ne sévissent point deux fois contre une faute commise, et notre loi porte que Dieu ne juge point deux fois une seule action. Néanmoins un grand nombre donna son assentiment à cette sentence, presque tous, comme il arrive toujours, pour ne point déplaire aux seigneurs : ainsi l'empereur condamné sans qu'il fût présent ni entendu, sans avoir fait aucun aveu, ni rien dit qui pût servir à le convaincre, fut forcé à se dépouiller de ses armes devant les corps de Saint-Médard, confesseur, et de Saint-Sébastien, martyr, et à les déposer sur l'autel ; puis revêtu d'un habit gris, et surveillé par une garde nombreuse, il fut renfermé dans un lieu sûr. Ces choses terminées, le peuple reçut, à la fête de Saint-Martin, la permission de se retirer, et chacun retourna chez soi le cœur attristé par de tels événemens. Quant à Lothaire, traînant son père à sa suite, il alla passer l'hiver à Aix-la-Chapelle.

Cependant les peuples de France, de Bourgogne, d'Aquitaine, de Germanie, se réunirent pour faire entendre leurs plaintes sur le destin du malheureux empereur, et même en France le comte Eggebart et le connétable Guillaume rassemblèrent tous ceux qui avaient quelque désir de rétablir l'empereur. L'abbé Hugues, envoyé de Germanie en Aquitaine par le roi Louis, et par ceux qui s'étaient réfugiés auprès de lui, c'est-à-dire, l'évêque Drogon et les autres, exhortaient Pepin à la même résolution. En outre, Bernard et Warin entraînaient par leur conseil le peuple de Bourgogne, le gagnaient par leurs promesses, pressaient ses sermens, et le réunissaient en une seule volonté, celle de délivrer l'empereur.

L'hiver était écoulé, et les beaux jours du printemps commençaient[1], quand Lothaire, traînant son père à sa suite, passa par le bourg de Hasbaigne, et vint jusqu'à Paris, où il avait commandé à tous ses fidèles de le venir joindre. Le comte Eggebart, et plusieurs autres seigneurs, s'avancèrent avec des troupes nombreuses pour le combattre, et délivrer l'empereur : ce qui eût réussi si le pieux empereur, effrayé

[1] En 834.

du péril où tant de gens et lui-même allaient être, n'eût empêché par ses ordres et ses exhortations l'exécution de cette entreprise. Enfin, Lothaire et sa suite arrivèrent au monastère de Saint-Denis, martyr.

Mais Pepin sortant de l'Aquitaine avec une grande armée, arriva sur les bords de la Seine, où, trouvant tous les ports détruits et les bateaux coulés à fond, il s'arrêta. De leur côté, les comtes Warin et Bernard ayant rassemblé un grand nombre de Bourguignons, s'avancèrent jusqu'à la Marne, et retenus, soit par la rigueur et l'intempérie de la saison, soit pour réunir leurs alliés, ils demeurèrent plusieurs jours au château de Bonneuil, et dans les terres qui l'environnent. Cependant le jeudi de la première semaine du carême, l'abbé Adrebald et le comte Gautselme furent députés vers Lothaire, pour lui demander de délivrer de ses chaînes et de leur rendre l'empereur : que s'il leur accordait leur demande, il les trouverait dans l'occasion disposés à défendre devant ce prince sa vie et ses dignités : s'il refusait, ils le poursuivraient même au péril de leurs jours, s'il était nécessaire, et viendraient l'attaquer les armes à la main, en prenant Dieu pour juge de cette cause. Lothaire répondit à ce message, que personne n'était plus sensible que lui au bien et au mal qui arrivaient à son père ; mais qu'on ne devait point lui faire un crime de la puissance qui lui avait été offerte, puisqu'eux-mêmes avaient abandonné et livré Louis ; qu'on ne pouvait enfin lui imputer sans injustice la prison de son père, quand il était constant qu'elle résultait d'un jugement des évêques. Telle fut la réponse avec laquelle les députés retournèrent auprès de ceux qui les avaient envoyés.

Cependant Lothaire envoya presque aussitôt aux comtes Warin, à Odon, et aux abbés Foulques et Hugues, l'ordre de venir auprès de lui, disant qu'ils examineraient ensemble comment leur demande pouvait être accordée. Il recommanda qu'on lui envoyât le lendemain des députés qui pussent fixer l'époque de l'arrivée des quatre seigneurs que je viens de nommer, et que ceux-ci se rendissent au jour déterminé, pour traiter de la délivrance de l'empereur. Mais ayant aussitôt changé de dessein, Lothaire suivi de ceux qui lui étaient dévoués, partit pour la Bourgogne, en laissant son père dans le monastère de Saint-Denis, et se rendit ensuite à Vienne, où il résolut de séjourner quelque temps.

Ceux qui étaient restés auprès de l'empereur l'exhortèrent alors à reprendre les marques de la dignité impériale; mais ce prince, séparé de la communion romaine, par l'acte que j'ai rapporté plus haut, ne céda point à ce conseil qui lui sembla précipité. Le lendemain, qui était un dimanche, *il* voulut être réhabilité dans l'église de Saint-Denis, et par le ministère de l'évêque : puis, il consentit que les évêques lui ceignissent ses armes de leurs propres mains. La joie du peuple fut très-grande durant cette cérémonie; et les élémens, qui semblaient avoir pris part aux malheurs de l'empereur, semblèrent vouloir aussi le féliciter dans sa prospérité. En effet, jusqu'à cette époque, des orages violens, des pluies abondantes et continuelles avaient enflé tous les fleuves, et les vents qui soulevaient leurs eaux empêchaient qu'aucun bâtiment y pût naviguer. Mais, le jour de la cérémonie qui réconcilia l'empereur avec l'Église, les élémens se calmèrent comme par un commun concert, les vents déchaînés s'apaisèrent, et la sérénité qui ne s'était pas depuis long-temps montrée dans le ciel reparut.

L'empereur partit de Saint-Denis, mais non dans le dessein de poursuivre son fils, quoique beaucoup de seigneurs l'y exhortassent. Il se rendit à Nanteuil, et de là à Quiersy, où il attendit quelque temps son fils Pepin, ceux qui s'étaient arrêtés sur les bords de la Marne, ceux qui avaient été chercher un asile au-delà du Rhin auprès de son fils le roi Louis, et enfin ce prince lui-même qui se rendait auprès de lui. Il était encore en ce lieu lorsque, le jour de la mi-carême, en ce jour qui semblait saluer son bonheur, et où l'Église retentissait du cantique de joie : « Réjouis-toi Jérusalem, et vous tous qui l'aimez, « célébrez ce jour de fête, » une multitude de ses fidèles vint le féliciter du bonheur commun. L'empereur les reçut avec bonté, et leur rendit grâce pour la foi qu'ils lui avaient constamment gardée. Ensuite il renvoya en Aquitaine son fils Pepin comblé de joie, et permit aux autres d'aller partout où leur présence était nécessaire. Quant à lui, il se rendit à Aix-la-Chapelle, où il reçut l'impératrice Judith qui revenait d'Italie, accompagnée de l'évêque Rathald et de Boniface. En même temps arriva son fils le roi Louis; le jeune Charles était alors aussi auprès de lui. L'empereur solennisa dans ce lieu, avec sa dévotion accoutumée, le saint jour de Pâques. Après la célébration de cette fête, il alla chasser dans la forêt des Ardennes, et quand la Pentecôte fut arrivée, il se rendit à Remiremont, afin de s'y livrer aussi à son goût pour la chasse et pour la pêche.

Cependant, quand Lothaire s'éloigna de l'empereur pour se rendre, comme nous l'avons vu, du côté de Vienne, les comtes Lambert, Mathfried, et un grand nombre d'autres seigneurs étaient demeurés en Neustrie, où ils s'efforçaient de soutenir, avec leurs seules forces, le parti de Lothaire. Cette chose causant un grand déplaisir au comte Odon et à tous ceux qui s'étaient déclarés pour l'empereur, ils prirent les armes et tâchèrent à chasser de Neustrie les partisans de Lothaire, ou à les forcer pour le moins à venir au combat. Mais comme cette résolution ne fut pas suivie avec autant d'ardeur qu'il convenait, et qu'on agit avec trop peu de prudence, elle attira sur ceux qui l'avaient prise une grande calamité. En effet, un jour l'ennemi tomba sur eux à l'improviste, et comme ils ne surent point lui opposer la prudence qui était nécessaire en cette occasion, et qu'ils se voyaient vivement pressés ; ils tournèrent le dos : là périrent le comte Odon et son frère Guillaume, ainsi qu'un grand nombre d'autres, le reste chercha son salut dans la fuite. Après cette action, ceux à qui demeura la victoire, ne trouvant point assez de sûreté à rester où ils étaient, et n'étant point d'autre part assez nombreux pour aller facilement se réunir à Lothaire, avaient à craindre ou que l'empereur ne vînt les attaquer s'ils demeuraient, ou qu'ils ne courût au-devant d'eux et ne leur fermât le chemin, s'ils essayaient d'aller rejoindre leurs partisans : dans cette alternative, ils prirent le parti d'envoyer le plus promptement possible demander à Lothaire qu'il leur portât secours au milieu des périls qui les environnaient. Lothaire, aussitôt qu'il apprit leur danger et leur fait d'armes, s'apprêta à les secourir. Cependant le comte Warin, aidé par un grand nombre de seigneurs ses alliés, mit en état de défense la ville forte de Châlons, afin que si la faction ennemie tentait quelque chose d'extraordinaire, il pût trouver lui et les siens un asile pour se retirer et se défendre. Aussitôt que la nouvelle en fut portée à Lothaire, ce prince résolut de fondre à l'improviste sur cette place : son succès ne fut point aussi prompt qu'il l'espérait; il assiégea la place et incendia tout ce qui était dans ses environs. Mais on fit une vive résistance, et ce ne fut qu'au bout de cinq jours que les assiégés se rendirent à composition. Les vainqueurs, par une coutume cruelle, et pour user de représailles, dévastèrent les églises, pillèrent les trésors, ravirent les richesses même des particuliers; enfin la ville entière fut dévorée par les flammes, à l'exception d'une seule chapelle qui, par un surprenant miracle, ne put, au milieu de l'incendie qui l'environnait, être seulement entamée. Or, cette chapelle était consacrée à saint George martyr. Cependant l'intention de Lothaire n'avait point été d'incendier cette ville. Quand il en fut maître, le comte Gautselme, le comte Sanila et Madelelme, vassal du roi, eurent la tête tranchée aux acclamations de tous les gens d'armes; et Gerberge, fille de feu le comte Guillaume, fut noyée comme sorcière.

Tandis que ces choses se passaient, l'empereur avec son fils Louis était venu à Langres, où il apprit la nouvelle de tous ces événemens qui l'attristèrent beaucoup. Cependant Lothaire partit de Châlons, et prit sa route par Autun, d'où il se rendit à Orléans; puis dans le Maine, à un domaine nommé Laval. Mais l'empereur, accompagné de son fils et d'une multitude nombreuse de gens d'armes, se mit à sa poursuite. En l'apprenant, Lothaire, qui venait de se réunir aux siens, établit son camp à un petit intervalle de celui de son père. En cette situation on s'arrêta cinq jours à négocier. Pendant la nuit du quatrième, Lothaire entreprit de se reporter en arrière avec tous les siens. L'empereur le prévint par une route plus courte, et arriva sur les bords de la Loire au pied du rempart de Blois, et près du confluent de la Cize et de la Loire. Les deux camps établis en ce lieu, Pepin arriva dans celui de son père, amenant autant de gens d'armes qu'il avait eu le temps d'en réunir. Lothaire, trop faible pour conserver quelque espoir, vint trouver l'empereur, et lui demander sa grâce. Ce prince, après lui avoir adressé quelques paroles de réprimande, et avoir exigé de lui et de tous les seigneurs qui l'accompagnaient, les sermens les plus saints, le renvoya en Italie. Mais il eut soin ensuite de faire fermer tous les défilés de la route d'Italie, pour empêcher que personne les passât sans la permission des gardes.

Ces choses terminées, l'empereur vint avec son fils Louis à Orléans, où il lui permit, ainsi qu'aux autres seigneurs qui l'avaient suivi, de retourner chez lui. Environ ce temps, c'est-à-dire à la fête de Saint-Martin, l'empereur tint une assemblée générale dans le château d'Attigny. De tous les réglemens utiles qu'il fit dans cette assemblée, ceux-ci furent les principaux. Il fit porter à son fils Pepin, par l'abbé Hermold, l'ordre de rendre sans délai les biens des églises, soit qu'il les eût donnés à ses hommes, soit qu'il se les fût attribués à lui-même. Il envoya aussi ses commissaires dans les villes et dans les monastères, et rétablit partout dans un état prospère l'Église depuis long-temps dégradée et appauvrie. Il voulut encore que ses commissaires se rendissent dans chaque comté pour y réprimer les violences des brigands et des larrons qui les infestaient; les autorisant, partout où ceux-ci se trouveraient en force, à appeler, pour les chasser et les détruire, le secours des comtes voisins et des hommes des évêques; enfin il leur ordonna de lui rendre compte de chacune de ces choses dans le prochain plaid général qui devait avoir lieu à Worms, et qu'il indiqua pour les premiers jours du printemps suivant.

L'empereur passa la plus grande partie de l'hiver à Aix-la-Chapelle, d'où il se rendit à Thionville peu avant le jour de la naissance du Seigneur qu'il alla célébrer à Metz avec son frère Drogon; mais il revint solenniser la fête de la purification de la Vierge au château de Thionville, où se réunit l'assemblée qu'il avait convoquée. Dans cette assemblée l'empereur se plaignit amèrement de plusieurs évêques qui avaient contribué à son renversement; un grand nombre s'était réfugié en Italie, plusieurs autres avaient refusé de se rendre auprès de l'empereur qui les rappelait. Ebbon seul obéit : contraint de rendre raison de son méfait, il se plaignit que, seul de tous les autres évêques en présence de qui tout avait été fait, il eût à souffrir un châtiment. Les autres évêques prétextaient la nécessité qui les avait forcés d'être présens, et invoquaient l'innocence de leur intention. Enfin Ebbon, fatigué d'être sans cesse tourmenté pour toutes ces choses, se décida, d'après le conseil de quelques évêques, à prononcer lui-même l'aveu de sa faute, à se déclarer indigne du sacerdoce, et à s'en démettre irrévocablement; il transmit l'acte de sa démission aux évêques, qui le remirent à l'empereur. D'un autre côté, Agobard, archevêque de Lyon, ayant refusé de venir se justifier, fut, après avoir été appelé trois fois, déposé de son épiscopat. Pendant ce temps les autres, comme nous l'avons dit, trouvaient un asile en Italie.

Le dimanche suivant, qui précéda le premier dimanche du carême, l'empereur et avec lui les évêques et tous ceux qui composaient l'assemblée, vinrent à Metz. Là, pendant la célébration de la messe, sept archevêques prononcèrent chacun un discours sur la réconciliation de l'empereur avec l'Église, et le peuple, en les entendant, rendit au ciel d'humbles actions de grâce pour cet heureux événement. Après cette cérémonie l'empereur et toute sa suite retournèrent à Thionville. Au commencement du carême il permit à chacun de rentrer dans ses domaines; pour lui, il demeura dans ce lieu jusqu'à la fête de Pâques qu'il alla célébrer à Metz. Quand ce jour et celui de la Pentecôte furent passés, il vint, comme il l'avait résolu, tenir une assemblée générale à Worms, à laquelle assistèrent ses fils Pepin et Louis. L'empereur voulut, selon sa coutume, que cette assemblée s'occupât beaucoup de la chose publique. En effet, il s'attacha à examiner ce que ses commissaires avaient fait partout où il les avait envoyés. Et comme il parut que quelques comtes avaient mis, à arrêter ou détruire les Saxons, trop peu d'empressement, il châtia leur négligence par diverses punitions et de vives réprimandes; ensuite il recommanda à ses fils et à tout le peuple d'aimer la justice, de punir les brigands, de défendre de toute oppression les bons et tout ce qui leur appartient; menaçant d'infliger un châtiment plus sévère à ceux qui n'obéiraient pas à cet avertissement. Après avoir congédié cette assemblée et en avoir indiqué une autre à Thionville pour le temps après Pâques, il alla passer l'hiver à Aix-la-Chapelle, et fit dire à son fils Lothaire qu'il lui envoyât en ce lieu les plus nobles seigneurs pour chercher quelque voie de réconciliation. L'impératrice Judith qui voyait, ainsi que quelques conseillers de l'empereur, que ce prince était d'une santé chancelante, craignit, quand la mort viendrait à le saisir, de se trouver avec son fils Charles dans un dangereux abandon, si quelqu'un des fils de l'empereur ne consentait à leur prêter son appui; or aucun ne lui en paraissait plus capable que Lothaire. Elle se concerta donc avec quelques conseillers de l'empereur pour qu'ils exhortassent ce prince à envoyer vers son fils des messagers de paix qui invitassent celui-ci à en faire autant. Or l'empereur, qui ne cherchait jamais que la paix, qui l'aimait toujours, chérissait la concorde, et desirait voir se réunir à lui, non seulement ses fils, mais ses ennemis même, se laissa bien volontiers persuader par les conseils des siens.

A l'époque que l'empereur avait fixée[1], un grand nombre de députés, à la tête desquels était Wala, abbé de Corbie, vinrent à Aix-la-Chapelle de la part

[1] En 836.

de Lothaire et furent reçus par l'empereur lui-même. L'objet qui les amenait, c'est-à-dire la réconciliation de l'empereur et de son fils, ayant été long-temps débattu et enfin terminé, l'empereur voulut que ses ennemis se réconciliassent aussi avec sa femme ; il pardonna à Wala lui-même dès ce moment, avec la joie et la satisfaction du cœur le plus sincère, tout ce qu'il avait fait contre lui ; il le chargea, ainsi que les autres députés de son fils, de dire à ce prince qu'il vînt promptement auprès de son père, et qu'en le faisant il travaillerait très-utilement pour ses intérêts. Les députés retournèrent vers Lothaire et lui firent connaître le desir de l'empereur ; mais une maladie grave vint en empêcher l'accomplissement en enlevant au monde Wala, en forçant pendant long-temps Lothaire à languir sur son lit. Dès que le clément empereur apprit que son fils était attaqué par une maladie, il l'envoya visiter par ses plus fidèles messagers, savoir son frère Hugues et Adalgaire, et eut hâte de connaître son mal ; imitant le bienheureux David qui, après avoir souffert de la part de son fils de nombreuses injures, fut très-affligé de sa mort. Mais, dès que la maladie de Lothaire eut cessé, l'empereur en fut instruit par la violation manifeste du traité déjà conclu avec ce prince, et par un meurtre horrible dont ses hommes souillèrent l'église de Saint-Pierre. Cette nouvelle irrita tellement l'ame toujours si indulgente de l'empereur qu'il envoya en toute hâte ses messagers vers Lothaire, leur laissant à peine le temps nécessaire au voyage ; il les chargea d'avertir le prince qu'il ne souffrît plus que de telles actions fussent désormais commises ; qu'il se souvînt qu'en lui donnant le gouvernement de l'Italie il lui avait en même temps confié le soin de la sainte église romaine; et que, lorsqu'il s'était engagé à la protéger contre ses ennemis, il ne devait point permettre qu'elle fût pillée par les siens. Il lui fit rappeler les sermens par lesquels il s'était récemment engagé, l'exhortant à ne point offenser par leur oubli la Divinité qui ne le souffrirait pas impunément. Il lui ordonna enfin de faire préparer sur la route de Rome des vivres et des logemens convenables, son dessein étant d'aller visiter la demeure des bienheureux apôtres; ce qu'il aurait fait, s'il ne fût arrivé que les Normands envahirent la Frise. L'empereur, allant lui-même châtier leur insolence, envoya vers Lothaire ses messagers, savoir, l'abbé Foulques, le comte Richard et l'abbé Adrebald. Foulques et Richard devaient lui rapporter la réponse de Lothaire, Adrebald se rendre à Rome pour consulter le pape Grégoire sur quelques points importans, et lui faire connaître la volonté de l'empereur et les ordres qu'il en avait reçus.

Cependant Lothaire étant convenu des faits que lui imputait l'empereur, comme des déprédations exercées dans quelques églises de l'Italie, accorda plusieurs parties de ses demandes, et répondit sur d'autres points qu'il ne pouvait obéir. Foulques et Richard revinrent au palais de Francfort rendre compte de leur mission à l'empereur, qui était revenu de la Frise, après en avoir chassé les Normands. Ce prince, après s'être exercé pendant l'automne à la chasse, se rendit à Aix-la-Chapelle pour y passer l'hiver.

D'un autre côté, Adrebald se rendit à Rome, comme il en avait l'ordre, et trouva le pape Grégoire malade, entre autres choses d'un flux de sang, qui avait lieu sans interruption par les narines. Mais les paroles qu'on lui portait de la part de l'empereur lui causèrent une si grande joie qu'il avoua lui-même qu'elles lui faisaient presque oublier son mal. C'est pourquoi il ordonna que le messager de ce prince fût splendidement traité pendant son séjour; et, quand il partit, il le combla de riches présens, et envoya avec lui deux évêques, Pierre, évêque de Civita-Vecchia, et George, grand-vicaire de Rome. Quand Lothaire apprit que ces deux personnages étaient envoyés vers l'empereur, il fit partir pour Bologne Léon, qui tenait alors un haut rang auprès de lui : celui-ci, répandant un grand effroi, empêcha les évêques de continuer leur marche. Cependant Adrebald reçut secrètement de leurs mains la lettre destinée à l'empereur, et, la confiant à un de ses hommes qu'il envoya sous un faux prétexte au-delà des Alpes, il la transmit ainsi à ce prince.

Une calamité qui survint à cette époque, et frappa les grands de la suite de Lothaire, est une chose miraculeuse, tant elle fut terrible. En effet, on vit en peu de temps, c'est-à-dire, depuis le commencement de septembre jusqu'à la fête de Saint-Martin, les plus hauts seigneurs enlevés à la vie : Jessé, évêque d'Amiens, Hélie, évêque de Troyes, Wala, abbé du monastère de Corbie, Mathfried, Hugues, Lambert, Godefroi, son fils Godefroi, Agimbert, comte du Perche, et Borgarit, autrefois grand-veneur, périrent tous : Richard échappa d'abord, mais bientôt après il mourut aussi. C'est de ces hommes qu'on dit que leur éloignement laissa la France veuve

de sa noblesse, privée de sa vigueur et de son courage, et dépourvue de sa prudence. Mais, par leur mort, Dieu nous montre combien il est salutaire, combien il est sage d'obéir à cette parole, qui est sortie de sa bouche même : « Que le sage ne se glo-
« rifie point dans sa sagesse, que le fort ne se glorifie
« point dans sa force, que le riche ne se glorifie point
« dans ses richesses[1]. » Mais qui admirera assez dignement la grande ame de l'empereur, et la modération divine qui l'inspira sans cesse ? En effet, le jour où il reçut cette nouvelle, bien loin de se réjouir de la mort de tant d'ennemis, ou d'insulter à leur mémoire, on le vit se frapper la poitrine, et laissant couler des larmes abondantes, supplier avec de profonds gémissemens le Seigneur de leur être propice. Environ ce temps, l'empereur apprit aussi que les Bretons tentaient une révolte ; mais leurs efforts furent réprimés aussitôt que le prince eut placé sa confiance en celui duquel il est dit avec vérité : « Il vous sera toujours
« libre, Seigneur, d'user de votre puissance quand il
« vous plaira[2]. »

Au temps de la purification de la vierge Marie, un plaid nombreux, mais surtout composé d'évêques, se réunit à Aix-la-Chapelle. De tous les maux que souffrait l'Église, celui dont on se plaignit le plus en cette assemblée, fut la spoliation exercée par Pepin et ses hommes dans un grand nombre d'églises. C'est pourquoi l'empereur et toute l'assemblée, d'un accord unanime, firent connaître à Pepin et aux siens en quel danger ils se jetaient, en envahissant de la

---

[1] Jérémie, chap. 9, v. 23.
[2] Sagesse, chap. 12, v. 18.

sorte les biens de la sainte Église. Ces remontrances eurent un heureux succès. Pepin, en effet, écoutant avec déférence les conseils de son pieux empereur et de tant de saints personnages, obéit sans tarder, et commanda par un ordre marqué de son sceau, que l'on restituât aux Églises tout ce qui leur avait été ravi.

Peu de temps après, l'empereur tint un nouveau plaid général dans le territoire de Lyon, en un lieu nommé Crémieu[1]. Ses fils Pepin et Louis y assistèrent, et Lothaire lui-même n'y eût point manqué si sa santé ne l'eût retenu. L'empereur tourna l'attention de l'assemblée sur les églises de Lyon et de Vienne, qui demeuraient sans chefs par la fuite de leurs évêques ; Agobard, en effet, avait refusé de venir rendre compte de sa conduite, et Bernard, évêque de Vienne, après s'être d'abord présenté, avait bientôt après repris la fuite. Mais rien ne fut décidé à cet égard, à cause de l'absence des deux évêques. On discuta aussi l'affaire des Goths, dont les uns s'étaient déclarés pour Bernard, et les autres suivaient de préférence le parti de Bérenger, fils de feu le comte de Tours. Mais Bérenger ayant été tout à coup frappé d'une mort prématurée, Bernard demeura maître de toute la puissance en Septimanie, où des commissaires furent envoyés pour rétablir dans un meilleur état tout ce qui avait besoin de réforme. Ces choses terminées, l'empereur, après avoir congédié ses fils et l'assemblée, chassa durant l'automne, et revint à la fête de saint Martin s'établir à Aix-la-

---

[1] L'assemblée de Crémieu eut lieu en 835, avant celle de Worms, qui se tint en 836, et que l'anonyme a eu tort de placer auparavant.

Chapelle, où il demeura tout l'hiver, et où il célébra le saint jour de la naissance du Seigneur, et la solennité de Pâques.

Mais, au milieu de ces saints jours [1], un phénomène toujours funeste et d'un triste présage, je veux dire une comète, parut au ciel sous le signe de la Vierge, en cet endroit où se réunissent sous son manteau la queue du serpent et le corbeau. Ce météore qui ne marchait point, comme les sept étoiles errantes, vers l'Orient, après avoir, dans l'espace de vingt jours, ce qui est miraculeux, traversé les signes du Lion, du Cancer, des Gémeaux, vint enfin déposer, à la tête du Taureau et sous les pieds du Cocher, le globe de feu et la multitude de rayons qu'il avait jusque-là portés de tous côtés. Dès que l'empereur, très-attentif à de tels phénomènes, eut le premier aperçu celui-ci, il ne se donna plus aucun repos qu'il n'eût fait appeler devant lui un certain savant et moi-même qui écris ceci, et qui passais pour avoir quelque science dans ces choses. Dès que je fus en sa présence, il s'empressa de me demander ce que je pensais d'un tel signe. Et comme je lui demandai du temps pour considérer l'aspect des étoiles, et rechercher par leur moyen la vérité, promettant de la lui faire connaître le lendemain, l'empereur, persuadé que je voulais gagner du temps, ce qui était vrai, pour n'être point forcé à lui annoncer quelque chose de funeste : « Va, me « dit-il, sur la terrasse du palais, et reviens aussitôt « me dire ce que tu auras remarqué, car je n'ai point « vu cette étoile hier au soir, et tu ne me l'as point « montrée; mais je sais que ce signe est une comète

[1] En 837.

« dont nous avions parlé ces jours derniers; dis-
« moi donc ce que tu crois qu'il m'annonce; » puis
me laissant à peine répondre quelques mots, il reprit : « Il est une chose encore que tu tiens en si-
« lence : c'est qu'un changement de règne et la mort
« d'un prince sont annoncés par ce signe; » et
comme j'attestais le témoignage du prophète qui a
dit : « Ne craignez point les signes du ciel, comme
« les nations les craignent [1], » ce prince, avec sa grandeur d'ame et sa sagesse ordinaire, me dit : « Nous
« ne devons craindre que celui qui a créé et nous-
« mêmes et cet astre. Mais nous ne pouvons assez ad-
« mirer et louer la clémence de celui qui daigne, par de
« tels indices, nous avertir, au milieu de notre inertie,
« de nos péchés et de notre impénitence. Ce signe
« se rapporte à moi, comme à tous également. Mar-
« chons donc de toutes nos forces et de toute nôtre
« volonté dans une meilleure voie, de peur que, si
« nous persévérons dans notre impénitence au moment
« où le pardon nous est offert, nous ne nous en ren-
« dions enfin indignes. » Après avoir dit ces paroles,
il prit quelque peu de vin, ordonna à tous ceux qui
l'entouraient de l'imiter, et commanda ensuite à
chacun de se retirer. Il passa toute cette nuit, comme
il me le fut rapporté, à offrir à Dieu des louanges et
d'humbles prières. Le lendemain, quand l'aurore
parut, il fit appeler les ministres de son palais, et
ordonna que de grandes aumônes fussent distribuées
aux pauvres et aux serviteurs de Dieu, tant parmi
les moines que parmi les chanoines. Ensuite il fit célébrer un grand nombre de messes, moins par crainte

[1] Jérém. chap. 10, v. 2.

pour lui-même que par prévoyance pour l'Église confiée à ses soins. Ces ordres exécutés selon qu'il l'avait desiré, il alla chasser dans les Ardennes, ce qui lui réussit plus heureusement que de coutume; et tout ce qu'il entreprit en ce temps eut un heureux succès.

Cependant, à la sollicitation de l'impératrice et des ministres du palais [1], l'empereur, durant son séjour à Aix-la-Chapelle, fit don, à son bien-aimé Charles, d'une portion de l'empire. Mais comme ce pays ne se montra point disposé à obéir, nous n'en parlerons point. Les autres fils de l'empereur mécontens à cette nouvelle, eurent une conférence entre eux. Mais, voyant qu'ils ne pouvaient rien par eux-mêmes, ils dissimulèrent, et apaisèrent aisément le courroux que ce commencement de désobéissance avait excité en leur père. Ce prince demeura à Aix tout l'été, et indiqua pour le milieu de septembre un plaid général à Quiersy. Son fils Pepin vint d'Aquitaine pour y assister. L'empereur ceignit en cette assemblée son jeune fils Charles des armes viriles, c'est-à-dire de l'épée, lui posa la couronne royale sur la tête, et lui donna la partie de l'Empire qu'un autre prince du même nom de Charles avait possédée, je veux dire la Neustrie. Ensuite, ayant resserré, autant qu'il le pouvait, entre ses fils, les liens de l'amitié, il envoya Pepin en Aquitaine, et le jeune Charles dans la province qu'il lui avait assignée. Toutefois avant son départ, tous les seigneurs de cette province qui se trouvaient présens dans l'assemblée lui prêtèrent hommage, et lui firent serment de fidélité. Chacun

[1] En 839.

de ceux qui étaient absens fit de même par la suite.

Presque tous les seigneurs de la Septimanie vinrent aussi en ce lieu ; ils se plaignirent vivement de Bernard, leur duc, qui, sans respect des lois divines ou humaines, employait à son caprice, ou abandonnait à celui de ses hommes, les biens ecclésiastiques, et même les domaines des laïcs. C'est pourquoi ils demandèrent que l'empereur les reçût sous sa protection, et envoyât ses officiers dans cette province pour que leur autorité et leur prudence prononçassent équitablement sur les biens qui leur avaient été ravis, et maintinssent la loi de leurs pères. Conformément à cette demande, l'empereur fit choix, pour les envoyer en Septimanie, du comte Boniface, du comte Donat, et d'Adrebald, abbé de Flavigny. Ces ordres donnés, l'empereur quitta Quiersy, et s'occupa à chasser tout l'automne ; il revint passer l'hiver à Aix-la-Chapelle.

Durant cet hiver, c'est-à-dire, vers le commencement de janvier, une comète apparut au signe du Scorpion, peu de temps après le coucher du soleil. Or, l'apparition de ce signe funeste fut bientôt suivie de la mort de Pepin [1].

Cependant l'impératrice Judith, n'oubliant point le dessein qu'elle avait formé avec les conseillers du palais et les autres seigneurs du royaume des Francs,

---

[1] Dom Bouquet conclut de ceci que l'Anonyme place la mort de Pepin au commencement de l'an 838, et le lui reproche comme une erreur, puisqu'il est constant que Pepin assista à l'assemblée tenue à Quiersy, au mois de septembre 838, qu'on a de lui des diplômes de cette date, et qu'il ne mourut que dans le cours de l'automne suivant. C'est dom Bouquet qui se trompe ; l'Anonyme dit lui-même un peu plus haut que Pepin assista à l'assemblée de Quiersy, et ne place sa mort que *vers les calendes de janvier* 839, c'est-à-dire à la fin de l'an 838.

persuada enfin à l'empereur d'envoyer vers Lothaire des députés qui l'invitassent à revenir auprès de lui, et à se déclarer l'ami, le soutien, l'appui, le protecteur de son jeune frère Charles; promettant, à cette condition, d'oublier tous ses méfaits, et de lui donner la moitié de l'Empire, la Bavière étant exceptée dans ce partage. Cette offre séduisit Lothaire et les siens, et il se rendit à Worms auprès de son père [1], qui l'accueillit avec une grande joie, fit traiter magnifiquement toute sa suite, et lui tint la promesse qu'il lui avait faite; seulement il lui dit qu'il lui donnait trois jours pour décider s'il préférait faire lui-même, aidé de ses seigneurs, le partage de l'Empire, en laissant ensuite à l'empereur et à Charles le droit de choisir, ou s'il aimait mieux se réserver ce droit, et laisser à l'empereur et à Charles le soin du partage. Lothaire et les siens préférèrent que l'empereur fît à son gré le partage, assurant qu'ils en seraient incapables à cause de leur ignorance des lieux. L'empereur divisa donc tout son Empire, la Bavière qu'il laissait à Louis, et ne voulait céder à aucun des deux autres, étant seule exceptée, en deux parties aussi égales qu'il lui fut possible; puis il rassembla ses fils et tout le peuple, et donna à Lothaire la liberté de choisir. Alors ce prince déclara publiquement qu'il prenait pour lui la partie orientale de l'Empire qui s'étend jusqu'à la Meuse, et qu'il laissait à Charles toute la partie occidentale, consentant à ce qu'il en demeurât possesseur. L'empereur se réjouissait du succès de ses desseins, et tout le peuple applaudissait à ce partage, tandis que tout cela, au contraire, causait un vif mé-

[1] En 839.

contentement à Louis. Cependant l'empereur rendit des actions de grâces à Dieu, et ne cessa d'exhorter ses fils à vivre dans la concorde et à se protéger l'un l'autre; il engagea Lothaire à veiller sur son jeune frère Charles, à se souvenir qu'il lui tenait lieu de père; et d'un autre côté il commanda à Charles d'honorer son frère Lothaire comme un père. Enfin, lorsqu'en zélé partisan de la paix il n'eut rien oublié pour faire, autant qu'il était en lui, germer entre ses deux fils et leurs peuples les semences d'une amitié mutuelle, content de son ouvrage, il renvoya en Italie Lothaire, non moins content de lui, et qui reçut, avant de partir, de magnifiques présens avec la bénédiction paternelle. L'empereur lui rappela, en le quittant, les promesses qu'il avait faites. Ce prince célébra la naissance du Seigneur et la fête de Pâques à Aix-la-Chapelle.

Cependant le roi Louis, instruit de l'accord de son père et de ses deux frères, et du partage de l'Empire, éprouvait un vif mécontentement. Quand l'empereur en eut connaissance, il jugea à propos de ne point agir jusqu'à la fête de Pâques; mais sitôt après, il se hâta de traverser avec des forces considérables le Rhin à Mayence, et vint à Tribur, où il s'arrêta quelque temps pour réunir toute son armée. Ensuite il s'avança jusqu'à Bédonne, où son fils vint, quoique malgré lui, implorer son pardon, reçut ses réprimandes, confessa sa faute, et promit de la réparer. Mais l'empereur, avec sa douceur accoutumée, lui fit grâce, et lui adressa seulement quelques paroles sévères, auxquelles encore il eut soin d'en ajouter ensuite de plus indulgentes. Après quoi il le laissa dans son royaume et revint traverser le Rhin à Coblentz ; de là il alla chasser dans la forêt des Ardennes. Tandis qu'il se livrait à ce plaisir, on vint lui annoncer qu'alors même qu'une partie des seigneurs de l'Aquitaine attendaient humblement qu'il réglât le gouvernement de cette province, les autres étaient indignés d'apprendre qu'elle fût livrée à Charles. Cette nouvelle affligea le cœur de l'empereur. Cependant Ébroin, évêque de Poitiers, vint lui déclarer que lui et les autres seigneurs du royaume d'Aquitaine attendaient avec soumission sa volonté, et étaient prêts à lui obéir. Or il était vrai que les plus hauts seigneurs étaient animés des mêmes sentimens : c'étaient le vénérable évêque Ébroin, le comte Réginard, le comte Gérard, gendre de Pepin, le comte Réthaire, aussi gendre de ce prince, et d'autres encore qui s'étaient entièrement voués à ceux-ci, et n'avaient pu être séduits par aucune condition. Le reste du peuple, à la tête duquel était un certain Émène, comte de Poitiers, s'emparant du fils de Pepin qui portait le nom de son père, errait sans but fixe, exerçant partout ses ravages et ses rapines. C'est pourquoi l'évêque Ébroin sollicitait vivement l'empereur de ne point laisser ce fléau étendre plus loin ses désastres, et de l'arrêter par sa présence avant qu'il se fortifiât dans sa marche. L'empereur renvoya le prélat en Aquitaine en lui rendant grâce de son zèle. Il envoya en même temps plusieurs ordres importans à ses fidèles, commandant à quelques-uns d'entre eux de venir le trouver à l'automne dans la ville de Châlons, car il indiquait en ce lieu la prochaine assemblée. Que personne n'aille accuser l'empereur de vouloir ravir inhumainement à son petit-fils le trône d'Aquitaine! lui qui connaissait si bien le naturel des habitans de ce pays au milieu desquels il avait été élevé, il voulait châtier ce peuple qui s'abandonnait à la légèreté, à tous les vices, et renonçait à la raison et à la constance; gens qui, pour corrompre le jeune Pepin, comme ils avaient corrompu son père, avaient chassé d'Aquitaine tous ceux que l'empereur avait envoyés pour servir de tuteurs au jeune prince, à l'imitation de Charlemagne qui lui en avait pareillement donné à lui-même durant son enfance. Après le départ de ces officiers, on peut imaginer à quels désordres, à quels excès monstrueux se livrèrent de tous côtés les habitans d'Aquitaine, par les seules traces qui en restent aujourd'hui. Or le pieux empereur voulait que le jeune Pepin fût élevé dans la piété et la vertu la plus grande, et craignait surtout qu'en s'adonnant aux vices il ne devînt incapable de commander et d'être utile aux autres ou à lui-même, se rappelant ce qui est écrit et ce que dit un roi en refusant de livrer son royaume à ses fils dans un âge encore trop tendre : « Ce n'est point, di- « sait ce roi, parce que je porte envie à mes enfans « que je défends qu'on leur rende de trop grands « honneurs; c'est parce que je sais qu'à cet âge ils « sont une semence d'orgueil. »

L'empereur se rendit en automne à Châlons comme il l'avait déterminé, et donna ses soins aux affaires ecclésiastiques et aux affaires civiles; ensuite il entreprit de rétablir l'ordre dans le royaume d'Aquitaine. Il partit de Châlons avec la reine, son fils Charles et une troupe nombreuse, traversa la Loire, et arriva dans la cité d'Auvergne. Là, se rendit auprès de lui un grand nombre de ses fidèles qu'il accueillit avec sa bonté accoutumée; il leur fit prêter à son fils Charles les sermens d'usage, et ordonna que d'autres seigneurs qui refusaient de venir prêter ce serment, et qui même harcelaient l'armée et lui enlevaient tout le butin qu'ils pouvaient, fussent arrêtés et livrés au supplice.

Cependant la fête de Noël arriva [1], et l'empereur vint la célébrer à Poitiers avec toute la pompe qu'elle exige. Pendant qu'il s'occupait en cette ville à faire plusieurs règlemens utiles, on lui apprit que son fils Louis, ayant rassemblé quelques Saxons et quelques Thuringiens, avait envahi l'Allemagne. Cette nouvelle lui causa un grand déplaisir : en effet, elle venait le frapper au moment où tout contribuait à l'accabler, et son âge avancé, et son hydropisie que l'hiver augmentait encore, et l'oppression de ses poumons plus forte que jamais, et les douleurs violentes qu'il ressentait dans la poitrine. Aussi quoique ce prince fût doué d'une douceur de caractère, d'une force d'ame, d'une piété résignée au dessus de la nature humaine, la nouvelle de cette révolte le remplit d'une telle amertume que la violence de son mal augmenta, et qu'il lui survint un ulcère mortel. Cependant son ame invincible devant ce nouveau fléau, qui désolait l'Église de Dieu et le peuple chrétien, ne céda point au dégoût, ni ne succomba sous la douleur. A peine eut-il commencé avec sa femme et son fils Charles le saint jeûne du carême, qu'il se mit en marche pour tâcher d'écarter cette tempête; et ce pieux empereur, qui avait coutume de solenniser

[1] En 8{o.

cette époque par le chant des psaumes, par la continuité des prières et la multitude des aumônes, se permettant à peine de monter un ou deux jours à cheval pour maintenir sa santé, fut contraint, pour éloigner la discorde et rappeler la paix, de ne donner aucun jour au repos. En effet, suivant l'exemple d'un bon pasteur, il ne refusait aucune fatigue pour l'intérêt du troupeau confié à ses soins. Aussi ne faut-il point douter qu'il n'ait obtenu le prix qu'a promis à ceux qui se livrent à de si louables travaux le meilleur et le premier des pasteurs.

Accablé de fatigues, et sa santé étant ébranlée de tant de secousses, il revint à Aix-la-Chapelle à l'approche de la solennité de Pâques qu'il célébra avec sa dévotion ordinaire. Ensuite il se hâta d'achever ce qu'il avait commencé. Ayant traversé le Rhin, il pénétra sans s'arrêter en Thuringe, où il savait que Louis se trouvait alors. Mais ce prince, à qui le sentiment de sa faiblesse ne permit pas de demeurer plus long-temps en ce lieu, et qui commençait, à l'approche de son père, à se méfier de ses forces, chercha son salut dans la fuite. En effet, ayant acheté le passage, il retourna dans ses États à travers les terres des Esclavons.

Tandis qu'il fuyait, l'empereur convoqua à Worms un plaid général. Or, comme les affaires de Louis étaient ainsi bouleversées, et que Charles était demeuré avec sa mère en Aquitaine, l'empereur envoya en Italie vers son fils Lothaire pour qu'il vînt à cette assemblée, et délibérât avec lui sur la conduite de Louis, et sur d'autres points importans. En ce même temps eut encore lieu une éclipse de soleil : ce fut le cinq de mai. Les ténèbres devinrent si profondes qu'elles ne différaient en rien de la nuit. Les étoiles se montrèrent dans leur ordre accoutumé; aucun astre ne souffrit de l'affaiblissement de la lumière du soleil; et même la lune qui s'était placée devant lui, gagnant peu à peu vers l'orient, laissa briller du côté opposé une forme de croissant, semblable à celui qu'elle-même nous montre à son premier ou son dernier quartier : enfin le soleil reprit par degrés tout son éclat. Ce prodige, quoique regardé comme un effet naturel, fut cependant suivi par un lamentable événement. Il nous prédisait en effet que la lumière placée sur un chandelier, au milieu de la maison du Seigneur, où elle brillait pour tous les chrétiens, allait trop tôt être enlevée au monde qu'elle plongerait, par son éloignement, dans les ténèbres des tribulations.

L'empereur, en effet, commença dès ce moment à éprouver un grand dégoût et à ne pouvoir supporter dans son estomac aucune nourriture; sa respiration devint plus fréquente; un sanglottement continuel l'oppressa; son courage même l'abandonna, car la nature, quand elle perd tout ce qui peut la soutenir, doit nécessairement demeurer vaincue. Sentant son état, l'empereur ordonna qu'on lui préparât une habitation d'été dans une île voisine de Mayence ; et là, entièrement abandonné de ses forces, il se mit au lit.

Qui pourrait cependant exprimer sa sollicitude pour l'état futur de l'Église, et sa douleur à cause des exactions qu'elle souffrait ? Qui pourrait raconter les fleuves de larmes qu'il répandit pour rappeler sur elle la clémence divine ? Il ne s'attristait pas de quitter la vie, mais il gémissait parce qu'il avait prévu l'avenir, se trouvant bien malheureux de voir ses derniers momens attristés par de telles misères. De vénérables prélats et un grand nombre d'autres serviteurs de Dieu étaient venus pour le consoler. Parmi eux se trouvaient Hetti, vénérable archevêque de Trèves, Otgaire, archevêque de Mayence, Drogon, frère de l'empereur, évêque de Metz et archichapelain du palais. Plus l'empereur avait pu connaître de près ce dernier, plus il avait mis en lui sa confiance. Par son entremise, chaque jour, il offrait à Dieu la confession et le sacrifice d'un esprit contrit et d'un esprit humilié, offrande que Dieu ne refuse jamais. Sa seule nourriture fut, pendant quarante jours, le corps du Seigneur, louant sa justice et disant : « Tu es juste, ô mon Dieu ; puis« que je n'ai point passé le saint temps du carême « dans le jeûne, il faut bien que je te paie ce jeûne « forcé. » Il ordonna à son vénérable frère de faire venir les ministres du palais. Quand ils furent présens, l'empereur leur fit écrire, objet par objet, tout ce qu'il possédait, c'est-à-dire, des ornemens royaux, des couronnes, des armes, des vases, des livres, des vêtemens sacerdotaux ; il désignait à mesure ce qu'il lui plaisait de laisser aux églises, aux pauvres, à ses fils, c'est-à-dire, à Lothaire et à Charles. Ce qu'il envoya à Lothaire fut une couronne et une épée enrichie d'or et de pierres précieuses, à condition qu'il garderait sa foi à Charles et à Judith, et qu'il abandonnerait et protégerait même toute la portion de l'Empire dont ce jeune prince avait été mis en possession en présence de Dieu et de tous les seigneurs du palais. Quand il eut mis ordre à toutes ces choses, il rendit grâces à Dieu de ne plus rien posséder en propre. Cependant le vénérable Drogon, ainsi que les autres prélats, rendaient aussi grâces au Seigneur de tout ce qui avait été fait, car ils voyaient bien que celui qu'avait sans cesse accompagné un cortége de vertus, en persévérant à s'environner d'elles jusqu'au dernier moment, rendait agréable à Dieu le sacrifice de sa vie entière. Une seule chose diminuait un peu leur joie : ils craignaient que l'empereur ne refusât de pardonner à son fils Louis, sachant combien une blessure si souvent rouverte, ou brûlée par un fer ardent, cause une douleur violente. Espérant toutefois en la patience dont l'empereur avait toujours usé, ils chargèrent Drogon, dont ce prince n'osait mépriser les paroles, de sonder doucement ses dispositions. L'empereur découvrit d'abord toute l'amertume de son ame ; mais, se recueillant ensuite un moment, et rassemblant le peu de forces qui lui restaient, il se mit à énumérer tous les maux dont il avait été affligé par Louis, et tout ce qu'il méritait pour avoir agi de la sorte contre la nature et contre la volonté de son maître. « Mais puisqu'il n'a pu venir, « dit-il, me donner satisfaction, je veux faire tout « ce qui est en mon pouvoir; et je prends mes paroles « et Dieu à témoin que je lui remets tout le mal qu'il « m'a fait. Vous, vous devez l'avertir que si j'ai pardonné si souvent ses fautes, il faut qu'il se rappelle « cependant que c'est lui qui a conduit à la mort son « vieux père accablé de douleur, et qu'il a foulé aux « pieds, en le faisant, les commandemens et les menaces du Seigneur, notre père commun. »

Après avoir dit ces paroles (c'était un samedi

soir), il ordonna qu'on célébrât Vigiles devant lui, et qu'on plaçât sur sa poitrine le bois de la sainte croix; et, tant qu'il en conserva la force, il se signa, de la main, le front et la poitrine avec ce même crucifix; et si quelquefois il se sentait fatigué de le faire, il demandait que son frère Drogon lui prêtât le secours de sa main. Il demeura la nuit entière privé de toute force physique, mais toujours maître de son ame. Le lendemain, qui était un dimanche, il ordonna qu'un autel fût préparé, et voulut que son frère Drogon y célébrât la messe : il demanda aussi qu'il lui donnât de sa main la sainte communion, et qu'on lui servît ensuite une boisson un peu chaude. Après l'avoir prise, il pria ses frères, et ceux qui étaient présens, d'aller se livrer un moment au repos, qu'il attendrait qu'ils eussent repris quelque force. Cependant l'instant de la crise approchait : il joignit son pouce avec ses autres doigts (ce qui était le signe qu'il avait coutume de faire, quand il appelait quelqu'un); Drogon s'étant approché, ainsi que les autres prélats, l'empereur se recommanda à eux tous par ses paroles et par ses signes, demanda qu'on le bénît et qu'on fît toutes les cérémonies consacrées pour le moment où l'ame se sépare du corps. Tandis que les prélats s'acquittaient de ce devoir, l'empereur, comme plusieurs me l'ont rapporté, s'étant tourné du côté gauche, s'écria deux fois avec un mouvement de colère, et avec autant de force qu'il put, *huz, huz*[1], ce qui signifie, *hors, hors*. D'où il paraît qu'il avait aperçu l'esprit malin, dont il ne voulut jamais souffrir la présence, ni tant qu'il vécut, ni à

[1] *Aus! aus!*

l'instant de sa mort. Enfin, ayant levé les yeux vers le ciel, autant ils exprimaient auparavant la menace, autant alors ils étaient remplis d'une telle gaieté que son visage paraissait sourire. Ce fut dans cet état qu'il atteignit le terme de la vie présente, et qu'il alla trouver, nous en avons l'espérance, un heureux repos; car, ainsi qu'il est dit par le docteur qui ne ment point : « Ne peut mourir mal qui a bien vécu. »

L'empereur mourut le 20 juin[1], dans la soixante-quatrième année de sa vie. Il gouverna pendant trente-sept ans l'Aquitaine, et fut vingt-sept ans empereur. Son ame s'étant exhalée, Drogon, son frère, évêque de Metz, accompagné d'autres évêques, d'abbés, de comtes, de vassaux et d'une grande multitude de clercs et de laïcs, fit enlever avec grande pompe, et transporter les dépouilles mortelles de l'empereur à Metz, où elles furent placées dans la basilique de Saint-Arnoul, qui renfermait aussi celles de sa mère.

[1] En 840.

FIN DE LA VIE DE LOUIS-LE-DÉBONNAIRE PAR L'ASTRONOME.

HISTOIRE

DES DISSENSIONS DES FILS

DE

LOUIS-LE-DEBONNAIRE,

PAR NITHARD.

NOTICE
SUR NITHARD.

CHARLEMAGNE n'avait pas seulement fondé un grand Empire; auprès de lui s'étaient formés quelques hommes remarquables par leur énergie, la rectitude et la fermeté de leur esprit, et qui avaient pris, à son école, le goût de la civilisation, de l'ordre, et quelque intelligence du but comme des moyens d'un gouvernement habile et régulier. A sa mort leur destinée fut triste; hors d'état de continuer leur maître, ils se trouvèrent jetés au milieu des désordres et de l'incapacité de ses successeurs. Les uns, comme Éginhard, se retirèrent bientôt du monde et cherchèrent le repos dans les monastères; les autres, comme Adalhard et Wala, s'agitèrent encore, essayant de se faire une grande place dans le déchirement universel. Ils ne réussirent à rien, et on les voit disparaître successivement dans la confusion des intrigues du temps ou dans le silence des cloîtres, sans laisser d'eux aucune trace que le souvenir d'une capacité supérieure à celle des hommes qui n'avaient pas connu le grand empereur.

Nithard est le dernier en qui l'empreinte du temps de Charlemagne se laisse encore reconnaître, le dernier en qui se révèle un esprit plus étendu et plus régulier que l'anarchie du règne de Charles-le-Chauve et de ses frères n'en pouvait former. Né avant l'an 790, il avait pour mère Berthe, l'une des filles de Charlemagne, et pour père Angilbert, surnommé l'Homère de son temps, qui fut long-temps l'un des principaux conseillers de ce prince, reçut de lui la mission de veiller, en qualité de duc ou de comte, à la sûreté des côtes nord-ouest de son Empire, et mourut abbé de Saint-Riquier, le 18 février 814, c'est-à-dire, vingt jours après l'empereur. Ainsi petit-fils de Charlemagne, et fils d'un homme qui avait eu toute sa faveur, Nithard succéda de bonne heure à la charge militaire de son père, et défendit, contre les Normands, les côtes de la Gaule entre la Seine et l'Escaut. Les mêmes fonctions lui furent probablement conservées sous Louis-le-Débonnaire, auquel il demeura constamment attaché. Charles-le-Chauve, le fils préféré de Louis, hérita de ses services et de son affection. Nithard lui fut fidèle dans toutes les vicissitudes de sa fortune, combattit pour lui en diverses rencontres, entre autres à la bataille de Fontenay, et fit, à plusieurs reprises, de vains efforts pour rétablir la paix entre Charles, Louis-le-Germanique et Lothaire. Je n'ai rien à dire sur cette époque de sa vie, car on n'en sait que ce qu'il en raconte lui-même dans son histoire. Il entreprit cet ouvrage à la sollicitation de Charles-le-Chauve, et le suspendit plusieurs fois, triste et dégoûté d'avoir à décrire tant d'incapacité et de malheur. Les trois premiers livres furent écrits en 842, et le quatrième en 843; ce dernier livre s'arrête au commencement de cette même année; mais il est clair que la fin manque, et rien n'indique jusqu'à quelle époque l'avait conduit l'historien, ni quelle était l'étendue de ce que nous avons perdu.

C'est une perte véritable; de tous les historiens de la race carlovingienne, sans en excepter même Éginhard, Nithard est sans contredit le plus spirituel, le plus méthodique, celui qui pénètre le plus avant dans les causes des événemens, et en saisit le mieux, pour ainsi dire, la filiation morale. Ce n'est point un simple chroniqueur, uniquement appliqué à retracer la succession chronologique des faits; c'est un homme qui les a vus, sentis, compris, et en reproduit le tableau. Il s'en faut bien que ce tableau soit partout complet et clair; l'esprit des hommes les plus distingués du neuvième siècle était loin de s'élever à des vues générales ou de descendre dans les profondeurs de la nature humaine; on ne rencontre point dans leurs ouvrages ces grands développemens de l'intelligence où nul individu ne saurait atteindre par sa propre force, et qui exigent la civilisation de la société toute entière; leur sagacité est courte, leur imagination confuse; et au point où nous sommes parvenus aujourd'hui, ce qui leur manque nous frappe bien davantage que ce qui les distinguait parmi leurs contemporains. Aussi les éloges que je viens de donner à Nithard paraîtront sans doute, à beaucoup de lecteurs, et me paraissent à moi-même exagérés; car les mots qui les expriment réveillent maintenant en nous l'idée d'un mérite bien supérieur au sien. Cependant, quand on le compare aux meilleurs annalistes du neuvième siècle, il est impossible de méconnaître sa supériorité; et, sans qu'on en puisse extraire aucune réflexion saillante, aucun passage éloquent, rien en un mot qui fasse admirer le politique ou l'écrivain, on sent, en le lisant, que ce petit-fils de Charlemagne devait être l'un des hommes les plus capables et les plus éclairés de son temps.

Quelques érudits ont pensé, sur le témoignage de chroniqueurs du onzième siècle, que Nithard, dégoûté des affaires et du monde, comme la plupart des élèves de Charlemagne, avait fini par se retirer dans un monastère, et qu'il était mort abbé de Saint-Riquier, comme son père Angilbert, vers l'an 853. D'autres lui ont assigné pour retraite l'abbaye de Pruim. Je ne discuterai point ici les petites conjectures et les minutieux rapprochemens sur lesquels ces opinions se fondent. Elles paraissent démenties par d'autres traditions qui rapportent que Nithard fut tué vers 858 ou 859, en repoussant une invasion des Normands sur les côtes de Picardie. Au milieu du onzième siècle, Gerwin, abbé de Saint-Riquier, fit faire des fouilles sous le portique de l'église de cette abbaye, dans l'espoir de découvrir le corps d'Angilbert. Ses recherches furent infructueuses, mais il retrouva le corps de Nithard qu'on reconnut, dit le chroniqueur Hariulf, à la blessure qu'il avait reçue à la tête dans le combat où il fut tué par les Normands. Dom Rivet affirme hardiment que Nithard ne pouvait être abbé ni moine, puisqu'il avait péri les armes à la main. Cet argument est atténué par plus d'un exemple, et il ne serait point impossible que Nithard, abbé de Saint-

Riquier, se fût ressouvenu, dans l'occasion, qu'il avait jadis, sur ce même rivage, repoussé, en qualité de comte, les invasions des Normands.

La collection de Pithou est la première où l'ouvrage de Nithard ait paru, en 1588. C'est au treizième siècle que le titre qu'il porte à présent: *Histoire des Dissensions des fils de Louis-le-Pieux*, lui a été donné pour la première fois.

F. G.

HISTOIRE

DES

DISSENSIONS DES FILS

DE LOUIS-LE-DÉBONNAIRE.

LIVRE PREMIER.

Ayant, comme vous le savez très-bien, monseigneur, souffert depuis près de deux ans déjà, de la part de votre frère, une persécution que ni vous, ni les vôtres n'aviez nullement méritée, vous m'avez ordonné, avant que nous entrassions dans la cité de Châlons [1], de transmettre par écrit à la mémoire ce qui s'est passé de votre temps. C'eût été, je l'avoue, un ordre facile et doux à exécuter, si on m'eût accordé le loisir nécessaire pour m'acquitter dignement d'un si grand travail. Si donc vous trouvez dans cet ouvrage quelque chose d'omis ou de plus négligé que ne le requiert l'importance des événemens, vous et les vôtres devez me le pardonner, d'autant plus aisément que vous savez que, pendant que je le composais, j'étais battu

---

[1] Châlons-sur-Marne.

des mêmes orages que vous. J'avais résolu de ne point parler de ce qui est arrivé du temps de votre pieux père ; mais le lecteur reconnaîtra bien plus facilement la vérité dans vos débats si je commence par rapporter quelques unes des choses qui, à notre connaissance, ont eu lieu de son vivant. Il ne me parait aussi nullement à propos de ne rien dire du tout sur la mémoire respectable de votre aïeul ; c'est donc par lui que commencera cet écrit.

Charles, de belle mémoire, appelé à juste titre par toutes les nations le grand Empereur, étant mort un peu avant la troisième heure du jour, dans une heureuse vieillesse, laissa l'Europe entière remplie de bonheur. Surpassant en sagesse et en toute sorte de vertu tous les hommes de son temps, il paraissait à tous les habitans de la terre à la fois redoutable, aimable et admirable. Il rendit sa domination honnête et utile de toutes les manières, comme tous le virent clairement. Ce que je regarde comme le plus merveilleux, c'est que seul, par la crainte qu'il inspirait, il adoucit tellement les cœurs durs et féroces des Francs et des Barbares que la puissance romaine n'avait pu dompter, qu'ils n'osaient rien entreprendre dans l'Empire que ce qui convenait à l'intérêt public. Comme roi, il régna heureusement pendant trente-deux ans, et comme empereur il tint pendant quatorze ans, avec non moins de bonheur, les rênes de l'État.

Louis, le dernier fils qu'il eût eu d'un mariage légitime, devint par la mort de ses frères l'héritier de toute cette grandeur. Aussitôt qu'on lui eut appris la mort de son père, il revint d'Aquitaine à Aix-la-Chapelle. Il rangea sans obstacle sous sa domination les peuples qui accouraient de toutes parts, se promettant de prendre un parti à l'égard des hommes qui témoignaient plus d'orgueil. Au commencement de son règne il divisa en trois parts l'immense somme d'argent que son père lui avait laissée; il en employa une pour les funérailles; il partagea les deux autres entre lui et ses sœurs que son père avait eues d'un mariage légitime, leur ordonnant en même temps de sortir du palais et de se retirer dans leurs monastères. Il admit à sa table ses frères Drogon, Hugues et Théodoric, encore jeunes, et les fit nourrir avec lui dans le palais. Il céda à son neveu Bernard, fils de Pepin, le royaume d'Italie; s'étant révolté peu après, Bernard fut pris et privé de la lumière et de la vie par Bertmond, gouverneur de la province de Lyon [1]. Ensuite, craignant que ses frères, en soulevant le peuple, n'en fissent autant, l'empereur les manda à l'assemblée générale, les fit tondre et les mit dans des monastères sous une simple surveillance [2]. Cela fait, il fit conclure à ses fils des mariages légitimes, et partagea ainsi entre eux tout l'empire [3]. Pepin devait avoir l'Aquitaine, Louis, la Bavière, et Lothaire, après sa mort, tout l'empire. Il permit à Lothaire de porter avec lui le titre d'empereur. La reine Hermengarde, leur mère, mourut, et, peu de temps après, l'empereur Louis se maria à Judith, dont il eut Charles [4].

Ayant partagé tout l'empire entre ses autres fils,

---

[1] En 818. — [2] En 819. — [3] En 821.

[4] Hermengarde mourut en 818; Louis-le-Débonnaire épousa Judith en 819, et Charles-le-Chauve naquit en 823.

Louis ne savait ce qu'il donnerait à son fils Charles. Tourmenté de cela, il supplia ses fils en faveur de ce dernier. Enfin Lothaire consentit à ce que son père donnât au jeune prince la portion du royaume qu'il voudrait, et jura avec serment qu'il serait à l'avenir son soutien et son défenseur contre ses ennemis. Mais, à l'instigation de Hugues, dont Lothaire avait épousé la fille, de Mathfried et d'autres, il se repentit trop tard de ce qu'il avait fait, et chercha de quelle manière il pourrait l'annuler [1]. Cela ne put échapper long-temps à son père ni à sa mère ; Lothaire s'efforçait en effet, non publiquement, mais en secret, de renverser ce que son père avait établi. Alors Louis, prenant pour appui Bernard, duc de Septimanie, le créa chambellan, lui confia le jeune Charles, et le mit, après lui, au premier rang de l'empire. Bernard, abusant imprudemment du pouvoir, bouleversa entièrement un gouvernement qu'il aurait dû affermir. Dans le même temps l'Allemagne fut cédée à Charles par un édit. Alors Lothaire, comme ayant trouvé un juste sujet de plainte, excita ses frères et tout le peuple à relever la république en péril ; ils se rendirent ensemble avec tout le peuple auprès de leur père à Compiègne [2]. Ils forcèrent la reine à prendre le voile, firent tondre Conrad et Rodolphe, ses frères, et les envoyèrent en Aquitaine à Pepin, qui fut chargé de les garder. Bernard, ayant pris la fuite, se sauva en Septimanie. Héribert, son frère, ayant été pris, on lui creva les yeux et on l'envoya, pour y être gardé, en Italie. Lothaire s'étant ainsi emparé du gouvernement retint son père et Charles en surveillance auprès de lui ; il

[1] En 829 — [2] En 830.

fit vivre avec l'empereur des moines, pour qu'ils l'accoutumassent à la vie monastique et l'engageassent à l'embrasser. Comme chacun alors, livré à ses passions, ne cherchait que son propre intérêt, la république empirait chaque jour. C'est pourquoi les moines dont nous avons parlé, et d'autres gens qui gémissaient de ce qui avait été fait, demandèrent au seigneur Louis si, en cas qu'on le remît à la tête du gouvernement, il voudrait le rétablir et le soutenir avec vigueur, et surtout remettre sur pied le culte divin qui protège et dirige tout le reste. Comme il y consentit facilement, on s'entendit bientôt sur sa restauration. Ayant pris un certain moine, nommé Gondebaud, Louis l'envoya pour ce dessein, et sous prétexte de religion, vers Pepin et Louis, ses fils, leur promettant que, s'ils voulaient concourir avec ses partisans à son rétablissement, il agrandirait leurs royaumes. Ils consentirent aisément et avidement; une assemblée fut convoquée; la reine et ses frères furent rendus à l'empereur, et tout le peuple se soumit à sa domination. Les partisans de Lothaire furent traduits devant l'assemblée, et condamnés à mort par Lothaire lui-même; on leur accorda la vie et ils furent envoyés en exil. Louis permit à Lothaire, obligé de se contenter de l'Italie seulement, de s'en aller à condition que désormais il ne tenterait aucun dessein contre la volonté de son père.

Les choses s'étant ainsi passées, et le gouvernement paraissant respirer un peu, le moine Gondebaud, dont nous avons parlé ci-dessus, voulut, parce qu'il avait puissamment coopéré à cette restauration, tenir le second rang dans l'empire, tandis que Bernard, qui l'avait possédé jadis, s'efforçait à grand'peine d'y remonter. Pepin et Louis, quoique selon la promesse du roi leur royaume eût été augmenté, tâchaient tous deux d'être les premiers dans l'empire après leur père ; mais ceux qui dirigeaient alors les affaires de la république s'opposaient à leur volonté.

Vers le même temps [1] l'Aquitaine, enlevée à Pepin, fut donnée à Charles, et les principaux du peuple, d'accord avec son père, jurèrent de lui obéir. Ses frères, supportant ceci avec peine, divulguèrent le mauvais état de la république et soulevèrent le peuple comme pour obtenir un sage gouvernement ; ils délivrèrent Wala, Hélisachar, Mathfried avec les autres qui avaient été envoyés en exil, et poussèrent Lothaire à s'emparer du pouvoir. Sous le même prétexte et à force de prières, ils engagèrent Grégoire, pontife du souverain siége de Rome, à soutenir leur entreprise, afin de pouvoir, par son crédit, accomplir plus facilement leur projet. Alors l'empereur avec tout ce qu'il avait dans l'empire, et les trois rois ses fils avec une armée considérable, et de plus le pape Grégoire avec toute la troupe romaine, se mirent en marche ; ils se joignirent en Alsace, campèrent auprès du mont Siegwald, et là les rois engagèrent le peuple, par différens moyens, à se soulever contre l'empereur. Enfin quelques uns ayant pris la fuite, Louis fut pris avec un petit nombre de serviteurs ; sa femme, arrachée d'auprès de lui, fut envoyée en exil en Lombardie, et Charles fut avec son père retenu sous une garde sévère. Le pape Grégoire, se repentant de son voyage, retourna à Rome plus tard qu'il ne voulait.

[1] En 833.

Lothaire s'étant ainsi emparé une seconde fois de l'empire, le perdit une seconde fois aussi facilement qu'il l'avait reconquis.

Pepin et Louis, en effet[1], voyant que Lothaire s'appropriait tout le pouvoir et voulait les abaisser, le supportaient avec peine. De plus, Lambert et Mathfried, aspirant tous deux à tenir le premier rang dans l'empire, après Lothaire, commencèrent à entrer en débat. Et, comme tous deux recherchaient leurs intérêts, ils négligeaient entièrement les affaires publiques. Le peuple voyant cela en était affligé ; les fils même de Louis étaient en proie à la honte et au repentir d'avoir privé deux fois leur père de son rang, et tout le peuple d'avoir chassé deux fois l'empereur. Ils se liguent donc pour le rétablir, et se rendent en foule de toutes parts à Saint-Denis, où Lothaire retenait son père et Charles. Lothaire, ne se voyant pas en état de résister à cette colère, prit les armes avant que ses adversaires ne se fussent réunis, mit son père et Charles en liberté, et partit pour Vienne. Le peuple nombreux qui se trouvait là, voulait avec ardeur attaquer Lothaire pour venger son père. Ayant recouvré le roi, ils se rendirent avec les évêques et tout le clergé dans l'église de Saint-Denis, rendirent à Dieu de pieuses actions de grâces, au roi sa couronne et ses armes, et s'appliquèrent à délibérer sur les autres affaires. Louis ne voulut point poursuivre Lothaire ; mais il lui envoya des députés pour lui ordonner de se hâter de passer les Alpes : il reçut avec bienveillance Pepin, qui vint vers lui, le remercia d'avoir coopéré à sa restauration, et lui permit, à sa de-

[1] En 834.

mande, de retourner en Aquitaine. Ensuite, les fidèles qui s'étaient enfuis, et qui avaient coutume d'être à la tête des affaires, accoururent en foule ; s'étant mis en route avec eux, l'empereur se rendit à Aix pour y passer l'hiver, accueillit avec bonté Louis qui vint le voir, et lui ordonna de rester avec lui pour le défendre.

Sur ces entrefaites, les gens qui gardaient Judith en Italie, apprenant que Lothaire s'était enfui, et que son père était en possession du trône, s'emparent de Judith, se sauvent, arrivent heureusement à Aix, et apportent à l'empereur leur agréable présent. Cependant Louis ne l'admit pas dans la couche royale, jusqu'à ce qu'elle eût juré avec ses proches, en présence du peuple, qu'elle était innocente du crime qu'on lui imputait, car il ne se présenta point d'accusateur.

Vers le même temps [1], Mathfried, Lambert et les autres partisans de Lothaire se tenaient sur la frontière de la Bretagne. L'empereur envoya pour les chasser Vodon, et les chefs qui habitaient entre la Seine et la Loire. Ayant réuni leurs troupes, ils marchèrent des deux parts ; mais leur petit nombre et l'impérieuse nécessité mit d'accord les partisans de Lothaire. La multitude des soldats de Vodon les rendit au contraire présomptueux, désunis et indisciplinés. Aussi, le combat engagé, ils s'enfuirent. Vodon fut tué, ainsi qu'Odon, Vivien, Fulbert et une quantité innombrable de soldats. Les vainqueurs ayant promptement informé Lothaire de leur succès, lui recommandèrent de venir à leur secours avec une armée, aussi vite

[1] En 835.

qu'il pourrait, ce qu'il fit volontiers. Il vint à Châlons avec une troupe considérable, fit le siége de cette ville, lui livra trois assauts, et, s'en étant enfin emparé, l'incendia avec les églises ; il fit précipiter dans la Saône Gerberge[1], à la manière des criminels, punit de mort Gauzhelme et Sanila : il accorda la vie à Warin, et lui fit jurer que dans la suite il l'aiderait de toutes ses forces. Lothaire et les siens, fiers du succès de ces deux combats, et espérant de s'emparer facilement de tout l'empire, se rendirent à Orléans pour y délibérer sur ce qu'ils avaient à faire. A cette nouvelle, l'empereur rassembla une armée considérable de Francs, appela à son secours son fils Louis, et tous ceux qui habitaient au-delà du Rhin, et marcha pour venger le crime énorme que son fils venait de commettre contre l'empire. Lothaire, animé de l'espoir de séduire les Francs, selon sa coutume, résolut d'aller à sa rencontre. Ils s'avancèrent de chaque côté, et campèrent sur les bords d'un fleuve, près d'une maison de plaisance, appelée Cauviac. Mais les Francs pleins de repentir d'avoir deux fois abandonné leur empereur, et jugeant qu'il serait honteux de faire encore de même, ne voulurent point se laisser entraîner à la défection. C'est pourquoi Lothaire se voyant hors d'état de fuir et de combattre, mit fin à la guerre, promettant que, dans un nombre de jours fixé, il repasserait les Alpes, que désormais il n'entrerait pas dans le pays des Francs sans l'ordre de son père, et n'entreprendrait rien dans l'empire contre sa volonté. Il prêta serment, avec les siens, qu'il observerait ces conventions.

[1] Sœur de Bernard, duc de Septimanie.

Les choses ainsi arrangées[1], Louis gouverna l'empire de la même façon, et avec les mêmes conseillers que par le passé. Voyant que le peuple ne voulait plus, comme jadis, l'abandonner tant qu'il vivrait, il convoqua, pendant l'hiver, une assemblée générale à Aix-la-Chapelle, et donna à Charles une partie de son royaume, dont les limites furent fixées, savoir : du côté de la mer, depuis la frontière des Saxons jusqu'à celle des Ripuaires, toute la Frise ; dans le pays des Ripuaires, les comtés de Moillan, de Halt, de Trahammolant, de Mosgau[2] ; tout le pays situé entre la Meuse et la Seine, jusqu'à la Bourgogne, ainsi que le comté de Verdun ; et dans la Bourgogne, les comtés de Toul, de l'Ornain, de Bidburg, du Bliets, du Perthois, les deux comtés de Bar, le pays de Brienne, de Troyes, d'Autun, de Sens, du Gatinais, de Melun, d'Etampes, de Chartres et de Paris; ensuite le long de la Seine jusqu'à l'Océan, et le long du rivage de cette mer jusqu'en Frise. Le roi donna à son fils Charles, de son autorité divine et paternelle, tous les évêchés, les abbayes, les comtés, les domaines royaux, et tout ce qui était contenu dans les limites ci-dessus indiquées, avec tout ce qui lui appartenait, n'importe en quel lieu, et tout ce qui était de son droit, et il invoqua la protection du Dieu tout-puissant pour que cela demeurât ferme et stable à toujours. Hilduin, abbé de l'église de Saint-Denis, Gérard, comte de Paris, et les autres habitans des pays dont nous avons parlé, se réunirent et jurèrent

[1] En 837.
[2] Il est impossible de déterminer les limites et la situation précises de ces divisions territoriales.

fidélité à Charles. Lothaire et Louis, apprenant ces choses, en furent vivement chagrins ; ils convinrent d'une entrevue[1]. S'y étant rendus, et voyant qu'il n'y avait rien là dont ils fussent en droit de s'offenser, ils dissimulèrent avec adresse ce qu'ils méditaient contre la volonté de leur père, et se séparèrent. Cette entrevue fit naître une assez violente agitation, mais qui fut facilement apaisée. Au milieu de septembre, l'empereur vint à Quiersy, et apaisa de même très-aisément une sédition qui s'était élevée. Il donna alors à Charles les armes et la couronne, avec quelque nouvelle portion du royaume, entre la Seine et la Loire, mit d'accord, à ce qu'il paraissait, Pepin et Charles, permit ensuite avec bonté, à Pepin, de retourner en Aquitaine, et envoya Charles dans la partie du royaume qu'il lui avait donnée. Charles y étant allé, tous les habitans se rendirent auprès de lui, et lui jurèrent fidélité. Dans le même temps, on apprit que Louis s'était soulevé contre son père, et voulait s'approprier tout ce qui appartenait au royaume au-delà du Rhin. A cette nouvelle, l'empereur ayant convoqué une assemblée, vint à Mayence, passa le fleuve avec son armée, et força son fils Louis de s'enfuir en Bavière. Il revint ensuite triomphant à Aix, car de tous côtés il avait été vainqueur par la grâce de Dieu ; mais la vieillesse approchait, les chagrins qu'il avait éprouvés le menaçaient d'une prompte décrépitude ; l'impératrice et les grands qui, d'après la volonté de Louis, avaient travaillé pour Charles, craignant que, si l'empereur mourait avant que tout ne fût achevé, la haine de ses frères ne s'élevât contre

[1] En 838.

eux, jusqu'à vouloir les faire périr, jugèrent à propos que Louis assurât à Charles le secours de l'un de ses fils, afin que, si après sa mort les autres ne voulaient pas s'accorder, au moins ces deux-là, bien unis, pussent résister au parti des envieux. Pressés par la nécessité, ils méditaient continuellement sur ce choix; mais tous furent enfin d'avis que, si Lothaire voulait se montrer sincère dans cette affaire, c'était avec lui qu'il fallait conclure une alliance. Comme nous l'avons dit, il avait autrefois juré à son père, à sa mère et à Charles, que son père n'avait qu'à donner à ce dernier la partie du royaume qu'il voudrait; que pour lui, il y consentirait, et, tant qu'il vivrait, le protégerait contre ses ennemis. On choisit donc des messagers, et on les envoya en Italie vers Lothaire, pour lui promettre que s'il voulait soutenir la volonté de son père au profit de Charles, tout ce qu'il avait fait jusqu'alors lui serait pardonné, et que tout le royaume, sauf la Bavière, serait partagé entre lui et Charles. Ces choses convinrent à Lothaire et aux siens; et des deux parts, ils jurèrent qu'ils le voulaient et le feraient ainsi.

Ils vinrent à l'assemblée indiquée dans la ville de Worms [1]; là Lothaire se jeta humblement, et en présence de tout le monde, aux pieds de son père, en disant : « Je reconn s, mon seigneur et père, que « j'ai péché envers Dieu et vous. Je vous demande, « non le royaume, mais votre indulgence et la grâce « de votre pardon. » Louis, père tendre et indulgent, touché de ses prières, lui pardonna ses offenses, et lui accorda la grâce qu'il demandait, à condition que

[1] En 839.

désormais il n'entreprendrait rien de contraire à sa volonté, ni au sujet de Charles, ni sur tout autre point dans le royaume. Ensuite il le reçut avec bienveillance, et l'ayant embrassé, il rendit grâces à Dieu de sa réconciliation avec un fils naguères ennemi. De là ils allèrent prendre leur repas, remettant au lendemain à délibérer sur toutes les autres choses que leurs hommes avaient jurées. Le jour suivant ils se réunirent en conseil. Louis desirant accomplir ce que les siens avaient juré : « Voilà, mon fils, dit-il, comme « je te l'avais promis, tout le royaume devant tes yeux : « partage-le comme il te plaira : si c'est toi qui le par- « tages, le choix des parts sera à Charles; si c'est nous « qui le partageons, le choix des parts sera pour toi. »

Après avoir travaillé pendant trois jours à faire le partage du royaume, sans pouvoir en venir à bout, Lothaire envoya Joseph et Richard vers son père, le priant, lui et les siens, de régler ce partage, et de lui donner le choix des parts. Ils affirmèrent, au nom de la foi qu'ils avaient jurée, que le défaut de connaissance des pays avait seul empêché Lothaire d'accomplir ce travail. Alors le père, aidé des siens, partagea tout le royaume, sauf la Bavière, aussi également qu'il put. Lothaire et les siens choisirent et reçurent la partie orientale, depuis la Meuse; il consentit à ce qu'on donnât à Charles la partie occidentale, et de concert avec son père, déclara en présence de tout le peuple qu'il le voulait ainsi. Ainsi Louis mit de son mieux les frères d'accord, les suppliant avec instance de s'aimer mutuellement, et les engageant à se protéger l'un l'autre, et à faire ce qu'il desirait. Cela fait, et renvoyant en Italie, avec bienveillance et amitié,

Lothaire pardonné et honoré du don d'un royaume, il lui rappela combien de sermens il avait prêtés à son père, combien de fois il s'était révolté, combien de crimes lui avaient été remis, et lui donnant de sages conseils, il le conjura de ne pas souffrir qu'on manquât en aucune manière aux conventions qu'ils venaient de conclure, et auxquelles il avait souscrit en présence de tous.

Dans le même temps, Louis reçut la nouvelle de la mort de Pepin; une partie du peuple d'Aquitaine attendait ce qu'ordonnerait Louis sur ses petits-fils et leur royaume; un autre parti s'étant saisi de Pepin, l'aîné des enfans du roi Pepin, exerçait sous son nom la tyrannie. Tout se trouvant alors, comme nous l'avons dit, arrangé avec Lothaire, Louis rassembla une armée considérable, passa par Châlons pour se rendre à Clermont avec Charles et sa mère, et reçut avec bonté la portion du peuple qui l'y attendait. Et comme il avait autrefois donné à Charles le royaume d'Aquitaine, il pressa les Aquitains et leur commanda même de se mettre sous sa protection; ce qu'ayant fait, ils lui jurèrent fidélité. Il s'occupa ensuite de réprimer ceux qui avaient envahi le pouvoir.

Vers le même temps, Louis, sorti de Bavière, selon sa coutume, envahit l'Allemagne avec une armée de Thuringiens et de Saxons. Son père revenant d'Aquitaine, laissa Charles et sa mère à Poitiers, célébra la sainte Pâques à Aix, et se rendit directement en Thuringe. Il en chassa son fils Louis [1], et se dirigeant par le pays des Esclavons, le força de s'enfuir en Bavière. Cela fait, il convoqua une assemblée dans la

[1] En 840.

ville de Worms pour le commencement de juillet. Il y fit venir d'Italie son fils Lothaire, pour délibérer avec lui et ses autres fidèles, sur la conduite de Louis. Les choses ainsi préparées, Lothaire étant encore en Italie, Louis au-delà du Rhin et Charles en Aquitaine, l'empereur Louis leur père mourut dans une certaine île près de Mayence, le 20 de juin. Son frère Drogon, évêque et son grand chapelain, de concert avec les évêques, les abbés et les comtes, l'ensevelit avec les honneurs convenables dans sa ville de Metz auprès de saint Arnoul. Il vécut soixante-quatre ans; il gouverna l'Aquitaine pendant trente-sept ans, et porta le nom d'empereur pendant vingt-sept ans et six mois [1].

[1] Vingt-six ans et quatre mois à dater de la mort de Charlemagne; vingt-six ans et neuf mois à dater de l'inauguration de Louis comme empereur.

LIVRE SECOND.

J'ai exposé, selon le temps et les forces qui m'ont été accordés, les commencemens de vos dissensions, afin que le lecteur, curieux de savoir pourquoi, après la mort de votre père, Lothaire résolut de vous persécuter vous et votre frère, pût en comprendre les raisons et juger de la justice de ses actions. Maintenant, autant que me le permettront ma mémoire et mes talens, je m'efforcerai de rapporter par quel pouvoir et quels moyens Lothaire accomplit son projet. Je vous demande d'avoir égard aux difficultés qu'au milieu de ces troubles a eu à surmonter ma faiblesse, et si j'ai négligé quelque chose dans cet ouvrage, je vous prie de me le pardonner.

A la nouvelle de la mort de son père, Lothaire envoya aussitôt des messagers par tout le pays des Francs, pour annoncer qu'il allait venir prendre possession de l'empire qu'on lui avait autrefois donné, promettant qu'il conserverait à chacun les honneurs et bénéfices qu'avait accordés son père, et qu'il voulait même les augmenter. Il ordonna aussi qu'on fit prêter serment de fidélité aux gens dont il doutait, leur enjoignant, en outre, de venir à sa rencontre le plus vite qu'ils pourraient, et prononçant la peine de mort contre ceux qui s'y refuseraient. Il s'avança lui-même lentement, voulant savoir, avant de passer les Alpes, comment tourneraient les choses.

Entraînés par l'avidité et la crainte, tous accoururent vers lui de toutes parts, et enorgueilli par ses espérances et ses forces, il commença à rechercher par quels moyens il pourrait envahir tout l'Empire. Il jugea à propos de faire marcher d'abord des troupes contre Louis, qui se trouvait près de son chemin, et ne négligea rien pour le mettre hors d'état de lui résister. En même temps, ayant artificieusement envoyé des députés à Charles en Aquitaine, il lui fit dire qu'il était plein de bienveillance pour lui, comme l'avait prescrit leur père et comme il le devait à son filleul. Il le pria d'épargner son neveu, le fils de Pepin, jusqu'à ce qu'il eût eu une entrevue avec lui.

Les choses ainsi arrangées, il se dirigea vers la ville de Worms. Louis y avait laissé une partie de son armée pour garder le pays, et avait marché contre les Saxons révoltés. Lothaire, après un petit combat, força cette garde à fuir. Passant le Rhin avec toute son armée, il se dirigea sur Francfort ; là Lothaire et Louis s'étant tenus tranquilles pendant la nuit, ils campèrent avec des dispositions bien peu fraternelles, l'un dans ce lieu, et l'autre au confluent du Mein et du Rhin. Comme Louis faisait une courageuse résistance, et que Lothaire ne se flattait pas de le soumettre sans combat, il espéra qu'il vaincrait Charles plus facilement, et suspendit la guerre à condition que le 11 novembre ils se réuniraient de nouveau dans le même lieu, et que, s'ils ne pouvaient s'accorder, les armes décideraient ce qui devait revenir à chacun.

Les choses ainsi réglées, Lothaire se mit en marche pour soumettre Charles.

A cette époque, Charles assistait à Bourges à une assemblée où les gens de Pepin avaient promis qu'il viendrait. Ayant appris de tous côtés la nouvelle de ce qui se passait, Charles choisit pour messagers Nithard et Adalgaire, et les envoya le plus tôt qu'il put vers Lothaire, pour le conjurer de se rappeler les sermens qu'ils s'étaient prêtés l'un à l'autre, d'observer les conventions que leur père avait conclues entre eux, de songer à ce qu'il devait à son père, à son filleul, de se contenter de garder pour lui ses propres États, et de laisser à son frère, sans combat, ce que leur père lui avait accordé de son consentement. Charles promit que si Lothaire agissait ainsi, il lui serait fidèle et soumis, comme il convenait de l'être à un frère aîné. Il promit, en outre, qu'il pardonnerait de cœur à Lothaire tout ce qu'il avait jusque-là fait contre lui, le suppliant de ne pas exciter davantage ses sujets à la révolte, et de ne plus troubler le royaume que Dieu lui avait confié. Enfin il l'engagea à respecter en toutes choses la paix et la concorde, l'assurant que lui et les siens en feraient autant de leur côté, et que si Lothaire en doutait, lui, Charles, lui donnerait de ses intentions pacifiques tous les gages qu'il pourrait désirer.

Lothaire, feignant d'accueillir avec bienveillance ces propositions, permit aux messagers de s'en retourner, chargés seulement de saluer de sa part son frère Charles, et ajouta qu'il lui répondrait, sur toutes leurs affaires, par ses propres envoyés. Cependant comme les messagers de Charles ne voulurent pas manquer à leur foi, pour embrasser son parti, il les priva des bénéfices que son père leur avait accordés, trahissant ainsi, sans le vouloir, ce qu'il méditait contre son frère.

Tous les peuples qui habitaient entre la Meuse et la Seine envoyèrent des messagers à Charles, lui demandant de venir vers eux avant que Lothaire occupât leur pays, et lui promettant d'attendre son arrivée. Charles, accompagné d'un petit nombre de gens, se hâta de se mettre en route, et arriva d'Aquitaine à Quiersy; il y reçut avec bienveillance les gens qui vinrent à lui de la forêt des Ardennes et des pays situés au dessous. Quant à ceux qui habitaient au-delà de cette forêt, Hermanfried, Gislebert, Bovon et d'autres, séduits par Odulf, manquèrent à la fidélité qu'ils avaient jurée.

Sur ces entrefaites, il arriva d'Aquitaine un messager annonçant que Pepin, avec ses partisans, voulait se jeter sur la mère de Charles. Alors Charles, se disposant à quitter les Francs, leur ordonna, si son frère voulait les envahir avant leur retour, de venir le rejoindre promptement. Il envoya vers Lothaire Hugues, Adalhard, Gérard et Hégilon, pour lui répéter ce qu'il lui avait déjà fait dire, et le prier, au nom de Dieu, de ne pas séduire ses sujets, et de ne pas ravager davantage le royaume qui, de son consentement, lui avait été donné par Dieu et son père. Cela fait, il marcha promptement en Aquitaine, attaqua Pepin et ses gens, et les força de prendre la fuite.

Dans le même temps, Lothaire revint d'auprès de Louis. Tous les peuples qui habitaient au-delà de la forêt des Ardennes accoururent vers lui. Il passa la

Meuse, et résolut de s'avancer jusqu'à la Seine. Hilduin, abbé de Saint-Denis, et Gérard, comte de Paris, abandonnant le parti de Charles, manquèrent à leur foi et vinrent vers Lothaire. Pepin, fils de Bernard, roi des Lombards, et beaucoup d'autres voyant cela, aimèrent mieux, comme des esclaves, trahir leur foi et leurs sermens que d'abandonner leurs biens pour un peu de temps : ils se soumirent donc à Lothaire. Devenu fier de son succès, celui-ci dépassa la Seine, envoyant, selon sa coutume, des messagers aux peuples qui habitaient entre la Seine et la Loire, pour les entraîner à la révolte, soit par des menaces, soit par des discours flatteurs. S'avançant lui-même à pas lents, il se dirigea sur la ville de Chartres. Là, Théodoric, Herric, et ceux qui avaient dessein de le suivre, vinrent à lui, et, se fiant alors sur le nombre de ses gens, il résolut de s'avancer jusqu'à la Loire. De son côté, Charles, après avoir mis en déroute Pepin et ses troupes, et n'ayant pas de lieu où il pût laisser sa mère en sûreté, se hâta également de se rendre dans le pays des Francs.

Il apprit que tous ceux dont nous avons parlé l'avaient abandonné, et que Lothaire, avec une armée considérable, avait résolu de le poursuivre jusqu'à la mort. D'autre part, il avait pour ennemis Pepin et les Bretons. Ses serviteurs convoquèrent un conseil pour délibérer sur ce qu'ils avaient à faire, et ils s'arrêtèrent sans peine à un dessein facile à exécuter : puisqu'il ne leur restait que les bras et la vie, ils résolurent de mourir avec gloire plutôt que de trahir leur roi. Ils allèrent donc à la rencontre de Lothaire, gagnèrent la ville d'Orléans, et dressèrent leurs tentes environ à la distance de six lieues les uns des autres. Les deux partis s'envoyèrent réciproquement des députés. Charles demandait la paix au nom de la justice seule ; Lothaire s'efforçait d'inventer quelque artifice pour tromper et soumettre Charles sans combat. Ne se flattant pas d'en venir à bout à cause de l'opiniâtreté des hommes de Charles, il espéra que chaque jour ses forces s'accroîtraient comme elles avaient commencé à le faire ; que celles de Charles, au contraire, iraient s'affaiblissant, et qu'alors il lui serait plus aisé de le vaincre. Trompé par cet espoir, il suspendit la guerre, en cédant à Charles l'Aquitaine, la Septimanie, la Provence, et dix comtés entre la Loire et la Seine, à condition qu'il s'en contenterait jusqu'à ce que, le 7 mai suivant, ils eussent eu à Attigny une entrevue où ils régleraient d'un commun accord leurs intérêts.

Les grands du parti de Charles, voyant que l'affaire surpassait leurs forces, craignaient beaucoup que si on livrait bataille, leur petit nombre ne les empêchât de sauver le roi ; tous fondaient sur son caractère de grandes espérances. Ils consentirent donc à cet arrangement, sous la condition que désormais Lothaire serait pour Charles un fidèle ami, comme un frère doit, selon la justice, l'être pour son frère, qu'il ferait rentrer la tranquillité dans les États qu'il lui avait assignés, et qu'il cesserait de faire la guerre à Louis ; sans quoi ils seraient déliés du serment qu'ils avaient prêté. Ainsi ils tirèrent le roi du péril, et se dégagèrent bientôt de leur serment ; car, avant que ceux qui avaient juré ces conventions sortissent de chez lui, Lothaire essaya d'en séduire quelques-uns,

Le lendemain, il reçut à son service quelques-uns des hommes de Charles. De plus, il marcha aussitôt vers les royaumes qu'il avait assignés à son frère, et fit tous ses efforts pour empêcher qu'ils ne se soumissent à lui ; il alla aussi recevoir les gens de la Provence qui venaient vers lui, et s'occupa de chercher comment il pourrait, par ruse ou par force, soumettre Louis à son pouvoir.

Charles, étant venu à Orléans [1], accueillit avec bienveillance et faveur Théodebald et Warin qui vinrent vers lui de la Bourgogne avec quelques hommes. Il se rendit de là dans la ville de Nevers, allant au devant de Bernard, comme il le lui avait mandé ; mais Bernard, selon sa coutume, refusa de venir, disant qu'il avait juré, avec Pepin et les siens, que ni l'un ni l'autre ne feraient aucune alliance avec qui que ce fût sans leur consentement réciproque. Il protesta qu'il allait se rendre auprès de ses alliés ; que s'il pouvait les y décider, il viendrait avec eux auprès du roi ; qu'autrement il se dégagerait de son serment, et se rendrait vers Charles dans l'espace de quinze jours, promettant de se soumettre alors à lui. Charles alla donc une seconde fois au devant de lui jusqu'à Bourges. Bernard y étant venu, ne fit rien de ce qu'il avait promis. Charles, supportant impatiemment les révoltes que Bernard avait excitées contre son père, et qu'il excitait encore actuellement contre lui-même, et craignant de ne pouvoir s'en emparer autrement, résolut de se jeter sur lui à l'improviste. Mais Bernard s'étant aperçu, quoique tard, de son intention, prit la fuite, et s'échappa avec peine. Charles

[1] En 841.

tua quelques-uns des siens, en laissa quelques autres blessés et demi-morts, en prit d'autres, et les fit garder comme des captifs ; il permit de piller tous leurs bagages. Bernard, devenu plus humble après cet échec, vint peu de temps après supplier Charles, disant qu'il lui avait été fidèle, qu'il voulait l'être si on le lui permettait, et qu'à l'avenir, malgré l'affront qu'il venait d'essuyer, le roi pourrait ne se défier nullement de lui. Si quelqu'un démentait ses paroles, il offrait de les soutenir les armes à la main.

Charles, prenant confiance en lui, le combla de présens et de faveurs, le reçut en amitié, et l'envoya pour qu'il tentât, comme il l'avait promis, de lui soumettre Pepin et les siens.

Les choses ainsi arrangées, le roi se rendit dans la ville du Mans pour recevoir Lambert, Herric et les autres. Les ayant traités avec une grande bonté, il envoya aussitôt des messagers à Nomenoë, duc des Bretons, pour lui demander s'il voulait se ranger sous son pouvoir. Le duc, écoutant les avis d'un grand nombre de gens, envoya des présens à Charles, et jura qu'il lui serait fidèle.

Ces choses faites, voyant approcher le temps de l'assemblée convoquée à Attigny, Charles était plein d'anxiété sur ce que lui et les siens devaient faire pour s'assurer la paix. Il convoqua donc les confidens de ses secrets, leur exposa l'affaire qu'ils connaissaient tous, et leur demanda d'examiner comment lui et les siens pourraient se tirer de péril, déclarant qu'en toutes choses il voulait se régler par l'intérêt public, et que s'il fallait mourir pour cette cause, il n'y avait point à hésiter. Ses conseillers, voyant que leurs forces s'accroissaient de toutes parts, se souvinrent des embûches que Lothaire, du vivant de Louis, avait constamment tendues à son père et à Charles, et de celles que, depuis la mort de l'empereur, il avait de nouveau tendues à ses frères. Ils rappelaient aussi les sermens qu'il avait tout récemment violés, et disaient qu'ils lui demanderaient volontiers justice, mais que, d'après ces indices, on ne pouvait espérer de lui rien de bon. Ils conseillèrent donc à Charles de ne point tarder à se rendre au plaid indiqué; que si son frère s'y montrait, comme il l'avait promis, décidé à rechercher et à respecter l'intérêt commun, cela plairait à tout le monde, et on ne manquerait pas de lui en témoigner une juste reconnaissance; que s'il en était autrement, appuyé sur la justice et secouru de Dieu et de ses fidèles, Charles n'aurait plus qu'à s'assurer, par la force et le courage, de la partie du royaume que son père lui avait donnée du consentement des fidèles des deux rois.

Charles manda donc auprès de lui avec sa mère tous les Aquitains attachés à sa cause; il manda aussi tous ceux qui, en Bourgogne et dans les pays situés entre la Loire et la Seine, voulaient se ranger sous son pouvoir. Accompagné de ceux qui vinrent le rejoindre, il entreprit le voyage dont nous avons parlé, quelque difficile qu'il parût de l'accomplir. Arrivé aux bords de la Seine, il trouva là Guntbold, Warnaire, Arnoul, Gérard et tous les comtes, abbés et évêques des pays au dessous de la forêt des Ardennes, à qui Lothaire avait ordonné d'y rester pour empêcher Charles de passer s'il voulait le faire sans son consentement. De plus, le fleuve étant débordé, on n'y pouvait trouver de gué; les gens qui gardaient la rive avaient brisé ou submergé les barques, et Gérard rompit tous les ponts. L'extrême difficulté du passage jeta donc ceux qui desiraient si vivement de traverser dans une grande inquiétude. Au milieu de l'anxiété à laquelle les esprits étaient en proie, des marchands donnèrent l'avis que les vaisseaux amarrés à l'embouchure de la Seine, dans la mer, avaient été soulevés par la marée montante et amenés jusqu'auprès de Rouen. Charles, y étant allé, remplit vingt-huit de ces vaisseaux de soldats armés, et y étant entré lui-même, il envoya des messagers annoncer sur l'autre bord son arrivée, promettant de pardonner toutes les offenses à ceux qui se soumettraient, et enjoignant à ceux qui refuseraient obéissance de s'éloigner et de lui laisser le royaume que Dieu lui avait donné. Ses ennemis méprisèrent ces ordres; mais, dès qu'ils virent la flotte s'approcher et reconnurent la croix sur laquelle ils avaient juré, et Charles lui-même, ils abandonnèrent aussitôt les bords du fleuve pour s'enfuir. Comme les chevaux avaient tardé à passer, Charles ne put les poursuivre, et se dirigea vers Saint-Denis pour y célébrer des actions de grâces et des prières. Arrivé là, il apprit que ceux qui avaient pris la fuite à son approche s'étaient réunis avec Arnoul, Gérard et les autres, et qu'ils voulaient se jeter sur Théodebald, Warin, Otbert et d'autres qui se rendaient auprès de Charles conformément à ses ordres. Il se dirigea alors vers Saint-Germain pour y prier, et ayant marché pendant toute la nuit, au lever de l'aurore, Warin et ses compagnons le rejoignirent sains et saufs au confluent du Loing et de la Seine; il se rendit alors directement dans la ville de Sens. Il en sortit pendant la nuit et prit sa route à travers la forêt d'Otte [1], espérant, comme on le lui avait annoncé, que les ennemis dont nous avons parlé ci-dessus s'y étaient arrêtés; car il était prêt à les attaquer en quelque lieu et de quelque manière que ce fût. Il l'aurait fait si ces gens, informés que la mort les menaçait, ne se fussent hâtés de sauver leur vie; saisis tous d'une terreur extraordinaire, ils s'enfuirent, chacun où il put. Charles, n'ayant pu les atteindre, car ses compagnons et leurs chevaux étaient fatigués, se livra au repos après la cène du Seigneur, et se rendit le lendemain dans la ville de Troyes.

Tandis que Charles exécutait ce que nous venons de rapporter, Lothaire, comme nous l'avons déjà dit, appliquait tout son esprit à chercher comment il pourrait, par ruse ou par force, soumettre, ou, ce qu'il aimait bien mieux, perdre Louis; il appela auprès de lui Otgaire, évêque de Mayence, et Adhelbert, comte de Metz, qui tous deux portaient à Louis une haine à mort. Adhelbert, atteint depuis un an d'une maladie grave, commençait à s'en rétablir, comme empressé de prêter son aide à un fratricide : c'était un homme si habile dans le conseil que personne n'aurait voulu s'opposer à un avis donné par lui. A son instigation, Lothaire passa le Rhin avec une armée considérable, envoyant, selon sa coutume, des messagers pour séduire par des menaces ou des caresses le peuple toujours mobile. Les hommes de Louis, craignant de ne pouvoir résister à une troupe si forte, les uns l'abandonnèrent pour passer à Lothaire, les autres prirent

[1] Entre l'Yonne et la Vanne.

la fuite et laissèrent Louis désolé; ne trouvant de secours nulle part, le roi s'enfuit lui-même avec très-peu de gens, et se réfugia en Bavière.

D'après ce qui venait d'arriver à Louis, Lothaire pensa qu'il n'avait plus rien à redouter; il laissa donc en cet endroit le duc Adhelbert pour s'assurer de la foi du peuple par des sermens et empêcher Louis de se rendre auprès de Charles s'il en formait le dessein. Pour lui, instruit que Charles avait passé la Seine, il se prépara à aller à sa rencontre. Il envoya d'abord et promptement des messagers pour savoir exactement où était Charles et avec quelles forces, et se rendit lui-même à Aix-la-Chapelle pour y célébrer la Pâque.

Il arriva à Charles, au moment de cette sainte fête, une chose merveilleuse et certainement digne d'être rapportée; ni lui, ni ceux qui l'accompagnaient, n'avaient rien que ce qu'ils portaient sur le corps, leurs chevaux et leurs armes. Comme Charles sortait du bain et se préparait à revêtir les mêmes habillemens qu'il avait quittés, tout à coup des messagers, venus d'Aquitaine, parurent à la porte portant dans leurs mains la couronne et tous les ornemens tant royaux que nécessaires à la célébration du culte divin. Qui ne s'étonnerait que des gens en petit nombre, et presque ignorés, eussent pu traverser une si grande étendue de pays, couverte de brigands adonnés au pillage, et apporter, sans aucun accident, tant de talens d'or et de pierres précieuses? et, ce qui me parait encore plus étonnant, c'est qu'ils sont arrivés, à point nommé, au lieu, au jour et à l'heure marqués; tandis que Charles lui-même et les siens ne savaient où ils devaient se fixer. On jugea que cet événement n'avait pu arriver que par la grâce et la volonté divines. Les compagnons de Charles en furent stupéfaits et remplis des plus belles espérances; se livrant tous à la joie, ils s'occupèrent de célébrer la fête. Cela fait, Charles reçut avec bonté les envoyés de Lothaire et les admit à sa table. Il leur ordonna de s'en retourner le lendemain, promettant de répondre par ses propres envoyés sur ce que son frère lui avait mandé. Lothaire s'était plaint de ce que, sans son consentement, Charles avait dépassé les limites qu'il lui avait assignées, et lui faisait dire que, puisqu'il avait ainsi agi, il s'arrêtât du moins dans l'endroit où les députés le trouveraient, jusqu'à ce que lui, Lothaire, lui fît savoir s'il devait se rendre au lieu fixé jadis ou à quelque autre qui lui paraîtrait plus convenable. Charles répondit par ses envoyés qu'il était sorti des limites de son territoire, parce que son frère ne lui avait permis de jouir en paix d'aucune des possessions qu'il lui avait garanties par serment; que, malgré ce qui avait été convenu, Lothaire avait séduit et attiré à son parti quelques-uns de ses sujets, et en avait fait périr quelques autres; que, de plus, il avait troublé, autant qu'il l'avait pu, les États qu'il devait lui remettre soumis et tranquilles; et, ce qui était bien pis, qu'il avait attaqué en ennemi son frère Louis, et l'avait contraint de rechercher le secours des payens. Charles manda cependant à Lothaire que, malgré tout cela, il consentait à se rendre à l'assemblée qu'ils avaient fixée d'un commun accord; que si Lothaire y montrait l'intention de se conduire, comme il l'avait promis, selon l'intérêt public, lui, Charles, s'y prêterait de bon cœur; qu'autrement il était déterminé à suivre en toutes choses et selon la volonté de Dieu, les conseils de ses fidèles dans les affaires du royaume que Dieu et leur père lui avaient donné. Les choses ainsi arrangées, Charles reprit sa route et arriva au lieu convenu du rendez-vous. Lothaire, comme à dessein, tarda à s'y rendre. Cependant il envoyait souvent des messagers chargés de diverses plaintes, et prenait des précautions pour que Charles ne pût l'attaquer à l'improviste.

Des députés de Louis vinrent dire à Charles que, si leur maître savait comment s'y prendre, il viendrait à son secours. Charles répondit qu'il avait besoin de secours, le remercia de sa bonne volonté, et congédia aussitôt les députés de Louis, pour qu'ils tâchassent d'accélérer l'affaire. Ayant attendu plus de quatre jours l'arrivée de Lothaire, et voyant qu'il ne voulait pas venir, il convoqua un conseil pour délibérer sur ce qu'il paraîtrait prudent de faire. Quelques-uns disaient que, puisque sa mère venait avec les Aquitains, il fallait aller au-devant d'elle. Mais la plupart lui conseillaient, ou d'aller à la rencontre de Lothaire, ou du moins d'attendre son arrivée dans quelque lieu qu'il voulût, surtout par ce motif que, s'il adoptait quelque autre parti, tous diraient qu'il avait pris la fuite, ce qui donnerait à Lothaire et à ses gens une plus grande audace. Ils espéraient aussi voir de toutes parts accourir vers Charles ceux qui par crainte n'avaient encore embrassé aucun parti, ce qui arriva en effet. L'avis des premiers ne prévalut qu'avec peine. Charles se rendit donc à Châlons-sur-Marne, et, après qu'il y eut rejoint sa mère et les Aquitains, arriva tout à coup la nouvelle que Louis, ayant livré bataille au duc Adhelbert, l'avait vaincu, et qu'ayant passé le Rhin, il venait le plus vite qu'il pouvait au secours de son frère. Cet événement fut promptement répandu dans tout le camp; et tous les fidèles de Charles, pleins de joie, lui conseillèrent d'aller au devant de Louis. Lothaire, apprenant l'état des choses, annonça à la multitude qui l'entourait que Charles avait pris la fuite, et qu'il voulait le poursuivre en toute hâte. Par là il rendit ses partisans plus joyeux, donna à ceux qui étaient indécis le courage de venir vers lui, et se les assura davantage. Charles, ayant appris que Lothaire le poursuivait, et se trouvant campé dans un lieu difficile, entouré d'eaux et de marais, marcha aussitôt à sa rencontre, afin qu'on pût en venir aux mains, si Lothaire le voulait. Dès qu'on l'eut annoncé à Lothaire, il dressa son camp, et s'arrêta deux jours, comme pour reposer ses chevaux fatigués. Se retrouvant donc une seconde fois dans la même situation, ils s'envoyèrent réciproquement plusieurs messagers sans pouvoir rien terminer. A la fin, Louis et Charles se réunirent, et, dans leur première entrevue, s'entretinrent avec douleur de tout ce que Lothaire commettait méchamment contre eux et les leurs. Ils remirent au lendemain à délibérer sur ce qu'il paraîtrait convenable de faire plus tard. Ils s'assemblèrent au lever de l'aurore, et tinrent un conseil, dans lequel ils se plaignirent beaucoup de tant et de si grandes calamités. Quand ils eurent tous deux raconté tout ce qu'ils avaient souffert de la part de leur frère, tous les assistans, tant l'ordre sacré des évêques que celui des laïques, furent unanimement d'avis qu'ils choisissent des hommes nobles, prudens et doux, pour aller rappeler à Lothaire ce que leur père avait réglé entre eux, et ce que, depuis l'accord, ils avaient eu à endurer de sa part. Ces messagers devaient le conjurer de se ressouvenir du Dieu tout-puissant, de rendre la paix à ses frères et à toute l'Église de Dieu, de remettre à chacun ce qui lui était légitimement dû, en vertu du consentement de leur père et du sien même ; que, si Lothaire acquiesçait à leurs prières, ils lui offraient de prendre dans leur armée, et sans en venir aux mains, tout ce qui pourrait lui convenir, promettant d'observer aussi la paix ; sinon ils pouvaient sans doute, disaient-ils, espérer protection de la grâce divine, puisqu'ils ne voulaient que ce qui était juste, et s'efforçaient humblement d'engager leur frère à la même modération. Comme cet avis parut raisonnable, il fut aussitôt exécuté.

Mais Lothaire ne tint aucun compte de ces propositions et les repoussa, faisant dire par ses messagers qu'il ne voulait rien terminer sans combattre. Il marcha aussitôt au devant de Pepin qui venait vers lui de l'Aquitaine. Louis et les siens, bientôt instruits de ce qui se passait, en furent vivement affligés, car ils étaient épuisés tant par la longueur de la route que par les combats et les autres difficultés, surtout par le manque de chevaux. Cependant ils craignaient que, si Louis abandonnait son frère Charles, ils ne transmissent à la postérité une mémoire déshonorée. Pour éviter ce malheur, ils résolurent de supporter toutes les souffrances, de mourir même, s'il le fallait, plutôt que de perdre leur réputation d'invincibles. Cette magnanime résolution ayant chassé leur tristesse, ils s'encouragèrent les uns les autres, et se mirent avec ardeur et promptitude à la poursuite de Lothaire. Les deux armées s'étant aperçues à l'improviste près de la ville d'Auxerre, Lothaire, craignant que ses frères n'eussent le dessein de l'attaquer sans délai, sortit un peu de son camp couvert de ses armes. Ses frères, apprenant ce qu'il faisait, laissèrent à d'autres le soin d'établir leur camp, prirent avec eux quelques hommes armés, et s'avancèrent promptement au devant de lui. Ils s'envoyèrent réciproquement des messagers, et traitèrent de la paix jusqu'à la nuit. Les deux camps étaient à la distance d'environ trois lieues [1]. et séparés par un marais de peu d'étendue et par un bois, ce qui rendait l'accès de l'un à l'autre assez difficile. Au lever de l'aurore [2], Louis et Charles envoyèrent des messagers vers Lothaire pour lui exprimer leur chagrin de ce qu'il ne voulait pas leur accorder la paix sans combat ; s'il consentait à la conclure sans fraude, ils y étaient encore tout disposés. Ils se préparaient d'abord, lui mandèrent-ils, à invoquer Dieu par des jeûnes et des prières ; ensuite, s'il voulait venir les trouver, ils lui offraient de le laisser arriver, et d'écarter tout obstacle, tant de leur part que de la part de leurs hommes, afin que leur entrevue pût avoir lieu sans piége ni péril. S'il y consentait, ils s'engageaient à lui prêter tous les sermens qu'il pourrait desirer ; que, s'il refusait de venir les trouver, ils lui demandaient, pour aller vers lui, de leur assurer les mêmes garanties. Lothaire, selon sa coutume, promit de répondre par ses envoyés ; et, dès que les messagers de ses frères furent partis, il

[1] Le 21 juin 841.
[2] 22 juin.

se remit brusquement en marche, et il se dirigea vers Fontenailles ¹ pour y asseoir son camp. Le même jour, ses frères, pressant leur marche contre lui, le devancèrent, et campèrent près d'un bourg nommé Toury. Le lendemain ², les armées, se préparant au combat, sortirent de leur camp. Louis et Charles envoyèrent de nouveau des messagers à Lothaire, le conjurant de se souvenir qu'il était leur frère, de permettre à l'Église de Dieu et à tout le peuple chrétien de vivre en paix, de leur accorder les royaumes que, de son consentement, leur père leur avait donnés; et de garder pour lui ceux qu'il en avait reçus, non par droit, mais par le seul effet de la bonté paternelle. Ils lui offrirent en don tout ce qui pourrait lui convenir dans leur armée, à l'exception des chevaux et des armes; s'il ne voulait pas, ils consentaient à lui céder chacun une portion du royaume, l'un jusqu'à la forêt des Ardennes, l'autre jusqu'au Rhin; s'il refusait, ils demandaient que toute la France fût divisée en portions égales, lui laissant le droit de choisir celle qu'il préférerait. A cela Lothaire répondit, selon sa coutume, qu'il leur ferait savoir par ses messagers ce qui lui plairait, et, envoyant alors Drogon, Hugues et Hégibert, il leur manda qu'auparavant ils ne lui avaient rien proposé de tel, ajoutant qu'il voulait avoir du temps pour prendre ces choses en considération. Mais, au fait, Pepin n'était pas arrivé, et Lothaire voulait l'attendre. Dans cet intervalle cependant il fit jurer par serment, par Richwin, Herménald et Frédéric, qu'il ne demandait cette trêve que parce

¹ Selon l'abbé Lebeuf.
² 23 juin.

qu'il voulait examiner avec soin quel était l'intérêt commun, tant d'eux-mêmes que de tout le peuple, pour le régler selon la justice qui doit régner entre des frères et les peuples de Christ.

Ce serment ayant inspiré confiance à Louis et à Charles, ils se promirent de part et d'autre de rester en paix. Ce jour-là, le lendemain et jusqu'à la deuxième heure du troisième jour, qui était le 25 de juin, ils rentrèrent dans leur camp, se disposant à célébrer le lendemain la messe de Saint-Jean ; mais Pepin étant arrivé le même jour au secours de Lothaire, celui-ci manda à ses frères qu'ils savaient qu'une autorité supérieure lui avait donné le titre d'empereur ; qu'il les sommait de réfléchir à la grandeur dont il avait besoin pour remplir convenablement une charge si haute, et que sans cela il ne se prêterait point à régler leurs intérêts. On demanda à ses envoyés si leur seigneur voulait consentir à quelqu'une des choses qu'on lui avait proposées, ou s'il les avait chargés de quelque réponse définitive. Ils répondirent que rien ne leur avait été enjoint à cet égard. Ainsi, comme tout espoir de justice et de paix paraissait enlevé à leur parti, Louis et Charles firent dire à Lothaire que, puisqu'il n'avait rien trouvé de mieux, il eût à accepter une de leurs propositions, sinon qu'il sût que le lendemain (c'était, comme nous l'avons dit, le 25 juin, à la deuxième heure du jour) ils en viendraient au jugement de Dieu, auquel il les forçait de recourir bien contre leur gré. Lothaire, selon sa coutume, méprisa insolemment ce message, et répondit qu'ils verraient bien ce qu'il savait faire.

Tandis que j'écris ces choses auprès de Saint-Cloud,

dans le pays situé au dessus de la Loire, le jour du dimanche 18 octobre, à la première heure du jour, une éclipse de soleil arrive dans le signe du Scorpion.

Tout étant ainsi rompu, au point du jour, Louis et Charles levèrent leur camp, et occupèrent avec le tiers de l'armée le sommet d'une montagne voisine du camp de Lothaire ; ils attendirent là son approche, et à la deuxième heure du jour, comme leurs hommes l'avaient juré, les deux armées étant en présence, un grand et rude combat s'engagea sur les bords d'une petite rivière de Bourgogne. Louis et Lothaire en vinrent vaillamment aux mains dans un lieu nommé les Bretignelles, et là Lothaire vaincu prit la fuite. La portion de l'armée que Charles attaqua dans un lieu nommé le Fay s'enfuit aussitôt ; celle qui était près du lieu de Goulenne soutint vaillamment le choc du comte Adalhard et d'autres auxquels, avec l'aide de Dieu, je prêtai un utile secours. Les deux rois furent donc vainqueurs. Enfin, tous ceux du parti de Lothaire s'enfuirent.

Je termine ce second livre à l'endroit où Lothaire vit finir son premier combat.

LIVRE TROISIÈME.

Comme j'ai honte d'entendre dire quelque chose de fâcheux sur notre famille, il me pèse bien davantage de le raconter moi-même. Aussi, sans aucun mépris coupable pour l'ordre que j'avais reçu, je m'étais résolu, lorsque j'eus atteint la fin tant desirée du second Livre, à terminer là cet ouvrage; mais, de peur que quelqu'un, trompé de manière ou d'autre, ne veuille rapporter les événemens de notre temps autrement qu'ils ne sont arrivés, j'ai consenti à ajouter un troisième Livre sur les choses auxquelles j'ai assisté.

Après la bataille opiniâtre dont nous avons parlé, Louis et Charles délibérèrent, sur le champ de bataille même, sur ce qu'ils devaient faire des fuyards. Quelques-uns, enflammés de fureur, conseillaient de poursuivre l'ennemi; d'autres, et surtout les rois, prenant pitié de leur frère et de son peuple, souhaitaient pieusement, selon leur coutume, que, réprimés par le jugement de Dieu et cet échec, ils revinssent de leur injuste cupidité, et retournassent tous, avec l'aide de Dieu, à la véritable justice : ils étaient donc d'avis de leur témoigner en cette occasion la miséricorde de Dieu. Le reste de l'armée ayant applaudi à cette résolution, ils abandonnèrent le combat et le butin, et rentrèrent dans leur camp presque au milieu du jour, se disposant à délibérer sur ce qu'il convenait de faire désormais. On fit là une immense quantité de butin et un grand carnage. La miséricorde tant des rois que de tous les guerriers est admirable, et justement digne d'être rapportée. Par divers motifs, ils résolurent de passer le dimanche en cet endroit. Ce jour-là, après la célébration de la messe, ils enterrèrent également amis et ennemis, fidèles et infidèles, et donnèrent les secours qui étaient en leur pouvoir aux blessés et aux guerriers à demi-morts ; ensuite ils firent dire aux fuyards que, s'ils voulaient retourner à leur légitime foi, toutes leurs offenses seraient pardonnées. Les rois et le peuple, s'affligeant alors sur Lothaire et le peuple chrétien, demandèrent aux évêques quelle conduite ils devaient tenir en cette affaire. Tous les évêques se réunirent en concile, et on déclara dans cette assemblée qu'ils avaient combattu pour la justice et l'équité seule, que le jugement de Dieu l'avait prouvé, et qu'ainsi quiconque avait pris part à cette guerre du conseil ou de la main, avait servi la volonté de Dieu, et devait être exempt de tout reproche ; mais il fut reconnu en même temps que quiconque, dans cette expédition, aurait conseillé ou agi par colère, par haine, par vaine gloire, ou par quelque vice que ce soit, ferait secrètement une confession sincère de sa secrète offense, et serait jugé selon la nature de la faute ; de plus, pour rendre grâces à Dieu de cette éclatante manifestation de sa justice, pour le remercier de la délivrance qui lui était due, pour obtenir de lui le pardon du sang versé, et des péchés auxquels tous savaient bien que, dans leur imperfection, ils n'avaient point échappé, enfin, pour que le Seigneur nous accordât à l'avenir la protection et la faveur qu'il venait de nous montrer, on ordonna un jeûne de trois jours qui fut célébré de bon cœur et solennellement.

Ces choses s'étant ainsi passées, Louis résolut de regagner le Rhin, et Charles jugea à propos, par divers motifs, et surtout pour soumettre Pepin, de partir pour l'Aquitaine. Bernard, duc de Septimanie, quoiqu'il ne fût qu'à environ trois lieues du champ de bataille, était demeuré neutre dans cette affaire. Dès qu'il apprit que Charles était vainqueur, il envoya vers lui son fils Guillaume, lui ordonnant de le mettre au nombre des serviteurs de Charles, si le roi voulait lui confirmer les bénéfices qu'il avait en Bourgogne; il se vantait aussi qu'il était en état de soumettre à Charles, aux conditions qu'il voudrait, Pepin et tous les siens. Charles reçut cette ambassade avec bienveillance, accorda à Bernard tout ce qu'il demandait, et le pressa d'accomplir aussi bien qu'il le pourrait la promesse qu'il lui avait faite au sujet de Pepin. Comme l'adversité paraissait de tous côtés dissipée, et que l'espoir du bonheur souriait à tous, Louis, avec les siens, marcha vers le Rhin, et Charles, avec sa mère, se dirigea vers la Loire.

Les affaires publiques furent alors négligées plus inconsidérément qu'il ne fallait, et chacun livré à lui-même, s'en alla de son côté comme il lui plut. Ce qu'ayant appris, Pepin tarda à conclure avec Charles l'alliance qu'il desirait naguères. Bernard se rendit auprès de lui, mais ne put le faire consentir à se mettre sous l'empire de Charles. Cependant quelques-uns des partisans de Pepin l'abandonnèrent, et leur soumission fut le seul profit que Charles retira de cette expédition. Adalhard et d'autres que Charles avait envoyés vers les Francs pour savoir s'ils voulaient revenir à lui, arrivèrent à Quiersy où il leur avait ordonné de se rendre comme ses messagers; mais peu d'hommes vinrent à leur rencontre; ils disaient que, si Charles était là, ils n'hésiteraient pas à se rendre vers lui, mais qu'en son absence ils ignoraient s'il vivait encore ou non. Les partisans de Lothaire avaient répandu en effet que Charles avait succombé dans la bataille, et que Louis blessé avait pris la fuite. Ils disaient donc qu'il serait déraisonnable de faire alliance avec qui que ce soit dans un tel état d'incertitude. Guntbold et d'autres s'étant rassemblés, méditaient de se jeter sur les envoyés de Charles, et ils l'auraient fait s'ils eussent osé. Adalhard et les autres envoyèrent vers Charles, l'engageant à se hâter de les rejoindre le plus vite qu'il pourrait, pour leur apporter du secours, et savoir par lui-même si les Francs voulaient, comme ils le disaient, venir vers lui. Ils allèrent eux-mêmes à Paris pour y attendre l'arrivée de Charles, qui, à ces nouvelles, se dirigea aussitôt vers ce pays. Dès qu'il fut arrivé à la Seine, Adalhard et les autres vinrent au devant de lui à Espone-sur-Maudre. Quoique le roi fût inquiet de l'approche de l'entrevue dont il était convenu avec son frère, et qui devait avoir lieu au commencement de septembre dans la ville de Langres, il jugea à propos de s'y rendre en passant par les villes de Beauvais, de Compiègnes, de Soissons, de Rheims et de Châlons; pensant que, de cette manière, il observerait ce qu'il avait arrêté avec son frère, et que ceux des Francs qui voudraient venir vers lui, le pourraient. Mais les Francs méprisant, comme avaient fait les Aquitains, le petit nombre de partisans qu'ils voyaient à sa suite, refusèrent, sous divers prétextes, de se soumettre à lui. Charles s'en aperçut et accéléra son voyage. Comme il s'avançait vers Soissons, les moines de Saint-Médard accoururent à sa rencontre, et le prièrent de transporter les corps des saints, Médard, Sébastien, Grégoire, Tiburce, Pierre et Marcellin, Marius, Marthe, Audifax et Habacuc, Onésime, Mérésine et Léocade, Marian, Pélage, Maure, Florian avec ses six frères, Gildard, Sérène et Remi archevêque de Rouen, dans la basilique où ils reposent maintenant, et qui alors était construite en grande partie. Il y consentit, s'arrêta dans ce lieu, et comme les moines le lui avaient demandé, transporta sur ses propres épaules, avec un grand respect, les corps des Saints; de plus, il ajouta par un édit, aux propriétés de cette église, le domaine appelé Berni. Cela fait, il se rendit dans la ville de Rheims, et y reçut la nouvelle que Louis ne pouvait venir à l'entrevue qu'ils avaient fixée dans la ville de Langres, parce que Lothaire voulait attaquer son royaume à main armée. Son oncle et Gislebért, comte des Mansuariens, lui mandèrent que, s'il venait dans leur pays, ils se rendraient vers lui avec d'autres.

Alors, tant pour aller au secours de son frère que pour recevoir son oncle et Gislebert, s'ils voulaient venir vers lui, Charles se dirigea vers Saint-Quentin. Hugues, comme il le lui avait mandé, vint au devant de lui; de là il s'avança du côté d'Utrecht. A la nouvelle de sa marche, Lothaire laissant là Louis qu'il avait peu de temps auparavant résolu de poursuivre, quitta Worms pour aller à Thionville, où il avait convoqué une assemblée générale, et délibéra de quelle manière il pourrait attaquer Charles. Charles l'ayant appris lui envoya Hugues, Adalhard et Gislebert avec d'autres, pour qu'ils tentassent de faire avec lui le traité qu'ils pourraient et fit partir en même temps Rabanon pour dire à Louis qu'il était venu à son secours. Lothaire, informé de son côté que Louis se préparait à marcher contre lui avec toutes ses forces, ne s'occupa plus de Charles, et envoya des messagers vers Pepin, l'engageant avec instance à lui fournir promptement des secours, selon sa coutume. Charles envoya vers Lothaire le respectable évêque Exeménon, pour le prier et le supplier de se souvenir qu'il était son frère et son filleul; que leur père avait réglé leurs intérêts; que lui et les siens avaient juré d'observer ces conventions; que tout récemment Dieu avait, par son jugement, déclaré sa volonté dans leurs débats. Que si Lothaire ne voulait avoir aucun égard à tout cela, qu'il cessât du moins de persécuter la sainte Église de Dieu, qu'il eût pitié des pauvres, des veuves, des orphelins, et qu'il renonçât au projet d'entrer dans le royaume que, de son consentement, leur père lui avait donné, évitant ainsi de forcer une seconde fois les chrétiens à s'entr'égorger.

Les choses ainsi arrangées, il se rendit à Paris pour y attendre l'arrivée de son frère, ainsi que celle de ses autres fidèles qu'il avait convoqués de toutes parts. Lothaire, l'ayant appris, se dirigea vers cette même ville. Il avait alors avec lui une armée considérable, composée de Saxons, d'Austrasiens et d'Allemands, et, se fiant extrêmement en ces forces, il vint à Saint-Denis. Il y trouva environ vingt barques; de plus, la Seine, comme il arrive au mois de septembre, était fort basse, ce qui en rendait le passage très-facile. Les gens de Lothaire se vantèrent donc qu'ils pourraient passer aisément, et ils feignaient d'en avoir l'intention. Charles fit garder Paris et Melun par quelques troupes, posta quelques soldats dans les endroits où il y avait des gués ou des barques, et établit son camp entre le territoire de Saint-Denis et Saint-Cloud, afin que, s'il le fallait, il pût empêcher Lothaire de traverser, ou porter secours aux siens, s'ils étaient attaqués en quelque endroit. Afin de savoir facilement dans quel lieu il devait porter des secours, selon la coutume qu'on emploie sur les côtes de la mer, il mit dans des positions convenables des signaux et des gardes. De plus, chose étonnante, quoiqu'on sût fort bien qu'à cette époque il se passait toujours deux mois sans pluies, tandis que le ciel était pur, la Seine enfla soudainement, et rendit tous les gués impraticables.

Lothaire, voyant que de tous côtés le passage lui était interdit, manda à Charles qu'il consentait à faire la paix avec lui, à condition qu'il romprait les engagemens qu'il avait contractés avec son frère Louis; qu'alors lui-même romprait de même ceux qu'il avait pris avec son neveu Pepin; que Charles posséderait la partie occidentale de l'Empire, depuis la Seine, à l'exception de la Provence et de la Septimanie, et qu'ils concluraient une paix éternelle. Dans le fait, il croyait qu'il pourrait ainsi tromper plus facilement les deux princes, et espérait envahir tout l'Empire; mais Charles répondit qu'il était loin de vouloir violer l'alliance que la nécessité l'avait forcé de conclure avec son frère; que, de plus, il ne lui paraissait nullement convenable d'abandonner à Lothaire le royaume situé entre la Meuse et la Seine, et que son père lui avait donné; qu'enfin, puisqu'un si grand nombre de nobles de ce pays s'étaient mis à sa suite, il ne voulait point les tromper dans leur fidélité. Il lui proposa donc, comme l'hiver approchait, de demeurer en possession des biens que son père lui avait donnés, jusqu'à ce qu'au printemps ils se réunissent, soit avec un petit nombre de serviteurs, soit avec toute leur suite; et alors, s'ils ne venaient pas à bout de s'accorder, les armes décideraient de ce qui revenait à chacun. Selon sa coutume, Lothaire méprisa ces propositions, et, quittant Saint-Denis, marcha vers Sens, au devant de Pepin qui venait d'Aquitaine vers lui. Charles, de son côté, chercha de quelle manière il pourrait faire arriver Louis à son secours.

Sur ces entrefaites, on annonça à Charles que sa sœur Hildegarde avait fait arrêter un de ses fidèles, nommé Adelgaire, et le retenait captif auprès d'elle dans la ville de Laon[1]. Charles prit aussitôt avec lui de braves guerriers, et, partant à la chute du jour, il marcha promptement vers la ville de Laon, qui était à la distance d'environ trente lieues; il marcha toute la nuit, malgré une gelée rigoureuse, jusqu'à la troisième heure du jour; et, contre leur attente, on annonça tout à coup à Hildegarde et aux citoyens de Laon que Charles était là avec une multitude in-

[1] En 842.

nombrable, et que toute la ville allait être entourée par ses soldats. A cette nouvelle, saisis de frayeur, n'ayant d'espoir ni de se sauver, ni de pouvoir défendre leurs remparts, ils demandèrent la paix cette nuit-là même, rendirent aussitôt Adelgaire, et promirent en toute soumission de se mettre le lendemain, eux et leur ville, entre les mains de Charles, sans combattre.

Sur ces entrefaites, les soldats, supportant avec peine tout délai, animés surtout par l'ennui des fatigues qu'ils avaient éprouvées la nuit précédente, commencèrent à se précipiter de toutes parts pour emporter et détruire la ville. Sans aucun doute, elle eût été aussitôt livrée aux flammes et au pillage, si Charles, ému de pitié pour les églises de Dieu et pour sa sœur, ainsi que pour le peuple chrétien, ne fût parvenu, soit par des menaces, soit par de douces paroles, et à grand'peine, à apaiser la fureur de ses soldats. Les ayant donc fait retirer, il accorda à sa sœur ce qu'elle lui avait demandé, et se rendit à Samoucy. Le lendemain, Hildegarde vint, selon sa promesse, se remettre aux mains de Charles, et lui rendit la ville sans combat ni désastre. Charles accueillit sa sœur avec bonté, et lui pardonna toutes les offenses qu'il en avait reçues. Lui ayant parlé avec une grande douceur, il lui promit généreusement d'avoir pour elle toute la bonté qu'un frère doit à sa sœur, si elle voulait désormais être bien disposée pour lui, et il lui permit d'aller où elle voulut. Il établit son autorité dans la ville de Laon, et, après avoir ainsi terminé cette affaire, il retourna vers les siens qu'il avait laissés aux environs de Paris.

Lothaire, ayant rejoint Pepin à Sens, était dans l'irrésolution sur ce qu'il devait faire, car Charles avait fait passer la Seine à une partie de son armée, et s'avançait vers les bois du pays qu'on appelle communément le Perche. Lothaire, craignant que, s'il les traversait, il ne fît beaucoup de mal à lui ou aux siens, résolut d'abord d'aller l'attaquer. Il espérait détruire facilement cette partie de l'armée de son frère, dompter le reste par la terreur, et soumettre ensuite à son pouvoir Nomenoë, duc des Bretons ; mais il se mit vainement en marche pour exécuter tous ces projets, dont aucun ne réussit : l'armée de Charles lui échappa complétement ; personne ne vint joindre Lothaire, et Nomenoë méprisa insolemment toutes ses propositions.

Les choses étant en cet état, Lothaire reçut la nouvelle que Louis et Charles se soutenaient l'un l'autre avec une armée considérable. Se voyant de tous côtés en proie à mille revers, après avoir fait, sans profit, un immense détour, il quitta le pays de Tours, et revint enfin en France épuisé de fatigue, ainsi que son armée. Pepin, saisi de repentir de s'être joint à lui, se retira en Aquitaine. De son côté, Charles, apprenant qu'Otgaire, évêque de Mayence, avec d'autres, s'était opposé au passage de son frère Louis qui voulait venir le joindre, pressa sa marche par la ville de Toul, et entra en Alsace par Saverne. Otgaire, l'ayant appris, abandonna avec les autres le rivage, et ils allèrent se cacher promptement chacun où il put.

Le 15 février, Louis et Charles se réunirent dans la ville autrefois appelée *Argentaria*, et maintenant

Strasbourg, et là ils se prêtèrent réciproquement les sermens que nous allons rapporter, Louis en langue romane, et Charles en langue tudesque. Avant les sermens, ils parlèrent au peuple chacun dans l'une de ces deux langues; et Louis, comme l'aîné, commença ainsi : « Vous savez combien de fois, depuis la mort
« de notre père, Lothaire s'est efforcé de poursuivre
« et de perdre moi et mon frère que voici. Puisque
« ni la fraternité, ni la chrétienté, ni aucun moyen
« n'ont pu faire que la justice fût maintenue, et que
« la paix subsistât entre nous, contraints enfin, nous
« avons remis l'affaire au jugement du Dieu tout-
« puissant, afin que sa volonté accordât à chacun ce
« qui lui était dû. Dans ce débat, comme vous le
« savez, et par la miséricorde de Dieu, nous sommes
« demeurés vainqueurs. Lothaire vaincu s'est réfugié
« où il a pu avec les siens. Émus pour lui d'une ami-
« tié fraternelle, et touchés de compassion pour le
« peuple chrétien, nous n'avons pas voulu le pour-
« suivre et le détruire lui et son armée; nous lui
« avons demandé, alors comme auparavant, que cha-
« cun jouît en paix de ce qui lui revenait. Mais,
« mécontent du jugement de Dieu, il ne cesse de
« poursuivre à main armée mon frère et moi; il dé-
« sole de plus nos sujets par des incendies, des pil-
« lages et des meurtres. C'est pourquoi, forcés par
« la nécessité, nous nous réunissons aujourd'hui;
« et comme nous croyons que vous doutez de la sû-
« reté de notre foi et de la solidité de notre union
« fraternelle, nous avons résolu de nous prêter mu-
« tuellement un serment en votre présence. Ce n'est
« point une avidité coupable qui nous fait agir ainsi;

« nous voulons être assurés de nos communs avan-
« tages, et que, par votre aide, Dieu nous donne
« enfin le repos. Si jamais, ce qu'à Dieu ne plaise,
« je violais le serment que j'aurai prêté à mon frère,
« je vous délie tous de toute soumission envers moi,
« et de la foi que vous m'avez jurée. » Charles ayant
prononcé ces mêmes paroles en langue romane,
Louis, comme l'aîné, jura le premier de les observer :
« *Pro Deo amur, et pro christian poblo, et nostro*
« *commun salvament, dist di in avant, in quant*
« *Deus savir et podir me dunat, si salvarai eo*
« *cist meon fradre Karlo et in adjudha, et in ca-*
« *dhuna cosa, si cum om per dreit son fradra salvar*
« *dist, in o quid il mi altre si fazet. Et ab Ludher*
« *nul plaid numquam prendrai, qui meon vol cist*
« *meon fradre Karle in damno sit* [1]. » Lorsque
Louis eut fait ce serment, Charles jura la même chose
en langue allemande : « *In Godes minna indum tes*
« *christianes folches ind unser bedher gealtnissi*
« *fon thesemo dage frammordes so fram so mir Got*
« *gewizci indi madh furgibit so hald ih tesan*
« *minan bruodher soso man mit rehtu sinan bruder*
« *seal, inthiu thaz ermig soso ma duo; indi mit*
« *Lutheren inno kheinnin thing ne geganga zhe*
« *minan willon imo ce scadhen werden.* » Le ser-

[1] Voici la traduction littérale de ce précieux monument :

« Pour (de) Dieu l'amour et pour (du) chrétien peuple et notre commun salut, de ce jour en avant, en tant que Dieu savoir et pouvoir me donne, ainsi sauverai-je celui mon frère Charles et en aide, et en chaque chose, si comme homme par droit son frère sauver doit, en ce que il a moi autant en fasse. Et de Lothaire nul plaid jamais prendrai qui à ma volonté à celui mon frère Charles en dommage soit. »

Nous donnons ici le *fac simile* du manuscrit de Nithard.

ment que les deux peuples prononcèrent, chacun dans sa propre langue, est ainsi conçu en langue romane : « *Si Lodhuvigs sagrament que son fradre Karlo jurat conservat et Karlus meos sendra de suo part non los tanit, si io returnar non lint pois, ne io ne nuels cui eo returnar int pois in nulla adjudha contra Lodhuwig nun lin iver*[1]. » En langue allemande : « *Oba Karl then eid then er sineno bruodher Ludhuwige gesuor geleistit, ind Ludhuwig min herro then er imo gesuor forbrihchit, ob ina ih nes arwenden ne mag, noh ih, noh thero, noh hein then ih es arwenden mag windhar Karle imo ce follusti ne wirdhit.* » Cela fait, Louis marcha vers Worms, le long du Rhin par Spire, et Charles le long des Vosges par Wissembourg.

L'été dans lequel fut livré le combat dont nous avons parlé, fut très-froid, et tous les fruits furent cueillis très-tard. L'automne et l'hiver eurent leur température ordinaire; mais le même jour où Louis et Charles, ainsi que les premiers du peuple, conclurent l'alliance que nous venons de rapporter, il tomba une neige abondante suivie d'une gelée. Une comète apparut dans les mois de décembre, de janvier et de février, jusqu'à l'entrevue ci-dessus mentionnée. Elle monta par le signe des Poissons, et disparut, après cette assemblée, entre la grande Ourse et un autre signe que quelques-uns nomment la Lyre,

---

[1] « Si Louis le serment que son frère Charles jura conserve, et Charles mon seigneur de sa part ne le tient, si je détourner ne l'en puis, ni moi, ni nul que je détourner en puisse, en nulle aide contre Louis ne lui irai. »

et d'autres Andromède. Après ce peu de mots sur la marche des saisons et des astres, reprenons le fil de l'histoire.

Louis et Charles, arrivés à Worms, choisirent des messagers, les envoyèrent aussitôt vers Lothaire en Aquitaine, et se décidèrent à attendre leur retour, ainsi que l'arrivée de Carloman, entre Worms et Mayence.

Il n'est pas hors de mon sujet, et j'ai dessein de dire ici quelque chose qui me paraît agréable et convenable à rapporter sur le caractère de ces rois, et l'union dans laquelle ils vivaient. Ils étaient tous deux d'une taille moyenne, mais beaux et bien faits de corps, et propres à tous les genres d'exercices ; tous deux étaient intrépides, généreux, sages ainsi qu'éloquens. La sainte et respectable concorde de ces deux frères servait d'exemple à toute la noblesse, car ils se donnaient continuellement des repas, et tout ce qu'ils avaient de précieux, l'un le donnait généreusement à l'autre. Une même maison leur servait pour les repas et pour le sommeil. Ils traitaient avec le même accord et les affaires générales et les affaires particulières. L'un des deux ne demandait à l'autre rien de plus que ce qui lui paraissait utile et convenable. Ils fréquentaient souvent, afin de prendre de l'exercice, des jeux auxquels on procédait dans l'ordre suivant. Ils se réunissaient dans un lieu quelconque propre à ce spectacle. La multitude se tenait tout autour ; et d'abord, en nombre égal, les Saxons, les Gascons, les Austrasiens et les Bretons de l'un et l'autre parti, comme s'ils voulaient se faire mutuellement la guerre, se précipitaient d'une course rapide les uns sur les autres. Les hommes de l'un des deux partis prenaient la fuite en se couvrant de leurs boucliers, et feignant de vouloir échapper à la poursuite de leurs compagnons; mais, par un retour subit, ils se mettaient à poursuivre ceux devant qui ils fuyaient tout à l'heure, jusqu'à ce qu'enfin les deux rois avec toute la jeunesse, jetant un grand cri, poussant leurs chevaux, et brandissant leur lance, vinssent charger et poursuivre dans leur fuite tantôt les uns, tantôt les autres. C'était un spectacle digne d'être vu, à cause de toute cette grande noblesse, et à cause de la modération qui y régnait. Dans une si grande foule, en effet, et parmi tant de gens de diverse origine, nul n'osait en blesser ou en insulter quelque autre, comme il arrive souvent entre des guerriers peu nombreux, et qui se connaissent.

Les choses se passant de la sorte, Carloman, à la tête d'une grande armée de Bavarois et d'Allemands, vint trouver son père à Mayence. Bardon, qui avait été envoyé en Saxe, y vint aussi, et annonça que les Saxons avaient méprisé les propositions de Lothaire, et consentaient volontiers à faire tout ce que leur commanderaient Louis et Charles. Lothaire refusa inconsidérément d'entendre les députés qui lui avaient été envoyés. Louis et Charles, ainsi que toute l'armée, en furent vivement offensés, et délibérèrent sur la manière dont ils pourraient eux-mêmes arriver jusqu'à lui. Ils se mirent donc en marche le 17 mars. Charles s'enfonça dans une route difficile à travers les Vosges; Louis prit par terre, et sur le Rhin, par Bingen, et Carloman par Heinrich. Ils arrivèrent à Coblentz le lendemain, environ à la sixième heure du jour, et se rendirent aussitôt à Saint-Castor pour y faire leurs oraisons. Après avoir entendu la messe, ils s'embarquèrent avec leurs armes, et passèrent promptement la Moselle. Témoin de ce passage, Otgaire, évêque de Mayence, le comte Hatton, Hériold, et d'autres que Lothaire avait postés en cet endroit pour s'y opposer, furent saisis de frayeu, abandonnèrent le rivage, et s'enfuirent. Dès que Lothaire apprit que ses frères avaient traversé la Moselle à Sentzich, il marcha sans s'arrêter pour sortir du royaume, jusqu'à ce qu'avec un petit nombre de gens qui avaient résolu de le suivre, et abandonné des autres, il fût arrivé sur les bords du Rhône. Je finirai ce troisième Livre au moment où finit la seconde guerre que Lothaire avait suscitée.

LIVRE QUATRIÈME.

Non seulement, comme je l'ai déjà dit, je desirerais cesser cet ouvrage ; mais mon esprit, assiégé d'innombrables tristesses, cherche dans ses méditations, où je pourrais me retirer tout entier de toute affaire publique. Par malheur, la fortune m'a lié de si près à tout ce qui se passe, qu'elle m'entraîne au milieu des cruelles tempêtes, et que j'ignore entièrement où elle m'offrira un port. En attendant, et si je trouve quelques momens de loisir, quel mal y a-t-il que je les emploie, comme on me l'a ordonné, à transmettre à la mémoire les actions de nos princes et de nos grands ? J'écrirai donc ce quatrième livre, et si je ne peux être bon à rien dans les événemens futurs, je dissiperai du moins, par mon travail, ce brouillard de l'erreur qui pourrait tromper la postérité.

Dès que Louis et Charles eurent appris par de sûrs témoignages que Lothaire avait quitté le royaume, ils se dirigèrent vers le palais d'Aix, qui était alors la première ville de la France, se proposant de délibérer le jour suivant sur ce qu'il paraîtrait raisonnable de faire touchant le peuple et les États que venait d'abandonner leur frère. On résolut d'abord de porter l'affaire à la connaissance des évêques et des prêtres, dont a plupart étaient alors présens, afin que tout ce qu'on

résoudrait en cette affaire prît en eux sa source et reçût la sanction de leur autorité, image de celle de Dieu tout-puissant. Cet avis adopté, on les chargea de tout examiner. Ayant considéré depuis le commencement les actions de Lothaire, comment il avait chassé son père de ses États; combien de fois, par son avidité, il avait rendu le peuple chrétien parjure; combien de fois il avait violé ses promesses à son père et à ses frères; combien de fois, après la mort de son père, il avait essayé d'enlever à ses frères leur héritage, et de les perdre; combien d'homicides, d'adultères, d'incendies et de crimes de toute sorte, l'Église universelle avait soufferts par sa criminelle ambition; reconnaissant de plus que Lothaire ne savait nullement gouverner la république, et qu'on ne pouvait découvrir dans son gouvernement aucune trace de bonne volonté: les évêques prononcèrent, d'après ces raisons, que c'était justement et par le juste jugement de Dieu, qu'il s'était enfui d'abord du champ de bataille, et ensuite de son propre royaume. Tous furent donc unanimement d'avis que la vengeance de Dieu l'avait chassé à cause de sa méchanceté, et avait remis le gouvernement de ses États à ses frères, meilleurs que lui. Mais ils ne leur donnèrent ce droit qu'après leur avoir demandé s'ils voulaient régner d'après l'exemple de leur frère détrôné, ou selon la volonté de Dieu. Quand les rois eurent répondu qu'autant que Dieu leur accorderait de le savoir et de le pouvoir, ils se gouverneraient eux et leurs sujets selon sa volonté; les évêques dirent: « En vertu de
« l'autorité divine, nous vous engageons, exhortons,
« et ordonnons de prendre le royaume, et de le gou-

« verner selon les lois de Dieu. » Les deux frères choisirent chacun douze des leurs, et je fus l'un de ces hommes, pour diviser entre eux le royaume, comme il leur paraîtrait convenable. On tint moins de compte dans ce partage de la fertilité et de l'égalité des parts, que de la proximité et de la convenance. Louis eut toute la Frise***, et Charles***[1].

Ces choses terminées, chacun des rois s'entoura des hommes du pays qui lui était échu en partage, et leur fit jurer de lui être désormais fidèles. Charles passa la Meuse pour aller régler son royaume, et Louis se rendit à Cologne à cause des Saxons. Comme je trouve les événemens qui se rapportent à ce peuple très-importans, je crois devoir ne les point passer sous silence.

Comme le savent tous ceux qui habitent en Europe, l'empereur Charles, à juste titre appelé le Grand par toutes les nations, arracha les Saxons à divers cultes idolâtres, après de longs et nombreux efforts, et les convertit à la vraie religion chrétienne. Dès les premiers temps, les Saxons, aussi nobles que vaillans à la guerre, s'illustrèrent par beaucoup d'exploits. Cette nation est divisée en trois ordres; il y a parmi eux des hommes qui sont appelés dans leur langue, *edhilingi*, d'autres *frilingi*, et d'autres *lazzi*[2]; c'est-à-dire en latin, les nobles, les hommes libres et les

---

[1] Ici le texte est mutilé: on a essayé d'y suppléer par la phrase suivante: « A Louis échurent toute la Frise et les États d'Orient, savoir, toute la Germanie jusqu'au Rhin, et quelques cités au-delà du Rhin avec leur territoire; à Charles échurent les États d'Occident depuis l'Océan britannique jusqu'à la Meuse, partie à laquelle demeura depuis lors le nom de France. »

[2] *Edle*, les nobles; *Freye*, les hommes libres; *Leute*, les serfs.

serfs. L'ordre qui passe chez eux pour noble se divisa en deux partis, pendant les dissensions de Lothaire et de ses frères; l'un suivit Lothaire et l'autre Louis; Lothaire voyant, après la victoire de ses frères, que ceux qui l'avaient suivi voulaient l'abandonner, et pressé par diverses nécessités, chercha des secours partout où il espéra en trouver. Tantôt il distribuait pour son propre avantage les biens de l'État; tantôt il donnait aux uns la liberté, et promettait à d'autres de la leur accorder après la victoire. Il envoya des messagers en Saxe, promettant aux hommes libres et aux serfs (*frilingi* et *lazzi*), dont le nombre était immense, que, s'ils se rangeaient de son parti, il leur rendrait les lois dont leurs ancêtres avaient joui, au temps où ils adoraient les idoles. Les Saxons, avides de ce retour, se donnèrent le nouveau nom de *stellingi*[1]; se liguèrent, chassèrent presque du pays leurs seigneurs, et chacun, selon l'ancienne coutume, commença à vivre selon la loi qui lui plaisait. Lothaire avait de plus appelé les Normands à son secours, leur avait soumis quelques tribus de chrétiens, et leur avait même permis de piller le reste du peuple du Christ.

Louis craignit donc que les Normands ainsi que les Esclavons ne se réunissent, à cause de la parenté, aux Saxons qui avaient pris le nom de Stelling, qu'ils n'envahissent ses États, et n'y abolissent la religion chrétienne. C'est pourquoi, comme nous l'avons rapporté, il se rendit en tout hâte à....[2], et, autant qu'il put, fit cesser toutes les dissensions qui agitaient son royaume, pour qu'un si grand malheur n'arrivât

---

[1] De *stellen*, *sich herstellen*, se mettre debout, se dresser.
[2] Il manque ici un mot, probablement celui de *Cologne*.

pas à la sainte église de Dieu. Cela fait, Louis et Charles se réunirent à Verdun, en passant l'un par Thionville, l'autre par Rheims, afin de délibérer sur ce qu'ils avaient à faire désormais.

Vers ce même temps, les Normands saccagèrent le Cotwig, et là, ayant traversé la mer, ils ravagèrent de même le Hamwig et le Nordhunnwig [1]. Pour Lothaire, dès qu'il fut arrivé sur les bords du Rhône, il se mit en sûreté derrière ce fleuve, et demeura là attirant à son secours tous ceux qu'il put gagner. Il expédia à ses frères un messager pour leur dire que, s'il savait comment s'y prendre, il leur enverrait ses grands pour traiter de la paix. Ils lui répondirent d'envoyer qui il voudrait, que tout le monde pouvait aisément savoir où les trouver. Ils se rendirent eux-mêmes ensemble par Troyes à Châlons. A leur arrivée à Melciac, Joseph, Ebernard et Egbert avec d'autres du parti de Lothaire, les joignirent et leur dirent que ce roi, reconnaissant son offense envers Dieu et envers eux, ne voulait pas qu'il y eût de plus longs débats entre les peuples chrétiens; que s'ils le jugeaient bon, il souhaitait qu'ils lui accordassent quelque chose de plus que le tiers du royaume, à cause du nom d'empereur que lui avait accordé leur père, et de la dignité impériale que leur aïeul avait ajoutée à la couronne des Francs. Qu'autrement ils lui laissassent au moins le tiers du royaume, sans compter la Lombardie, la Bavière et l'Aquitaine; qu'alors, avec l'aide de Dieu, chacun d'eux gouvernerait de son mieux sa part, qu'ils se porteraient mutuellement secours et amitié, qu'ils

---

[1] Il est impossible de déterminer la situation de ces lieux; on voit seulement qu'ils étaient sur les côtes de la Frise ou de la Belgique.

maintiendraient leurs lois chacun dans ses États, et qu'une paix éternelle serait conclue entre eux.

Lorsque Louis et Charles eurent entendu ces propositions, elles leur plurent ainsi qu'à tout le peuple. Ils s'assemblèrent avec les seigneurs, et délibérèrent de bonne intelligence sur ce qu'ils devaient faire à ce sujet. Ils dirent qu'au commencement de leurs dissensions ils avaient souvent proposé ces mêmes choses à Lothaire, et que si, à cause de leurs péchés, leurs desseins n'avaient pas réussi, ils n'avaient pas laissé de lui renouveler souvent leurs offres. Cependant ils rendirent grâces au Dieu tout-puissant, dont le secours et la grâce avaient fait enfin que leur frère, qui jusqu'alors avait méprisé la paix et la concorde, les demandait actuellement. Mais, selon leur coutume, ils remirent l'affaire à la décision des évêques et des pontifes, déclarant que, de quelque manière que la volonté divine voulût agir, ils s'y conformeraient volontiers. Les évêques ayant tous été d'avis que la paix régnât entre les trois frères, les rois firent venir les députés de Lothaire et lui accordèrent ce qu'il demandait. Ils passèrent quatre jours et plus à partager le royaume; on arrêta enfin que tout le pays situé entre le Rhin et la Meuse, jusqu'à la source de la Meuse, de là jusqu'à la source de la Saône, le long de la Saône jusqu'à son confluent avec le Rhône, et le long du Rhône jusqu'à la mer, serait offert à Lothaire comme le tiers du royaume, et qu'il posséderait tous les évêchés, toutes les abbayes, tous les comtés et tous les domaines royaux de ces régions en deçà des Alpes, à l'exception de [1].... On décida que, s'il

---

[1] Il manque ici quelques mots.

refusait, les armes décideraient de ce qui était dû à chacun. Ce partage approuvé, quoique quelques personnes trouvassent qu'il dépassait ce qui était juste et convenable, on le manda à Lothaire par Conrad, Abbon, Adalhard et d'autres. Louis et Charles résolurent de rester dans le même endroit pour y attendre le retour de leurs envoyés, et la réponse de Lothaire.

Les députés s'étant rendus auprès de Lothaire, le trouvèrent, selon sa coutume, un peu moins bien disposé. Il dit qu'il n'était pas content de ce que lui mandaient ses frères, parce que les parts n'étaient pas égales; il déplora aussi le malheur de ceux qui avaient embrassé sa cause, attendu que, dans la part qu'on lui offrait, il n'aurait pas de quoi les indemniser des biens qu'ils perdaient ailleurs. Alors, et j'ignore par quel artifice ils se laissèrent tromper, les députés augmentèrent la portion qu'on lui avait assignée, en l'étendant jusqu'à la forêt des Ardennes. De plus ils lui jurèrent que, s'il acceptait ce partage jusqu'au moment où il se réunirait à ses frères, ceux-ci promettraient par serment de partager le plus également qu'ils pourraient tout le royaume en trois parties, sauf la Lombardie, la Bavière et l'Aquitaine; auquel cas, il choisirait la part qu'il voudrait, et ses frères la lui céderaient pour tout le temps de sa vie, à condition qu'il en fît de même pour eux. Enfin ils ajoutèrent que, s'il ne voulait pas les en croire, ils lui promettraient par serment de faire tenir tous ces engagemens. Lothaire assura qu'il y consentait, et que de son côté il agirait ainsi, pourvu que ses frères accomplissent ce que leurs députés avaient juré.

Au milieu donc de juin, à la cinquième férie, Lothaire, Louis et Charles se réunirent près de la ville de Mâcon, dans une île appelée Ansille, avec un nombre égal de seigneurs, et jurèrent mutuellement qu'à dater de ce jour ils vivraient entre eux dans une paix perpétuelle; que dans une assemblée où leurs fidèles se réuniraient en ce même lieu, ils diviseraient en trois parts, le plus également qu'ils pourraient, tout le royaume, sauf la Lombardie, la Bavière et l'Aquitaine; que Lothaire aurait le choix des parts; que chacun d'eux conserverait durant toute sa vie celle qu'il recevrait, à condition qu'il laisserait ses frères et leurs fidèles jouir aussi des leurs.

Cela fait, et après des entretiens pacifiques, ils se retirèrent en paix et retournèrent à leur camp, remettant au lendemain à délibérer sur le reste des affaires. On réussit, bien qu'avec peine, à faire en sorte que, jusqu'à l'assemblée convoquée pour le commencement d'octobre, chacun d'eux se tînt en repos dans la part qu'il occupait. Louis alla en Saxe et Charles en Aquitaine pour y mettre l'ordre. Lothaire se voyant assuré qu'il aurait le choix des parts du royaume, alla chasser dans les Ardennes et priva de leurs bénéfices ou charges tous les seigneurs de sa portion qui, forcés par la nécessité, avaient lors de sa retraite abandonné son parti. Louis réprima fermement en Saxe, mais par des procédés légaux, les séditieux qui avaient, comme nous l'avons dit, pris le nom de Stelling. Charles en Aquitaine mit en fuite Pepin; mais celui-ci s'étant caché, Charles ne put rien faire d'important, si ce n'est qu'il laissa, pour veiller sur les démarches de Pepin, le duc Warin avec d'autres guerriers sur la fidélité desquels il comptait. Egfried, comte de Toulouse, l'un des compagnons de Pepin qu'il avait renvoyés en se cachant, attira quelques uns des hommes de Charles dans des embûches, et en tua d'autres. Charles se mit en marche pour se rendre à l'entrevue que lui et son frère étaient convenus d'avoir à Worms. Arrivé à Metz le 30 septembre, il apprit que Lothaire était à Thionville où il était venu avant l'époque de l'assemblée, et s'était établi, contre ce qu'ils avaient réglé. Il ne parut nullement sûr aux grands du parti de Louis et de Charles, qui demeuraient à Metz pour faire le partage du royaume, d'y procéder dans cette ville tandis que leurs seigneurs étaient à Worms et Lothaire à Thionville. Metz, en effet, est éloigné de Worms d'environ soixante-dix lieues et seulement à huit lieues de Thionville. Ils se rappelaient que Lothaire avait souvent été facile et très-prompt à surprendre par ruse ses frères; ils n'osaient donc se confier à lui sans quelque garantie. Charles, veillant à leur salut, envoya des messagers à Lothaire et lui fit dire que puisque, contre leurs conventions, il était venu et s'était établi à Thionville, s'il voulait que les hommes de son frère Louis et les siens restassent dans Metz, il devait leur donner des otages pour les rassurer sur leur sort; sinon il pourrait envoyer ses députés auprès d'eux à Worms et ils lui donneraient les otages qu'il voudrait; si cela ne lui convenait pas, ils n'avaient qu'à se tenir tous à une égale distance de Metz; enfin, s'il ne voulait pas de ce dernier moyen, Charles lui offrait de choisir, entre leurs résidences, un lieu où se réuniraient leurs députés. Il disait qu'il ne devait pas négliger le salut de tant d'illustres guerriers; ils étaient au nombre de quatre-vingts, choisis dans tout le peuple, d'une éclatante noblesse, et Charles pensait que s'il ne prenait des précautions pour empêcher leur mort, elle causerait, à lui et à ses frères, une perte immense. Enfin ils jugèrent à propos, pour la convenance de tous, que leurs commissaires, au nombre de cent dix, se réunissent à Coblentz, sans qu'on donnât d'otages, et que là ils partageassent le royaume aussi également qu'ils pourraient.

Les commissaires s'étant réunis le 19 octobre, pour qu'il ne s'élevât entre leurs hommes aucun sujet de querelle, ceux de Louis et de Charles campèrent sur la rive orientale du Rhin, ceux de Lothaire, sur la rive occidentale, et ils se rendaient chaque jour à Saint-Castor pour s'entretenir. Les commissaires de Louis et de Charles ayant fait diverses plaintes sur le partage projeté, on leur demanda si quelqu'un d'eux avait une connaissance claire de tout le royaume; comme on n'en trouva aucun qui pût répondre, on demanda pourquoi, dans le temps qui s'était déjà écoulé, ils n'avaient pas envoyé des messagers chargés de parcourir toutes les provinces et d'en dresser soigneusement le tableau. On leur répondit que Lothaire n'avait pas voulu que cela se fît, et ils dirent alors qu'il était impossible à des hommes qui ne connaissaient pas l'empire de le partager également. On examina alors s'ils avaient pu prêter loyalement le serment de partager le royaume également et de leur mieux, quand ils savaient que nul d'entre eux ne le connaissait. On remit cette question à la décision des évêques. S'étant assemblés dans la basilique de Saint-

Castor, ceux du parti de Lothaire dirent que s'il manquait quelque chose au serment, cela pouvait s'expier, et qu'il valait mieux le faire que de faire souffrir si long-temps à l'église de Dieu tant de rapines, d'incendies, d'homicides et d'adultères. Mais ceux du parti de Louis et de Charles dirent que, comme il n'était nullement nécessaire qu'ils péchassent envers Dieu, il valait mieux confirmer entre eux la paix et envoyer ensuite de part et d'autre des commissaires dans tout l'Empire, pour qu'ils en dressassent le tableau, et qu'alors ils jureraient, sans péril, de partager également ce qu'ils connaîtraient bien. Ils affirmaient que, si une aveugle cupidité ne s'y opposait, on pouvait ainsi éviter les parjures et les autres crimes, et protestaient qu'ils ne voulaient ni rompre leur serment, ni autoriser quelque autre à le faire. Les autres n'ayant pas consenti, ils s'en retournèrent chacun vers les siens, et là d'où ils étaient venus. Ils se réunirent ensuite de nouveau dans une même maison, ceux de Lothaire disant qu'ils étaient prêts à faire le serment et le partage comme on l'avait juré, et ceux de Louis et de Charles répétant qu'ils le voulaient bien aussi si cela se pouvait. Enfin, comme aucun des deux partis n'osait consentir sans l'approbation de son seigneur à ce que voulait l'autre, ils convinrent que la paix règnerait entre eux jusqu'à ce qu'ils pussent savoir quelles conditions leurs seigneurs voulaient accepter; présumant qu'ils pourraient en être informés vers les nones de novembre, ils s'éloignèrent après avoir réglé que la paix durerait jusque-là. Le jour arrivé, il se fit dans presque toute la Gaule un grand tremblement de terre.

Ce même jour, Angilbert, homme illustre, fut transféré à Saint-Riquier, et vingt-neuf ans après sa mort on trouva son corps conservé intact, bien qu'il eût été enseveli sans aromates ; c'était un homme issu d'une famille alors bien connue. Madhelgaud, Richard et lui étaient de la même race et jouissaient à juste titre d'une grande considération auprès de Charlemagne. Angilbert eut de Berthe, fille de ce grand roi, mon frère Harnied et moi ; il fit construire à Saint-Riquier un ouvrage admirable en l'honneur de Dieu tout-puissant et de saint Riquier ; il gouverna merveilleusement la maison qui lui était confiée. Étant mort à Saint-Riquier en toute félicité, il entra dans l'éternelle paix. Après avoir dit ce peu de mots sur mon origine, je reviens au fil de l'histoire.

Les commissaires retournèrent annoncer chacun à son roi ce qui s'était passé ; comme ils étaient menacés de la disette et près de l'hiver, et que les grands ayant déjà couru tant de dangers ne voulaient pas recommencer la guerre, ils consentirent à ce que la paix fût maintenue entre eux jusqu'au vingtième jour après la Saint-Jean. Les grands s'assemblèrent à Thionville pour conclure ce traité ; ils jurèrent que les trois rois demeureraient en paix pendant ce temps ; que, dans l'assemblée qui aurait lieu après ce terme, on diviserait le royaume aussi également qu'on pourrait, et que Lothaire aurait le choix des parts comme on l'avait juré. De là chacun s'en alla où il voulut. Lothaire alla passer l'hiver à Aix-la-Chapelle, Louis en Bavière, et Charles vint à Quiersy pour se marier.

Dans ce temps les Maures introduits par Sigenulf, frère de Sigchard, qui avait réclamé leur secours, envahirent le pays de Bénévent. Vers la même époque les Stelling en Saxe se révoltèrent une seconde fois contre leurs seigneurs ; mais une bataille ayant été livrée, on en tua une quantité innombrable. Ainsi périrent par les coups du pouvoir ceux qui avaient osé se soulever sans son aveu.

Charles, comme nous l'avons dit, prit en mariage Hermentrude, fille de Wodon et d'Ingiltrude, et petite fille d'Adalhard. De son temps, le père de Charles aimait tant Adalhard qu'il faisait ce qu'Adalhard voulait dans tout l'empire : mais celui-ci, peu soigneux des intérêts publics, tâcha de plaire à tout le monde. Il persuada au roi de distribuer les droits et les domaines publics pour son avantage particulier ; et faisant ainsi accorder à chacun ce que chacun demandait, il ruina de fond en comble la république : aussi arriva-t-il de là qu'Adalhard pouvait, à cette époque, entraîner le peuple où il voulait. Charles fit donc le mariage dont nous venons de parler, dans l'idée surtout qu'il attirerait dans son parti la plus grande partie de la nation. Les noces ayant été célébrées le 19 décembre, Charles fêta solennellement à Saint-Quentin le jour de la naissance du Seigneur. Il régla ensuite à Valenciennes lesquels de ses fidèles devaient rester pour garder le territoire entre la Meuse et la Seine. Il partit alors avec sa femme pour l'Aquitaine, l'an 843 de l'incarnation du Seigneur, et en hiver. Cet hiver fut excessivement long et rigoureux, abondant en maladies, et très-nuisible à l'agriculture, au bétail et aux abeilles.

Que chacun apprenne par-là qu'en négligeant follement les intérêts publics, et se livrant en insensé à ses propres fantaisies, on offense le Créateur au point de soulever contre soi-même tous les élémens. Je le prouverai sans peine par des exemples pareils, connus presque de tout le monde. Dans le temps du grand Charles, d'heureuse mémoire, qui mourut il y a déjà bien près de trente ans, le peuple marchait d'un commun accord dans la droite voie, la voie du Seigneur ; aussi la paix et l'harmonie régnaient partout. Mais à présent, au contraire, comme chacun marche dans le sentier qui lui plaît, partout éclatent les dissensions et les querelles. Autrefois régnaient l'abondance et la joie, maintenant partout sont la disette et la tristesse. Les élémens mêmes étaient jadis favorables à tous les rois, et maintenant ils leur sont contraires, comme l'atteste l'Écriture, don précieux de Dieu : « Tout l'univers combattra contre les in-« sensés [1]. »

Vers le même temps, il arriva une éclipse de lune le 19 mars. Dans la même nuit, il tomba une neige abondante qui, par le juste jugement de Dieu, frappa tout le monde de tristesse. Ainsi, je le répète, tandis que, d'une part, se multipliaient les désordres, les rapines et les maux de tous genres, de l'autre, l'intempérie de l'air détruisait l'espoir de tous les biens de la terre.

[1] Sagesse, chap. 5, v. 21.

FIN DE L'HISTOIRE DES DISSENSIONS DES FILS DE LOUIS-LE-DÉBONNAIRE, PAR NITHARD.

TABLE DES MATIÈRES

CONTENUES

DANS CE VOLUME.

Notice sur Éginhard . . . . Pag. vij
Annales d'Éginhard. 1
——— du règne de Pepin-le-Bref (741—768) . . . . . . *Ibid.*
——— du règne de Charlemagne (768—814) 12
——— du règne de Louis-le-Débonnaire (814—829) . . . 72
Vie de Charlemagne, par Éginhard. 117
Préface d'Éginhard. 119
Des Faits et Gestes de Charles-le-Grand, roi des Francs
   et empereur, par un moine de Saint-Gall 163
Notice sur l'auteur de cet ouvrage 165
De la vie et des actions de Louis-le-Débonnaire, par
   Thégan. 269
Notice sur Thégan . . . . , . . . 271
Préface de Walafried Strabon. 275
Vie de Louis-le-Débonnaire, par l'Anonyme dit l'*Astro-
   nome*. 311
Notice sur l'Anonyme dit l'*Astronome* 313
Préface de l'auteur 315
Histoire des dissensions des fils de Louis-le-Débonnaire,
   par Nithard 425
Notice sur Nithard 427

Livre i.	433
Livre ii.	448
Livre iii.	468
Livre iv.	484

FIN DE LA TABLE.